JN026998

チャイナ・エコノミー 第2版

異形の超大国と世界へのインパクト——そのファクトとロジック

CHINA'S ECONOMY
SECOND EDITION

アーサー・R・クローバー
Arthur R. Kroeber

吉崎達彦［解説］
東方雅美［訳］

東京 白桃書房 神田

CHINA'S ECONOMY:

WHAT EVERYONE NEEDS TO KNOW, SECOND EDITION

By

Arthur R. Kroeber

目次

【凡例】

【　】訳注

〈　〉組織などの略称や説明。または（　）内のカッコ

＊　2023年1月時点で閲覧できなかったURL

本文中の為替レートは、その文脈で話題になっている時点のもの。

まえがき

中国の経済はどのようにして現在の姿になったのか、今後はどこに向かうのか、そして、中国の台頭は世界にとってどんな意味があるのか――。本書ではこうしたテーマを解き明かす。中国に興味を持ち、その世界への影響に関心がある一般の読者に向けて書かれており、中国、あるいは経済学についての専門知識がなくても読める本になっている。

2016年に本書の第1版が出版されて以来、世界における中国の意味は劇的に大きくなった。国家主席の習近平による強硬な外交政策と、トランプ政権下で米国が中国を地政学的なライバルとしたことがその要因だ。中国の絶対的な規模と、米国との緊張関係の高まり、そして、中国と国際体制との基本的な価値観の隔たり、およびその国際体制の中で中国が影響力を拡大しようとしていることを考えると、現在の中国とこれまでの軌跡を理解することは、これまでになく重要になっている。

経済とは複雑な生き物で、物語のようには書きにくい。経済はいわばジグソーパズルのようなものだ。もっと正確に言うと、3次元のジグソーパズルで、しかもピースの形が変わり続けている。経済は、高層ビルや数学の公式のように構造が決まってはいない。欲しい製品やサービスを手に入れられるよう、人間がつくってきた固定的な制度と流動的な取り決めとの組み合わせでできている。

こうした制度や取り決めは、大半が社会の重要なグループどうしの政治交渉で決められる。グループの構成や力関係や関心事は時間とともに変わり、経済的な取り決めも時間とともに変わっていく。つまり、政治的な事情の方が、経済効率よりも優先されるということだ。したがって、経済政策の立案者は、経済的な観点からすると2番目か3番目に良いぐらいの政策で妥協しなければならない。アナリストが経済について記述する行為も、自然科学よりも芸術に近いということになる。経済が科学であるとするならば、それは物理学よりも生理学に近い。

中国もまた複雑な生き物だ。ほぼ間違いなく世界で最古の国家であり、6世紀末に有名な試験制度の科挙が始まって以来、合理主義的な官僚によって治められてきた。巨大で、名目的には中央集権だが実質的には非常に分権的な政治体制をとっており、その運営の仕方について何世紀もの間に積み重ねられた知識が、中国の政治と経済の統治で重要な役割を果たし続けている。こうした継続的で機知に優れた統治に、外部の研究者はまずは一定の敬意を払わなくてはならない。

一方で、今日知られている形での中国という国は非常に若く、1949年に中国共産党による支配が始まった時がスタートだ。政治体制や経済開発については、国外のやり方が大いに活用された。中国とソビエト／ロシアや、近隣の東アジア諸国との類似点や先例を知ることは、中国がどのようにして今日に至ったかを知る上で欠かせない。

こうしたことを踏まえて、本書の構成は、中国経済がどのように機能し、なぜ今日の形になったのかを包括的に理解できるよう、必要なすべての主要トピックに触れられる形にした。同時に、鄧小平体制の下、1979年に始められた「改革開放」政策以降の経済の主な流れについても描いていく。

第1章から第3章では、本書全体の基礎として、なぜ中国の成長が今日の世界にとって重要な意味があるかを述べ、また、中国の歴史的、地理的、政治・経済的な特徴も説明する。第4章から第6章では、農業、工業、都市建設とインフラという経済活動の分野について述べる。これらの分野は、1980年から2020年にかけての経済発展で、最も重要であり続けた分野だ。第7章から第10章では、経済の「神経系」と呼べそうな部分、具体的には、企業、財政、金融、エネルギー、それぞれの分野について分析する。第11章から第13章では、もっと人間的なレベルに下りてきて議論を進める。具体的には、人口構成と労働市場の変化、新しい消費者経済、そして、中央での政治を最も混乱させそうな社会問題、つまり、格差と腐敗について述べる。

最後の2章では再び成層圏に戻り、現在、中国に関する世界での議論の中心となっている2つの大きな問題を取り上げる。第14章で検証するのは、中国が1979年以来実現してきた「資源投入」型の成長から、現在実現すべきである「資源効率」型の成長へ移行できるか、という問題だ。第15章では、経済大国としての中国の台頭が、世界の他の国々にとってどんな意味があるかを考える。

以上すべての内容を1冊の本に収め、また、大量のデータや数字を読者に浴びせかけないようにするために、私はかなり内容をシンプルに（ただし、専門家が眉をひそめない程度に）した。

こうしたタイプの本が冒しがちなリスクは、「中国の経済開発は賢い官僚がすべての政策の帰結を正確に予測しながら、前もって定めた計画に基づいて進められた」という印象を与えてしまうことだ。もちろん、そんなことはあるはずがない。これまでの中国経済は、対立するグループ間での激しい争いや、緊急の状況下で不十分な情報に基づいて行われた決定、過去の誤りの部分的で遅きに失した修正、10億を超える人々が自分の利益を求めて常に渦を巻くような状況などによってつくられてきた。こうした内容について詳しく知りたいと思う人は、本書の巻末で紹介する文献を参考にしてほしい。

謝辞

本書は、筆者が30年近く中国国内やその近辺で過ごし、中国の経済と社会について問い続けた結果、生まれたものである。多くの方々の協力がなければ本書が世に出ることはなく、その方々の名前は第1版で紹介させていただいた。繰り返しになるが、第一に感謝したいのが、「チャイナ・エコノミック・クォータリー」とギャブカル・ドラゴノミクスにおいてともに仕事をしてきた同僚たちだ。彼らの調査・研究が筆者の思索を導き、また、長年にわたって、知的な刺激を提供し続けてくれた。オックスフォード大学出版局のスコット・パリス、デイビッド・パービン、ジェームス・クックは第1版から継続しての編集者で、このプロジェクトを立ち上げ、育て、編集に関して素晴らしい助言をしてくれた。筆者の子どもたち、スザーナとシルバは、筆者に常にインスピレーションと喜びをもたらし、筆者について（また、他のすべてに関して）あらゆる場面で恐れを知らない質問をして、筆者の思考力と人間力を鍛えてくれた。本書の第1版も第2版も、エリザベス・クヌープの不断のサポートと応援がなければ、今日、日の目を見ることはなかっただろう。他にも多くの友人や同僚が知識や知見を提供してくれた。本文の文責はすべて筆者にある。

第1章 中国が重要な理由

なぜ中国経済に関心を持つべきなのか

1991年、ソビエト連邦（ソ連）が崩壊し、東西冷戦が終結した。それまでは、世界の経済と政治に最も大きな影響を与えたのは、米国とソ連のライバル関係ただ1つだった。冷戦終結以降、30年以上にわたる期間で見ると、中国の台頭と、PC（パーソナルコンピューター）やインターネットが主導したテクノロジー革命が世界に最大の影響を及ぼした。今日では、この2つの力が統合して、新たなライバル関係をつくりだしている。それは、米国と中国のライバル関係で、ともに政治とテクノロジーの面でのリーダーシップを巡って競い合っている。この関係を理解し、そのもとになった大きな経済的変化を理解するには、なぜ中国が大きく成功したのか、世界経済でいま中国はどんな位置を占めているのか、そして、中国はどこへ向かっているのかを知る必要がある。

中国経済の台頭は、人々についての物語でもある。中国人だけではなく、中国以外の人々をも含めた物語だ。中国の長期にわたる経済成長によって、世界人口の4分の1近くの人々の生活水準が向上し、数億人が貧困から脱した。中国の成長の波及効果にはプラスのものもマイナスのものもあったが、世界のほぼすべての国で感じられた。消費者は、中国で大量生産された製品で、価格の安さという恩恵を受けた。たとえば、裕福な国では人々の日々の生活に欠かせないスマートフォン、開発途上国では人々が通勤に使うスクーターが安くなった。企業は低コストの中国企業と競争することができず、新たな製品ラインを設けるか、製造拠点を中国に移すか、あるいは廃業しなければならなかった。中国での需要が高まることで、石油や石炭、鉄鉱石、銅の価格が押し上げられた。加えて、中国の巨額の貯蓄により、金利が低く抑えられ、多くの国の家計や企業、政府が借り入れを増やして、消費や投資を加速させた。

世界経済のどの部分を見ても、中国の役割を理解せずしては、今、何が起こっているかを見極めるのはほぼ不可能なのだ。

中国経済はどのくらい成長したのか。それは一般の人々にとってどんな意味があるのか

中国は羨まれるほどの成長を遂げた。１９７９年から２０１１年までの間、同国の経済は実質（インフレ調整済み）年平均10％の成長を続けた。２ケタの経済成長を遂げた期間としては、文句なく史上最長の記録だ。それ以降、同国の経済は少し減速したが、それでも２０１２年から２０１８年までは年平均７％ほどのペースで成長した。この期間の主要国の経済成長率の中では、最も高いものとなった。

これらの数字はインパクトがあるが、やや実感として捉えにくい。イメージしやすいように、個人の数字に置き換えてみよう。１９７９年以来、中国の国民１人当たりＧＤＰは平均で毎年約8.5％成長した。この速度で成長すると、９年ごとに所得が倍増することになる。したがって、平均的な中国国民の現在の所得は、１９７９年の30倍以上になっている。

別の数字でも説明してみよう。１９７９年には中国の１人当たり国民所得は２００ドルに満たなかった。これは世界平均の10分の１以下だ。中国は、どんな定義を用いても、非常に貧しい国だった。当時の平均的な中国国

民の生活水準は、アフガニスタンやバングラデシュ、あるいは多くのアフリカ諸国とほぼ変わらなかった。しかし、わずか40年後の２０１８年には、１人当たり国民所得は約９４００ドル、つまり、世界平均の84％となったのである。中国は今や「高中所得国」と考えられており、平均的な生活水準はブラジルやメキシコ、ロシア、および大半の東欧諸国とほぼ変わらない。

１９７９年には、中国国民の大半、少なくとも8億人は、世界銀行の定義による「極度の貧困」、つまり1日に使えるお金が1ドル90セント以下の状況で暮らしていた。今日では、極度の貧困の中で暮らしているのは１０００万人以下である。この極度の貧困の減少のほぼすべてが、１９９０年以降に起こった。同時に、国際的な定義で「中流」とされる人の数は、ほぼゼロから3億人になった。現在では、中流に属する中国人の数は、インドと米国を除くすべての国の人口よりも多い。

そして、当然のことながら、中国には14億人という莫大（ばくだい）な数の人がいるので、平均所得に14億を掛け合わせた中国経済全体の規模、つまりは国際的な経済力は、同様の生活水準の国々よりもはるかに大きくなる。１９７９年には、中国の人口は米国の4倍だったのに、経済産出量は米国のわずか7％でしかなかった。今日では、中国の経済規模は米国の約3分の2で、第3位の日本の約2.5倍となっている。予測は危険ではあるが、２０３０年頃には中国は米国を抜いて、世界第一位の経済大国になる可能性があると考えているエコノミストは多い。

中国はどうしてそれほど急速に、かつ長期間成長できたのか

ここまで、中国の成長を分析する起点として１９７９年を用いてきた。それは、この年に中国の指導者が経済政策を決定的に転換したからだ。

それまでは、中国を支配する中国共産党は、社会主義的な計画経済を実施してきた。そこでは、国がほぼすべての資産を所有し、ほぼすべての製品の価格を決めていた。この仕組みは毛沢東らが１９５０年代に導入し、ソ連のモデルを部分的に踏襲したものだった。この方法はある程度は成功を収め、特に、基本的な読み書きと衛生環境の普及、および、鉄鋼、石炭、石油化学などの基幹産業の基礎の確立では成功した。しかし、一般の中国人の生活水準を向上させるという点ではひどく失敗し、米国や欧州から大きく遅れただけでなく、日本や韓国、台湾などの近隣諸国にも後れをとった。これらの国々は第二次世界大戦後に急速に成長し、安定した中産階級の国になろうとしていた。

しかし、１９７８年12月、中国共産党中央委員会のある重要な会議で、鄧小平が中国の最高指導者となり、毛沢東の死後2年間続いた後継者探しが幕を閉じた。当時73歳だった鄧小平は、１９３０年代には毛沢東の同志だった。１９４９年に中国共産党を権力の座に導いた内戦では軍の司令官を務め、その後16年間、政界の上層部にいたが、１９６６年から76年の文化大革命の間は追放されていた。

最高指導者となった１９７９年には、毛沢東時代の孤立と後進性を断ち切るべく、「改革解放」政策を開始した。その全体的な目的は、国の役割を徐々に縮小し、市場の役割を拡大することによって、国内経済を「改革」すること、また、国外に門戸を「解放」して、外国からのアイデアを歓迎し、企業による中国への投資や、中国製品の輸出を促すことだった。[1] これは開発の基本計画というよりは、むしろ、中国が新しいアイデアや実験や事業を受け入れるという宣言だった。最初は詳細な戦略はほぼ存在せず、鄧小平と他のリーダーたちは「改革解放」を「石を探りながら川を渡る」[2] プロセスだと表現していた。

振り返って考えてみると、中国の特異な成功には、主に5つの要因があった。

①東アジア発展指向型国家モデルをうまく採り入れた

中国が急速な工業化と技術開発のモデルを探し始めた時、それほど遠くに出かける必要はなかった。1979年までには、日本はすでに西ドイツを追い抜いて世界第2位の経済大国となっており、日本企業は鉄鋼や自動車、カメラ、家電製品など、多くの製品で世界市場を征服しつつあった。日本の成長に続いたのが韓国、台湾、香港、シンガポールで、これらの国や地域はすべて急速に成長し、豊かになりつつあった。

この国々が採用していたのが、のちに研究者たちが「東アジア発展指向型国家モデル」と呼ぶようになるモデルである。このモデルでは、民間企業が製造のほとんどを担いながらも、強力な政府がインフラ建設と輸出製造業に投資を振り向けた。多くの点で、中国の1979年以降の成長は、この実証済みの方法を単純に最大規模で適用した結果だった。

1　外国からの資本と技術は重要だったが、外国からのアイデアと専門知識はおそらくもっと重要だったと思われる。1980年代と90年代の経済改革の計画を形成する上で国外の機関やエコノミストが果たした役割については、以下の文献で生き生きと描かれている。Julian Gewirtz, *Unlikely Partners: Chinese Reformers, Western Economists, and the Making of Global China* (Cambridge, MA: Harvard University Press, 2017).

2　「石を探りながら川を渡る」(中国語では「摸着石頭過河」) という表現は、鄧小平とそのライバルの陳雲がよく使っていた。陳雲は保守派の政治家で、1980年代を通じて実質的に中国の経済計画組織を動かしていた。近年では、習近平の経済アドバイザーである劉鶴が、中央による統制の必要性を強調するために編み出した「トップレベル・デザイン」というフレーズが優先され、「石を探りながら川を渡る」が使われる機会は減っている。2013年の3中全会後に発表された「決定」は、習近平の初めての重要な経済戦略文書だが、そこでは『石を探りながら川を渡る』中でトップレベル・デザインを強化する」という奇妙なフレーズが使われた。この言葉には、総合的な計画を立てたいという中国指導部の願望と、混乱した、解決が困難な問題に対処しなければならないという現実の間での葛藤がよく表れている。

②ポスト共産主義にうまく移行した

1962年、開発経済学者のアレクサンダー・ガーシェンクロンが「後発性の利益」という概念を導入した。[3] 彼が考えたのは、貧困国が急速に、かつ長期にわたって成長するには、富裕国ですでに開発された技術を自国の低コストの労働力と結び付ければよい、ということだった。イノベーションをあまり必要としないこの種の成長は、「キャッチアップ型」の成長と呼ばれる。他の東アジア諸国の成功物語と同様に、中国の成功にもこのキャッチアップ型の成長が大きく貢献している。というのも、同国には農村部に多くの労働力があり、彼らが現代的な工場で、比較的低賃金であっても進んで働いたからだ。

しかし、1979年の中国には、もう1つ「後発性の利益」があった。同国の経済が、政府による資産の保有と価格の設定という、社会主義的な原理の下に運営されていたことだ。こうした国による統制を少しずつ手放していくことだけで、中国は生産性を向上できた。経済面での意思決定が、国の気難しい官僚から、民間と公的部門のプレイヤーに移って、彼らが市場の力の拡大を背景に、自分が管理する資産から生産性と利益をより多く絞り出そうとするようになったのである。

③中央集権的であり地方分権的でもある、独特の政治構造

経済活動は、国の政治的な取り決めから切り離すことはできない。実際、かなりの部分が政治によって決定されている。中国の政治制度は、公式には中央集権だが、実際には分権化されており、この2つが組み合わさっている点で一般的なものではなく、おそらくは唯一のものだ。

理屈の上では、中国共産党が支配する北京の中央政府がすべての政策を決定し、税率を決め税収を管理し、経

済という船を導く。しかし実際には、省やそれ以下のレベルの地方政府が、中央政府の政策の採用（あるいは無視）について大きな自由度を持ち、地域ごとに開発の優先順位を定め、地域の事業を振興している。この事実上の分権化によって、中国では各地で叩き上げの起業家が育ち、また、中央計画経済を破綻させかねない硬直性や順応性のなさから逃れることができた。しかし、中央政府は金融システムや国有企業を通じて、重要な経済政策をうまく動かすことができたので、強く分権化された国々と比較すると、中国はかなり急速に国の重要なインフラを構築できた（①から③までの3つの要因に関しては、第3章で詳述する）。

④人口構成による恩恵

人口構成は経済の命運を決するとよく言われているが、実際はそこまでは影響を与えない。しかし、重要ではある。一般的には、国民が比較的若く、具体的には、生産年齢（人口統計学者の定義によると15歳から64歳）の人の数が、従属人口、つまり学齢期の子ども（0歳から14歳）と引退後の高齢者（65歳以上）の合計より相対的に多いと、経済成長は速くなる傾向にある。なかでも特に経済成長が速くなるのは、生産年齢人口に対する従属人口の割合（従属人口指数）が低下している時だ。従属人口指数が低下しているこの期間は「人口ボーナス（人口配当）」と呼ばれ、人口構成の変化だけで経済成長が後押しされる。

1975年から2010年までの間、中国では従属人口指数が半分以下に減少し、格別に大きな人口ボーナスを享受した。高齢者のための年金と医療費が比較的少なかったことと、豊富な労働力があったことが、直接的に中国の急速な経済成長をもたらしたわけではない。しかし、急成長のための豊かな基盤とはなった（人口ボーナス

3　Alexander Gerschenkron, *Economic Backwardness in Historical Perspective* (Cambridge, MA: Belknap Press, 1962). 邦訳：『後発工業国の経済史』（絵所秀紀他訳、ミネルヴァ書房、2005年）。

については、第11章で詳しく説明する)。

⑤ちょうどよい場所に、ちょうどよい時に存在した

地理的な環境や歴史的な状況は、国の成長力に大きな影響を及ぼす。この点に関して、中国は少なくとも３つの点で幸運だった。第一に中国は東アジアにあり、１９７０年代後半には近隣諸国は非常に活力に満ちていた。豊かな国々の近くに位置することは、経済成長の重要な決定要因の１つである。この点で、中国は当たりクジを引いた。[4] 多くの近隣諸国には成功している企業があり、それらの国々は熱心に中国に投資して、中国のコストの低さを活用するとともに、巨大に成長し得る市場にアクセスしようとした。

第二に、中国はちょうどよいタイミングで外国に門戸を開くことを決めた。その頃、コンテナによる輸送などのロジスティクス技術が発達したため、企業はコスト効率を考え、生産の流れを世界各地に振り分けることができるようになった。具体的には、１つの国で生産された高コストの部品を、(人件費の安い)別の国に送って最終的な組み立てをし、また別の国、たいていは遠く離れた国の消費者に届ける。言い換えると、世界のグローバル化が本格化するちょうどよい時に、中国は外国に門戸を開いた。また、アジアの生産チェーンにおいて、最終組立工程の中心地になる上で、ちょうどよい場所に位置していた(詳しくは第5章を参照)。

第3に、中国は名目的には共産主義国で、米国は強固な反共産主義のスタンスをとっていたが、それにもかかわらず中国は米国と協力的な関係を持ち、そこから恩恵を受けた。こうなった理由は、両国の共通の敵であるソ連に対抗するため、１９７２年のニクソン大統領の北京訪問をきっかけに、互いに違いを乗り越えることを決めたからだ。中国は冷戦終結以降も、長年にわたって、米国とのこの特別な関係から利益を受け続けた。今では両国の関係は悪化し、激しい戦略的競争関係にある(詳しくは第15章を参照)。

中国の成長はどんな影響を及ぼしているか。その影響はプラスかマイナスか

中国の経済成長は、中国自身にも他の国々にも、莫大な影響を及ぼしてきた。総括すると、全体としての影響は大きなプラスだ。巨大な富が創造され、平均的な中国の人たちの生活は、数十年前に比べてはるかに良くなった。また、中国国内で製品やサービスの需要が高まったため、中国以外の国々もそこから経済的な利益を得ることができた。

しかし、子細に見てみると、その成功像はぼんやりとしてくる。中国国内では、一部の階層や集団、地域だけが他よりもはるかに潤い、また急速な成長は多くの問題も生み出した。たとえば、所得や資産の格差、腐敗、深刻な環境被害などだ。社会も大きく変化した。かつては農業中心で、所得は低かったものの、医療や教育などの基本的なサービスは安価に入手できた。それが、都市化が進んで、競争へのプレッシャーが強烈になり、支払える金額によって手に入れられるサービスが変わるようになった。さらには、伝統的な家族や文化的なつながりも弱まった。

急速な発展がもたらした社会的な緊張感に対して、中国のリーダーたちは、総合的にはうまく対処してきた（一部は政治的な抑圧を通じて）。しかし、こうした緊張感は拡大し続けており、慎重に対応しなければ、政治不安や経済停滞にもつながりかねない。

世界に対する影響に目を転じてみよう。この場合、改革開放期を2つの期間に分けると理解しやすい。前半は1979年から97年のアジア通貨危機までだ。この期間に中国は見事な成長を遂げたが、国外への影響はわずか

4　Paul Collier, *The Bottom Billion* (New York: Oxford University Press, 2008). 邦訳：『最底辺の10億人』（中谷和夫訳、日経ＢＰ、２００８年）は、港のある海岸に近いことと、豊かな近隣諸国があることが、急成長の前提条件だと指摘している。

だった。その一因は、中国経済のスタート地点があまりにも低かったので、購買力を十分に培って国際市場で存在感を示せるようになるまでには、長期の急成長が必要だったことだ。もう1つの理由は、1980年代と90年代における重要な改革が、国内市場の再編に関するものだったことである。それまでは多くの品々やサービスを、国が決めた価格で厳密に分配していたが、その価格を市場で決定することが徐々に認められるようになっていった。これによって中国の人たちは、過去には手に入れられなかった多くの製品を買えるようになり、生活水準も上がった。しかし、中国人も中国企業も、輸入品を買ったり、国外でお金を使ったり投資したりできるほどの資金は持っていなかった。

1997年以降、この状況が劇的に変わった。なお、アナリストの中には、2001年を転換点としている人もいる。中国が世界貿易機関〈WTO〉に加わった年である。中国のWTO加盟は重要な出来事ではあったが、世界に重大なインパクトを与えた同国の成長の基盤はそれより前に築かれており、すべてがWTO加盟による輸出の増大に起因すると考えると誤解を招く。

1997年には、中国は経済の断崖絶壁でふらついているような状態だった。通貨危機がインドネシアから韓国までをも呑み込み、国内の国有企業は2000億ドル超の国からの借り入れを返済できずに、実質的に破綻していた。中国政府がとった対応は、国有企業と銀行の大幅な改革、初の大規模なインフラプロジェクト（省間高速道路網）、そして、都市部住宅の私有化である。住宅私有化は、のちに世界史上最大の不動産ブームを引き起こすことになる。

これらすべての要因とWTO加盟がもたらした輸出競争力の拡大により、中国の成長は純粋に国内だけに利益をもたらすものから、世界のあらゆる場所で影響が感じられる現象となった。中国の成長の実績を図表1.1にまとめた。

図表 1.1　さまざまな指標において中国が世界全体に占める割合

	1997	2017	全世界での増加に占める中国の割合 1997–2017
人口	21.3%	18.7%	**9%**
都市部人口	15.4%	19.9%	**28%**
経済指標			
GDP	3.1%	15.4%	**23%**
投資	4.2%	26.5%	**41%**
製造業付加価値	5.5%	23.6%	**40%**
輸出	3.2%	13.1%	**18%**
製品輸出	3.9%	17.9%	**26%**
輸入	2.5%	9.8%	**14%**
公式の軍事費	2.2%	12.9%	**21%**
エネルギー・環境指標			
一次エネルギー消費量	10.5%	23.0%	**49%**
石油輸入量	3.0%	14.1%	**34%**
発電量	8.1%	24.8%	**47%**
二酸化炭素排出量	13.7%	27.3%	**57%**
金融指標			
外貨準備高	9.0%	27.9%	**31%**
株式市場時価総額*	0.8%	12.0%	**15%**
外国直接投資（国外からの流入額）	9.4%	7.7%	**7%**
外国直接投資（国外への投資額）	0.4%	4.9%	**6%**
資産運用投資累計（国外からの流入額）	0.0%	1.5%	**2%**
資産運用投資累計（国外への投資額）	0.0%	0.8%	**1%**

原注：中国国外の株式市場に上場されている中国企業を含む。
出典：世界銀行「世界開発指標」、BP Statistical Review of World Energy 2017、WTO、IMF International Financial Statistics、UN World Population Prospects 2017、UNCTAD、WIND、ギャブカル・ドラゴノミクスの推計。

この表が語る物語はシンプルだ。1997年には、中国はその規模と比較すると、ずっと下の階級で試合をしていた。20年近くも急成長を続けたにもかかわらず、世界の経済活動を示す指標の大半において、中国が占める割合は、中国の人口が世界の人口に占める割合よりもずっと小さかった。しかし、2017年までには、少なくとも人口の割合と同程度にはなった。

そして、これら指標の20年間の成長に占める中国の割合は莫大だ。特に、実際の工業生産に関連する指標では、その数字の大きさが目立つ。1997年から2017年までの20年間で、中国は製造業付加価値、設備投資、発電量、エネルギー消費量、地球温暖化につながる温室効果ガス（特に二酸化炭素）の排出量において、世界の増加分の40％以上を占めた（このパターンの例外として注目されるのが金融分野だ。この分野では、開発途上国のインフラ関連プロジェクトを除いて、中国の影響はまだ小さい。金融における中国の相対的な孤立については、第9章で詳しく説明する）。

2000年代始めまでに、中国は鉄鉱石や銅、石油、大豆などの一次産品を大量に購入するようになり、そのため、それらの価格が新たな水準に切り上がった。同時に、中国は低価格の消費財の大口の輸出国となり、それによって、それらの製品の価格が低下した。中国は巨額の貿易黒字を計上し始め、その黒字分で米国国債や他の安全性の高い債券を購入した。この大量の資本流入によって金利が押し下げられた。

こうした動きから、プラスとマイナスの両方の影響が生じた。一次産品を生産する国々（その多くが開発途上国）は、中国が喜んで支払う高価格によって利益を得た。しかし、一次産品の輸出によって貿易黒字が拡大すると、その国の通貨の価値は上昇し、それらの国々の製造業は事業継続が困難になっていった。特に、低価格の中国製品と競合している企業にはその傾向が強かった。

反対に、米国や他の富裕国の消費者は、中国で生産される製品の安さによって恩恵を受けた。しかし、富裕国の企業が競争に勝ち抜くためには、自国のコストの高い工場を閉鎖して中国に製造拠点を移さなければならず、これが失業や社会的混乱を引き起こした。金利の低下からも、同様にプラスとマイナスの両方の影響が生じた。資本コストが低いと、企業は低コストで投資ができ、家計は住宅などの高価な買い物の資金を借り入れやすくなる。これはある時点まではプラスだが、住宅バブルや、それに続く２００８年の米国の金融危機にも影響することとなった。

本書では、こうしたあらゆる影響について詳しく説明していく。しかし、その議論をする際に覚えておくべきなのは、中国は世界の変化を引き起こす重要な要因ではあるが、決してただ１つの要因ではないということだ。他の技術的、社会的な変化も、大きな役割を果たしている。製造拠点が富裕国から中国や他の開発途上国に移ったのは、技術面での変化が要因の１つとなっており、そうした変化があったからこそ、富裕国はもっと付加価値の高いサービスに集中することができるようになった。金利の低下は、貯蓄の増加につながる人口構成の変化が世界で起こっていることも一因となっている。したがって、世界の変化における中国の役割を理解することは不可欠ではあるが、そうした変化の複雑さを理解することも同様に不可欠で、すべて中国のおかげだとか、すべて中国が悪いなどの見方をするべきではない。

中国の台頭はどのように地政学に影響してきたか

経済にあまり関心がない人にとっても、中国は重要だ。中国は単に経済面で台頭しただけではなく、地政学的にも台頭してきたからだ。これがはっきりしたのは、２０１７年と18年に、中国と米国との間の「貿易戦争」や「テクノロジー戦争」がニュースの見出しとなり始めた頃である。これらの摩擦は、単に中国の多額の対米貿易黒字によって生じた短期的なものではなく、世界の経済的、政治的なあり方が構造的に変化したために生じた。

中国は世界の地政学的な秩序を変える力を持っている。それには、以下のような理由がある。

- 中国経済は長期的に成功しており、やがては米国を越えて世界第一位になれる可能性があるほど大規模である。
- 中国はどんな主要国と比較しても、国による所有と介入の割合がはるかに大きい。
- 地政学的に独立したプレイヤーであり、米国との同盟関係も安全保障上のパートナーシップもない。
- 権威主義的で、非自由主義的、非民主主義的な国家であり、権威主義と非自由主義の程度は弱まるどころか、むしろ強まっている。

以上の各点について、もう少し詳しく見てみよう。

第一に、中国経済は単に成功しているだけではない。非常に長い期間、さまざまな状況において成功し続けている。中国では、資本主義的な経済とレーニン主義的な政治の矛盾が解消されず、多額の債務があり、非生産的な国有企業の存在やその他さまざまな理由から、いつか失敗するだろうとの予測がされてきた。しかし、中国はそうした予測を何度も覆した。中国の成長率は、今後はほぼ間違いなく低下するだろう。しかし、過去40年間の成果を考えると、中国は今後もしばらく、米国よりもはるかに大きな成長をし続ける可能性がある。そして、米国に代わって世界第一位の経済大国となることも（確実ではないが）十分に考えられる。米国は１８７０年代以来、経済産出額でも技術開発でも、誰もが認める世界のリーダーであり続けてきたので、中国が経済規模で第一位になれば、世界でのそれは力関係における大きな変化となる。

第二に、中国経済の性質も重要な意味を持つ。第二次世界大戦後、米国とその同盟国は、継続的な経済成長を生み出し、共産主義の広がりを抑えられるよう、世界の経済秩序を築いた。この経済秩序に参加する国々の、政治と経済のあり方はさまざまだった。しかし、基本的な想定は、市場の力の方が国の指示よりもずっと大きな役割を果たし、資産のほとんどは民間が所有し、国は主に市場の規制にフォーカスし、また、貿易や投資、資本移動に関する国家間の障壁は、徐々に低くなっていくというものだった。

１９７９年以降、中国はこの経済秩序に参加し、メンバーとして恩恵を受けた。特に、世界市場への自由なアクセスと、先進諸国からの多大な資本と技術の流入という恩恵である。そして中国の経済構造は、世界の標準的な仕組みと矛盾しないものになっていくだろうと長い間考えられてきた。つまり、市場の力がさらに大きな役割を果たし、より多くの資産が国から民間に移り、国は規制面での役割にさらに集中し、中国市場は世界の企業や投資家に対して、徐々に門戸を開いていくだろうと考えられた。

しかし、過去10年間、特に２０１２年の終盤に習近平が中国のトップとなって以降は、こうした動きは速度が落ちたか、停止してしまった。「石を探りながら川を渡り」、市場の役割を少しずつ拡大していく代わりに、官僚は「トップレベルデザイン【中国語では頂層設計。トップダウン方式で政策を定めること】」と高度な国家所有の必要性を強調している。中国共産党は、企業の中に組み込まれた党委員会を通じて、民間企業への影響力をますます強めようとしている。外国企業による中国市場へのアクセスは、大半の先進諸国市場へのアクセスと比べると、依然として厳しく制限されたままだ。２０１５年に開始された産業政策「中国製造２０２５」では、技術集約的な産業において、中国企業が外国のライバル企業から奪うべき市場シェアが具体的に示されており、この取り組みは数千億ドルの補助金に支えられている。さらには、中国による国外投資の急拡大、特に、２０１３年に発表された世界的なインフラ投資プログラムの「一帯一路」構想では、国営の建設会社と銀行が先頭に立っている。

中国の指導者たちは、当然のことながら、こうしたやり方は正当なものであると言う。それぞれの国はそれぞれの経済発展の方法を選ぶ権利があり、中国のアプローチは明らかに成功しているというのがその根拠だ。しかし、戦後の政治と経済の秩序を築いた米国と他の国々にとっては、ただ規模が大きいだけでなく、経済体制が大きく異なる中国の登場は厄介だ。それらの国々が恐れているのは、多額の補助金に支えられた中国の大企業が、国際市場で莫大な利益を上げるその一方で、外国企業は中国市場開拓のチャンスを得られないという、非常に不公平な結果である。

もっと深いところで多くの人が恐れているのは、中国が新たに手に入れた力を使って、世界政治や軍事面での優位性を米国から奪おうとするのではないか、ということだ。なぜなら、戦後経済のライバル国であったドイツや日本と違って、中国は米国の安全保障ネットワークの外にいるからだ。また、権威主義的な中国が、独裁政治体制の強化の方向に世界のルールを変えようとすることや、民主主義的な規範を弱めようとすることも恐れられている。米国のシンクタンク、外交問題評議会の研究者、エリザベス・エコノミーの言葉を借りると、中国は「自由主義的な世界秩序の中で主導権を握ろうとする非自由主義国家」[5]としての色合いを強めている。中国が世界に及ぼす影響から生じている摩擦は、それがうまく対処されてもされなくても、今後さらに深刻なものとなっていくだろう。

5 Elizabeth C. Economy, *The Third Revolution: Xi Jinping and the New Chinese State* (Oxford: Oxford University Press, 2018): 17.

第2章 中国の人口と地理、歴史

中国の大きさと人口は経済にどう影響しているか

当たり前の事実だが、繰り返しておこう。中国は世界で最大の人口（約14億人）を持つ国である【２０２３年にはインドの人口が中国を上回ると予測されている】。また、面積は世界で4番目に広く、米国とほぼ同じだ。この規模が、中国にとって大きな制約となり、また可能性ともなる。中国トップクラスのエコノミスト、林毅夫（ジャスティン・リン）は、温家宝の発言であるという次の言葉をよく引用する。「どんな問題も、中国の人口を掛け合わせるととても大きな問題になる。だが、その問題を中国の人口で割れば非常に小さなものになる」。これはシンプルだが見逃しやすいポイントだ。つまり、中国の規模が意味するのは、失業や環境悪化や社会の混乱など、どんな問題であっても想像ができないくらいに大きな規模で存在するが、同時に、その問題の解決に使える資源も莫大だ、ということである。難しいのは、その資源を集めて、効果的に活用することだ。

この視点から見ると、毛沢東時代にも改革開放期にも見られた中国経済の特徴が浮かび上がる。つまり、資源を集めることに主眼が置かれるのである。その資源の効率を最大化させることは、いつも二の次だ。

豊かな国のエコノミストは、よくこの点に悩まされる。というのも、自国の経済成長と生活水準の向上が、ほぼすべて効率化から生まれているからだ。中国を訪問する人々はあちこちで無駄と非効率を目にし、中国はいつか危機に見舞われると予測する。だが、その予測はこれまで常に外れてきた。それは、どの程度の無駄が生じているかについて認識が間違っていたからではない。中国ほどの規模の国では、そのような無駄もあまり大したものではない、ということを見落としているのだ。その無駄が、基本的なニーズを満たすための効率的なプロセスの副産物である限り、大したものではないのである。

簡単な例を挙げよう。２０００年から10年までの10年間、雇用と住宅という国民の基本的なニーズを満たすためだけに、中国は毎年２０００万人分の雇用（オーストラリアの全人口にほぼ匹敵する）を新たに創出しなければならず、また、毎年８００万戸の都市住宅を建設する必要があった。８００万戸は、同時期に米国で完成した住宅の年平均戸数の約6倍で、米国の住宅バブル期の約4倍だ。このように急な状況の中では、無用な仕事がつくられたとしても、あるいは、家を買うのに何ヵ月、あるいは何年も待たなければならなかったとしても、驚くようなことではないだろう。

だからといって、中国の成長が非効率で、無駄が多いものでなければならなかった、というわけではないし、同水準の無駄が永遠に続くと言っているのでもない。より効率的な、そして、多分もっとゆっくりとした成長の道はもちろんあったはずだ。ここでのポイントは単純に、中国が巨大であるために、質より量を重視した高速の成長モデルを選択できた、ということだ。しかし、この「大規模な」成長の段階は終わりに近づきつつあり、中国は規模ではなく効率を重視した成長モデルにシフトしなければならないことが、次第に明らかになってきている。

中国の規模が持つもう１つの意味は、政策を全国に展開する前に、大規模な実験ができるということだ。中国には省級と呼ばれる地域が31ある。[1] そのうち、最小人口はチベット自治区の３００万人、最大人口は広東省の１億４００万人で、メキシコの人口とほぼ同じだ。平均では１つの省の人口は約４５００万人で、だいたいスペインの人口くらいだ。したがって、中国はさまざまな点で「多くの国が集まった大陸」のような国と捉えることができるだろう。

省運営の仕組みは公式には中央集権で、北京の中央政府が運営する形であり、米国やドイツのような連邦制ではない。しかし実際には、省の官僚は自らの裁量で多くのものごとを進められる。1970年代以来、中国の指導者は意識的にこうした地方の自治を活用してきた。一部の市や省での政策実験を容認したり、明示的に許可したりしたのである。その結果、中国は新しいアイデアを比較的大きな規模で試せるという、小さな国ではあり得ないような贅沢を手にした。成功したらほかの場所でも同じように展開できるし、失敗しても、たとえそれが大失敗でも、国全体にダメージを与えることはない。これによって、試行錯誤型の政策策定がより実施しやすくなった。

中国の地理は経済にどのような影響を及ぼしているか

次の3つの地理的特徴が、中国の経済開発のパターンに特に大きな影響を及ぼしている。

- 黒河（こっか）・騰衝（とうしょう）線：中国北東部から南西部にかけて斜めに引いた線で、中国はこの線を境に、水が豊かで人口が密集した地域と、乾燥して人口が非常に少ない地域に分けられる。
- 沿岸部と内陸部：沿岸部には輸出関連の事業の大半が集積し、内陸部は広大で閉ざされた僻地である。
- 二大河川：黄河と長江。作物の分布に影響するとともに、内陸部開発に活用される。

1　この31の地域の内訳は、省が22、「自治区」が5、直轄市が4となっている。自治区は、大きな民族グループに対して、ある程度の自治を表面上は認めるために設けられたものだ。最大の直轄市は重慶市で、オーストリアほどの広さがある。これらの行政単位は、中国の行政ヒエラルキーの中ですべて同じレベルにあり、本書ではすべてを総称する場合「省級」と呼ぶこととする。

黒河・騰衝線（図表2.1参照）は、1930年代に地理学者の胡煥庸（こかんよう）が提示した仮想的な線だ。中国とロシアの国境にある黒河市から、ミャンマーとの国境にある騰衝市まで引かれている。

この線によって、中国の国土はおおよそ半分に分けられる。線の東南側には中国全人口の94％が住む。中国で入手できる水の大半があり、年間の降雨量は500㎜から2000㎜だ。西北側に住むのは全人口のわずか6％で、その多くがモンゴル人やチベット人、ウイグル人などの少数民族である。非常に乾燥しており、大半の地域で年間降水量は400㎜以下だ。[2] しかし、この地域は石油や天然ガス、鉱物などを豊富に埋蔵しており、中国が天然資源を確保する上で重要な地域である。米国にも黒河・騰衝線のような境界があり、ミシシッピ川が東側の人口の多い地域と、西側の比較的乾燥した人口の少ない地域の境界となっている。しかし、米中の境界には大きな違いが1つある。それは、米国の西部には海岸があるが、中国の西部は内陸であるということだ。経済発展は港へのアクセスに関係が深いので、この違いは重要だ。港へのアクセスがない国や地域は、輸出産業を育成できず、そのため、活発な貿易に伴う技術やアイデアの流入

図表 2.1　中国の地理的特徴

＊網かけの部分は沿岸部の省。
出典：ギャブカル・ドラゴノミクス。

もなく、成長速度が遅くなりがちになる。

中国の２つの大河も同様に、地理的な境界線であるとともに、開発にも影響しているという点で重要だ。中国北部を流れる黄河は沈泥の多い川で、古代文明発祥の地だ。洪水が頻繁に起こり、流れる場所も変化したことから、伝統的な治水技術も発達した。長江はチベット高原から中国中央部を流れ、この川をおおよその境として、稲作が行われる南部と、麦や雑穀が育てられる北部に分けられる。また、昔から中国の港と内陸部を結ぶ、重要な水路でもある。南京や武漢、重慶といった長江沿岸の多くの都市が、輸送拠点や商業、工業の中心地となった。有名な三峡ダムの水力発電所は、２０１２年の完成時は世界最大の水力発電所で、このダムも長江にある。

こうした地理的条件が経済の意思決定に影響を及ぼし、強力な経済活動は沿岸部に集中しがちになる。開発を公平に進めるために、政府は内陸部が追いつくための方策を創造し続けなければならない。内陸部では沿岸部に比べて、国有企業が経済に占める割合が大きいが、それは国有企業が利益を気にせずに、雇用創出と経済成長という社会的ミッションを先導することができるからである。巨大な地域開発計画（１９９９年に提起された西部大開発」や２００３年に提起された「東北振興」など）は、内陸部の生活水準を上げることを直接的に狙ったものだ。これを経済的な言葉で表現すると、沿岸部から内陸部への大規模な富の移転である。さらに大きな規模では、一帯一路構想（２０１３年に開始）も、中国の西部・南部の奥地を国際市場につなげようとする試みと見ることもできる。そして、もっと規模の小さな多数のプログラムが、裕福な省（通常は沿岸部）の都市と貧しい省（通常は内陸部）の都市を結び、貧しい都市の経済あるいは社会プログラムの費用を、裕福な都市に直接的に負担させている。

2　正確に言うと、黒河・騰衝線の東側には中国国土の43％があり、西側には57％がある。黒河・騰衝線による分断については、以下の文献の説明が興味深い。“Hu Line: China's Forgotten Frontier,” Sixth Tone, July 5, 2017. https://www.sixthtone.com/news/1000459/hu-line-chinas-forgotten-frontier.

中国の長い歴史が経済にどのように影響しているか

中国は世界で最も古くから続いている文明の1つであり、現代の中国人は、自分たちが数千年の文化と歴史の継承者であることを強く認識している。これらの伝統が社会や政府、日々の生活を形作っており、それは本書で説明するにはあまりにも複雑だ。しかし、本書の目的に照らして、近年の経済発展に強く関連する3つの要素を、中国の長い歴史の中から抜き出してみよう。

第一に、中国は（インドのように）単に古い文明であるだけなく、世界で最も古い国家の1つである。いくつもの王朝が興隆し滅亡したが、国家としての中国は少なくとも6世紀まで遡ることができる。その頃、官吏登用のための試験【科挙】が初めて実施された。それ以来、支配する一族は変わっても、主な地域を官僚が支配するという歴史は、短い断絶はあったものの安定的に今日まで続いてきた。この何世紀にも及ぶ、概して有能で体系だった官僚支配によって、中国は「国家能力」が著しく高くなり、この点で他のほぼすべての開発途上国（インドも含む）との違いが生じた。「国家能力」とは、政府が政府自体やその財政を管理する能力であり、その主要な機能であるインフラ建設や社会サービスの提供、経済開発戦略のマネジメントなどを実行する能力である。現代の中国がこれほど速く、長く成長し続けることができたのは、また、多くの開発途上国の発展を妨げた経済危機や財政危機を回避してきたのは、国家能力の高さが主な要因である。

第二に、欧州で産業革命が起きるまでの約1000年の間、中国経済は世界最大で、かつ最も先進的で、技術的にも進んでいた。経済史研究者の推計では、1820年代には、中国の国内総生産（GDP）は世界の約3分の1を占めていたという。これは人口の割合とほぼ同じである（図表2.2参照）。国内の生産と取引においては市場をベースとした仕組みがあり、それは少なくとも欧州と同程度には発達していた。さらには、絹や繊維製品、陶器などの前近代的工業では、中国は世界貿易を支配していた。[3]

非常に長い視点で考えれば、1979年以降の中国の復活は、単に「元に戻った」だけだという議論ができるかもしれない。19世紀から20世紀初頭にかけて、欧州と北米は完全に工業化されたが、中国はそれができなかった。いったん工業化を開始し、1980年代にオープンな貿易制度を採用すると、19世紀以前に中国を高みに導いた強みが再び花開いた。すなわち、多くの人口、比較的高い教育水準、製造業と商業で確立された伝統などである。40年の間、急成長を続けたあと、中国は再び世界に対し、みずからの力に相応しい経済的な影響を及ぼしている。2017年までには、世界経済に占める中国の経済産出量、製造業付加価値、製品輸出の割合は、

図表2.2　世界に占める地域別GDPの割合

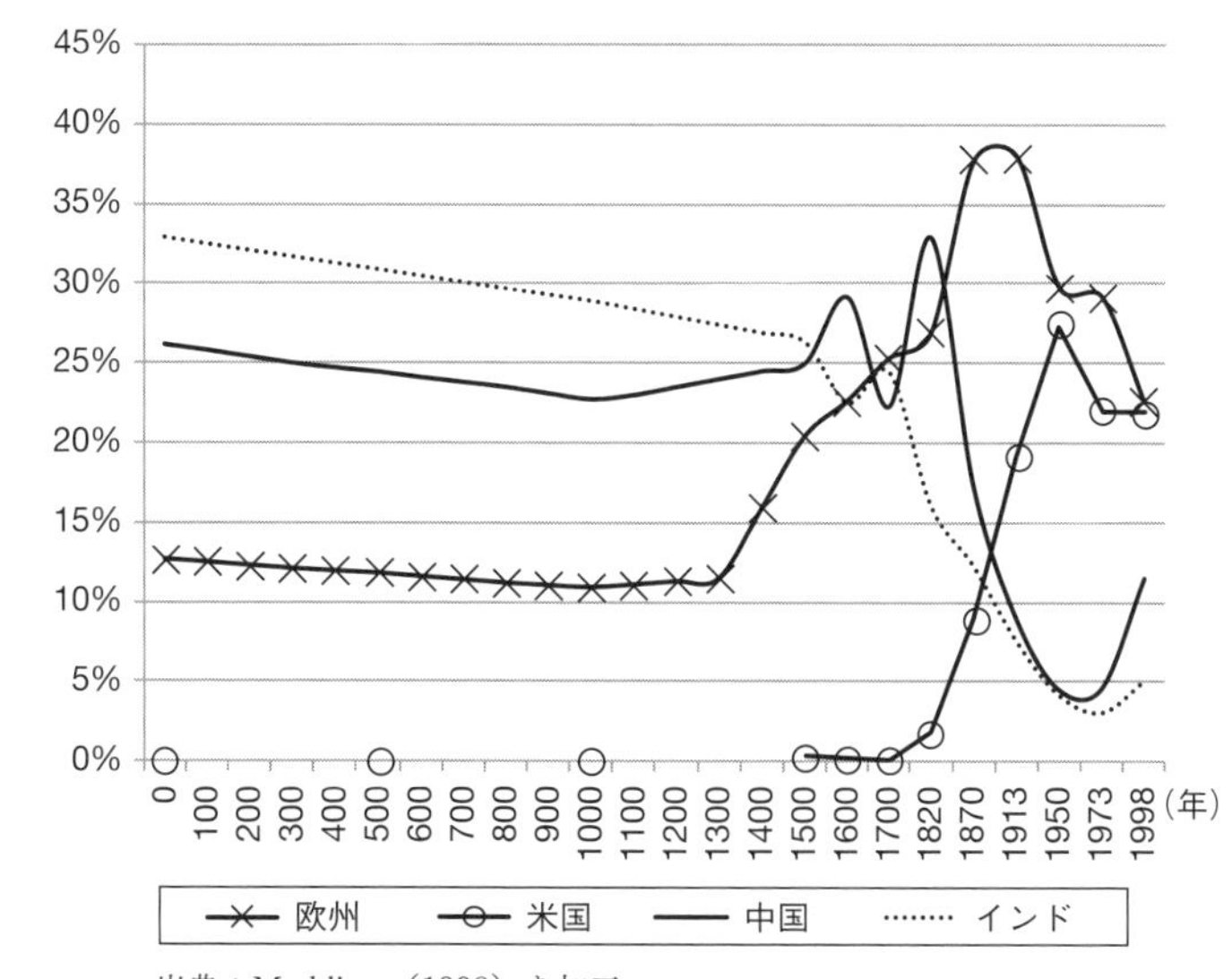

出典：Maddison (1998) を加工。

3　過去2000年間の中国のGDPについては、Angus Maddison, *The World Economy: A Millennial Perspective* (Organization for Economic Cooperation and Development, 2006). 邦訳：『世界経済史概観 紀元1年～2030年』((公財) 政治経済研究所訳、岩波書店、2015年) を参照。いまだに議論の分かれる、1800年頃の中国の経済的な位置づけについては、以下の文献を参照。Kenneth J. Pomeranz, *The Great Divergence: China, Europe, and the Making of the Modern World Economy* (Princeton, NJ: Princeton University Press, 2001). 邦訳：『大分岐―中国、ヨーロッパ、そして近代世界経済の形成』(川北稔監訳、名古屋大学出版会、2015年)。

それぞれ15％、25％、18％となり、中国の人口が世界人口に占める割合とおおよそ同じになった。
第三に、高みからの没落と近年の復活に関わる歴史は、中国共産党支配の神話で不可欠な部分となっている。また、同党による政治権力の独占を正当化する戦略において、注意深く醸成されてきた部分でもある。世界最大の経済からの転落は、１８４０年から42年のアヘン戦争で決定的になった。この戦争はイギリスに屈辱的な敗北を喫して終わり、このあと、現代中国の歴史家が「屈辱の世紀」[4]と呼ぶ時代につながっていく。その１００年の間に、少なくとも２０００万人が死亡した悲惨な内戦（１８５０～64年までの太平天国の乱）、欧州の植民地帝国による主権の崩壊、２０００年続いた王朝体制の終焉（１９１２年）などが起こった。さらに、四半紀に及ぶ新たな内戦に、中国本土における日本との激しい戦争が重なった。

１９４９年に中国共産党が勝利を収めると、この混沌とした状況は収束した。毛沢東の下での共産党支配（１９４９～76年）の初期には、同党ならではの政治的、経済的混乱があった。たとえば、１９５０年代における容赦のない産業の国有化、農業の集団化、強制的な工業化推進プログラムである大躍進運動（１９５６～58年）などが実施され、大躍進運動の結果として３０００万人以上が餓死するに至った。そのあとには文化大革命（１９６６～76年）という、ほぼ内戦のような恒常的イデオロギー闘争が続いた。[5]

しかし、こうした悲惨な出来事があっても、新しい共産党政権は持ちこたえ、一定の成果を上げた。具体的には、ほぼ全国民に基本的な読み書きを教え、衛生と医療の水準を定め、それによって寿命を約45歳から75歳くらいまでに延ばし、現代の工業経済のための基本的インフラをある程度建設した。

鄧小平（１９７9年から93年まで中国の最高指導者）と彼の後継者たちの下では、現実的でより市場主義の政策を優先させるため、共産主義のイデオロギーは棚上げされた。これによって、急速な経済成長と、生活水準の向上が大半の中国人の間で実現された。中国共産党政権における基本的前提は、中国共産党だけが継続的成長を確実に成し遂げられ、さらには、中国共産党の支配によってのみ、中国は「屈辱の世紀」を克服し、偉大な国に戻ることができる、というものだ。この説明について、客観的な見方の歴史家は異論を唱えるかもしれない。しかし、この前提は強力で、中国共産党がその権威主義的な支配を正当化する上で、不可欠なものとなっている。

4　中国との貿易における銀の流出を抑えるため、英国は銀以外に取引できる商品を探し、植民地のインドで栽培されたアヘンを輸出するという手段に出た。中国はアヘンの輸入を禁じ、禁輸を徹底しようとしたことから戦争が起こった。戦争では英国が勝ち、同国と他の欧州列強が中国国内での貿易権を大幅に拡大した。アヘン戦争についての歴史と背景、その結末についての信頼できる文献としては、以下を参照。Stephen R. Platt, *Imperial Twilight: The Opium War and the End of China's Last Golden Age* (New York: Alfred A. Knopf, 2018). プラットは太平天国の乱についても、優れた著作がある。*Autumn in the Heavenly Kingdom: China, the West and the Epic Story of the Taiping Civil War* (New York: Alfred A. Knopf, 2012).

5　毛沢東時代について1冊にまとめられた書籍の中で最も優れたものとしては、以下が挙げられる。Andrew G. Walder, *China under Mao: A Revolution Derailed* (Cambridge, MA: Harvard University Press, 2015). 中国の19世紀の屈辱がのちの政治に与えた影響について、わかりやすい説明としては以下を参照。Orville Schell and John DeLury, *Wealth and Power: China's Long March to the Twenty-First Century* (New York: Random House, 2014). 邦訳：『野望の中国近現代史』(吉村治彦訳、ビジネス社、２０１４年)。

第3章

中国経済の政治とのかかわり

中国の政治システムはどうなっているのか

中国経済の過去・現在・未来を理解するためには、独特で順応性のある政治システムを理解することが不可欠だ。その特徴を端的に挙げると、中国は①一党支配の国であり、②官僚制─権威主義に基づく統治が行われ、③原則的には高度に中央集権化されているが、実質的には大幅に分権化されている。この3つの特徴について、順に説明していこう。

中国の一党支配はどのようなものか

中国における一党支配に関して重要なのは、中国共産党が実質的に唯一の合法政党であるという事実ではなく、党の性質だ。中国共産党は少人数の秘密結社のような存在ではなく、9000万人（全人口の5％以上）ほどの党員を持つ巨大な組織である。政府や裁判所、メディアや企業（国有と民間の両方）、大学や宗教組織など、あらゆる組織に入り込んでいる。これらの組織のトップは、党の強力な「中央組織部」が任命する。

ジャーナリストのリチャード・マクレガーは著書の『中国共産党』[1]で、次のように書いている。「（中央組織部と）同様の組織が米国にあるとしたら、その組織は次のポジションすべての任命を行う──米国のすべての閣僚、知事、副知事、主要な都市の首長、連邦規制当局すべてのトップ、GE（ゼネラル・エレクトリック）、エクソンモービル、ウォルマートほか50社ほどの米最大手企業のCEO、最高裁判所の判事、ニューヨーク・タイムズ、ウォール・ストリート・ジャーナル、ワシントン・ポストの編集責任者、テレビ局やケーブルテレビのトップ、イェール大学やハーバード大学ほか有名大学の学長、ブルッキングス研究所やヘリテージ財団などのシンクタンクのトップ――」[2]。現在では、毛沢東時代のように党が個人の生活の細かな部分までコントロールしようとすることはない。しかし、現在でも組織の活動に関しては、あらゆる側面を直接コントロールしようとするか、大きな影響を及ぼそうとする。ただし、ここ数十年は、そのコントロールは柔軟であり、押しつけがましいものではなかった。中国が経済と社会の急速な変化に順応できるのも、こうした柔軟性が一因となっていると考えられる。

順応性のもう1つの源となっているのは、地方政府と北京の中央政府との間で多くの情報を交換し、その多くの情報を管理していること、そして、入手した情報を政策に変換して各地の問題を解決していることだ。外国メディアによる論評では、中国共産党がインターネットや他のメディアを検閲し、監視していることが注目される。実際に検閲は行われており、それは広い範囲に及び、多くの面で有害だ。しかし、党は従来型のメディアやインターネットメディアの爆発的拡大は許容しており、インターネットのインフラには多額の投資をしている。なぜなら、メディアの報道によって、地方の役人が隠したがる問題について情報を入手しやすくなるからだ。

これに加えて、党と中央政府の両方が膨大な調査を委託している。たとえば、国有のシンクタンクや大学など

1　正確には他の政党も複数存在するが、それらの政党は実際には政府に対する影響力を持たず、選挙に立候補することもできない。

2　Richard McGregor, *The Party: The Secret World of China's Communist Rulers* (Bristol, UK: Allen Lane, 2010): 72. 邦訳：『中国共産党』（小谷まさ代訳、草思社、2011年）。

を通じた、現場レベルでのアンケートなどだ。調査の結果は、北京の精緻な政策決定プロセスで利用される。この流れは「5ヵ年計画」に最もはっきりと表れる。5ヵ年計画のそもそもの目的は、計画経済において生産目標を設定することだったが、現在では、草の根の情報を政策に変換し、状況の変化に応じて政策を調整するための手段となっている。[3]

中国はなぜ他の権威主義国家と異なるのか

中国の統治の形は、官僚制－権威主義【しっかりとした官僚制度があると同時に、権威主義（民主主義と全体主義の中間形態で、現代では非民主主義体制のほとんどが権威主義であると言われる）であること】という言葉で表現するのが最も適切だ。つまり、米国や他の豊かな先進国のような民主主義ではない。しかし、1979年以来（詳しくは後述するが、少なくとも2018年における大転換までは）、中国は独裁国家でもなくなっている。つまり、1人の人間や少人数のグループが統治しているのではなく、独裁者や支配グループの権威が官僚組織全体の権威を上回るような国でもない。独裁国家には、次のような種類がある。多数のアフリカ諸国のように、純粋に個人の独裁者が治めるもの、1960年代から70年代のブラジルや他の中南米の国々、あるいはミャンマーのような軍事独裁国家、さらには、共産主義国に見られる世襲制の疑似共和制、たとえば1959年以降のキューバのカストロ家、1946年以降の北朝鮮の金(キム)家などだ。

中国共産党の支配下で、中国はさまざまな統治のスタイルを経験してきた。毛沢東は実質的に個人の独裁者として、1949年から59年まで中国を統治し、1966年から76年までの文化大革命の期間も同じスタイルをとった。この2つの期間に挟まれた数年間は、エリート官僚たちが権力を握り、より集団的な統治を試みた。鄧小平はこのエリート官僚の中の重要人物で、１９７８年に最高指導者となった後には、「集団指導」体制の官僚制－権威主義を設計した。これには、毛沢東のような独裁者が再び現れてくるのを防ぐ狙いがあった。集団指導体制は少なくとも２０１８年まで、20年間は持ちこたえた。しかし、２０１８年には習近平が憲法を改正して、国家主席の任期制限を撤廃し、自身が永久に中国のトップにとどまることを可能にした。このほかにも、習近平がほぼすべての意思決定権を自身の手に集中させようとしていること、および、自身への個人崇拝を確立しようとしていることから、中国は再び独裁制に戻ろうとしていることが示唆される。

しかし、党の組織は毛沢東の時代よりはるかに複雑で強固なものとなっており、習近平個人へ権力を集中させる上での制約は、毛沢東の頃よりも大きい。こうした組織面での複雑さと、習近平個人が独裁的な権力を確立できるかどうかが不確実なことから、中国の統治のスタイルは依然として官僚制－権威主義であると表現してよいだろう。しかし、独裁制の方向に向かっているという注釈をはっきり付けておく必要がある。

鄧小平が確立した官僚制－権威主義では、最高権威は個人の指導者ではなく、共産党にある。中国共産党は政治システムの頂点に位置しており、政府と軍隊の運営を指導し、任期と定年を定めて指導者を選ぶ。また、大きな政治決定については、指導者グループの中で合意を得ることが、ある程度、正規の手続きとして必要となる。この指導者グループの中には、すでに引退した人物が入る場合もある。たとえば元国家主席の江沢民は、２００３年に正式に引退したあと、少なくとも10年間は舞台裏で重要な役割を果たしていた。こうした個人の権力に関する制約は完全に制度化されているわけではなかったが、２０１８年に習近平が憲法を改正するまでは、まあまあ一貫して機能してきた。[4]

3　以下の文献では、中国と西側の両方の視点から見た政策立案のプロセスについて、詳しく論じられている。Philip C. C. Huang et al., "Development 'Planning' in Present-Day China— System, Process, and Mechanism" *Modern China* 20, no. 10 (2013): 1–78.

この集団指導体制という、独裁を防ぐことを意図した仕組みに加えて、改革開放期の中国と他の権威主義国家との重要な違いとなっていたのは、最高指導者の継承の方法だ。独裁政治では最高指導者の交代は難しい。最も簡単な方法は、伝統的な君主国家で見られるように、家族の別のメンバーにトップの座を引き継ぐことだ。あるいは、軍事独裁国家の一部で見られるように、小さな独裁集団の中の1人から、別の1人に引き継ぐ。多くの場合、新しい最高指導者が就任するには、現在の最高指導者が死去するまで待たなければならない。時には、それを待たずに、公式なプロセスを経ないで、クーデターによって交代する場合もある。

中国では、現代の権威主義政権ではほぼ唯一、最高指導者が生存しているうちに、血縁関係でない別の最高指導者へ3回続けて権力が移譲された（これを上回っているのはベトナムだけで、1991年以来、最高指導者が4回交代した）。中国の最高指導者は同時に3つの地位についているため、交代は複雑だ。3つの地位とは、中国共産党総書記、国家中央軍事委員会主席（軍を統制する）、そして国家主席（政府の最高指導権を持つが主に儀礼的な役割）である。中国の最高指導者は、国を完全にコントロールするためには、この3つのポジションをすべて、特に最初の2つを持たなくてはならない。

1992年以来、1回おきの党大会【5年ごとに開催される】で最高指導者が交代した。1992年の第14回党大会で、鄧小平は党と軍と政府の支配権を江沢民に譲った。2002年の第16回党大会では、江沢民が党と政府の支配権を胡錦濤に譲ったが、国家中央軍事委員会主席の地位はその2年後まで保持した。2012年の第18回党大会で胡錦濤は引退し、習近平が党と軍と政府の支配権を握った。[5] しかし、習近平は第19回党大会を憲法改正の基盤づくりに利用し、2022年の第20回党大会のあとも、中国の最高指導者にとどまることになった。

指導者交代の歴史は、中国と他の主な権威主義国家との大きな違いとなっているが、特に、ソ連との違いが際立つ。ソ連の74年の歴史において、最高指導者が交代したのは、常に前の最高指導者が死去した後かクーデターが起こった時だった。中国に最高指導者の交代の仕組みがあるということは、中国という国が他の権威主義国家と比べて安定的で、順応性が高いということを意味している。この交代の仕組みと他の制度、特に、定年制によって上位の指導者たちが70歳くらいまでに、他の高官も65歳までには引退するという制度があるために、新しい人材や考え方が常に政府に入ってくるようになる。また、変化に抵抗する高齢の指導者によって、政治システムが支配されることもなくなる。しかし、こうした優れた点が続くのかどうか、ここでも習近平が権力闘争によって疑問を生じさせている【第20回党大会では、習近平以外の指導部メンバーでも定年慣行に沿わない人事が行われた】。

中央政府と地方政府の権力バランスはどうなっているか

中国は、公式には中央集権だが、実際には非常に分権化されている。中央集権の部分は見えやすい。米国の連邦制などと違って、中国では中央政府と地方政府の間で権力が分割されておらず、中国共産党が政府のあらゆるレベル（中央、省、地区、県、郷）の官僚組織をコントロールする。すべての省と多くの市の幹部が、党の中央組織部によって任命される。有名な「一人っ子政策」[6]のような重要な政策や方針は、国全体で一貫性をもって実行されている。

4　こうした一般化された議論では、すべてに次のような但し書きを付けなければならない。「党内部の仕組みは秘密にされており、どのように権力が行使されているのか、詳しくはわからない部分が多い」。

5　厳密に言うと、権力の移行は数ヵ月かけて行われる。まず、秋の党大会で党の支配権が移譲され、その翌年の3月に開かれる全国人民代表大会（全人代）で政府と軍の支配権が移される。１９９２年の継承については、次の文献を参照のこと。Ezra Vogel, *Deng Xiaoping and the Transformation of China* (Cambridge, MA: Harvard University Press, 2012): 684-88. 邦訳：『現代中国の父　鄧小平（上・下）』（益尾知佐子他訳、日本経済新聞出版社、２０１３年）。

6　実際には例外が多数設けられ、多くの家族が2人以上の子どもを持てるようになっていた。詳しくは第9章を参照。

しかし、現実には地方政府が高いレベルの裁量と自治を手にしている。分権化の1つの指標となるのが、政府支出全体のうち、地方で支出された金額が占める割合だ。2004年の国際通貨基金〈IMF〉の調査によると、1972年から2000年の間、地方で支出された金額の割合は民主主義国では平均25%、非民主主義国では18%だった。ところが中国では、1958年から2002年の平均が54%、そして2014年までには85%という驚異的な数字になった。[7] 中国の財政面での分権化の水準は、どのような基準で考えても非常に高く、権威主義国家としては途方もなく高いのである。

このパターンは深く根付いている。中国がソ連型の「中央計画経済」だった期間でさえも、手本だったソ連よりも中国ははるかに分権化されていた。[8] こうした分権化が意味するのは、中国は他の大半の権威主義国家とは異なり、地方での実験から生まれる経済の活力や、起業活動からの恩恵を受けるということだ。一方で、公式な中央集権が意味するのは、高速道路網や高速鉄道網などの大型インフラ・プロジェクトを決定した時に、それを実現するための資源を大規模に集められるということである。

ここから、中国の統治における明らかなパラドックスが見えてくる。つまり中国は、見た目は中央集権的な一党支配の権威主義国家であるのに、分権化された力強い経済を持っているということだ。現代において、この組み合わせがあまり長く続いたことはない。中央集権的な支配に依存した権威主義政権、たとえばソ連は、経済不振に見舞われ、最終的には政治崩壊に至った。反対に、市場を基盤とした経済成長を優先させた政権は、政治制度を開かれたものにせざるを得なくなった。たとえば韓国は、1988年に27年間の軍事独裁から転換した。外国の研究者が、中国の権威主義的な政治と経済成長の両立は続くわけがないと、何十年間も予測してきたのも不思議はない。[9] しかし、その予測はこれまでのところ当たっていない。なぜだろうか。

中国は他の共産主義国の失敗から何を学んだか

なぜ中国が経済停滞に陥ることなく、また民主主義にも向かわなかったのかを理解するには、まず中国の指導者が他の共産主義国の失敗から何を学んだかを検証することが重要だ。特に、１９９１年のソ連の衝撃的な崩壊から何を学んだかである。

時に経済学者は、中国を「ポスト共産主義『移行』経済」と表現する。つまり中国は、中央計画経済から、より市場主義の経済に移行している最中である、という意味だ。これは必ずしも、中国共産党が政治権力を放棄するという意味ではない。東欧諸国の大半は、「計画経済から市場主義経済への移行」と、「共産主義の権威主義政治から多数政党制の民主主義への移行」とを組み合わせて実施した。中国とベトナムは、共産党が政治権力を独占しながら、経済面での移行を進めようとしている。

7　このパラドックスについての優れた研究には、以下のものがある。Pierre Landry, *Decentralized Authoritarianism in China* (Cambridge: Cambridge University Press, 2008).

8　たとえば、１９７９年の時点で中国の中央政府は、６００品目の配分と、数千品目の価格だけを統制していた。これに対してソ連では、政府が6万品目の配分を決め、数百万もの品目の価格を決めていた。１９７９年には、ソ連には4万の国有工場があり、その多くがモスクワから指示を受けていた。一方で、中国には88万３０００の国有工場があったが、そのうち90%は市や県【中国には４つのレベルの行政区分があり、上から「省」「地区」「県」「郷」の順となっている。市は地区または県のレベルに相当する】の政府が管理していた。生産が分散されていたのは、中国の地理的な規模や人口密度、交通の未発達などが影響した部分もあるが、これは毛沢東が意図的に進めた戦略でもあった。毛沢東は、軍事攻撃を受けた際に被害が少なくなるよう、産業を分散させておきたかったのである。以下の文献を参照のこと。Barry Naughton, *Growing Out of the Plan: Chinese Economic Reform 1978-1993* (Cambridge: Cambridge University Press, 1995): 40-50.

9　この種の議論は、たとえば以下のような文献に見られる。Susan Shirk, *China: Fragile Superpower* (London: Oxford University Press, 2008). 邦訳：『中国　危うい超大国』（徳川家広訳、日本放送出版協会、２００８年）。Minxin Pei, *China's Trapped Transition* (Cambridge, MA: Harvard University Press, 2006).Will Hutton, *The Writing on the Wall* (New York: Free Press, 2006). こうした意見に対して強力に反論し、党の耐久力の源と統治システムのロジックを説明した文献としては以下のものがある。Frank N. Pieke, *Knowing China: A Twenty-First Century Guide* (Cambridge: Cambridge University Press, 2016).

１９８９年から１９９０年代初め、中国の政治状況は非常に不安定だった。１９８９年の春に北京の天安門広場で行われた抗議運動は、多い時で１００万人を超えるデモになり、官僚の腐敗や急激なインフレ、政治的な自由のなさを非難した。中国共産党は鄧小平のもと武力弾圧を行い、趙紫陽を自宅軟禁して事態を収拾させた。趙紫陽はその年の3月まで党のトップを務め、１９８０年代の多くの経済改革を推し進めた人物だった。その後２年間、中国は米国と西側諸国からの経済制裁に苦しみ、１９８９年から90年の経済成長率は平均で４％に落ち込んだ。それ以前の10年間は平均で年10％の成長だったことと比べると、これはリセッションであった。鄧小平のライバルの陳雲と首相の李鵬が率いる保守派が、政治的な混乱は鄧小平の改革的な経済政策が原因であるとして責めた。中国は外交的に孤立し、経済的・政治的に封鎖されたような状態になった。

一方で、中国以外の共産圏は、わずか数年前には想像もできなかったほどのスピードで崩壊しつつあった。ソ連の衛星国家であった東欧の共産主義政権は、１９９０年までにすべてが倒れ、１９９１年のクリスマスにはソ連自体も崩壊した。ソ連共産党はミカエル・ゴルバチョフに対するクーデターに失敗した後に力を失い、リトアニアやカザフスタンなど14ヵ国が独立を宣言。ボリス・エリツィンが非共産主義のロシア連邦大統領に就任した。

こうした状況下では、中国が次のドミノ倒しの駒となる、あるいは、共産党が異論を抑え、政治的な混乱を招く経済改革を止めることによって、権力の掌握を強めようとする、このどちらかになるだろうと考えがちだ。しかし、そのどちらにもならなかった。１９９１年までに中国の経済は勢いを取り戻し、１９９２年には鄧小平が有名な「南巡講話」を行った。中国南部で経済改革の中心地となっていた都市を軍の上層部と共に訪問し、講話を発表したのである。香港のすぐ近くにある経済特区で、最も大胆な実験が行われていた深圳（シンセン）も早くに訪問した。視察の中で鄧小平は軍の上層部らと会議を開き、単刀直入に「改革に反対する者は、誰であっても失脚する」と宣言した。[10]

このメッセージは江沢民に向けられたものだった。江沢民は天安門事件のあと鄧小平によって党総書記に任命されたが、鄧小平ら改革派と保守派との間で、どっちつかずの態度だった。江沢民は鄧小平のメッセージを理解し、新たな経済改革を開始した。その後5年間の経済成長率は年平均12％以上にまで急上昇した。[11]

年季の入った革命家である鄧小平は、誰よりも党の権力独占にこだわった。しかし、独占を維持するには、力強い経済を築いて国内では生活水準を上げ、国際的には中国の評価と力を高めるのが最善の方法であると考え、そうすることに賭けたのだ。豊かな国民は、世界の中で再び「堂々としている」中国に暮らすことに誇りを持つ。そして長期的には、停滞した経済の中で生きるよりも、経済が豊かな方が共産党支配を支持するだろうと考えた。したがって、経済改革を第一に実施しなければならず、政治改革は、もし実施するとしてもそのずっと後だ。これを彼の言葉で言うと、「発展こそが硬い道理（絶対の原則）である」[12]となり、この言葉は1990年代を通じて、中国の至る所で看板などに掲げられた。この点において、彼はゴルバチョフとは意図的にまったく正反対の姿勢を取っていた。ゴルバチョフは、経済改革に対する官僚の抵抗を、政治改革によって取り除けると考えた。そう考えて、経済改革よりも政治改革を先に進めたゴルバチョフを、鄧小平は、天安門事件のかなり前に「バカだ」と決めつけていた。[13]

強力な経済成長の重要性について鄧小平が下した判断は、1990年代にソ連の崩壊について研究した党の学

10　Vogel, *Deng Xiaoping and the Transformation of China*: 677.
11　Vogel, *Deng Xiaoping and the Transformation of China*: 677–81.
12　中国語では「発展才是硬道理」と記される。
13　Vogel, *Deng Xiaoping and the Transformation of China*: 423.

者たちがその有効性を確認した。そうした研究では、ソ連共産党が倒れた主な原因として次の4つが挙げられた。

- 経済成長の速度が不十分だったため、苛立ちや憤りが生じた。この失敗は、市場の仕組みを十分に活用しなかったことが原因である。
- ソ連共産党のプロパガンダと情報システムは、あまりにも閉鎖的でイデオロギー的に硬直しており、そのため政府当局は、ソ連内外の状況について正確かつタイムリーな情報を得られなかった。
- 意思決定があまりに中央集権的だったため、そのスピードが非常に遅くなった。
- ゴルバチョフの下で改革が始まると、政治権力における党の絶対的な独裁という重要原則が台無しになってしまった。[14]

これらの発見は過去20年間、中国の政策決定を支え続けてきた。西側のアナリストは、活気のある経済と厳しく管理された政治構造の間には致命的な矛盾があると見るが、中国の指導者たちはその2つが補完的であると考える。政治面での厳しい管理によって安定がもたらされ、その安定の中で経済活動が分権化される。その結果、急速な経済成長が起こって、高い生活水準という成果が国民に届けられ、それによって党の正当性が強化される（高い生活水準とは単に所得が高いだけではなく、医療や教育、社会のセーフティネット、清潔な環境、安全な食品や医薬品といった公共の利益も含む）。正当性が強化されれば、党はさらに確実に権力を掌握できる。すると、多くの人々は、これまでに経験のない別の政治制度への転換は、リスクが高く受け入れたくないと感じるようになる。[15]

経済成長が政治権力を維持するカギとなるという考え方、そして、政府の正当性は民主的な選挙から生じるのと同様に、経済成長からも生じるという考え方。これらの考え方は中国だけのものではない。東アジアにある中国の近隣諸国でも一般的であり、改革開放期の初めから、中国の指導者はそれらの国々の経験を詳細に研究してきた。

中国は近隣の東アジア諸国から何を学んだか

中国が１９７９年に毛沢東主義の孤立から脱却すると、政府の高官や学者たちは世界の視察旅行を始めた。彼らがすぐに気付いたのは、経済および技術面で、中国が西側の大国から大きく後れをとっているだけでなく、それよりも規模の小さな近隣の東アジア諸国、具体的には日本、韓国、台湾からも大幅に遅れているということだった。この3ヵ国・地域は、それぞれ第二次世界大戦、朝鮮戦争、国共内戦から１９５０年代初期に立ち直り、それ以来、経済成長を続けていた。

１９７９年までには、日本は世界で2番目の経済大国になっており、テクノロジーにおけるリーダーの座を米国からもぎ取ろうとしているかのようだった。韓国は、朴正熙（パクチョンヒ）による直感的で、厳格で、時に熱いリーダーシップ（１９６１～79年）の下、アジアの最貧国からエネルギッシュな工業国に生まれ変わりつつあった。最も恥辱に感じられたのは、台湾に対してだった。台湾は蔣介石の国民党が１９４９年に中国共産党との内戦に負けて

14　David Shambaugh, *China's Communist Party: Atrophy and Adaptation* (Washinton, DC: Woodrow Wilson Center, 2008): 60-81.

15　アンケート調査の結果からは、中国共産党の正当性は公共財の供給と所得の伸びによってうまく支えられていることが示唆される。また、驚くほど多くの中国の都市住民が、中国はすでにいくつかの点では「民主的」であると考えているようだ。以下を参照のこと。Bruce J. Dickson, *The Dictator's Dilemma: The Chinese Communist Party's Strategy for Survival* (New York: Oxford University Press, 2016).

逃げ込んだ場所であり、当時は貧しい農業省だった。それが、中レベルの所得の地域に成長し、電子機器の重要な輸出国になろうとしていた。

東アジアが成し遂げた経済成長は稀に見る偉業だ。自国の生活水準と最も裕福な国の生活水準との差を縮められるほどに、高水準の成長を長い期間続けられた国はほとんどない。1970年から2010年までの間に、1人当たり所得の対米比率が10ポイント以上増えた国は、わずか14ヵ国しかなかった。そのうち8ヵ国々は欧州の周辺部にある国とイスラエルで、戦後の欧州の経済成長からの波及効果が要因となったと思われる。残る6ヵ国はすべて東アジアの国々だった。所得の対米比率の伸びが飛び抜けて大きかったのは台湾、韓国、日本だ。同期間に、「貧困国」（1人当たりGDP〈国内総生産〉が米国の10％以下の国）から「富裕国」（同50％以上の国）へとジャンプしたのは、世界全体でも台湾と韓国だけだった[16]（図表3.1参照）。

図表 3.1　キャッチアップした国々

国	1970 年以前の最低値（%）	2008 〜 10 年の平均（%）	増加分（ポイント）
アジア輸出国・地域			
台湾	9%	68%	59
日本	21%	72%	51
韓国	10%	58%	48
マレーシア	9%	29%	20
タイ	5%	19%	14
中国	**2%**	**18%**	**16**
欧州周辺国			
オーストリア	44%	99%	55
スペイン	29%	68%	39
ギリシャ	29%	65%	36
フィンランド	45%	79%	34
ポルトガル	19%	48%	29
イタリア	40%	69%	29
イスラエル	34%	60%	26
ルーマニア	10%	25%	15

購買力平価による国民1人当たり GDP。米国の国民1人当たり GDP に対する各国の同数値の割合。

出典：Baston 2011.

この成功の説明として最も優れているのは、日本、台湾、韓国は、すべて発展指向型国家と呼ばれるモデルの一種を採用したというものだ。発展指向型国家という言葉は、１９８８年に経済学者のロバート・ウェイドがつくった。その後の研究で、東アジアの発展指向型国家の経済成長モデルには３つの柱があることが示された。農地改革、輸出型製造業、金融抑制だ[17]。

農地改革——「土地を耕作者に」：この改革は、大規模な農地やプランテーションを分割して、小規模な農地の所有者を大勢つくるということを意味する。人口大国で農村部に豊富な労働力を抱える国では、土地所有者が耕作する小規模な農地の方が、賃金労働者が耕作する大規模なプランテーションよりも、面積当たりの収穫量が大きくなる。この高い収穫量が剰余を生み出す。そして、農地の所有が細分化されていると、国は政治力の強い大規模な土地所有者を相手とするよりも、こうした剰余分を手に入れやすい。このようにして国が得た資金は、基幹産業とインフラに投資される。

輸出型製造業：貧しい国で、貧しさの主な原因となっているのは、豊かな国が持っている技術資本を持っていないことだ。技術資本があれば、労働者１人当たりの生産量が劇的に増加する。したがって、貧しい国が豊かになるためには、「技術面でキャッチアップする（追いつく）」プロセスを導入しなければならない。つまり、豊か

16　Andrew Batson, "Is China Heading for the Middle-Income Trap?" Gavekal Dragonomics research note, September 6, 2011.

17　ここに記載した東アジアの発展モデルは、Joe Studwell, *How Asia Works* (London: Profile Books, 2013) を主に参考にしている。詳しくは、巻末の文献リストを参考にしてほしい。また、Scott Kennedy, ed., *Beyond the Middle Kingdom: Comparative Perspectives on China's Capitalist Transformation* (Stanford, CA: Stanford University Press, 2011) に含まれている筆者の論文 "Developmental Dreams: Policy and Reality in China's Economic Reforms"：44-65 も参照。

な国から技術を獲得し、その技術を用いて自国の労働者の生産性を高めるのである。

輸出は2つの方法でこのキャッチアップのプロセスを助ける。まず、貧しい国は手持ちのわずかな外貨を使って外国の高価な技術を購入しなければならないが、輸出をすれば（主に農産物や手工芸品、安価な工業製品などを売る）外貨を獲得できる。そして、その外貨で、より付加価値の高い生産に必要な資本設備を購入する。

そうして国内に工業基盤が確立されたら、さらに輸出をすることで、世界の技術向上についていくための簡単かつ安価な方法が提供される。それは次のような仕組みだ。輸出をして国際市場で製品を販売すると、世界中の企業の製品と競争しなければならず、自社に有利に設定されている市場のルールの恩恵を受けることはない。この時、世界市場についていく唯一の方法は、自社の技術を世界水準にまあまあ近い状態に保っておくことだ（ここで言う技術には機械だけではなく、マネジメント技術やサプライチェーンの管理など、「ソフトな」技術も含まれる）。輸出をするメーカーは、技術の購入やライセンス契約、リバース・エンジニアリング、あるいは知的所有権を盗むなどして、技術を常に向上させ続ける。それによって競争力を保ち、市場シェアを拡大するのである。一方で、主に国内の市場で販売しているメーカーは、技術投資への意欲が低くなる。なぜならば、政治的な影響力を使って国内市場が自社に有利になるようにした方が、技術投資よりも安いと考えるからだ。

金融抑制：これは金融市場をコントロールし、国が開発政策で重点を置く分野に資本が向かうようにすることを指す。具体的には、以下のような手法がとられる。

- 金利を低く規制。これによって、経済成長から生じたキャッシュフローが金利で生活する人々のところにとどまらないようにし、借り入れをしやすくして、国のインフラ投資や民間企業の投資に資金が回るようにする。
- 為替を厳しく管理して、通常は安めに誘導する。こうすることで、自国の輸出品がグローバル市場で安価になる。
- 資本規制。企業や裕福な国民が外国に投資するのを阻み、利益を国内経済に再投資せざるを得なくする。

国によって多くの違いはあるが、日本、韓国、台湾は、これらの施策を厳格に実施した（一方で、タイやマレーシア、フィリピンなどの東南アジア諸国はあまり本腰を入れなかった。これらの国々がそれほど高い成果を上げられなかったのは、この点が影響したと考えられる）。米国などの先進諸国や、世界銀行やＩＭＦ〈国際通貨基金〉などの多国籍機関は、この３ヵ国・地域に対して為替レートの自由化や、より開かれた金融市場を求めて強力なロビー活動を展開し、３ヵ国・地域はそれに抵抗する必要が生じた。

この東アジアの３ヵ国は、20世紀後半で最も速い経済成長を実現した。30年の間、３ヵ国・地域は共に、実質ＧＤＰ成長率が平均で年８～10％にもなったのである。しかし、経済史の研究者たちは驚かず、それには理由があった。「東アジア発展指向型国家モデル」はドイツの経済学者、フリードリッヒ・リスト（１７８９～１８４６年）が提唱した手法を応用したものだった。そして、そのリストの手法がヒントとしたのは、アレクサンダー・ハミルトンとヘンリー・クレイがつくった「アメリカ方式」だった。米国とビスマルク時代のドイツ（リストの手法を採用していた）は、19世紀に「キャッチアップ型」経済で最も成功した国だ。日本の最初の近代化はドイツのモデルを多かれ少なかれコピーしたもので、日本はこの近代化により、１８７０年代以降の数十年間で、封建的な農業国からアジアで最初の工業国に変貌していった。[18]

本書の農業についての章（第４章）、工業についての章（第５章）、金融についての章（第９章）で詳しく見ていくが、中国もこれらのプログラムを採用した。毛沢東時代の集団農場を分割して、小規模な農地所有者が耕作するものにした。輸出型製造業を積極的に推進した。そして、インフラと基幹産業への大規模投資に資金を回すため、金融を抑制した。しかし、中国の開発政策は、他の東アジア諸国のやり方と2つの点で大きく異なっている。

1つ目は、国有企業への大幅な依存だ。戦後の日本は資金の流れに関して規則を設け管理もしたが、大半の企業や銀行は民間のものだった。韓国の銀行は主に国が所有していたが、大企業のほとんどは民間の財閥が所有していた。台湾では国や国民党が所有していた企業が多く、大手銀行のすべてが（現在も）国有だ。しかし、台湾には民間の中小企業が多数あり、それらの企業が先頭に立って輸出市場に進出した。そして、１９８０年代と90年代初期には、国有と党有の企業の多くが民営化された。

中国では共産主義の歴史があったため、１９７９年以降の成長期も、ほとんどすべての資産を国が握った状態で始まった。その40年後も、経済大国の中では飛び抜けて国有の比率が高いままである。前述したように、中国の政治システムでは中国共産党がすべての組織活動に対して大きな影響力を持っており、企業もその例外ではない。

国有企業の多さのもう1つの要因は、改革時代の経済官僚が、法や規制のシステムがほとんど存在しない国を引き継いだことだ。そのため、経済官僚は自らが統制する企業を通じて規制した方が、脆弱（ぜいじゃく）な規制当局を通じて規制するよりもやりやすいと考えたのだ。国有企業の割合が著しく高く、その状態が続いていることの意味合いについては、第7章で検討する。

中国と東アジアモデルの2つ目の相違点は、中国が外国からの直接投資〈ＦＤＩ〉を大規模に活用したことだ。日本や韓国、台湾の戦後の発展では、外国からの直接投資はほとんど何の役割も果たさなかった。しかし、中国では中心的なものだった。1980年代初期の革新的な経済改革の1つである経済特区の設立は、外国の企業を誘致して、輸出型製造業の工場を建ててもらうために特別に考案された。鄧小平の1992年の南巡講話以降、外国からの直接投資は非常な盛り上がりを見せ、1992年から2001年までの10年間では、年平均の流入額は370億ドルとなった。その前の10年間は、年平均20億ドルだった。

2001年に中国が世界貿易機関〈WTO〉に加盟するとFDIはさらに増え、外国からのグリーンフィールド投資【手つかずの場所に、一から工場やインフラなどをつくるための投資】は、2010年には年間1000億ドルを超えるまでになった。これに利益の再投資まで含めると、金額はさらに大きくなる。1993年から2002年までの10年間では、中国における設備投資全体のうち、新規のFDIが約10%を占めていた。ただし、この数字はそれ以降低下して、3%未満になっている。こうした投資による長期的な影響の1つは、今日においてさえも、中国の輸出品の40%以上が中国国内の外資系企業が製造したものだということだ。他の東アジア諸国では、ほとんどすべてが国内企業による輸出であり、この点で中国とはまったく異なっている。

経済主権をこれほどまでに譲り渡したのはなぜなのか。中国では、このような手法をとったことで、「安価な労働力を外国の資本家に単純に貸し出すことになり、外国企業が私腹を肥やすことになった」と多く批判されている。[19]

中国がFDIに依存した要因の1つは、毛沢東時代と文化大革命（1966～76年）の混乱を経て、自国が技術

18　東アジアモデルの創始者としてのリストの重要性は、スタッドウェル（Studwell, 2013）に加えて、ジェイムズ・ファローズによる1980年代の成長するアジア経済についての概説 James Fallows, *Looking at the Sun* (New York: Vintage, 1995)（邦訳：『沈まない太陽』（土屋京子訳、講談社、1995年）にも述べられている。

19　Yasheng Huang, *Capitalism with Chinese Characteristics* (Cambridge: Cambridge University Press, 2008).

面で極度に遅れた位置にいると気付いたことだ。したがって、急いで外国の技術を輸入する手段が必要だった。最初に試したのは、大規模なプラント輸入のプログラムだった。これは１９７２年に開始され、その後10年以上、断続的に行われた。プラント輸入はある程度の成果を上げたが、プラント輸入をどれほど実施できるかは、それを買うための外貨をどのくらい準備できるかに左右された。加えて、ターンキー方式【すぐに操業できる状態にまで完成させて、プラントを引き渡すこと】でプラントを輸入しても、ハード面の技術を手に入れるだけとなり、本質的な制約があった。つまり、マネジメントやエンジニアリング技術、サプライチェーン・マネジメントなどの無形の技術は手に入らなかったのだ。こうした技術にアクセスするためには、外国の企業による直接の投資が必要だった。

中国がＦＤＩに頼ったもう1つの要因として、政治的なものが挙げられる。日本と韓国、台湾は、米国の東アジアにおける同盟体制に属していた。そのため、技術援助や教育交流などの手厚いプログラムを活用でき、米国という巨大市場にも基本的には自由にアクセスできた。これによって、技術基盤を継続的に向上し続けるための資金的・知的な資源が手に入り、外国の企業を誘致する必要はなかった。これに対して中国は、米国の同盟体制の外にいた。１９７０年代終盤から１９８９年までは、ソ連を封じ込めるという共通の狙いの下、米国とは便宜的な協調関係にあったものの、東アジア諸国が米国から引き出したような特権を享受することはなかった。さらには、１９８９年に共産圏が崩壊し、１９９１年にはソ連も崩壊したので、米国との戦略的な協調の理由も消え去った。技術の流入を維持するためには、より開放的なＦＤＩ政策が必要だったのだ。

さらにもう1つＦＤＩに頼った要因を挙げると、それは単純にタイミングと運だ。日本、韓国、台湾は、１９５０年から80年にかけて工業化を進めた。この時代には、製造工程は基本的には1つの国の中で完結し、国際的に取引されていたのは原材料か完成品だった。１９８０年以降は、輸送技術の発達により、製造プロセスも分割して国際化できるようになった。中国は低コストの労働力を大量に抱え、他の東アジア諸国に存在する製造拠点にも近く、世界最大の港の1つである香港にもアクセスできた。つまり、製造の外注先となるには、場所の面でもタイミングの面でも完璧だったのだ。

こうした状況が１９８０年代の中国の意図的な戦略の結果だったという証拠はない。どちらかと言えば、自然に出現した魅力的なチャンスであり、政策当局者【中国では政府の組織と党の組織の両方が政策決定に関わる。本書では、そうした政策に関わるさまざまな人々を総称して政策当局者と呼ぶ】たちはそれを受け入れると決め、そこからさまざまな結果が生じたと言える。

誰が経済政策を主導しているのか

中国の経済戦略について論じる際には、「誰が経済戦略を立てているのか」という問いは避けて通れない。この問いには2つの角度から答えられる。具体的な人物と、官僚機構だ。前述したように、中国は官僚制―権威主義の国家で、経済政策の方向を決めるに当たって、さまざまな組織や機関が果たす役割は大きい。しかし、指導者の個人的権限もまた大きい。そこで最初に、１９７９年に改革開放期が始まって以降の、重要な経済政策決定者について簡単に振り返ってみよう。

一般的には、鄧小平が最高指導者になった１９７８年の12月から、１９９２年10月に政治局を引退するまで、中国の経済政策は鄧小平が1人で立案していたと考えられることが多い。しかし、これはあまり正しいとは言えない。鄧小平はトップに立っていた期間、強力なライバルである陳雲とずっと争っていた。陳雲は保守的な官僚の間で広く支持されており、彼が１９５０年代に設立し１９８０年代まで監督を続けた計画関連の一連の組織においても支持されていた。鄧小平は国内問題全体をマネジメントしてはいたが、経済問題に関しては鄧小平と陳雲の影響力はほぼ同じくらいで、2人は「山頂にいる2頭のトラ」と言われていた。鄧小平は長期的な影響を計算せずに大胆な改革を実施しようとすることも多かったので、陳雲はバランスを取る上で重要な人物だった。鄧小平時代の経済改革の展開は、冒険的な鄧小平と、石橋を叩いて渡る陳雲との間でバランスを取ったものと考えるのが、最も良い見方だろう。

また鄧小平は、実行に当たっての詳細については部下に任せた。その中で最も重要だった人物は趙紫陽だ。趙紫陽は四川省の党委員会第一書記（1975～80年）から、首相（1980～87年）にまで大出世した。最終的には党総書記（1987～89年）となったが、天安門事件が起きると自宅に軟禁された。在職中、趙紫陽は市場志向の改革者として影響力を発揮していた。

鄧小平が引退すると、江沢民が中国の最高指導者となった。江沢民は鄧小平が定めた路線を引き継ぎながら、経済運営は主に首相の李鵬（1997年まで）と朱鎔基（1998～2003年）に任せた。保守派の李鵬は全般的に、経済成長よりも政治的な安定を重視した。しかし、第一副首相（常務副首相）であった朱鎔基がより斬新な政策を立て、政治家として力があることがはっきりすると、李鵬の影響力は低下していった。

鄧小平によって抜擢された朱鎔基は、1993年から97年まで副首相と中央銀行（中国人民銀行）の総裁を兼務し、インフレを鎮静化した。インフレ率は、それ以前の10年間は20%を超えることも多かった。また首相在任期間中には、国有企業の再編と合理化を背後から推し進め、銀行の資本増強と改革や、住宅の私有化、そしてかなり進捗が遅れていたWTOへの加盟などにも影響力を発揮した。朱鎔基は中華人民共和国の歴史の中で、経済に関して最も能力の高い指導者と考えられている。

経済運営を首相に任せるというやり方は、次の党総書記であった胡錦濤と首相の温家宝（2003～12年）の時代にも引き継がれた。この期間、中国の経済は急速に成長した（年平均10・5％。その前の10年間は9.9％）。しかし、温家宝は「重要な経済改革を進めず、国有企業の膨張と官僚の腐敗を許容した」として、弱腰だと批判された。また、2008年の世界金融危機の後、経済刺激策を2度実施して、これにより中国は巨額の負債を抱えることとなった。しかし、彼は重要な農業改革と、近代的な社会福祉制度の創設を牽引した。

指導部が弱体であったとの認識に対応する意味もあり、次に最高指導者となった習近平は、就任後10年間は、首相の李克強ではなく、自身が経済政策を主導することを明確にした。2013年11月の3中全会の後に公表された改革の青写真は、習近平本人が直々に監督して書かれたものだと思われる。習近平はほとんどの「領導小組（りょうどうしょうそ）」のトップにもなった。領導小組とは、トップレベルの政策決定について調整を行うために党が活用している組織で、習近平は財政経済の領導小組のトップにもなった。

経済政策の決定に関する習近平の中央集権的なアプローチは、それ以前の30年間のやり方である、経済政策の大部分を下のレベルの指導者に任せるという方法からの明らかな転換であった。しかし、これは同時に、官僚機構が改革開放期の初めの頃に比べて、より複雑で、発達した、強力なものとなってきた中で生じた状況でもある。そこで、次には組織の観点から政策決定を考えてみる必要がある。

中国の権力ピラミッドの頂点にあるのは、党の中央政治局常務委員会だ（次頁図表3.2参照）。この委員会は現在のところ7人の委員で構成され、ここが中国政治の中核となっている。最も重要な決定事項は、この常務委員会内でコンセンサスを得ることが求められる。ただし、当然のことながら、ここでは最高指導者の見解が重視される。常務委員会を含む中央政治局は合計25名で構成され、年に数回会議が開かれて、多数の重要な決定が承認される。

中央政治局の下には「領導小組」がある。領導小組は、党と国が重要な問題に関する政策を調整する組織である。領導小組のメンバーには、政府や党のさまざまな機関の幅広い立場の人々が含まれる。なかには、終身雇用のスタッフを抱え、そのスタッフが書類の流れを管理し、小組での議論を党の指導部に向けた具体的な政策提案に落とし込んでいる場合もある。2017年時点で80を超える領導小組が存在する。領導小組の数は習近平政権下で劇的に増加した。[20]

さらにその下にあるのが国務院で、これを主宰するのが首相だ。国務院は政府の最高機関で、おおよそ他の国々の内閣に相当する。しかし、構造は異なっており、政府のすべての省庁のトップだけでなく、複数の国務委員が所属する。彼らは大臣よりも地位が上で、その中の何人かは副首相と同等の肩書も持っている。国務院の全体会合は年に2回しか開かれない。多くの場合、国務院の常務委員会（首相および国務委員）が、中央政治局に相談しながらも、独立して行動する。

図表 3.2　党および政府の組織

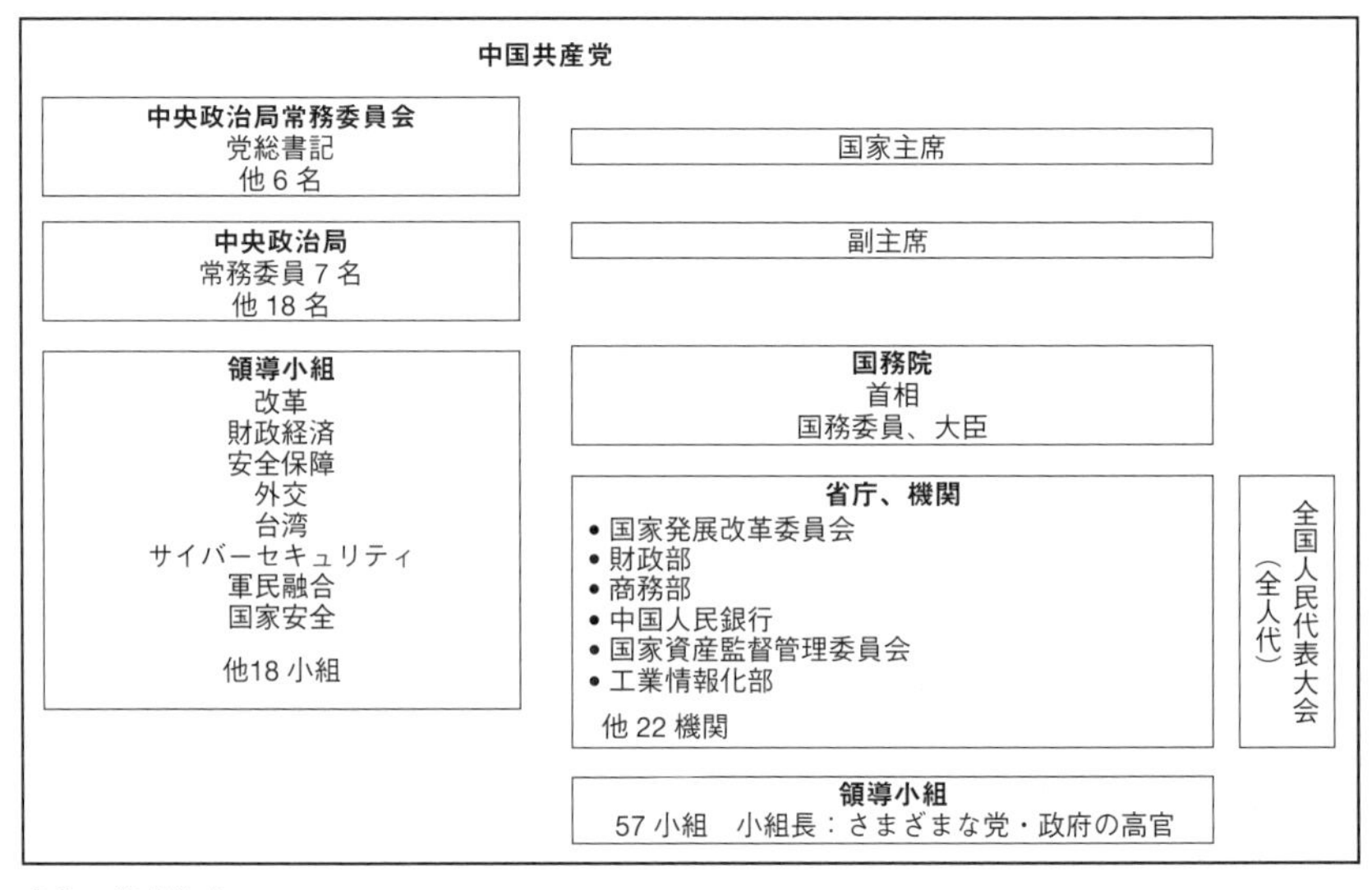

出典：筆者作成
原注：領導小組の情報は CSIS（2017）より。
https://www.csis.org/analysis/xis-signature-governance-innovation-rise-leading-small-groups

国務院の下に省レベルの組織【中国語では「部」。本書では、地方の行政単位である「省」と混同しないよう「部」と訳している】がある。その中で、経済面で重要なのは、かつての国家計画委員会が改組されてできた「国家発展改革委員会」、「工業情報化部」、「財政部」、「商務部」（外国との貿易問題も担当する）、そして中央銀行の「中国人民銀行」だ。こうして簡単に紹介しただけでもわかるように、中国と他の国々との大きな違いは、財政部部長【日本の財務大臣に相当】や中央銀行総裁のような官僚でも、実際には比較的ランクが低いため、あまり力を持っていないということだ。もちろん、どんな組織でもそうであるように、政治的に長けた人は自分のランクにこだわらず活動することもある。

さらには、中央政府の外側にも、経済面での意思決定で大きな力を持つ人たちがいる。広東省などの重要な省や、上海などの重要な市のトップ、大規模な国有企業のトップなどだ。彼らは中央政府の命令とは無関係に、また地域のニーズに合わせて行動することができ、その力が中国のレジリエンスと活力に貢献してきた。

しかし、この点に関しても、習近平が地方の高官の独立性を縮小しようと力を入れていることに注意する必要がある。習近平は、憲法を改正して国家主席の任期制限を撤廃したのと同時に、党の中央規律検査委員会の権限を拡大する改正も押し通した。以前は、中央規律検査委員会の主な仕事は、役人の汚職に関する調査をすることだった。今では、役人が中央の政策を実行しない場合に関しても、調査し罰することができる。この変更のプラス面としては、地方では不人気だが必要な政策（たとえば環境保護など）を、中央政府が実行しやすくなる可能性が挙げられる。マイナス面は、中国の成長モデルの重要な部分であった地方政府によるイノベーションを抑圧す

20　領導小組についての詳細な分析には以下がある。Christopher K. Johnson, Scott Kennedy, and Mingda Qiu, "Xi's Signature Governance Innovation: The Rise of Leading Small Groups," Center for Strategic and International Studies, October 17, 2017 (https://www.csis.org/analysis/xis-signature-governance-innovation-rise-leading-small-groups).

る恐れがあることだ。

経済成長と政治的な統制のトレードオフはどう対処されているか

前述したように、活気のある経済と権威主義的な政治による統制は、矛盾するものではなく補完し合うものであると、中国の指導者たちは基本的には考えている。たとえそうだとしても、中国のシステムに対する自由民主主義的な立場からの批判を退けることは難しい。

豊かな民主主義国でも中国国内でも、自由主義的なアナリストの間では、世界の豊かな国々のすべてが民主主義の政治システムを備えているか、あるいは少なくとも政治システムが比較的オープンであると認識されている。また、権威主義的な国家が、市民の経済的な繁栄よりも政権の存続を重視することも認識されている。ソ連や、フランシスコ・フランコ支配下のスペイン、ホスニ・ムバラクのエジプト、そして言うまでもなくもっと極端な北朝鮮などのさまざまな政権が、政治の自由化要求につながる可能性がある、経済の自由化を推進するリスクは取らなかった。それよりもむしろ、経済停滞やさらに悪い状況を選んだ。一方で、権威主義的な政権でも、広範な経済成長を重視したものはあった。たとえば、朴正熙の韓国やピノチェトのチリなどである。こうした国々では、絶対的な指導者が去ると民主主義に移行する傾向にあった。したがって、中国の指導者たちもやがては政治システムをオープンにするか、経済が衰退するに任せて権力を維持するか、どちらかの選択を迫られるだろうと、多くの人たちが考えている。

しかし、中国の指導部は依然として、経済成長と権力維持という二兎を追い続けており、いまのところ、そのやり方は成功している。習近平政権は、政治的な統制を強めながらも、2013～18年は平均で年7％のGDP

成長率を実現した。しかし、当然のことながら、経済改革の個々の政策では、国がある程度は権力を放棄しなければならない場合も多い。国有企業の合理化は、国が保有する資産を大幅に削減することを意味する。金融を自由化すれば、国が優先させたいプロジェクトに資金を回しにくくなる。インターネットを活発に活用できるようにすれば、市民が政府を批判できる媒体を与えることになる。党主導の経済政策から生じる永遠のジレンマは、「どの程度の、どんな形の経済成長を実現するために、中国指導部はどの程度の、どんな種類の権力を犠牲にする用意があるか」ということだ。

一言で言い表せる答えはない。これまでに何度も、中国は経済成長のために国の権力がいくぶん弱くなるのを許容してきた。それがよく表れたのが、１９７０年代の終わりから80年代初期にかけての最初の改革の時期だ。また、１９９０年代と２０００年代初めの改革の時期もそうだった。この時には、大半の価格統制を廃止し、外国からの投資に門戸を開き、多くの国有企業を民営化した。唯一、政治的な統制のために経済成長が犠牲にされた例は、１９８９年の天安門事件だけだ。しかし、これまでに見てきたように、政治的な統制が回復すると、すぐに経済改革に焦点が戻った。２０２０年代も、中国がより消費者主導、イノベーション主導の経済に移行しようとするならば、国による政治的な統制はさらに減らす必要があるだろう。

しかし、習近平はよりオープンな姿勢を示すのではなく、むしろその反対の方向に動いてきた。地方に対する中央のコントロールを強め、中国を個人独裁国家に近づけている。こうした動きは、中国の柔軟性を危険にさらす。その柔軟性があったからこそ、中国は他の権威主義国家よりレジリエントで、成功を収めてきた。過去40年間、中国の指導者たちは経済の勢いと政治的な統制の間で絶妙なバランスを保ってきた。今後もこの成功を継続できるかどうかは、まだ見通しが立たない。

第4章 農業と土地と農村部の経済

なぜ農業が重要なのか

本章からは中国経済を分野別に見ていくが、中国のように大きく産業化された経済について、まず農業分野から議論を始めるのは奇妙に感じられるかもしれない。今日の中国では、農業はＧＤＰのわずか８％を占めるに過ぎない。しかし、今でも人口の約40％が農村部に住み、国の労働力の４分の１以上（約２億人）が土地を耕している。この大勢の人々のために、農村部の暮らしと安定を維持することが、中国では常に政策の重要な目的となっている。同時に、「食の安全保障」、つまり、輸入に頼ることなく、主要な作物を国内で十分に生産することも重要だ。

各論の議論を農業から始める主な理由は、経済改革が１９７０年代終盤に農業改革から始まったからだ。これは、偶然そうなったのではない。農業は当時、中国経済で最大の分野で、ＧＤＰの37％を占め、雇用全体の４分の３近くを占めていた。[1] また、東アジア発展指向型国家モデルでの議論で述べたように、農業の問題をうまく処理することが、工業化の成功には欠かせない第一歩でもあった。

１９８０年代の中国の経済成長に、農業はどのようにはずみをつけたのか

改革開放期前夜の１９７８年、中国の農村部は20年に及ぶ悪政の結果、過剰な人口を抱え貧しかった。１９５０年代中頃から農地の私有は廃止され、農業は共同体（人民公社）のもとに集団化されていった。人民公社はさらに「生産大隊」や「生産隊」と呼ばれる小さな組織に分割されていた。人民公社はできる限り多くの穀物を生産するよう指示され、野菜など、お金を稼げる作物を育てることはほとんど認められなかった。育てられた穀物は、国が安く買い取った。都市に住む人々の主食のコストを抑える価格が設定されていたのだ。人民公社では人の出入りが厳しくチェックされたため、農村から都市への移住はほぼ不可能で、例外は農村で徴兵されて都市で復員した兵士くらいだった。

こうした政策は、一貫してひどい結果をもたらした。農村部の所得の伸びは非常に小さく、１９５７年から78年まで、実質でわずか年1％だった。1人当たりの穀物生産量は約３００kgで、１９７８年の数値は１９５５年の数値とほぼ変わらなかった。食用油の原料となる油糧種子（中華料理は油を使う料理が多いため、不可欠な作物）の生産量は、同期間に3分の2に減少した。また、移動が制限されたため、全人口に占める農村部人口の割合は１９７８年には82％となり、１９５８年より増加した。[2]

この農業経済が、１９７８年から83年までの間に、「生産責任制（請負制）」の採用によって大きく変貌を遂げることになる。生産責任制が始まったのは安徽省のある農村だった。農民のグループが秘密裡に集まり、自分た

1　Wing Thye Woo, "The Art of Reforming Centrally-Planned Economies: Comparing China, Poland and Russia," *Journal of Comparative Economics* (June 1994): 276-308.

ちの共同体を解体して農地を分割することを決めたのだ。

このイノベーションは急速に広まり、安徽省の党第一書記だった万里は、貧困を生み出す制度に対する人々の強い反発を認識した。万里は、その反発を抑えるのではなく、農地を耕作者に提供する改革を進めることを決めた。四川省の党第一書記だった趙紫陽も、同様の決定を下した。

中央政府がこれに追いつくには少し時間がかかった。改革開放期が始まった１９７８年12月の第11期3中全会では、農産物の価格が引き上げられ、農村部の生産集団でこれまでとは異なる土地管理のやり方を試すことが認められたが、まだ個人での耕作は非難された。しかし、１９８０年に趙紫陽が首相に就任し、万里が第一副首相に就任して農業政策の責任者になると、2人は人民公社を解体し、世帯による耕作に戻す方針を強引に決定した。１９８2年末までには、ほとんどすべての集団農業が消滅し、農民世帯は個別の農地を耕作する権利を与えられた。

農産物の生産量と農家の所得には、目覚ましい影響があった。１９８4年までに、穀物の生産量は4億トンを超え、そのわずか6年前に比べて3割強も増えた。油糧種子と綿花の生産量は年率15%の成長が続き、食肉の生産量は年率10%で拡大した。農村部の１人当たり所得は、１９７９年から84年の間に倍以上になった。農村世帯の１人当たり貯蓄額は、１９７９年にはほぼゼロだったが、１９８９年には３００元に。栽培する作物の多様化と収穫量を増やす新技術の採用により、１９８０年代を通じて生産量と所得は伸び続けた。化学肥料の使用量は、１９７０年代にも少しずつ増えてはいたが、１９７８年から90年の間に3倍になった。農機具、特にポンプと小型トラクター、食品加工機などの利用も拡大した。[3]

農業改革の効果は経済の他の領域にも及んでいった。農民が設備に投資する意欲が高まり、肥料や農機具といった基礎工業分野の需要が拡大した。また、農民の収入が増えるにつれ貯蓄額も増え、それが初期段階の製造業に対する融資の原資にもなった。自分の労働の価値を自分で決められるようになった農民たちは、農業による収入に加えて、農業以外の賃金労働を探し始めるようにもなった。これらの要因が組み合わさって、中国で最初の起業の波が起こった。村や町で発展した「郷鎮企業」である。

１９８０年代と90年代前半に、郷鎮企業は中国の経済発展でどんな役割を果たしたか

郷鎮企業は農村の「集体〈集団〉」、つまりは町や村の政府が公式に所有しているか、非公式に資金を提供している企業だ。郷鎮企業は国有企業とは見なされない。国有企業は中央政府か省、あるいは市の政府が公式に所有している企業である。

１９８０年代に郷鎮企業が広がり始めたのには、２つの理由がある。第一に、豊かになってきた農家はさまざまな商品を求めるようになり、また、それらの製品をつくる工場で働こうという労働者も増えていた。第二に、

2　社会主義期の農業と初期の農業改革については、以下の2つの文献に詳しい。Barry Naughton, *The Chinese Economy: Adaptation and Growth*〈Cambridge, MA: MIT Press, 2018〉: 261-272.｜Nicholas Lardy, *Markets over Mao: The Rise of Private Business in China*〈Washington, DC: Peterson Institute for International Economics, 2014〉: 60-62. また、中国の農業開発について詳しくは以下を参照のこと。Jikun Huang, Keijiro Otsuka, and Scott Rozelle, "Agriculture in China's Development: Past Disappointments, Recent Successes and Future Challenges"〈Loren Brandt and Thomas G. Rawski, eds., *China's Great Economic Transformation*〈Cambridge: Cambridge University Press 2008〉: 467-505 に収録〉。１９８２年までの中国の農業については、以下に詳しく記されている。Nicholas Lardy, *Agriculture in China's Modern Economic Development*〈Cambridge: Cambridge University Press, 1983〉.

3　このデータは Naughton, *The Chinese Economy*: 268-269 から。農村部の貯蓄額に関するデータは、以下の文献から。Jean C. Oi, *Rural China Takes Off: Institutional Foundations of Economic Reform*〈Benkeley: University of California Press, 1999〉: 26.

郷鎮企業は起業家的エネルギーと政府の支援をうまく組み合わせる仕組みになっており、その仕組みは起業家が資金を入手する上で不可欠なものだった。これがあったために、中国の小規模な起業家は、他のポスト共産主義の「移行」経済の起業家が歩んだような運命をたどらずに済んだ。それらの国々では、資金を入手できなかったことが成長の大きな妨げとなっていたのである。[4]

1985年までに、集体所有の郷鎮企業の従業員は4000万人に達した。また、郷鎮企業も含めた農村部のさまざまな形態の企業で働く従業員は、合計で約7000万人となった。その10年後、農村部の企業は国全体の労働力の18%を雇用し、GDPの4分の1を創出するようになった。このうち約半分を、集体所有の郷鎮企業が創出した。だが、これが集体所有の郷鎮企業のピークだった。その後、改革され、より効率的になった国有企業や、都市部の民間企業との競争にさらされるようになり、2004年までには、集体所有の郷鎮企業の多くが、その企業の経営陣による買収という形で民営化された。統計上は今でも郷鎮企業と呼ばれるが、実際は地方に基盤を置いている民間企業と考えた方がよいだろう。[5]

郷鎮企業は工業の発展においていくつか重要な役割を果たした。まず、消費者向け製品を幅広く生産するための基盤を築いた。最初は、農家向けの製品を生産していたが、その後は扇風機や自転車、台所用品といったさまざまな消費者向け製品に事業を拡大していった。また、郷鎮企業という形態があったため、公式には民間企業が奨励されていなかった移行期に、実質的には民間の企業である組織が存在し得た。さらには、農業分野の余剰労働力を工業経済に移行させる、最初の大規模な仕組みとなった。1990年代中盤以降は、都市の民間企業がようやく郷鎮企業のこうした役割を担えるほどの規模になり、規制当局のサポートも手にしたため、郷鎮企業の相対的な重要性は低下した。

都市と農村の格差は、なぜ1989年以降拡大したのか

１９８０年代の改革は農村部で始まり、農村の人々に偏って恩恵をもたらした。農産物の価格は急速に引き上げられ、郷鎮企業での賃金労働の機会も急速に増えた。その結果、農村部の収入は都市部よりも速く上昇することとなった。その前の数十年は、経済成長が都市部に偏っていたのでちょうど良い調整となったが、この状況は長くは続かなかった。１９８０年代の農村部を中心とした改革が、１９９０年代には都市部を中心としたものに変わっていったからだ。それにはさまざまな理由があるが、大きな転換点となったのは１９８９年の政治的混乱である。

１９８９年の春に、北京の天安門広場や中国の他の都市で起こったデモにはさまざまな原因があった。背景となった状況の1つには、１９８０年代が知的な面での醸成の時期であったことが挙げられる。この頃、新たな政治システムについての議論が広く行われ、しかも、政府は驚くほどそれを許容した（中央政府の中でも、政治改革の研究が行われたほどだ）。１９４９年の革命以降初めて、大勢の中国人学生や学者が外国を旅するようになり、彼らは外国の高い生活水準や、政治的な開放性に魅せられた。米国や欧州だけでなく、近隣の日本や香港などでもそうした状況を目にすることになった。

こうした中、いくつもの要因が不満を引き起こした。食品価格の急上昇は、恒常的な10％以上のインフレにつながった。１９８８年の後半から89年の前半にかけては、インフレ率が20％から30％にもなった。都市部の賃金

4　Barry Naughton, *Growing out of the Plan: Chinese Economic Reform 1978–1993* (Cambridge: Cambridge University Press, 1995): 153.

5　Naughton, *The Chinese Economy*: 307-321. １９９５年には、中国の総雇用者数は6億８０００万人だったが、うち1億２０００万人が農村部の企業で働いていた（中国国家統計局〈ＮＢＳ〉／ＣＥＩＣ【民間データ会社】）。

は急速に上昇しており、生活水準も1980年以降かなり改善されてはいたが、物価が上がっていたために都市部の世帯はあまり恩恵を感じられなかった。都市部の高校生や大学生は、あまり良い就職を期待できなかった。なぜなら、国有企業は十分な雇用をつくり出せなかったし、民間企業の雇用には厳しい規制がかけられていたからだ。最も一般的な民間企業の形態は「個体戸」と呼ばれる個人経営だったが、法律により個体戸の従業員は7人までとされていた。そして、政府の役人の腐敗に対しても怒りが広がっていた。特に、国が定めた価格で商品を安く買い取りながら、それを市場で再販して大きな利益を得ていることに、人々は怒りを感じていた。このようなさまざまな腹立たしさが大規模で長期間にわたるデモにつながり、政府は1989年6月4日、ついにデモを制圧した。軍隊がデモ参加者を武力で追い散らし、数千人が死亡したのだ。

その後数年のうちに党や政府の改革派が再集結すると、彼らは改革のエネルギーを再び都市部に集めることに合意した。1978年から80年にかけての改革では、党は農産物価格の引き上げや個人の耕作を認めるなどして、あからさまに農村部を優遇する政策を取ってきた。しかし、都市部を中心とした改革では、都市部の収入を農村部に比べて引き上げようとしていることは、はっきりとは示さなかった。それでも党の指導者たちは、党が権力を掌握する上で脅威となるのは都市部であることを1989年の出来事から学んでいたため、都市部の生活水準の向上に集中した。

当時の中心的な指導者たちの経歴も、この決定に影響した。1980年代の主な改革者であった万里と趙紫陽（1980年から87年まで首相を務め、1987年から89年までは党総書記を務めたが、天安門事件により退任に追い込まれた）は、地方で経験を積み、農村部の問題を解決してきた。これに対して1990年代に中心的人物となった江沢民と朱鎔基（1993年から97年までは経済担当の副首相、その後、2003年まで首相）は、ともに上海市の元幹部で、主に都市部の問題に取り組んできた。

1990年代を通じて、都市部の改革は加速していった。一方で、農村部は相対的に停滞期に入った。政府は国有企業と金融システムを再編し、民間企業を振興した。国内の移動に関する規制は緩和され、労働者が賃金労働のために都市部に移住しやすくなった。しかし、その家族は移住することを禁じられたため、移住した労働者の家族のための社会サービスは、農村部が提供しなければならなかった。製品（主に都市部で生産されたもの）の価格は自由化されたが、穀物や他の農産物の政府調達価格は抑えられたままだった。同時に、地方政府は穀物の生産を最大化するよう命じられ、その分、農民が自由市場で高値で売れるような作物の生産が犠牲になった。

そして、最も大きな影響をもたらしたのが、国有企業が管理していた住宅が1998年から私有化されるようになったことだ。この機会を活用して、市場価値よりもずっと低い値段で住宅を購入できた都市部の世帯には、棚からぼたもちのような巨額の利益がもたらされた。2003年までには、都市部の世帯は住宅の所有や購入、売却、不動産の担保化などを自由に行えるようになった。農村部の世帯には、今日に至ってもそうした権利が認められていない（住宅の私有化に関しては、第6章を参照）。これらの政策により、農村部と都市部の世帯の格差はさらに広がった。1990年には、都市部の所得の平均額は農村部の2.2倍だったが、2003年には3.2倍となった[6]（図表4.1参照）。

図表4.1　農村部の純収入に対する都市部の1人当たり可処分所得

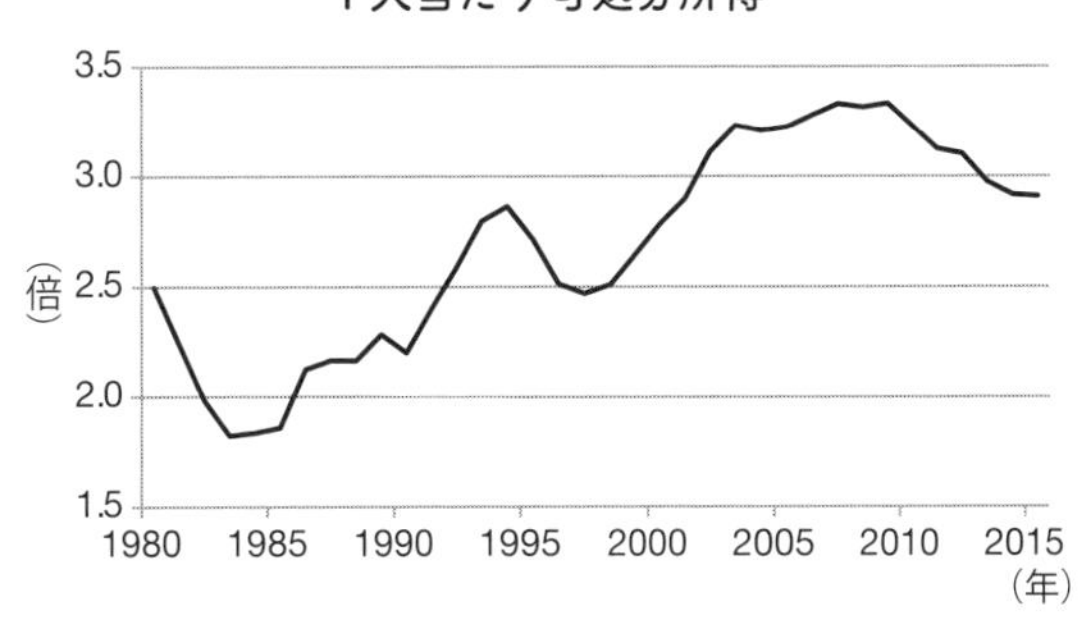

出典：NBS/CEIC.

都市と農村の格差の問題に2000年代の政府はどう対応したか

２００２年の後半に政権を握った胡錦濤と温家宝は、都市部を偏重した政策を修正し、農村部の所得を引き上げようとした。同政権は農業と農村、農民の問題を解決するために、幅広い政策を打ち出した。穀物の調達価格は引き上げられ、２００６年には農産物にかけられていた税金が廃止された。政府は農村部の道路やインフラへの投資を進め、農業以外での雇用につながる食品加工工場への投資も推進した。２００６年からは、過去20年の改革で崩壊していた農村部の社会サービス・ネットワークの再構築も始まった。同年には、9年間の義務教育が農村部で無償化された。２００３年には、農村部で新型農村合作医療保険制度が導入されて、基本的な健康保険が提供され、２００７年には最低収入保障制度が都市部から農村部に拡大された。２００９年には、中国の歴史上初めて農民の年金制度が設けられ、高齢で農業ができなくなった後も収入が得られるようになった。

こうした政策は、農村部の所得と農業生産に大きなプラスの影響をもたらした。農村部の所得に対する都市部の所得の割合は、２００７年に3.3倍で上昇が止まり、その後低下し始めた（前頁図表4.1参照）。健康保険への加入率は２０００年には13％だったが、13年までには、ほぼすべての農村部住民が何らかの健康保険に加入した。また、同年までに、農村部人口の約40％に当たる2億４０００万人が年金に加入し、それ以降も加入率は増加して、半分を超えたと思われる。[7] 穀物の総生産量は、１９９９年には5億トンを超えていたが、２００３年には4億３０００万トンまで減少していた。それが徐々に上昇し始め、２０１２年には初めて6億トンを超えた。高付加価値農産物の実質成長率は、１９９７年から２００３年は年3％未満だったが、その後10年間は年5％近くまで拡大した。

こうして農村部の改善が進んだことから、いくつか見えてくる点がある。1つ目は、「胡錦濤と温家宝の時代には改革は進まず、『失われた10年』だった」という一般的な見方が誤りであることがわかるという点だ。このような批判は都市部のエリートによるものである場合が多く、彼らは農村部の問題を無視している。農業生産を増加に転じさせたこと、また、包括的な（たとえ基本的なものではあっても）社会のセーフティネットを都市部と農村部の両方に確立したことは、共に大きな実績である。

２つ目は、農村部の改革が貧困の削減に重要な役割を果たした点だ。１９８１年から２０１５年までの間に、世界銀行の定義による絶対的貧困にある人々は、中国では８億４０００万人から１０００万人に減少した。率にすると、人口の84％から１％への低下だ（図表4.2参照）。この減少の一因としては、人々が都市部のより賃金の高い仕事に移ったことも挙げられるが、人口の半分が今でも農村部に

6　ＣＥＩＣから入手した中国政府のデータ。この数値は、都市部の１人当たり可処分所得と農村部の１人当たり純収入との比較である。都市部と農村部の所得格差については以下を参照。World Bank/Democratic Republic of the Congo (DRC) 2013: 9. および World Bank/DRC 2014: 105. 農村の年金の状況は以下を参照。Thomas Gatley and Andrew Batson, "China's Welfare State: Mission Accomplished?" Gavekal Dragonomics research note, March 19, 2013.

7　２０１４年に農村部の年金制度と都市部の失業者の年金制度が一体化され、農村部の年金加入者数を区分して認識することが困難になった。２０１８年末では、この一体化された制度に加入している都市部と農村部の住民は９億４３００万人だった。

図表 4.2　1日 1.90 ドル未満で暮らす人の数（2011 年購買力平価ベース）

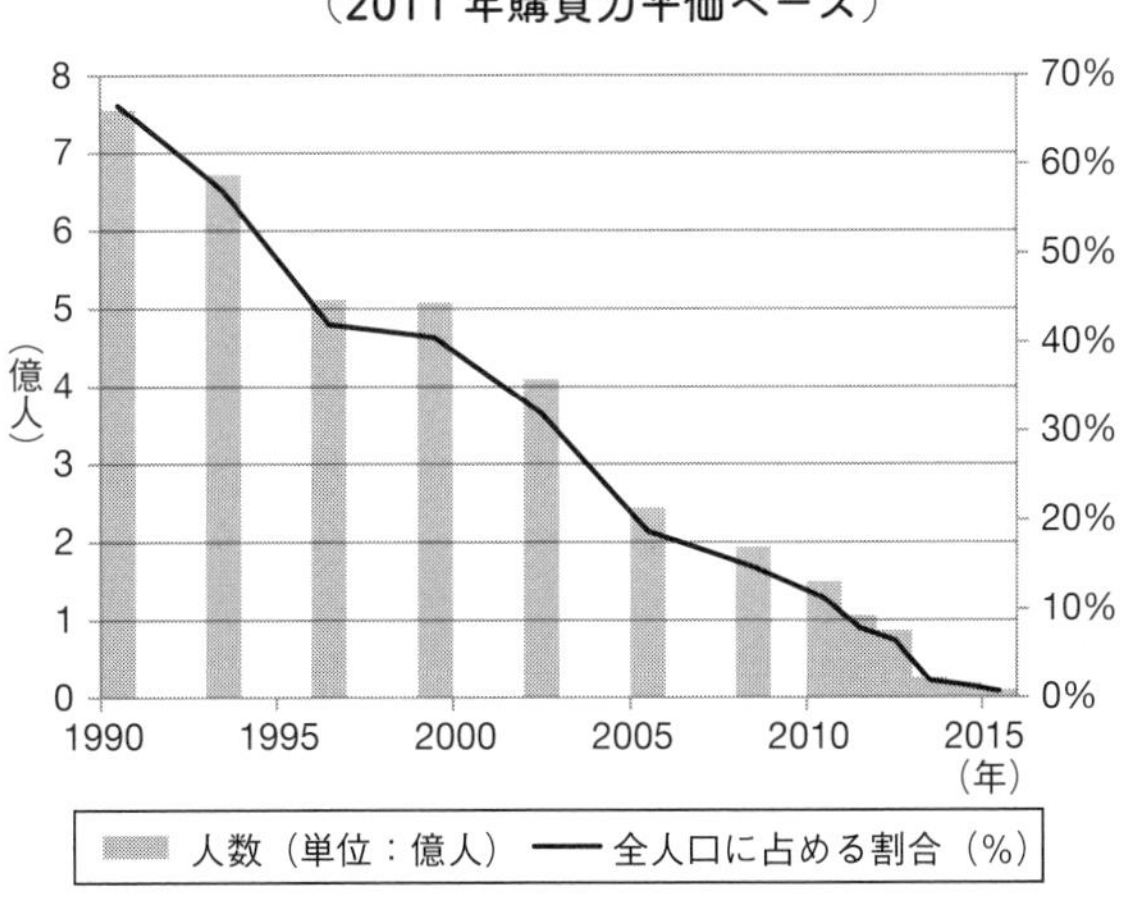

出典：世界銀行。

住んでいることを考えると、農村部の生活水準を向上させたことも大きな要因であったと言える。[8]
3つ目は、都市部と農村部の利益の完璧なバランスを、政策によって保つのは難しいことが、改革開放期の歴史からわかるという点だ。改革の最初の10年では、農村部に偏って利益がもたらされた。1989年から2003年の改革では、都市に大きく重点が置かれた。胡錦濤と温家宝の10年はよりバランスが取れていたが、農村部の問題を改めて重視したため、都市部の圧力団体からの抵抗にあった。彼らは、中国の今後20年間の開発課題は都市化であると主張して成功した。しかし、最も都市化が進むシナリオでも、約20年後の2040年の中国において、農村部にはまだ人口の30％に当たる4億人が暮らしていると予測される。都市部と農村部の利益をめぐる綱引きは、今後も長く、中国の政策当局者の頭痛の種となるだろう。

中国の農民は土地を所有しているか

中国の農民は、自分では土地を所有していない。しかし、通常は長期にわたって土地を使用する権利を持っている。この農村部の土地の請負期間の問題が、中国における非常に困難な政治課題となっている。また、農村部と都市部の財産権の違いが、資産や所得の格差を生み出す大きな要因の1つともなっている。

1978年から83年の間に集団農業が行われなくなると、たいていの農家は決まった農地を1年から3年耕作する権利を手にした。1980年代中頃までには、こうした各世帯の農地の請負期間は通常15年まで延長された。しかし、この権利は不安定なものだった。農地は依然として「集体」（言い換えると村全体）が所有しており、村の権力者たちが請負期間内に農地の割り当てを変更することも多かった。農地の変更は、世帯人数の変化などもっともな理由で行われることもあった。しかし、村に農地変更の権限があるということは、村の党書記の機嫌を損ねると、突然に別の、良くない土地をあてがわれるということも意味していた。同じ土地をいつまで耕作できるかわからないため、農民はその土地に大規模な投資をするのをためらった。

そこで政府は、農民の土地の使用権を徐々に強化していった。１９９３年には、農地の標準的な請負期間が30年に延長され、１９９８年の土地管理法でこの期間が規定された。２００４年の農村土地契約法では、農地の使用権は公式の契約書に書き記さなければならず、村の権力者たちが請負期間終了前に、勝手に農地を変更してはならないと定められた。変更を行う場合は、農村会議の３分の２以上の賛成が必要とされた。２００７年の物権法では、農民の土地の使用権は私人所有権であるとされた。

この法律の実施の程度には差があった。２０１０年に、ランデサ（土地の使用権に関する活動を行う非営利団体）が行った調査によると、土地の使用権を示す証書を持っていた農家は60％強、正式な契約書を持っていたのは約半数だった。それでも土地の使用権がより安定的になったため、農民が温室や先進的な灌漑設備など、生産性向上のための投資を行うインセンティブが高まった。同時に、アグリビジネス企業が隣り合う農地をまとめて農民から長期間借り受け、大規模な機械化農業を行うことも可能になった。[9]

ただし、政府は農民の土地の権利は強化したが、同時に、その金銭的価値が可能な限り低くなるように努めた。政府は土地が集体の所有であることを強調し続けた。つまり、農民は個人で土地を売ったり抵当に入れたりする権利は持っていないということだ。また、地方政府が近隣の農地をまとめて低価格で取得し、大きなマージ

8　世界銀行の絶対的貧困の定義は、２０１０年の購買力平価で、1日1・90ドル未満で暮らす人々を指す。参考：http://povertydata.worldbank.org/poverty/country/CHN。上記のサイトでは、他の貧困基準による１９９０年以降の推移も見ることができる。中国で貧困状態にある人の数は、高めの基準（1日3.2ドル）で見ても、１９９０年の10億人から２０１５年には９５００万人に減少した。どのような基準を用いても、どの開発途上国と比較しても、中国の貧困削減は大きく成功していると言える。

ンをつけて不動産開発業者に売却しても、中央政府はそうした行為を許容した。したがって、地価が安い農地を地価の高い都市用途に変えて生じた利益は、まったく農家に渡ることはなく、すべてが地方政府と不動産開発業者のものとなった（不動産開発業者は、建設した住宅やオフィスからも巨額の利益を手にした）。

その額は驚くほど大きなものだった。世界銀行の推計によると、1990年から2010年までに、地方政府は市場価値より合計2兆元安い価格で農民から土地を取り上げた（執筆時の為替レートで換算すると、3000億ドルに担当する）。もし、農民たちが適正価格を受け取り、その資金で一般的な投資を行っていたら、彼らは現在、5兆元多く所有していたはずだ（5兆元は約8000億ドル。中国GDPの約8％）。[10]

この「安い農地」政策の動機の1つは、都市の成長の実現である。政府は2000年代初め頃までに、経済成長を最大化するためには、できるだけ多くの人をできるだけ早く農村から移動させて、都市で生産性の高い仕事に就かせる必要があると考えるようになった。もう1つの動機は、「もし農民が自由に農地を売れたら、抜け目のない業者に騙されるのではないか」という、いくぶん矛盾した懸念だった。言い換えると、政府に売る場合には農民が騙されて適正価格を受け取れなくても一向にかまわないが、民間に売る場合には騙されてはいけない、ということだ。

この政策が資産と所得の配分にどのような影響を与えているかを十分に理解するためには、不動産の権利に関する都市部と農村部の大きな乖離（かいり）を理解しなければならない。農地を集体が所有しているのと同様に、都市部の土地は国が所有している。都市部の世帯が住宅を買う場合、彼らは実際には長期（通常は70年）の借地・借家権を買っている。[11]

農民の農地使用権は30年なので利用期間は異なるが、それ以外の点では農民と都市部の住民にはあまり違いがないように感じられるかもしれない。しかし、実際には甚だしい違いがある。農民は、農地を有効利用しようとする買い手に、高い価格で土地を売る権利を持っていない。農民ができるのは、耕作権を転貸することだけだ。一方で、都市の住宅所有者は自分の不動産を誰にでも売れるし、市場で認められる価格であればいくらで売ってもよい。人がどんどん都市部に移ってきているため、都市部の不動産価格はほぼ例外なく上昇する。そして、都市の住宅所有者はその上昇分の利益を完全に自由に手に入れることができるのだ。また、農民は自分で耕す農地1区画の権利しか持っていないが、都市部の住民は買えるだけの住宅を買って賃貸収入を得たり、小さな事業の担保にしたりすることができる。

さらには、第6章で詳しく述べるが、1998年から2003年の住宅私有化プログラムで、何百万もの都市部の世帯が、国有の住宅を市場価値よりかなり低い価格で買うことを許された。彼らは後に、その住宅を市場価格で売ることを認められた。彼らが手にしたキャピタルゲインは、合計で4.5兆元だった。これは農民が地方政府の買い上げによって1990年から2010年までの間に失った額の2倍以上になる。

つまり、農村部と都市部の住民が不動産の権利に関してたどった道は、正反対のものだったということだ。農民たちは自分の農地を実際の価値よりもずっと低い価格で売らされ、一方で都市の住民は（住民の一部ではあった

9　このランデサ（Landesa）による調査は、同団体が中国で行った5回目のもので、以下の名称で発表されている。"China's Farmers Benefiting from Land Tenure Reform," February 2011, "http://www.landesa.org/wherewe-work/china/research-report-2010-findings-17-province-china-survey/. ランデサはこの調査で、63％の農民が土地使用権を示す証書を持ち、53％が土地使用の契約書を持っているとした。法律はこの両方を持たなければならないと定めているが、両方を持っていたのは44％だけだった。また、同調査では不正も根強いことが示され、農地を都市用途に変更させられたが補償が不十分だったり、無理やりアグリビジネスに土地を転貸させられたりするなどの例が見られた。以下も参照のこと。Lardy, *Markets over Mao*: 61｜John Bruce, "China's Land System Reform: What Comes after the Third Plenum?" unpublished paper for World Bank Conference on Land Tenure, March 2015.

10　World Bank/DRC 2014, 17.

11　米国人は不動産を自由に所有できることに慣れており、この中国のやり方は奇妙に感じられるかもしれない。しかし、こうした方式は他国にも見られる。英国の集合住宅の大半は借地・借家権であるし、香港の不動産はすべてこの方式だ。香港ではその期間は通常99年である。

が）実際の価値よりもずっと低い価格で不動産を買い、その利益をすべて自分のポケットに入れた。こうした財産権の不平等が、都市部と農村部の住民の間に存在する、資産と所得の格差の唯一最大の原因と思われる。

農地の権利改善のために何が行われているか

農地の使用権によって生じる不公平さは、中国の学者たちも以前から認識しており、政府もこれを修正する改革を始めている。この改革の背景には、「都市化はもっと秩序だったプロセスに変える必要があり、また地方政府は農地を安く買い叩いて高く売るのではなく、もっと持続的な資金調達の方法を学ばなければならない」という認識が遅ればせながら得られたことも影響している。

農地の使用権に関しては、大きな制約が2つある。1つは、集体による農地の所有は聖域であり、変更が許されないということだ。したがって、農地問題の最善にして最も簡単な解決策、つまり、農民に都市の住宅所有者と同様の強い個人所有権を与えることは議論されない。なお、東アジアの他の国々の農民は、何十年も前からそうした所有権を与えられている。

2番目の制約は、耕作地面積の「レッドライン」だ。これは2006年から実施されている政策で、「中国の耕作地面積は合計で1億2000万haを下回ってはならない」と定めたものだ。過去20年間で、農村部の土地が急速に都市用途に変わっていったため、耕作地面積はこのレッドラインを少し上回るだけの水準になっている。したがって、都市部の土地がこの先さらに広がれば、その分、荒れ地や農村部の建設用地を農地に戻すことによって、埋め合わせをしなければならない。[12]

こうした制約がある中で、中央政府はより健全な農村経済をつくり出すため、いくつかの改革を進めている。

これらの改革は3種類に分けられる。農民の土地の権利の強化、機械化された大規模農業の推進、そして、農村部で町の設立を進める城鎮化の3つである。[13]

土地の権利の強化：さまざまな政策によって、農民が農地の使用権を売買する権利や、担保に入れる権利の強化が図られている。これを実現するためには、すべての土地が登記される必要がある。土地の権利は、土地区画の境界線が測量され、境界線と所有者が公式な登記簿に記載されて初めて有効となる。中国農村部では、半分をいくぶん上回る土地が登記されている。農村部の土地の登記をすべて完了するには、少なくともあと10年はかかりそうだ。もう1つ難しい問題は、農地に関する女性の権利が守られるようにすることだ。登記された農地の約90%が男性の世帯主の名義になっており、農村部の多くの女性が、離婚した場合に貧困のリスクを抱えている[14]

大規模農業：政府は長い間、農場の大規模化や機械化の動きに反対してきた。その主な理由は、家族経営による農業が農村部でのセーフティネットとして考えられていたからだ。仮に、ある世帯が困難な状況に陥った場合、あるいは都市部に移住した家族が解雇されて仕事が見つからない時、いつでも家族の農場に帰れば住居や食糧を確保できる。しかし、都市部への永住が増え、農村部で年金や健康保険、最低収入保障のプログラムなどが

12　「農村部の建設用地」とは、耕作のためではなく、建築物を建てるために用いられている土地を指す（主に村の住宅だが、商業施設や小規模な工業用の建物も建てられている）。

13　ここでの議論は、前出のBruce, "China's Land System Reform"を参考にしている。土地改革の最近の展開については、以下を参照のこと。Barry Naughton, "Is There A 'Xi Model' of Economic Reform? Acceleration of Economic Reform since Fall 2014," *China Leadership Monitor* No. 46 (Winter 2015) (http://www.hoover.org/publications/china-leadership-monitor/spring-2015-issue-46).

14　同様の問題が都市部の不動産にも存在する。都市部でも圧倒的に男性の名義で登記されている不動産が多い。以下を参照のこと。Leta Hong Fincher, *Leftover Women: The Resurgence of Gender Inequality in China* (London: Zed Books, 2014).

展開されるようになるにつれ、このロジックは崩れてきている。現在では、農業部〈農業省〉は大規模農場への移行を推奨しており、これも政府が農地を売却しやすくしたいと考える理由の1つとなっている。

城鎮化：これは、分散した村を統合して、より人々が集住する町をつくることを意味する。村人は住んでいた住居を離れ、もっと人口密度の高い町に引っ越す。村は壊されて耕作地に変えられる。新しくつくられる町は、統合される村々の総面積よりも小さな土地しか使わないので、結果として農地が増えることになる。農民は自分の農地の権利を保持して農業を続けてもよいが、多くの農民が土地の使用権を譲渡して都市部での仕事に就くと想定されている。この政策は、農村部の住民を徐々に都市化しようという取り組みの一環だが、農地の供給を維持、または増加させるためのものでもある。

中国は食糧を自給できるか

中国の農業経済についての最後の問いは、「中国は食糧を自給できるのか」、あるいは「その必要があるのか」である。この問いは中国だけでなく、世界全体にとっても非常に重要だ。なぜなら、中国が約14億人の国民に食べさせるために大規模な食糧輸入を始めたら、世界の食糧価格に大きな影響を与える恐れがあるからだ。時折、中国が食料の輸入を貪欲に追求し始めることによって、「世界の食品価格は急騰する」、あるいは、「世界の稀少な耕作地の供給に深刻な影響を与える」ことを懸念する議論が見られる。[15] 中国の政策当局者も食料輸入が必要となればそれは国の安全保障上のリスクとなると考えており、また、彼らは食品価格の上昇も懸念している。

数十年にわたって、中国の食糧危機に関するこうした懸念が再三示されてきたが、それが現実になったことはない。悲観的な議論では常に、中国における主要農産物や畜産物の増産能力が過小評価されている。1980年と比べると、今日の穀物の生産量は2倍になっており、油糧種子は4倍、食肉は6倍となっている（図表4.3参照）。中国はすでに、面積当たりの収穫量ではかなり高い数値を上げている。米と小麦の1エーカー【約4046㎡】当たりの生産量は、世界で最も高いレベルだ。それでも、機械化や土地管理技術の向上、より収穫量の多い品種の採用などを通じてまだ高められる余地はあり、作物によってはその可能性は非常に大きい。最も可能性があるのはトウモロコシだ（主に家畜の餌となる重要な穀物）。中国での生産量は1エーカー当たり平均6トンで、これはブラジルやインド、東南アジアよりはずっと多いが、北米の8～9トンと比べると低い。

需要の点から考えると、中国の食糧消費が伸びる可能性はある。しかし、その幅はそれほど大きくはないだろう。今日、中国人の1日の摂取カロリーは3000kcal近くで、かなり高い水準になっている。韓国では1990年代はじめにこの水準で安定した。日本では高齢化が進んでいるため、1日の平均摂取カロリーはここ

図表4.3　主要食品の生産指数（1980年＝100）

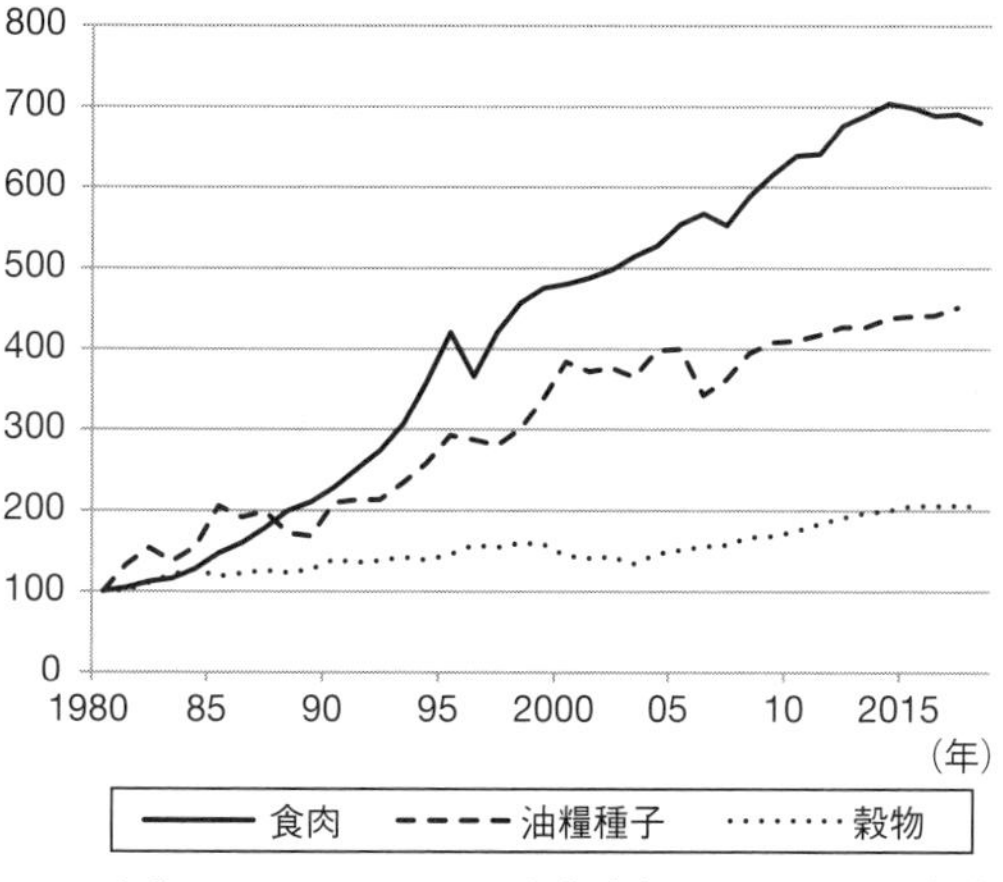

800
700
600
500
400
300
200
100
0
1980　85　90　95　2000　05　10　2015
（年）
食肉　油糧種子　穀物

出典：NBS/CEIC および米農務省のデータを元に筆者作成。

15　Lester Brown, *Who Will Feed China* (Worldwatch Institute, 1995). | Lester Brown, *Full Planet, Empty Plates: The New Geopolitics of Food Scarcity* (New York: W. W. Norton, 2012).

20年ほど減少してきている。中国では、今後25年から30年で日本の高齢化と同様の現象が起こることが予想され、摂取カロリーが今後も増え続けることは考えにくい。

もちろん、摂取する食事の内容も重要だ。社会が豊かになるにつれ、人はより多くの肉（および乳製品）を消費するようになる。それが間接的に穀物の需要も押し上げる。なぜなら、1kgの肉をつくるには、飼料としてその何倍もの穀物が必要になるからだ。しかし、中国で好まれる豚肉の消費量は、1人当たり年間36kgと、すでにかなり高い水準にある。これは韓国よりも30％多く、台湾で消費量がピークだった1990年代の40kgと比べても、わずかに少ない程度だ。[16] 豊かな食生活が一因となって生じる、肥満や糖尿病などの慢性的疾患の増加を抑えようと、中国政府は2016年に食事についての指針を発表した。この指針は、鶏肉を含む食肉摂取量を大幅に減らすことが狙いとなっている。

中国が世界的な食糧大戦を起こすことはなさそうだが、食糧の輸入は増えるだろう。輸入が増えれば政府には課題が生じる。中国政府は安全保障上の観点から、穀物の95％を国内生産とする政策を長く維持してきたが、近年、政府はこの政策をいくぶん緩和した。中国は依然として穀物（主に米、小麦、トウモロコシ）の必要量の95％以上を自国で供給しているが、穀物を広く定義して豆とジャガイモを含めると、90年代後半から大豆の輸入が大きく伸びているため、自給率は83％に下がる。

飼料とされる大豆とトウモロコシの需要が増えて輸入が増えるため、今後10年以内に、中国の広義の穀物の自給率は80％を切るようになるだろう。南北アメリカと東欧の大豆とトウモロコシの生産者は、この需要に対応しなければならない。また、中国はアグリビジネス企業に対し、アフリカや南米、オーストラリアなどの農地に投資するよう勧めている。これは世界的に農地の供給を増やすためでもあり、中国で輸入食品のニーズが増える中で、確かな供給先を確保するためでもある。[17]

16 Will Freeman, "How To Feed a Dragon," Gavekal Dragonomics research note, February 26, 2013.

17 中国の農業生産拡大の進展についてまとめられた文献としては、以下のものがある。インタラクティブな図表も充実している。"How Is China Feeding Its Population of 1.4 Billion?" Center for Security and International Studies, https://chinapower.csis.org/china-food-security/. 食糧の安全に関する関心は、単なる輸入の最小化だけでなく、中国の都市部の中流階級で懸念が高まっている食の安全にも向けられている。以下を参照のこと。Robert Ash, "A New Line on Food Security," *China Economic Quarterly* (September 2014): 45-48. 食糧の安全に関する優れた調査としては、以下のものがある。David Norse, Yuelai Lu, and Jikun Huang, "China's Food Security: Is It a National, Regional or Global Issue?" (Kerry Brown (ed.), *China and the EU in Context: Insights for Business and Investors* 〈London: Palgrave Macmillan, 2014〉に収録)。

第5章 産業と輸出とテクノロジー

なぜ中国は巨大な工業国・輸出国になったのか

中国が工業国として、また輸出国、技術国として台頭してきたことは、過去30年間の経済に関する出来事において、まさに世界を変えるものだった。1970年代後半、中国は世界の工業生産のうちごくわずかを占めるに過ぎず、貿易のシェアは1%未満だった。しかし、2018年末の時点では、金額ベースで世界の工業製品の4分の1以上を生産し、世界の全輸出の13%を占め、工業製品の輸出では18%を占める世界最大の輸出国となっている[1]。

現在の中国は、世界の生産ネットワークのハブである。ネットワークは米国や欧州の設計部門から始まり、東アジアや東南アジアでの専用の部品や原材料の生産を経て、中国に至る。中国には設計図や材料や部品が集められ、完成品が組み立てられて、世界中に送られる。さらに中国企業は、独自のハイテク部品や完成品の生産を増やしている。華為（ファーウェイ）技術は、電気通信ネットワーク機器の世界最大のメーカーだ。それ以外にも、船舶や高速鉄道、鉱業・建設機械、原子炉を含めた発電設備などの分野で、中国企業の進出が目立つ。

なぜ、このような変化が起こったのだろうか。重要な役割を果たしたのは、歴史的な優位性、幸運な環境、そして、優れた政策の3つだ。

第2章で述べたように、中国は産業革命の前にも、優れた製造業の長い歴史を誇っていた。こうした歴史的な優位性は重要だが、それ単独では十分な効果は発揮されない。たとえばインドは、18世紀まで中国と同程度の経済規模があり、綿織物の世界貿易を支配していた。[2] インドにも中国と同様に多くの国民と、何世紀にも及ぶ商業と工業の歴史がある。しかし、1980年代以降、インドの工業と貿易はそれほど発展していない。インドの輸出額は中国の7分の1に過ぎず、年間1000億ドルの貿易赤字を計上し続けている。明らかに、中国ではこの40年間に何かがうまくいった。それが、幸運な環境と優れた政策である。

幸運な環境には、以下のものがある。

- **良き隣人**：台湾、韓国、そして特に日本という、輸出中心の発展における成功例があり、産業開発のモデルとして追随しやすかった。
- **香港**：中国が改革開放を始めた時、香港にはすでに世界でも有数の港があった。また、香港は現代の法律と金融システムを備えた貿易の中心地でもあった。香港を通じて中国の企業は世界の貿易ルートにアクセスでき、さらには、現代の経済に必要な「ソフト面」のインフラにもアクセスできた。[3]
- **タイミング**：幸運なことにタイミングが良かった。1950年代に輸送用コンテナが開発され、ちょうど中国が貿易の門戸を開いた頃に、コンテナの活用によって長距離輸送コストが大幅に削減できるようにな

1　貿易額のデータは世界貿易機関〈WTO〉から。工業のデータは世界銀行のWorld Development Indicators databaseから。国による比較は以下の文献で見ることができる。Daniel J. Meckstroth, "China Has a Dominant Share of World Manufacturing," Manufacturers Alliance for Productivity and Innovation, January 6, 2014, *https://www.mapi.net/china-has-dominant-share-world-manufacturing.

2　Prasannan Parthasarathi, *Why Europe Grew Rich and Asia Did Not* (Cambridge: Cambridge University Press, 2011).

3　1980年代と90年代の中国の経済発展において、香港の「ソフト面」での法的インフラが重要であったということに関しては、以下の文献で説得力のある議論が見られる。Yasheng Huang, *Capitalism with Chinese Characteristics* (Cambridge: Cambridge University Press, 2008): 1-10.

り、複数の国をまたぐグローバルな製造チェーンが実現され始めた。

- **電子工業**：1980年代後半までには、文化的に似ている台湾で優れた電子工業が確立された。それが1990年代には大挙して中国にやってきて、世界クラスの電子機器製造業の基盤があっという間に出来上がった。

中国の政策当局者は、これらのチャンスを認識して最大限に活用した。そのための政策としては、2つの方向性が目立った。1つは、鄧小平と彼の側近たちが用いた、「改革開放」というスローガンに象徴される政策だ。鄧小平は、国内経済を改革するには、投資と貿易、および外国のアイデアに、より一段と門戸を開く必要があると考えた。そこで、彼とその後継者たちは、輸出業者がチャンスを最大化できるような政策を繰り返し採用した。たとえば、1980年代初期の経済特別区の開設や、2001年の世界貿易機関〈WTO〉への加盟などだ。

もう1つは、インフラの建設に大きな重点を置いたことだ。特に、港や道路、発電所、電気通信ネットワークなど、中国の長い海岸沿いで製造業者が事業をしやすくなるようなインフラの建設に重点が置かれた。その結果、2000年代初期までには、開発途上国並みの低コストの労働力とほぼ富裕国並みのインフラを備えるという、中国独自の、おそらく他国には真似のできない組み合わせが誕生した。これは輸出志向の製造業にとって、非常に魅力的なプラットフォームとなった。さらに2000年代には、中国内陸部でも高速道路や高速鉄道を中心としたインフラ建設が進んだ。それによって内陸部の市場どうしがつながって、「10億人の中国人顧客」にアプローチできるという以前からの困難な夢が現実に近づいてきた（インフラ開発の詳細については、第6章で述べる）。

このように、歴史的な優位性と、幸運と、優れた政策とが合流したことにより、中国には非常に強力な経済が誕生した。しかし、中国のモデルには限界もあった。1つは、外国の多国籍企業による直接投資に大きく依存したため、特定の業界や輸出品製造業の多くを外資系企業が占めるようになったこと。もう1つは、低コストの労働力と、優れたインフラと、価格に敏感な国内消費者という組み合わせから生じるビジネスモデルは、「60%の価格で80%の品質」と表現すべきものになるということだ。このビジネスモデルも有効ではあるが、中国企業が最高レベルの市場に進出する場合には、問題にぶつかることになる。

中国の産業開発戦略はどのようなものか

第3章でも触れたように、1978年以降の中国の産業開発は、2つのプロセスの結果として考えることができる。1つは、共産主義の計画経済から市場型に近い経済への移行というプロセス、もう1つは、日本や韓国、台湾に類似した東アジア発展指向型戦略の漸進的な採用というプロセスだ。前者のプロセスでは、国の資源が少しずつ民間に再配分された。後者のプロセスでは、特定の業界の振興やインフラ投資の推進、中央による金融システムの強力な管理といった「産業政策」がとられた。中国の工業化は、単に市場志向の改革の結果でもなければ、単に強力なトップダウンの開発戦略の結果でもない。その両方が必要だったのである。

中国の産業開発は、外国からの投資に大きく依存したという点でも独自のものである。2006年まではこの傾向はかなり強かったが、その後、政府は外国からの投資への依存度を下げて国内企業の力を高める政策にシフトしていった。もう1つの特徴は、中国の産業政策が静的なものではなく、新しい状況や狙いに応じて進化してきているということだ（図表5.1参照）。以下で、中国の産業政策の進化について検討してみよう。

鄧小平の産業政策はどのようなものだったか

鄧小平が1978年の終わりに権力の座に着いた時、彼が引き継いだ産業経済には大きな問題が2つあった。それは毛沢東主義による数十年間の計画経済から生じたものだった。1つ目の問題は、中国が資本集約的な重工業に過度に依存しており、一方で、衣類や自転車、扇風機といった消費者向け製品（消費財）の生産は最小限しか行われていなかった、ということだ。この政策は「要素賦存量」の基本的な考え方に逆行していた。この考え方に従えば、貧しかった当時の中国には、資本は相対的に少なかったが安価な労働力が多く存在したので、労働集約的な軽工業中心の経済を築く方が合理的なはずだった。2つ目の問題は、ほぼすべての産業が国有企業の手中にあり、効率を高めようというインセンティブがほとんどなかったことだ。

多くの試行錯誤を経て、鄧小平政権の経済政策の当局者たちは次の要素からなるアプローチを編み出した。

- 資本集約的な産業から、労働集約的な産業にシフトする。

図表5.1　1978年以降の中国産業政策の段階

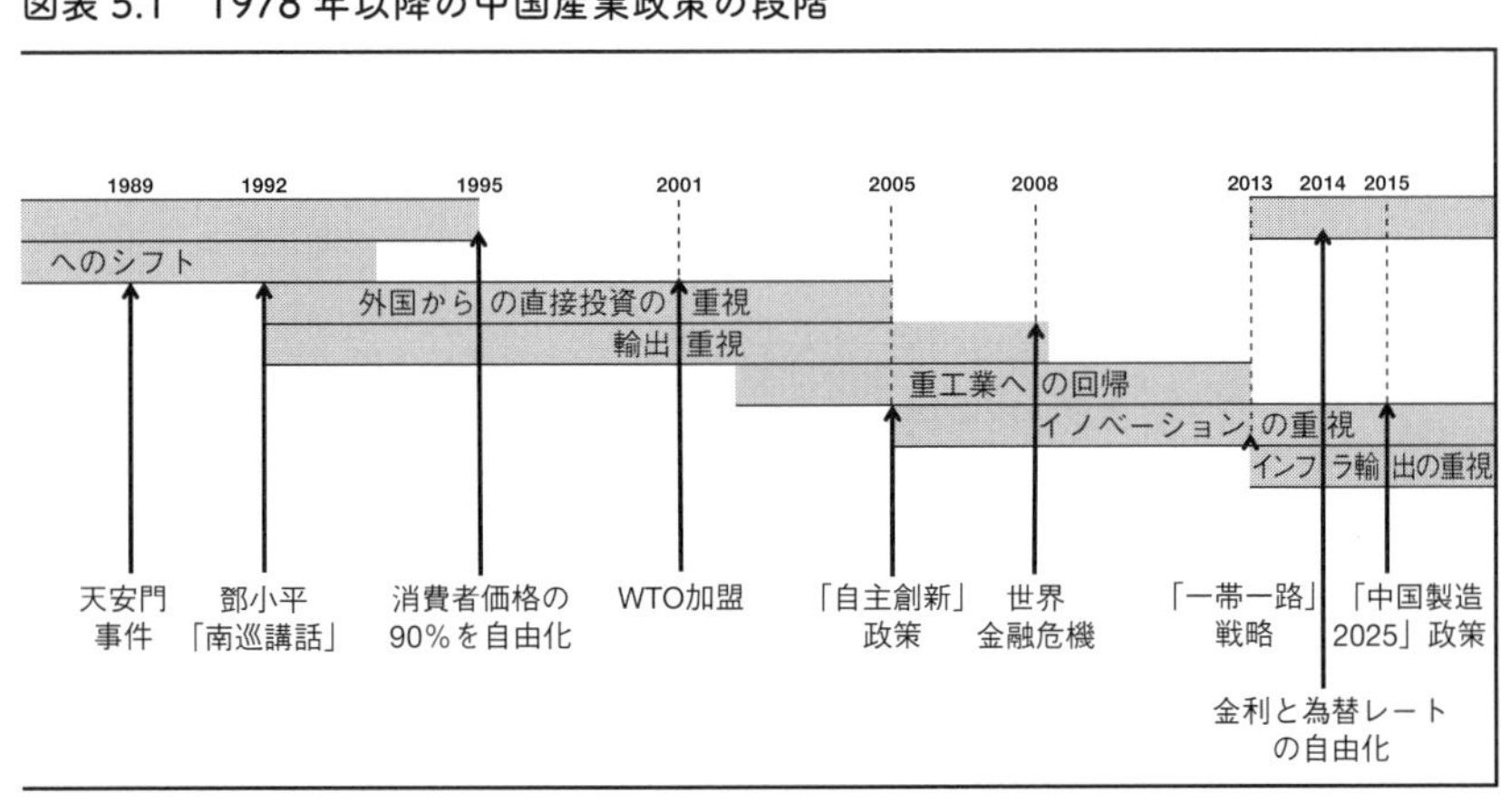

- 軽工業品の輸出に力を入れ、資本設備の輸入に必要な外貨を獲得する。
- 経済特区を設け、外国企業が優遇条件で工場を建てることを認める。
- 価格改革を行い、中央の計画者の力を弱め、市場の役割を大きくする。
- 民間企業をより広く認める。

最初の2つの政策は、東アジアの発展モデルを活用したことを示すものだ。東アジアのモデルでは、労働集約的な消費財の輸出に重点を置き、それを長期的な経済成長への第一歩とした。最後の２つ（価格改革と民間企業の拡大）は、共産主義からより資本主義的な経済への「移行」を成功させるために必要な政策だ。真ん中の経済特区は、改革主義的な共産国、ユーゴスラビアから借りてきた政策だが、やがては中国独自の発明である、外国からの直接投資を軸とした成長モデルに形を変えていく。

これらの改革は、鄧小平率いる改革派と陳雲率いる保守派が常に対立していたことから、気まぐれのように実施された。しかし、10年間で得られた成果は目覚ましいものだった。１９７８年から90年までに、消費財のうち市場によって価格が決められるものは、ゼロから70％に拡大した。工業製品の生産量は6倍になり、工業生産で国有企業が占める割合は、78％から54％に低下した。年間の輸出額も、約１００億ドルから６２０億ドルへと6倍になった。改革の最初の10年（１９７９～88年）では、経済は年平均10％の割合で伸び、日本の「奇跡」と言われた１９５０年代の工業化のスタートと同程度となった。[4]

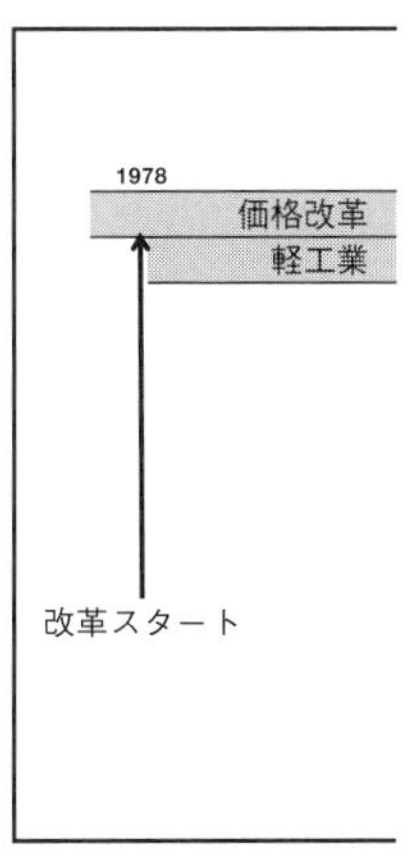

出典：筆者作成。

江沢民と朱鎔基の下で産業政策はどう変化したか

初期の成果は大きかったものの、改革開放期が次の10年に入ると、中国はまた問題に直面した。押さえつけられていた消費の欲求が改革で解き放たれ、巨大な波のように生じてきたのだ。インフレ率も急上昇し、1988年から89年では年率20％を超えた。また、部分的な価格改革によって多くの製品が二重価格となり、政府が決めた低い計画価格と、高い市場価格の2つの価格が存在した。役人は供給の少ない商品を安い計画価格で購入し、自由市場で再販して利益を上げた。この高いインフレ率と役人の腐敗の2つが、1989年に北京や他の都市を揺るがしたデモの大きな原因となり、最終的には天安門広場周辺での数千人のデモ参加者の虐殺へとつながった。そして全体としては、中国は依然として貧しい国だったのである。

天安門での大虐殺の直後、保守派の指導者たちが改革を中止し、成長のスピードは落ちた。しかし、1992年に鄧小平が深圳や他の改革の中心地を訪問して「南巡講話」を行い、「改革解放」は健在であると示すと、それをきっかけに新たな成長の時代が始まった。その後の10年間、中国は確実に、主要な工業国・貿易国への道を歩むことになる。1990年代に価格改革は加速し、

図表 5.2　市場による価格決定に委ねられた製品の割合（製品分野別）

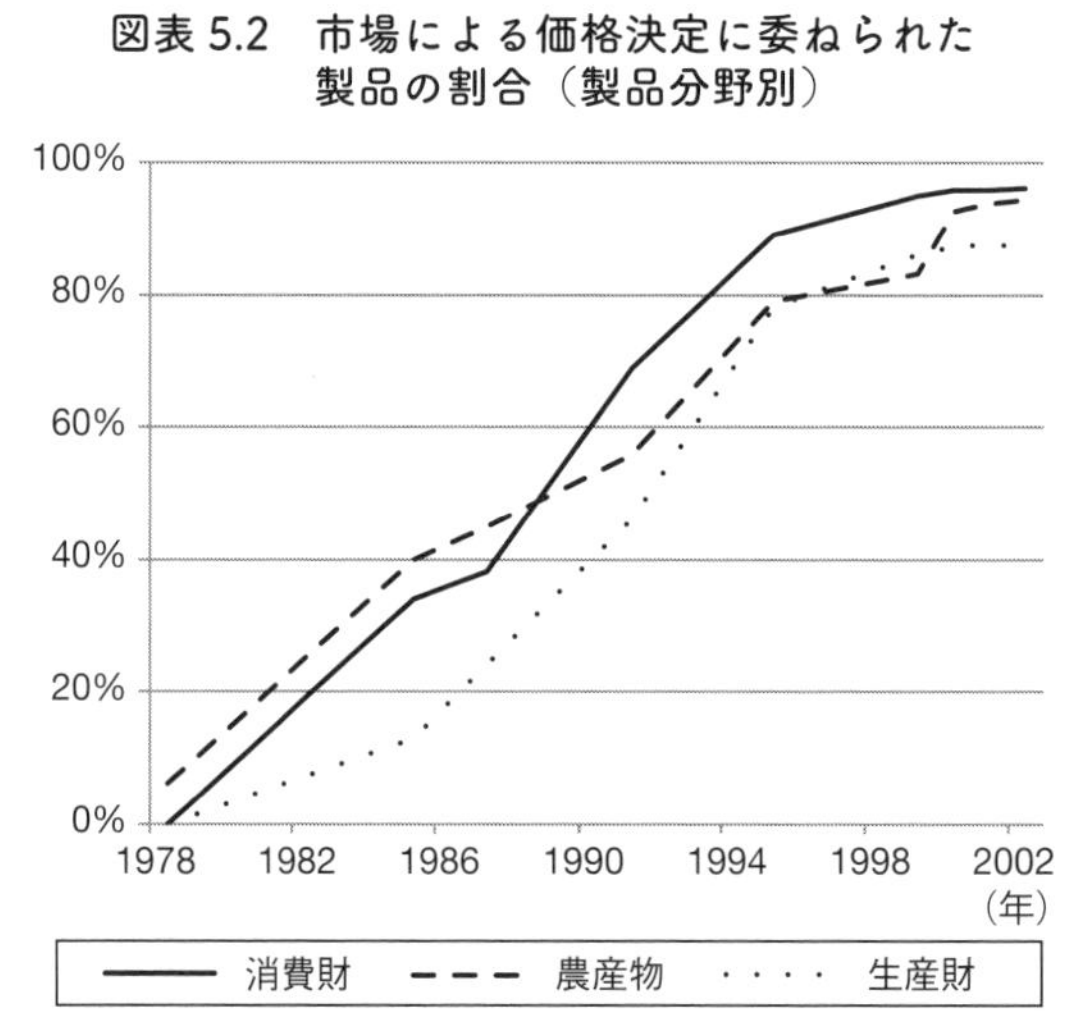

出典：Lardy 2014 を加工。

1990年代の終わりまでには、消費財の95%、農産物と生産財の90%が完全に市場価格になった（図表5.2参照）。金融政策の運営も改善し、インフレも抑えられた。1990年代中頃に始まった国有企業改革のプログラムでは、国有企業とそこで働く従業員の数が大幅に削減され、それによって民間企業、特に製造業のチャンスが大幅に拡大した。

この第2次の改革フェーズで最も注目すべき特徴は、外国企業を誘致して中国への投資を促し、輸出産業を構築することに重点が置かれたことだ。1980年代は、外国からの直接投資額〈FDI〉は年間20億ドルから30億ドルで、香港の中小企業が国境の向こう側の深圳経済特区に工場を移転したものが大半だった。しかし鄧小平の南巡講話以降、FDIは急拡大し、ピークとなった1997年には450億ドルとなった。1994年から97年までの間は、FDIが中国における設備投資全体の6分の1近くを占めた。このFDIのかなりの部分が、輸出型製造業への投資だった。1990年から2001年の間に、中国の輸出額は620億ドルから2660億ドルへと4倍以上に拡大し、この期間の終わり頃には、中国による輸出の半分以上が、外資系企業の生産によるものとなったのである。

4　価格のデータはNicolas Lardy, "*Markets over Mao: The Rise of Private Business in China,*" (Washington, DC: Peterson Institute for International Economics, 2014) を参照。国有企業の市場シェアについては、以下を参照のこと。Loren Brandt, Thomas G. Rawski, and John Sutton, "China's Industrial Development," in Loren Brandt and Thomas G. Rawski, eds. *China's Great Economic Transformation* (Cambridge University Press, 2008): 572.

なぜ胡錦濤政権では産業政策が国家統制主義的になったのか

胡錦濤国家主席と温家宝首相の政権（2003〜12年）では、産業政策は国家統制主義の色合いを増した。政府が大規模なインフラ・プロジェクトを進め、また国有企業の保護を強めて、市場改革のスピードは落ちた。それにもかかわらず、FDIと輸出はそれ以前の10年を上回る急速な勢いで拡大した。これは政府の施策によるものというよりは、良い条件が重なったためだ。たとえば、2001年に中国がWTOに加盟すると、世界市場へのアクセスが拡大した。台湾の電子機器の組立工場が多数中国に移転してきたため、コンピュータや携帯電話の世界的な需要の爆発が中国に大きな恩恵をもたらした。そして、2003年から07年にかけて、世界経済の成長率は長期的な平均値を上回り、年率5％で拡大した。2001年に2660億ドルだった中国の輸出額は、2008年には5倍以上の1兆4000億ドルとなり、この間の成長率は年27％と驚くほどの値となった[5]（図表5.3参照）。

しかし、政府の産業政策は輸出の促進に重点を置くものではなかった。政府が最も力を注いだのは、国有セク

図表 5.3　中国の輸出額と世界市場におけるシェア

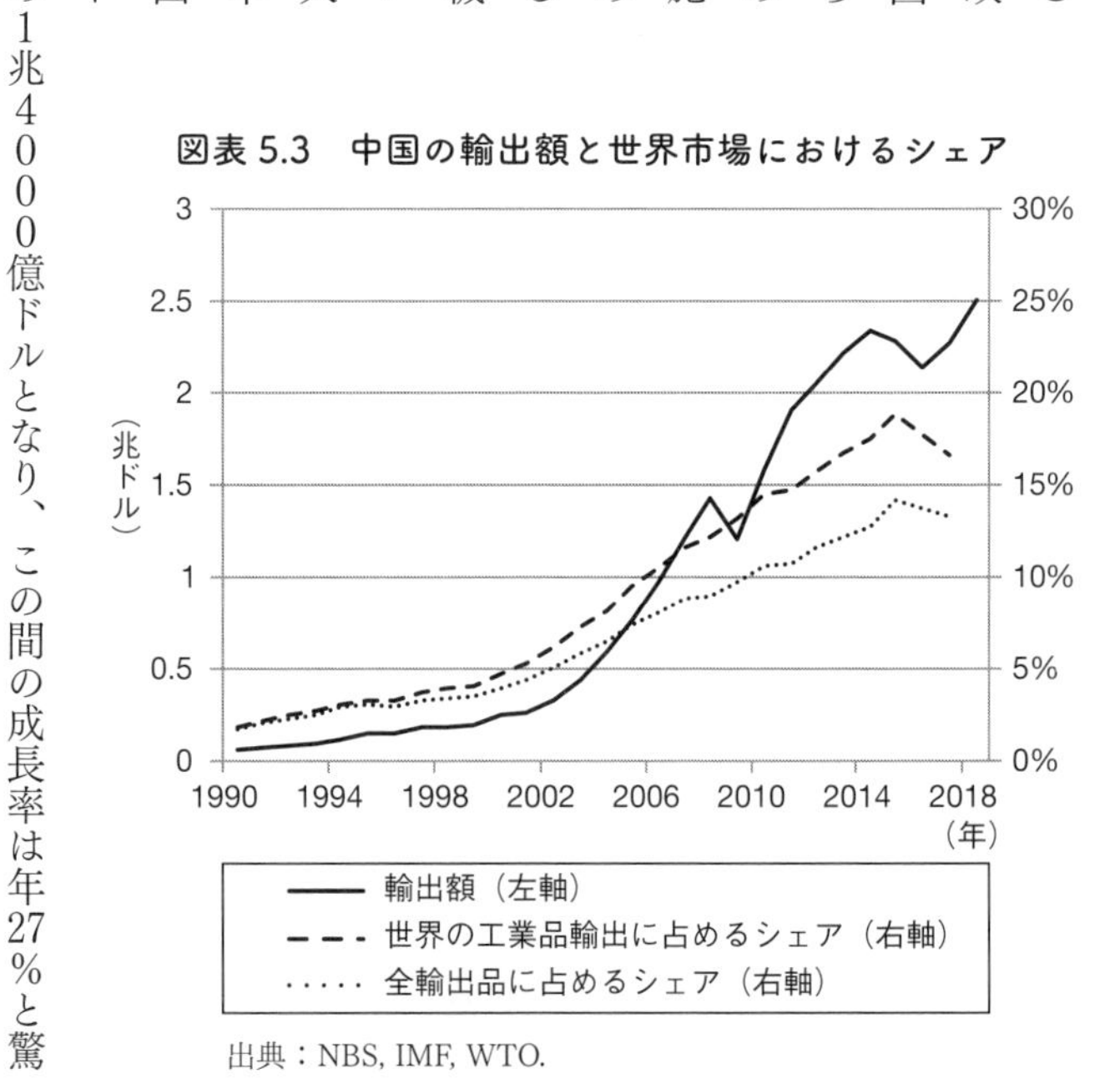

出典：NBS, IMF, WTO.

ターの統合とインフラ開発の促進、そして、先の10年になだれ込んできた外資系企業からの市場シェアの奪回だった。大手国有企業は中央政府の機関の下で再編され、世界でトップの企業となるよう命じられた。また、インフラを中心とした地方の開発計画、たとえば「西部大開発」や「東北振興」などは、経済成長の成果を豊かな沿岸部以外の省にも広げることを目的として行われた。それまでは、外国からの直接投資と輸出のモデルによる成果のほぼすべてを享受していたのは、沿岸部の省だった。

こうした開発の取り組みと、朱鎔基による都市部の住宅私有化政策に端を発した建設ブームとが重なった。その結果、鉄鋼やセメント、ガラスなど、基本的な資材の需要が急上昇し、中国はおそらく世界史上最大の重工業ブームを経験することとなった。中国の鉄鋼生産量は、２０００年から14年までの間に、１億２９００万トンから８億２３００万トンへと７倍近く増加した。これによって中国は世界の鉄鋼生産の約半分を担うこととなり、世界第２位の鉄鋼生産国である日本の７倍も生産するようになった。同期間に、セメントの年間生産量は４倍近くなり、６億トンから22億トンに拡大した。中国はセメントでも、世界全体の生産量の約半分を占めるようになった。[6]

5　この中国の輸出の「黄金期」について説明されている文献で、入手しやすいものとしては以下の書籍がある。Alexandra Harney, *The China Price* (New York: Penguin Books, 2008).

6　環境科学者のバーツラフ・シュミルの推計によると、中国が２０１１年から13年の３年間で使ったセメントの量は、米国が20世紀を通して使った量を上回るという。これは恐ろしい数字ではあるが、中国ではほぼすべての住宅と多くの道路がセメントでつくられ、一方で米国では、木造住宅とアスファルトの道路が一般的であることから、単純な比較はしにくい。他のアジアの大国と１人当たりで比べると、中国のセメントと鉄鋼の消費量はやはり大きいが、それほど突飛なものではない。以下を参照のこと。http://www.globalcement.com/magazine/articles/796-china-first-in-cement.

いつからハイテクを重視するようになったのか

しかし、胡錦濤と温家宝の産業戦略は、建設と重工業に限ったものではなかった。彼らの取り組みで最も議論を呼んだのは、2006年に始まった「自主創新（自国によるイノベーション）」政策だ。[7] この政策はいくつかの点で、過去に実施された技術中心の産業政策の継続であると言える。第2章で述べたように、19世紀中盤以降、中国の指導者たちは西側工業国との間に開いてしまった技術面でのギャップを埋めようと必死になっていた。改革開放期の1980年代半ば頃からは、科学分野での基礎研究と応用研究の両方の拡大と、工業技術の開発を目的とした政策がいくつも見られるようになった。[8]

しかし、「自主創新」は以前の政策よりもずっと野心的なもので、次のような狙いを表明していた。中国を「外国で生産された高付加価値部品の最終組立」という立場から解放する。技術集約的な業界で、中国企業の市場シェアを拡大する。中国を技術面でのフォロワーでなくリーダーにする――。この政策には以下のような施策が含まれた。優先度の高い複数のハイテク業界に、研究開発のための補助金を出す。特許の申請や技術標準の制定に報奨を与える。国内企業や政府に、中国製の製品を買うよう奨励する。そして、最も論争を招いたのは、外国企業に中国への投資を認める見返りとして、重要な技術を中国企業に移転するよう強く求めたことである。

外国の企業や商工会議所、政府などは、技術移転の要請と、無線ネットワークなどで中国の技術標準の採用を中国が義務付けようとしたことに、ただちに強く反発した。「自主創新」は、具体的な成果はほとんど認められず、ただほとんど価値のない特許申請が急増しただけだった。たしかに、ハイテク品輸出における外資系企業のシェアは、2005年の90%近くをピークとして、それ以降は70%以下にまで低下している。しかし、この変化のうち、どの程度が政策によるもので、どの程度が中国の民間テクノロジー企業の成長によるものかは判断しにくい。

成果については疑問が残るものの、「自主創新」はその10年後のさらに積極的な技術開発戦略に向けて、舞台を整えるものとなった。

習近平政権では産業政策はどのように進化してきたか

習近平が国家主席となった２０１３年までに、中国の産業界は多くの問題を抱えるようになった。重工業には過剰な設備があり、国有企業の生産量が依然として多過ぎ、その国有企業は民間企業よりもかなり非効率で収益力が低かった。中国のエコノミストも外国のエコノミストも、政府は重工業の重視をやめて、サービス業をもっと振興するべきだと考えた。また、重要なインプット（特にエネルギー、土地、資本）の価格を自由化して、投資がより市場主導で効率的になるようにする必要があり、さらには、多すぎる国有企業を合理化して、民間企業にもっと多くのスペースをつくるべきだとも考えられた。

その後、中国政府は産業構造のアップグレードを狙って、さまざまな政策を打ち出してきた。その中で最も重要なのは、２０１３年11月に発表された、経済改革に関する「３中全会（中国共産党第18期中央委員会第３回全体会議）

7　「自主創新（自国によるイノベーション）」という言葉が最初に登場したのは、「国家中長期科学技術発展計画綱要（２００６～２０２０年）」（英語版のサマリーは、https://www.itu.int/en/ITU-D/Cybersecurity/Documents/National_Strategies_Repository/China_2006.pdf【日本語版は、https://spc.jst.go.jp/policy/downloads/aprc-fy2022-pd-chn01.pdf】)。

8　具体的には、「８６３計画」（基礎研究と応用研究）、「火炬（たいまつ）計画」（ハイテク・プロジェクトの商業化）、「９７３計画」（先端的プロジェクト）、「星火計画」（農村部での技術開発）などがある。これらについてまとめた文献として、以下のものがある。Joel R. Campbell, “Becoming a Techno-Industrial Power: Chinese Science and Technology Policy,” *Brookings Issues in Technology Innovation* (Washington, DC: Brookings Institution, April 2013). https://www.brookings.edu/wp-content/uploads/2016/06/29-science-technology-policy-china-campbell.pdf.

決定」と、2015年5月に発表された産業計画、「中国製造2025」だ。

3中全会の決定は、習近平の経済政策の主な方向性が示された長い文書だが、実行上の詳細については踏み込んでいない。[9] そこでは、2つの明らかに相反する考え方が中核となっていた。1つ目は、市場勢力が資源配分において「決定的な」役割を果たすとされたことだ。それ以前の党の文書では「重要な」役割と表現されていたので、格上げとなった。2つ目は国有セクターが経済において「主導的な」役割を果たすとされたことである。この2つは矛盾しているように思われる。もし、市場勢力が真に決定的なら、国有企業による主導は保障されず、市場での競争において、国有企業は民間企業に敗れる可能性がある。逆に、国有企業による主導が保障されるなら、市場勢力が真に決定的になることはないだろう。

しかし、中国の指導者たちは「決定的な」市場と「主導的な」国有企業の両方を受け入れることに、何も矛盾は感じないようだ。国有企業は、政府が戦略的な開発目標を追求する上で不可欠であり、また状況が厳しい時に、経済安定のために介入する際にも不可欠だ（中国が2008年から09年の世界金融危機を切り抜けられたのも、国主導のインフラ支出を通じた刺激策がとられたことが大きな要因の1つである）。同時に、国有企業の無駄と非効率に関するリスクは高いので、ある程度の利益を出し続けるためには、市場の規律にさらされなければならない。これについての1つの考え方は、「市場勢力は実際、ほとんどの場合『決定的』であるが、国の『主導』を脅かすようになると、その力は抑制される」というものだ。現実には、これが意味するのは、モノやサービスの価格は全般的に市場が決定するが、国から民間セクターに**資産の管理を移行**することは認められないということだ。

産業政策の狙いについてもっと詳しく理解するためには、「中国製造2025」にも目を向ける必要がある。この戦略の土台となったのは、「自主創新」の考え方を導入した2006年の長期的技術戦略と、重点的に支援する7つのハイテク産業を示した2010年の「戦略的新興産業」に関する決定である。また、中国製造

２０２５は、ドイツと米国で「インダストリー4.0」、あるいは「インダストリー・インターネット」として宣伝されたものを参考にしてもいる。すなわち、大量のユーザーデータの収集と分析を通じて、工業の生産性を高めることに関連するものだ。

中国製造２０２５には、主に３つの側面がある。１つ目は、インダストリー4.0と同様に、中国製造２０２５も中国の産業全体でＩＴや他のテクノロジーの活用を進め、アウトプットの品質と価値を高めようとしていることである。したがって、この政策はこれまでの産業政策と比べると幅が広く、かつ高度なものだ。これまでの政策では限られたハイテク業界に狭くフォーカスしていたが、この政策では伝統的な産業と先端的な産業の両方に目標を設定し、製造のプロセス全体や関連するサービス業界にも対応する。中国の開発目標を考えると、この１つ目の側面は納得がいく。また、中国の貿易や投資のパートナーの立場から考えても、特に害のない部分である。

しかし、２つ目と３つ目の側面は、諸外国から怒りを買った。中国製造２０２５では半導体やロボット、新エネルギー技術など、10の産業を優先産業とし、これらの産業の大半で10年から20年以内に世界でトップとなると宣言した。しかも、これらの産業において、２０２５年、あるいは２０３５年までに中国企業が獲得すべき国内市場と世界市場のシェアに関して、具体的な目標を掲げた。40％から80％くらいの目標である。[10]

これは中国が国内市場で、外国企業よりも国内企業を優遇するということを意味し、問題をはらんでいる。も

9　正確に言うと、「改革の全面的深化における若干の重大な問題に関する中共中央の決定」。２０１３年11月12日の第18期中央委員会第３回全体会議で採択された。１期（5年間）に開かれる中央委員会の全体会議【合計7回】のうち、第1回全体会議（1中全会）では新しい中央委員を選出する。数ヵ月後に開かれる2中全会では、他の人事関連の問題を話し合う。1中全会から約1年後の3中全会は、新しい指導部が政策の概要を発表する場となっている。２０１２年の第18期中央委員会の1中全会で、習近平が中国共産党の総書記に任命され、２０１３年の3中全会で「決定」が発表された。この文書は政策提案の数から、「60の決定」と呼ばれることがある。英語版は https://chinacopyrightandmedia.wordpress.com/2013/11/15/ccp-central-committee-resolution-concerning-some-major-issues-in-comprehensively-deepening-reform/. 中国語版は http://cpc.people.com.cn/n/2013/1115/c64094-23559163.html.

しそれが真実なら、外国企業にも「内国民待遇」を与える、つまり外国企業と国内企業を同等に扱うという、WTOの下での中国政府の約束に反する。多くの外国企業と政府が、中国製造2025は、中国企業がハイテク製品市場でより大きなシェアを獲得するため、外国企業を差別しようとする中国政府の意図が表れたものと解釈している。また、多くの外国企業が恐れているのが、中国市場へのアクセスと交換に、重要技術の移転を求めるような方針が、中国製造2025によって正当化されるのではないかということだ。

中国製造2025を巡る国際的な懸念をさらに高めたのは、中国が自国生まれのチャンピオン企業育成のために投入しようとしている金額だ。2014年以降、中央政府や省・市などの地方政府は、ハイテク開発を推進するために、2000ほどの「政府引導基金」を立ち上げた。表向きはベンチャーキャピタルだ。つまり、政府が創業期の資金を提供するが、その資金をどう投資するかはプロのファンドマネジャーが決め、投資によって高いリターンを上げることが求められるファンドである。しかし実際は、これらのファンドの大半が、ベンチャーキャピタルの振りをした補助金プログラムであると思われ、商業的リターンを上げることをほとんど、あるいはまったく期待せずに、国内テクノロジー企業に資金を提供するために使われていると考えられる。

これらのファンドの中で最大、かつ最も発展しているファンドは、「国家IC（集積回路）産業投資基金」だ。2018年末までに、同基金は約200億ドルを集め、その大半が中国東部にある複数の新しいメモリーチップ半導体工場をサポートするのに使われた。加えて、2019年終盤には、290億ドルの2つ目の半導体ファンドが立ち上げられた[11]。

しかし、他の政府引導基金の姿はまったく明らかになっていない。2018年中頃までに設立された約2000のファンドは、合計で12兆5000億元（1兆8000億ドル）の資金を集める計画だった。一部を調査した結果では、実際に集められた金額はそのうちのごくわずかであると思われる。また、その資金も地元の官僚が、ハイテク産業ではなく、不動産やインフラのプロジェクトに使っているケースが多いようだ。地方政府は事実上、これらのファンドを、枯渇した他の収入源を補填するために使っている。[12]

なぜ外国企業からの投資がそれほど大きな役割を果たしたのか

中国の産業開発において東アジアの近隣国と大きく異なる点は、外国からの直接投資〈ＦＤＩ〉が重要な役割を果たしたという点だ（「直接」投資とは、工場や設備、不動産などに直接に投資することを指す。企業の少数の株式を購入することが主体の「資産運用（ポートフォリオ）」投資とは異なる）。１９８５年から２００５年にかけて、外国から中国へのＦＤＩは、年平均でＧＤＰの３％近くという非常に大きな額に達した（次頁図表5.4参照）。韓国や台湾では、同様の高成長の時代（１９７０年代前半から90年代前半）でも、海外からのＦＤＩ流入額はＧＤＰのわずか0.5％ほどだった。日本では、１９５０年代の中頃から70年代の中頃まで、外国からの直接投資はほぼ存在せず、ＧＤＰの0.1％未満だった。[13]

10　「中国製造２０２５」について詳しくは、以下を参照のこと。Scott Kennedy, "Made in China 2025," Center for Strategic and International Studies, June 1, 2015, http://csis.org/publication/made-china-2025. この政策について中国語で書かれた文書は以下で読むことができる。http://news.china.com/domestic/945/20150519/19710486_all.html.

11　Yoko Kubota, "China Sets Up New $29 Billion Semiconductor Fund," *Wall Street Journal*, October 25, 2019. https://www.wsj.com/articles/china-sets-up-new-29-billion-semiconductor-fund-11572034480.

12　政府引導基金について詳しくは以下を参照のこと。Lance Noble, "Paying for Industrial Policy," Gavekal Dragonomics, December 4, 2018.

13　この比較については以下を参照のこと。Arthur R. Kroeber, "Developmental Dreams: Policy and Reality in China's Economic Reforms"（Scott Kennedy, ed., *Beyond the Middle Kingdom: Comparative Perspectives on China's Capitalist Transformation*〈Stanford, CA: Stanford University Press, 2011〉: 44-65 に収録）。

外国企業の存在感は、中国の輸出貿易において特に顕著に表れている。日本、韓国、台湾の輸出売上は、ほとんどすべてが国内企業に計上されていた。中国ではまったく違う。１９９０年代初期以降、輸出の3分の1以上が外国資本の企業によるもので、ピークとなった２００５年にはその割合は58％となった。中国政府が「ハイテク」に分類した分野では、外資系企業の役割はさらに大きかった。２０００年代初期から12年まで、優に80％を超える輸出が外資系企業によるもので、現在でも外資系企業が3分の2程度を占めている（図表5.5、5.6参照）。

第3章でも述べたように、このＦＤＩへの大きな依存には少なくとも3つの要因がある。技術面で素早くキャッチアップする戦略を望んだこと、中国が国際市場にアクセスするのと引き換えに、外国企業にも中国市場へのアクセスを提供する必要があったこと、そして、輸送やロジスティクスの発達によって、中国のような人件費の安い国に製造拠点を移すことが、外国企業にとってのメリットとなったことだ。

ＦＤＩへの門戸開放は、現実的な形で始まった。１９７０年代終わり頃の中国は、経済的に非常に苦しい状況にあり、外国の技術を買うための外貨を獲得する手立てはほとんどなかった。手っ取り早い方法は、輸出志向の

図表 5.4　海外直接投資の流入額（1990～2018 年）

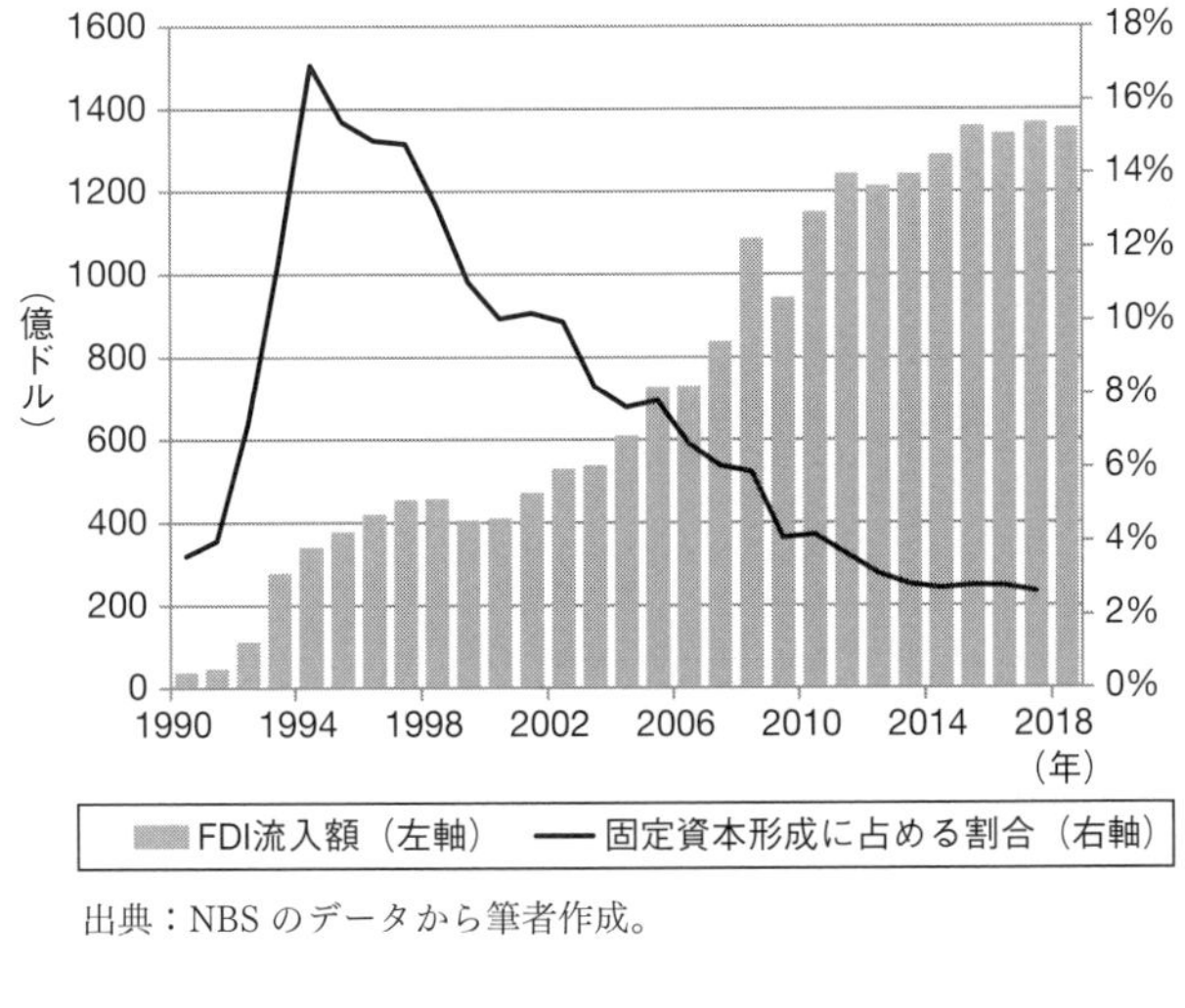

出典：NBS のデータから筆者作成。

外国企業に、中国国内に工場を建ててもらうことだった。最初は中国南部のわずかな経済特区だけだったが、やがてそれは中国全土に広がった。

１９９０年代前半と、ＷＴＯ加盟後の２０００年代初期にＦＤＩの急拡大につながった政策は、もっと戦略的な性格のものだった。改革主義者たちは、外国の大企業によって競争原理が導入されれば、それが国内経済の改革を加速するとわかっていたのだ。

図表 5.5　輸出に占める外国資本企業の割合

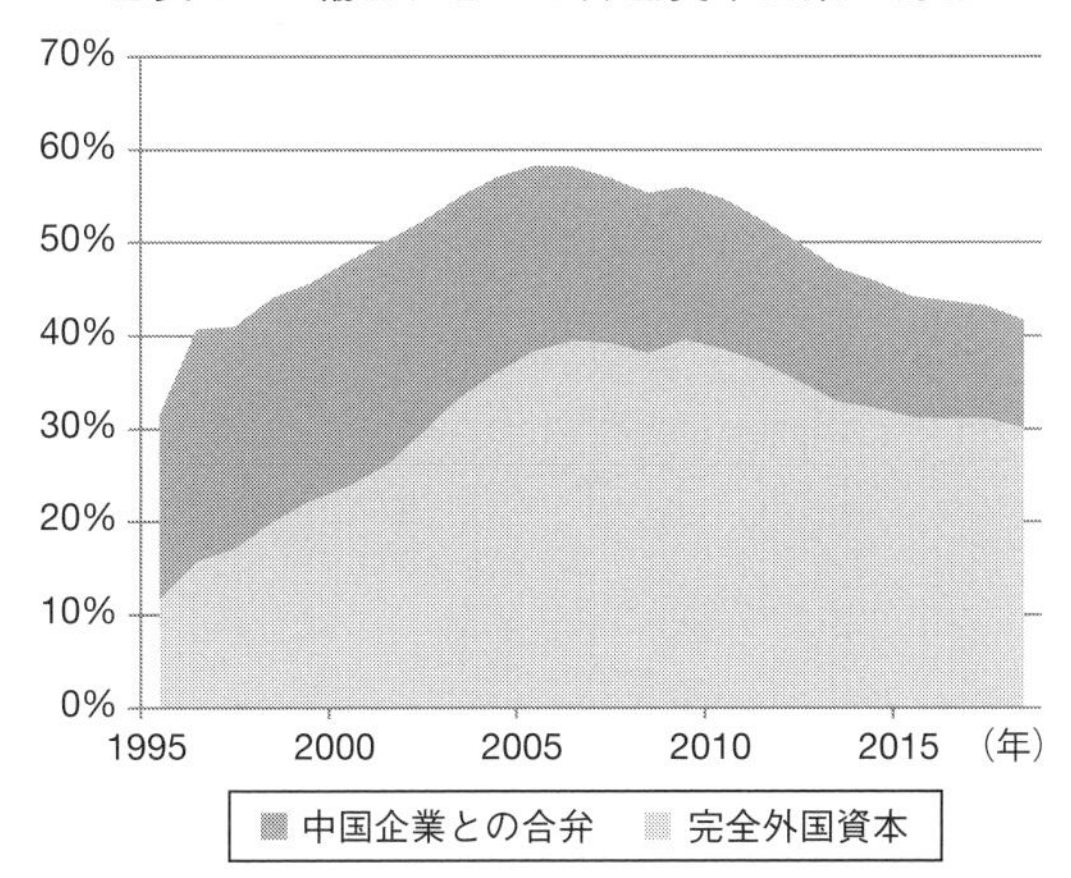

出典：NBS/CEIC.

図表 5.6　企業の種類別で見た貿易収支

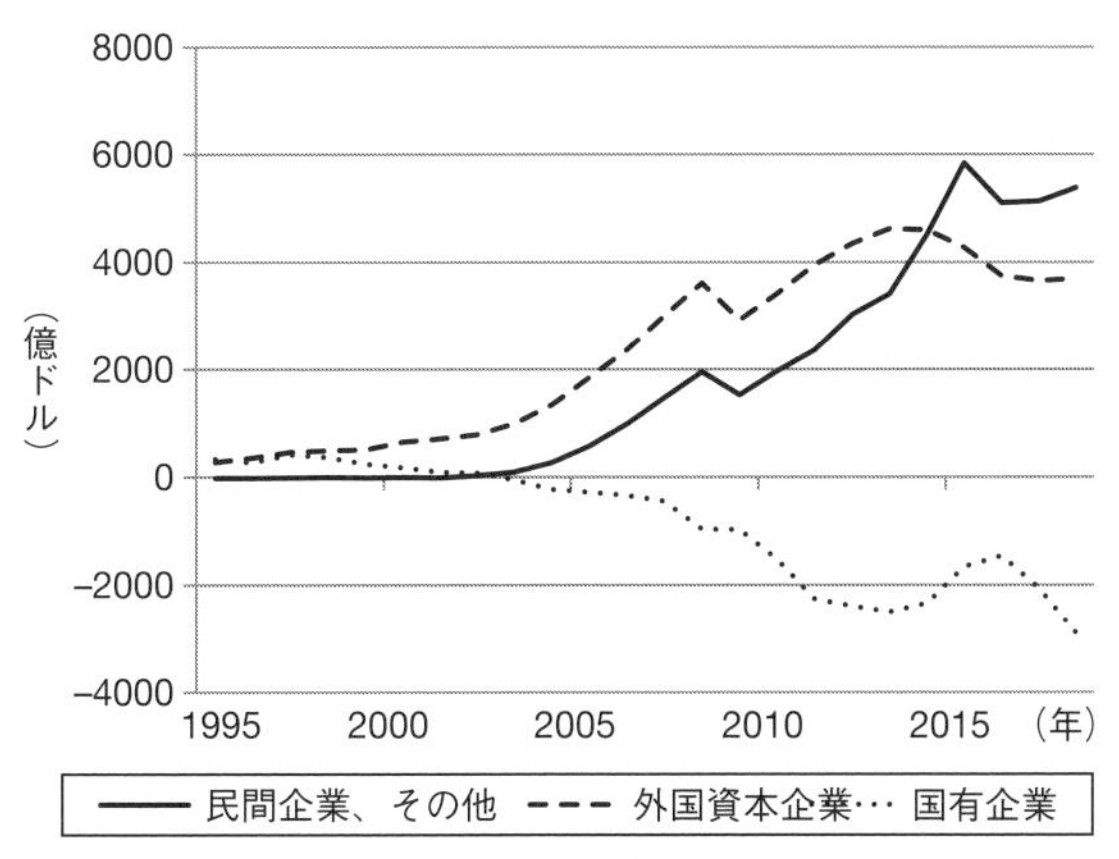

出典：NBS/CEIC のデータから著者作成。

ＦＤＩ戦略のもう1つの側面は、「外国からの投資」の多くが、本当の意味では外国からではなかったことだ。外国による直接投資の約半分は香港からのものだった。１９８０年代から90年代に、香港の製造業の大半が製造拠点を国境の向こう側の深圳や、その近くの広東省の都市に移した。１９９０年代の後半以降、香港の不動産会社やインフラ企業は、中国の有料道路や港、住宅、商業用不動産の開発に大金を注ぎ込んだ。香港は１９９７年に中国の支配下に戻ったが、香港からの投資は依然として、中国の統計においては「外国」からの投資として扱われている。[14]

加えて、報告されているＦＤＩの3分の1ほどが、実は「ラウンド・トリッピング」だった可能性がある。つまり、中国人が他国、特に香港の企業を経由して投資を行っていた、ということだ。ラウンド・トリッピングをすると外国企業向けの優遇税制や他の恩恵を享受できたため、２００５年頃までは大きなメリットがあった。[15]こうしたメリットは次第になくなっていったが、国内企業が自社を「外国」企業として登録するメリットは依然として存在した。たとえば、利益を送金すると見せかけることによって、資金を国外に持ち出すのが容易だった。

外国からの直接投資のモデルがピークに達したのは、２００２年から06年だ。この頃、中国はＷＴＯに加盟する条件として、外国企業が中国市場にもっとアクセスできるよう、改革を求められていた。２００６年末までには、中国はＷＴＯが求めていた条件をすべて満たした。国内経済はますます豊かになって、外国からの資本を必死で求めなくても済むようになった。その年のＦＤＩは中国における全投資額の6％で、ピークだった１９９４年の17％からは大きく下がっていた。２０１４年には、ＦＤＩは投資全体の3％未満になった。

外国からの直接投資に依存したことにより、中国は相当な恩恵を受けた。外国企業がもたらしたテクノロジーや生産技術、マネジメントのスキルを国内企業が吸収し、成長に役立てることができたのだ。外国企業の側にもメリットがあった。外国企業には、投資の制限や特定の業界に関する規制、現地企業との合弁会社設立が求められるなどの制約はあったが、かなりの市場アクセスを享受でき、中国事業から大きな利益を得ることができた。

しかし、中国政府と外国企業との関係はだんだんに冷えていった。2005年以降、中国の産業政策では、国内企業の育成に重点が移っていった。それが最も顕著なのが、中国製造2025だ。しかし、中国では外国企業の存在が大きく、またWTOや他の国際的な取り決めの下で、外国企業への平等な扱いを約束している。そうなると、中国による国内企業への援助は、外国の企業や政府からの批判を免れないだろう。

中国は「ズルをする」のか

「中国は公正な貿易や競争のルールに対して『ズル』をすることによって、産業と輸出で成功した」という批判がよくなされる。こうした批判は中国の輸出が拡大した2000年代初期に始まった。そして、中国製造2025の採用以来、また2016年に11月にドナルド・トランプが米国大統領に選ばれて以来、批判の声はさらに大きくなった。特に、中国は以下の方法で自国の産業と輸出を援助していると言われる。

- 金利と為替レート、エネルギー価格を不自然に低く据え置く。
- 国有企業に補助金を大量に注ぎ込む。
- 中国市場に売り込みをかけたい外国企業に対して、不合理な規制を課す。
- 外国企業の知的財産権を盗むことを認める。あるいは、外国企業が中国市場にアクセスする条件として、

14　中国の多国籍企業による投資の多くは、香港の子会社経由だった。
15　ラウンド・トリッピングの規模を測るのは難しい。しかし、アナリストらは長年、3分の1を経験則として用いている。

知的財産権の移転を強制する。

こうした非難は常に、経済的事実と政治的な作り話が入り混じったものだ。「公正」ではないかもしれない貿易慣行は、実はかなり一般的だ。「キャッチアップ」に成功して工業経済をつくりあげた国は、どれも前述の手法を一部、あるいはすべて使っていた。米国も例外ではない。19世紀の大半において他者の知的財産権を無視し、また、第二次世界大戦直前まで高い関税障壁を設け、さらには、政治的に重要な産業には大規模な助成をし続けていた。[16] すべての国が、世界貿易や投資のルールを自国に有利なようにねじ曲げようとし、自国の市場支配力で実現できる程度には、それに成功している。

大ざっぱに言うと、中国の産業面での成功は、同国がもともと持っている優位性をうまく活用したことと、マクロ経済政策および産業政策が巧みなものだったことが要因であり、「ズル」によるものではない。外国企業も中国の成功に重要、かつ熱心な貢献をし、進んで大規模な投資や技術移転を行ってきた。それは、中国の巨大な市場と効率的な生産基盤にアクセスするためであった。中国企業との競争で傷付いた企業もあったが、全体として見ると、外国の企業は中国からかなりの利益を上げてきた。

しかし、中国の手法の中には、世界における公正な競争の規範から明らかに逸脱するものがあり、中国の成長に伴って、その逸脱ぶりがより大きな問題となってきた。中国経済が比較的小規模で、低レベルの技術の製品を主に生産していた頃は、豊かな国々はそうした手法を無視する余裕があった。だが、今や中国は世界第2位の経済大国で、中国政府は半導体や電気自動車、人工知能などのハイテク産業において、中国がリーダーとなれるよう野心的な目標を設けている。

以下で、前述した不公正な手法の4つの領域に関して、1つずつ検証してみよう。

人為的に低く据え置かれた金利、為替レート、エネルギー価格：これらは2000年から10年にかけてよく言われていたが、今日ではそれほど話題になることはない。その一因としては、これらの主張がそもそも根拠の弱いもので、また、この大半が中国の政策によって解決されてきたからだ。

金利の低さは、産業を利するために意図的に実現したものというよりは、中国の非常に高い貯蓄率から生じた結果である部分が大きい（第9章参照）。米国や欧州、日本では、2008年の世界金融危機によって、極めて低い（あるいはマイナスの）金利を長期間、維持せざるを得なくなった。だが、中国の金利は、2008年以降、特別に低かったわけではない。

為替レートは数年間（おおよそ2003年から07年頃まで）割安だったが、2007年から17年までの間に徐々に上昇して、合計で40％ほど値上がりし、現在ではおおむね適正で、ほぼ市場主導のレートになっている。

エネルギー価格は、中国政府が長年にわたり管理してきた。しかし、それは主に変動を小さくするためであり、エネルギー価格を人為的に安くするためではない（第10章参照）。

補助金：補助金は明らかに論点となる。特に問われるのは、中国製造2025を推進するために使われている「政府引導基金」で、前述したように、これはベンチャーキャピタルに見せかけた補助金プログラムである。WTOのルールでは、輸出を推進するための補助金は禁止されているが、国内市場向けの生産をサポートするための補助金は認められている。公式には、政府引導基金は国内市場向けの生産を援助するものだ。しかし、支援を受けている分野の、中国製造2025の下での世界市場シェア目標（つまり輸出目標）を見ると、それは隠れ蓑の

16　米国の補助金に関しては、Lardy, *Markets over Mao*: 35-36を参照。

ように思える。

外国企業に対する規制：中国の開発において外国企業が大きな役割を果たしてきたにもかかわらず、中国は外国からの投資に対して、主要な経済の中で最も高い障壁をいくつか築いている（経済協力開発機構〈OECD〉の指標で測った場合）。製造業における規制では、たとえば、外国の自動車会社や石油化学会社は、中国企業との合弁会社を通じて事業を行うことが求められる。しかし、中国への投資で最も厄介な規制はサービス業に見られる。たとえば、検閲に関連した規制によって、国際的なインターネット企業は中国で事業をすることがほぼ不可能になっている。[17]

知的財産権の侵害、あるいは強制的な技術移転：特許や商標、著作権、企業秘密などの知的財産権の保護は、中国では長い間、弱い状態にある。ただし、これは先進国への技術的なキャッチアップを目指した国々なら、ほぼどこでも経てきたことではある。

たとえば、18世紀初期の欧州の磁器産業の発達には、イエズス会の宣教師が中国の陶磁器技術を伝えたことが大きく貢献したが、中国はその陶磁器技術を機密事項と考えていた。英国は、中国が輸出を禁止していた茶の木を盗み、それによりインドで茶産業を確立することができた。19世紀初め、米国に初めてできた大規模な織物工場も、つまりは産業スパイのような行動によってつくられたものだった。[18]第二次世界大戦後の日本や韓国や台湾は、ある部分、西側技術のリバース・エンジニアリングやコピーに依存しており、それは西側の特許ルールの侵害だった。

ここでのポイントは、知的財産権の侵害が道徳的に正当化できるということではない。そうではなく、ある国が十分な知的財産権を持つようになり、盗むよりも保護した方が得るものが大きいと判断するまでは、このようなことがよく行われるということだ。「盗む」から「保護」へのシフトが米国で起こったのは19世紀中頃、東アジア諸国では1980年代から90年代だった。中国では知的財産権専門の裁判所の設立と、いくつかの違反に対する刑事罰の適用という形で始まった。

とはいえ、中国の知的財産権の扱いは、批判され得る点がいくつかある。第一に、中国の発展は、知的財産権の保護が19世紀よりも強い時代、さらに言うと第二次世界大戦直後よりも強くなってから起こった。中国はWTOに加盟する際に、知的財産権の高水準の保護に同意している。したがって、約束を果たしていないことについて法的な責任を問われる可能性がある。第二に、中国の知的財産権の侵害は非常に大規模であり、関連する法制度は非常に脆弱で、政治がそれに影響を及ぼす。

そして中国政府は、外国企業が中国市場にアクセスする条件として、合弁会社の設立を求めるなどの公式な手段や非公式な圧力などを通じて、技術移転を求めた。中国政府の主張では、外国企業は（中国事業で得ようとしていた利益をあきらめて）そのような契約を結ばない自由があるのだから、技術移転は自主的なもので、強制したものではないという。一方、外国企業は契約の際に、本当に重要な技術の移転を制限するといった手段を講じ、その点では巧みだったと言える。しかし、中国の技術移転の要請は、先進諸国における許容範囲を超えている。[19]

17　Tim Wu, "China's Online Censorship Stifles Trade, Too," *New York Times*, February 4, 2019. https://www.nytimes.com/2019/02/04/opinion/china-censorship-internet.html.

18　フランシス・キャボット・ローウェルは、当時の効率的な織物生産に欠かせない織機の図面を買うことができなかった。そこで彼は、英国のランカシャーにある工場にうまく言って入り込み、米国で再現できるよう、織機を注意深くスケッチした。1820年代における織物の役割は、現代における電子機器に匹敵するものである。ローウェルがしたことは、現代で言う産業スパイのようなものだと考えられる。

「産業政策」はどこが成功し、どこが失敗したか

中国の産業政策が目標としてきたのは、幅広い業界を創造し、それらの業界で中国企業が生産する製品の技術や価値を高め、世界的な競争力を徐々に強めていくことだ。これらの目標はおおむね達成されてきた。

中国は、1980年代は安価な消費財と繊維製品の生産国だったが、そこから自動車や造船、機械、電子機器、化学製品、精密機器などを大規模に生産する国となった。中国製品の国際競争力は、世界の製品輸出に占める割合が拡大していることからもわかるように、着実に上昇している。研究によると、中国の輸出品の研究開発集約度【売上高に対する研究開発費の比率】、つまり技術的な高度化の度合いも同様に上昇してきた[20]。さらには、国内企業による輸出と貿易黒字も増えている。2000年代には、外資系企業が輸出のおおむね半分以上を占め、貿易黒字では3分の2程度を占めていたが、2014年までにはこれらの割合が半分以下になった。2018年には、外資系企業が輸出に占める割合は42%で、依然として高くはあるものの、1990年代中盤以来では最低の水準となっている。

しかし、中国のすべての業界が同じように等しく成功しているわけではない。特に、中国企業によるハイテク製品の生産は、必ずしも常に成功してきたわけではない。外国からの直接投資のモデルを用いることによって、特定の業界は主に外国企業によって築かれることになり、中国企業がそこに入り込むのは難しい場合があることも明らかになってきた。

この状況が最も顕著に表れているのが自動車と電子機器だ。2010年以来、中国は世界最大の乗用車市場で、中国で販売されるほぼすべての車が中国国内で生産されたものとなっている。自動車メーカーは主に2種類あり、1つが世界的な大手自動車メーカーと中国企業（主に国有企業）の合弁会社、もう1つが民間か国有の純粋

な中国企業だ。米国、日本、欧州の世界的な自動車メーカーはどこも中国に合弁会社を持っており、これらの合弁会社が業界の売上と利益のかなりの部分を占める。中国企業は中国における車の販売台数の約半数を生産するが、これらは主に低価格で利幅の薄い車である。業界売上高では、外国の合弁企業が約80%を占める。中国企業は、中東や中央アジア、中南米の低所得の国への輸出を拡大しつつあるが、先進国へは入り込めていない。そして、日本や韓国の自動車メーカーの国際的な成功を真似できる気配はほとんどない。[21]

自国の工業力と技術力についての中国の主張を評価する際には、自動車業界を思い出すべきだ。同業界の例からわかるように、複数の分野の技術が必要で、複雑な製造プロセスや高度な精密さが求められる製品では、中国企業はまだまだ世界の最高水準には到達できていない。自動車のほかにも、ジェットエンジンや飛行機（中国は何年も、国産の旅客機を開発しようと努力しているが、ほとんど成功していない）、半導体、多くの家電製品などがその例だ。一方で中国企業は、それほど複雑でなく、主な顧客が消費者ではなく企業である製品で強い競争力を持っている。具体的には、自動車部品や発電機、通信ネットワーク機器などである。

自動車と並んで興味深いのが電子機器業界だ。あるレベルでは素晴らしい成功物語であり、中国は今では、コンピュータやスマートフォンなどの電子機器の製品輸出で、世界全体の40%以上を占めるまでになっている。

19　２０１８年3月の米通商代表部〈ＵＳＴＲ〉による中国の貿易慣行に関する調査は、政治的な文書ではあるものの、中国が求めた技術移転について示されており、そうした技術移転を認めないとする公約に中国が違反し続けていることを示している。以下を参照のこと。USTR, "Findings of the Investigation into China's Acts, Policies and Practices Related to Technology Transfer, Intellectual Property, and Innovation" (March 27, 2018). https://ustr.gov/sites/default/files/Section%20301%20FINAL.PDF.

20　Brandt, Rawski, and Sutton, "China's Industrial Development" (Brandt and Rawski (ed.), *China's Great Economic Transformation* (2008) に収録)。

21　G. E. Anderson, *Designated Drivers: How China Plans to Dominate the Global Auto Industry* (Hoboken, NJ: John Wiley, 2012). 上記文献を要約したものとしては、G. E. Anderson, "Fat Profits, Fat Failures," *China Economic Quarterly* (June 2012): 43-47がある。

２０００年には、この数字は5%だった。しかし、中国で行われている電子機器の製造は、依然として最終段階の組み立てが大半だ。利幅は薄く、この組立事業さえもかなりの部分が外国企業、特に台湾企業にコントロールされている。そうした企業の中では、富士康（フォックスコン）科技集団（アップル製品の組立受託の主要企業で、鴻海（ホンハイ）科技集団の関連企業）がおそらく最も有名だろう。テクノロジーのバリューチェーンの中で最も価値が高いのは、最終製品のデザインとマーケティング、集積回路の設計、独自のソフトウェア開発などだが、これらはアップルやサムスン、インテルやマイクロソフトといった世界的大企業の手に、しっかりと握られている。

　これらの企業に対抗する中国企業を育てようと、中国政府は粘り強く努力しているが成功はしていない。現在のところ、中国には世界的に知られたソフトウェア会社は存在しておらず、ハードウェアの会社で重要な企業がわずかに数社あるだけだ。後者の例として注目される企業としては、情報通信ネットワーク機器の華為（ファーウェイ）技術と、スマートフォンメーカーの小米（シャオミ）科技が挙げられる。

　華為技術と小米は、「60%の価格で80%の品質」と表現できるビジネスモデルを用いて成長した。両社のような企業が提供するのは、最先端の技術よりは遅れているが、それでも大半の消費者にとっては十分な機能を搭載した信頼性のある機器で、価格は他社が真似できないレベルだ。この戦略を取ることで獲得できる顧客は、技術のトレンドにはついていきたいが、最新かつ最上級の機種は買えないような消費者で、マーケットは大きい。たとえば、まずまずの品質の携帯電話ネットワークを築きたい貧しい国々や、スマートフォンは欲しいがｉＰｈｏｎｅに７００ドルは出せない低・中所得層の中国人などである。成功した中国企業の大半が、さまざまな形でこのビジネスモデルを応用しており、中国の製造コストの低さや規模の経済を活用して、低価格で信頼できる製品を提供している。この戦略を取ることにより、販売数量は大きくなる。しかし、利益の幅は小さい。こうした企業は、技術面では基本的にはフォロワーであり、リーダーではない。

　このパターンの顕著な例外が華為技術だ。1990年代以来、同社は売上高の10％を研究開発に投資しており、モバイル・ネットワーク向け5G技術に関しては、最大の特許保有者である。同社は真に技術面でのリーダー企業であり、ネットワーク機器メーカーとしては、欧州の競合企業を追い抜き世界最大規模で、業界関係者らによると、同社の技術が最も先端的であるという。[22] しかしそうであっても、半導体では米国からの輸入品に大きく依存しており、また米国と中国の間で過熱する貿易と技術の競り合いにおいて、主要なターゲットとなっている。

中国の産業界はもっとイノベーションを起こせるか

　中国の政策当局者や国外の中国ウォッチャーが大きな関心を抱いているのは、中国経済はもっとイノベーションを起こせるか、ということだ。これは難しい問いである。なぜなら、専門家でさえも、イノベーションとは何なのか、中国は現在どれほどイノベーションを起こす力があるのか意見が一致していないし、どうしたらイノベーション主導の経済になれるのかもわかっていないからだ。[23] ここでは、完全な答えがある振りはせず、これに関するいくつかのポイントを挙げてみよう。

　第一に、中国企業は「適応型」のイノベーションには非常に優れている。つまり、既存の製品やサービス、プ

22　米国が華為技術の機器の使用を安全保障上の理由から禁止し、その仲間を募ろうとしたのに対し、多くの国が、華為の機器は5Gネットワークでは最も優れたものだとして受け入れなかった。以下を参照のこと。Stu Woo, "U.S. Push Against Huawei Gear Hits an Obstacle: Carriers That Love It," *Wall Street Journal*, February 14, 2019. *https://www.wsj.com/articles/european-carriers-like-their-huawei-gear-despite-u-s-concerns-11550140200.

ロセスなどを、中国市場のニーズに合うよう修正するのである。かなり大幅に修正することも多い。このタイプのイノベーションも重要ではあるが、他国で採用され、真似されるような新製品や新サービス、プロセスを創造する力は、これまでのところ、中国企業はほとんど示していない。この点が、１９６０年代から70年代の日本とは異なる。

日本は事業プロセスに関して、重要なイノベーションをいくつか創造した。よく知られているのは、製造業における「総合的品質管理〈ＴＱＭ〉」だ（実のところ、ＴＱＭは米国のエンジニア、Ｗ・エドワード・デミングが発想したアイデアを、日本人が発展させたものである）。ＴＱＭは後に他の国々の企業が研究し、採用するようになった。１９７０年代中頃までには、日本には品質や技術水準で世界をリードする企業が、さまざまな業界にいくつも存在するようになった。たとえば、トヨタ自動車、ソニー、パナソニック、ニコン、キヤノン、セイコーなどだ。中国には、華為技術を除いてはそのような企業は存在しないし、地平線上にも見えない。そして、米国や欧州の工場の運営を改善するために、中国に視察に来る人もいない。

第二に、中国のイノベーション政策では、「イノベーション」と「自律性」を混同している。「自主創新」は中国語で、「自律的なイノベーション」を意味する。[24] 自主創新や他の中国のイノベーション政策は、創造性自体に関するものというより、外国の製品やサービス、アイデアへの依存度を減らそう、といったものであるように思える。

自律性とイノベーションはまったく別個の、矛盾さえし得る概念だ。外国製品の代替品で、あまり創造性のないものをつくっても、「自律的」であることは可能だ。中国製造２０２５は、外国企業を差別するという理由でも批判され得るが、自律性の重視によって、自国企業が外国の競合より革新的でなくても、中国政府が自国企業を支持することになるという点でも批判され得る。

第三に、近年、中国社会では自由な意見交換が強く制限されるようになってきており、そうした社会におけるイノベーションの可能性が疑問視される。どんな定義を用いても、持続的なイノベーションには自由な意見交換が不可欠だ。中国共産党はこれまでも、人々の間の情報の流れについては比較的抑圧的だった。これが習近平政権ではさらに強化されており、ソーシャルメディアでの個人の意見を抑え込み、検閲を拡大し、国内外のウェブサイトをブロックするなどしている。また、市民組織のうち、外国から資金提供を受けている、あるいは、外国の考え方を広めていると疑われる団体には、嫌がらせや閉鎖などを行っている。さらには、大学の教科書から外国の考え方を削除し、講義では「中国の」考え方を取り上げるよう大学教授たちに奨励するといった運動も立ち上げた。

第四に、こうしたイデオロギーの管理が行われているにもかかわらず、活気のある中国のインターネットは、真に革新的な企業を生み出す豊かな土壌となっている。その代表例が、スマートフォン決済とEコマースのアリババ、ソーシャルネットワークとゲームのテンセントだ。これらの企業がオンラインでユーザーから集めた莫大なデータが、中国が人工知能開発を主導する上での基盤となっている。もっとイノベーション主導の経済をつくりたいという中国の望みは、これらのインターネット企業の肩にかかっている。この点については、第14章でさらに掘り下げる。

23　イノベーションの定義について、読みやすく、技術的すぎない説明を以下の文献で読むことができる。Amar Bhidé, *The Venturesome Economy* (Princeton, NJ: Princeton University Press, 2008).

24　【英語版読者向けに「自主」・「自律」の意味合いを説明するものだったので割愛した。】

第6章

都市化とインフラ

どのくらいの速度で中国は都市化してきたか

農村部から都市部へ人々が移住するという現象は、どの国でも工業化が進むにつれて見られる。中国も例外ではなかったが、他の国々と比べるとはるかに大規模に、かつ速いスピードで進んだ。改革開放期前夜の1978年には、都市部には人口のわずか18%しか住んでおらず、この割合は1950年代後半以降、1970年代末頃までほぼ変わっていなかった。しかし、その40年後の2018年には、都市部人口の割合は全体の60%にまで膨らんだ（図表6.1参照）。このような都市人口シェアの増加は、米国で1860年から1930年までの70年間で起こったものに近い。この間に米国では、都市部の人口が全体の20%から56%までに拡大した。つまり、中国の都市化は米国の約2倍

図表 6.1　農村部・都市部人口の推移　1960〜2017 年

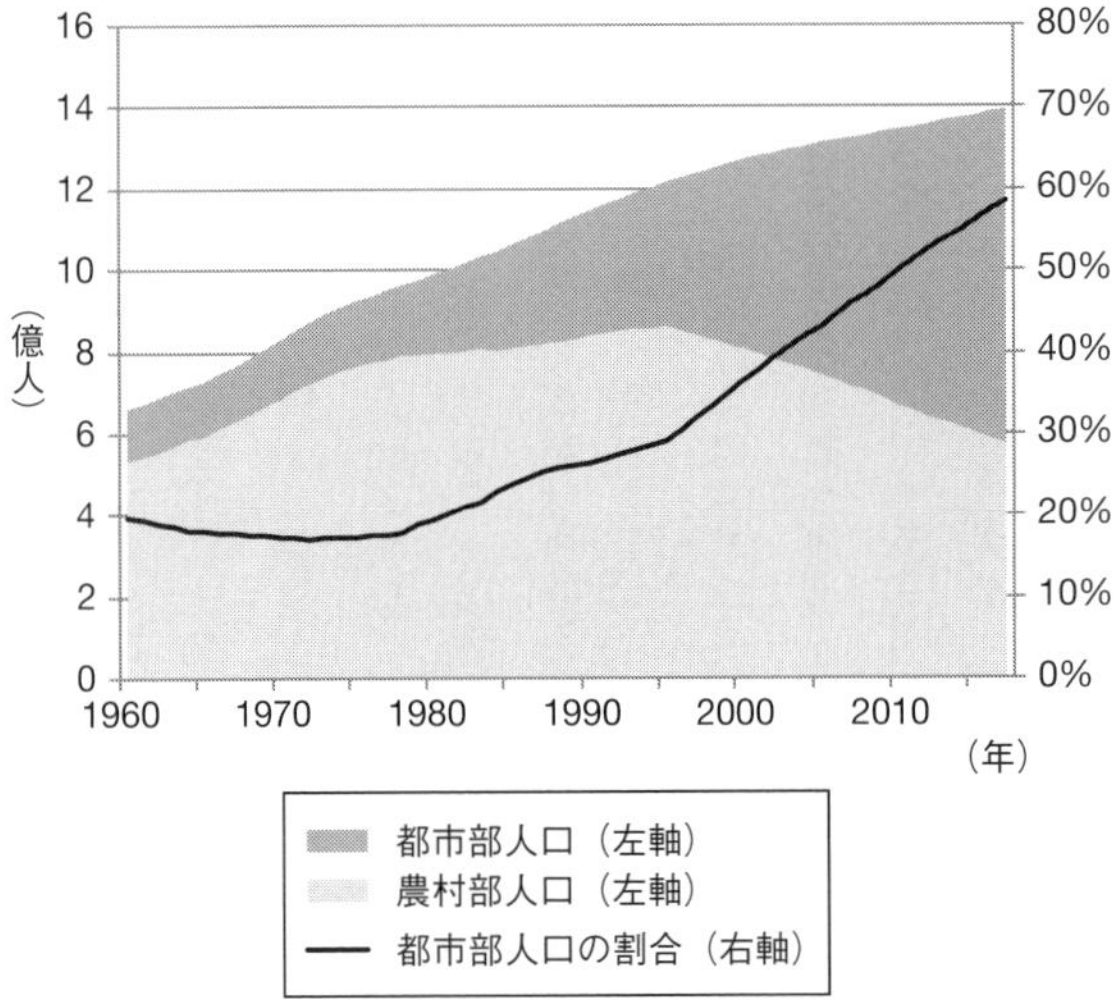

（億人）
16
14
12
10
8
6
4
2
0

80%
70%
60%
50%
40%
30%
20%
10%
0%

1960
1970
1980
1990
2000
2010
（年）

都市部人口（左軸）
農村部人口（左軸）
都市部人口の割合（右軸）

出典：NBS/CEIC.

の速さで進んだことになる。

加えて中国の都市化は、他の国で起きたものよりも格段に多くの人々を巻き込んだ。1978年から2018年までの間に、都市部の人口は1億7200万人から8億3200万人に増えた。つまり、6億6000万人の増加で、これは現在の米国の人口の約2倍に相当する。これに対して米国では、1860年から1930年の間に、都市部の人口は6300万人しか増えなかった。中国の規模に多少でも匹敵すると言えるのはインドだけで、この国では1978年から2018年までの間に都市部の人口が3億1000万人増えた。

この莫大（ばくだい）な数をイメージしやすくするには、新たに移住してきた都市住民を、年ごとに新しい街に住まわせたらどうなるかを考えてみるとよいだろう。中国の都市人口は毎年1600万人増えている計算になるので、この人々を住まわせるためには、ニューヨーク市の広域都市圏とフィラデルフィア市の広域都市圏を合わせた規模の街を、35年にわたって毎年つくらなければならない。

絶対数で言えば、中国都市部の成長に並ぶ国はない。しかし、割合で見ると、他にも似た例はある。冒頭で述べたように、1978年から2018年までの間に、中国の都市部人口の割合は42ポイント増加した。これは同期間における他の開発途上国の平均値の約2倍だ。しかし、中国と同程度、あるいはそれ以上の速さで都市化が進み、大半が農村に住む状態から過半数が都市に住む状態になった国がある。ソ連は建国後の30年間、1978年以降の中国とほぼ同じペースで都市化が進展した。さらに、ずっと小さい国ではあるが、韓国では1955年から90年までの間に、全人口の4分の3が農村部に住んでいる状態から、4分の3が都市部に住んでいる状態になった。これにより都市部の人口は2600万人増えたが、これは中国の都市部人口増加数で言えば2年分にも満たない。

こうして、都市部人口は猛烈な増加を遂げたが、同程度の所得レベルの国々と比べると、中国の都市化は進んでいないとも言える。農村部の人口も増え続け、1995年に8億6000万人でピークに達し、それ以降は減少に転じて現在は5億6500万人となっている。多くの人口学者が言うように、都市部人口は全体の4分の3まで増え続けると考えると、中国の都市化のプロセスはまだ今後10年から15年くらい続くことになる。[1]

都市化と経済成長はどう関係しているか

一般的に都市化は経済成長と3つの形で関係しており、それぞれが経済成長の3つの段階（フェーズ）とおおむね結びついている。

経済が近代化され工業化され始めると、工場が都市やその周囲に建つようになる。工場の賃金は、自給自足の農業で得られる所得よりも高い（工業化の当初は、国民の大半は自給自足の農業に従事している）。この賃金に引きつけられて、農民は農業から離れ近代経済に参加する。したがって、都市化のこの段階を「磁石」フェーズと呼ぶことができる。労働者の生産性は、昔ながらの農業よりも近代の工場の方がはるかに高いので、この人口移動により経済成長が大きく加速することになる。

ある時点を超えると、都市化のプロセス自体が工業化の単なる副産物ではなく、経済成長に直接寄与するようになる。これは「建設ブーム」フェーズと呼べるだろう。工場で働くためにやって来た労働者には、住宅や道路、下水道、送水管、電気、電話サービスなどが必要になる。こうした住宅やインフラの建設は新たな雇用機会を生み出し、鉄鋼やセメント、ガラス、アルミ、銅などの需要も増える。都市化が経済成長を押し上げる要因の1つとなるのだ。

しかし、この2番目のタイプの都市化に伴う成長は、1番目のタイプよりも質が低い。なぜなら、それ自体では生産性が大きく高まることはないからだ。しばらくの間は、住宅やインフラの建設により投資の割合が高まり、ＧＤＰ〈国内総生産〉も増えるだろう。しかし、建設ブームが過ぎた後、都市に住む労働者自身は、貧しい設備の寮で暮らしていた頃と比べて、必ずしも生産性が高くはなっていない。[2]

近代的なインフラが整うと、都市は経済の活力を生み出す中心地となる。スキルを持った労働者の層が厚くなって知識のネットワークが生まれ、そこから特定の産業への専門化や、その産業での生産性の拡大が起こる。これは「スマートシティ」のフェーズと呼べるだろう。こうした専門化の例としては、ロンドンやニューヨーク（金融）、ロサンゼルス（エンターテインメント）、シリコンバレーとして知られるサンフランシスコからサンノゼにかけての地域（テクノロジー）がよく知られている。ブルッキングス研究所による最近の研究では、世界全体の経済成長のうち、約半分が３００の大都市圏から生じているという。なぜなら、それらの都市が非常に付加価値の高い経済活動に特化しているからだ。[3]

中国の都市化は、改革開放期の最初の20年間は主に1番目の「磁石」のタイプだった。労働者は農村部から都市部の工場へ移住したが、たいていの場合、家族は伴わなかった。労働者の賃金はまだ低かったので、会社が提供する寮などの住居で暮らした。労働者がこのようにして昔ながらの農業から近代的な産業に移ったことで、彼

1　米国都市部人口の過去からのデータ：*http://www.census.gov/population/www/censusdata/files/table-4.pdf。韓国の人口：http://esa.un.org/unpd/wup（国連人口部データベース）。ニューヨークとフィラデルフィアを合わせた規模：http://www.census.gov/popest/data/metro/totals/2013/。都市化率の国際比較：World Bank/DRC 2014: 100-101。

2　中国の官僚や研究者たちは全般的に、都市化はそれ自体が経済成長の原動力となると考えている。都市化について野心的な目標を掲げるのもそのためだ。一方で、都市化そのものが経済成長を引き起こすとは証明されていないという見方もある。そうした見方については、World Bank/DRC 2014, Box 1.1: 85を参照のこと。

3　Brookings Institution, Global Metro Monitor, http://www.brookings.edu/research/reports2/2015/01/22-global-metro-monitor. 世界銀行は、都市化の経済的インパクトの3つの段階を、「凝集」「専門化」「流動性」としている。World Bank/DRC 2014: 91ff.

らの生産性は大幅に向上し、それが経済成長の最大の要因となった。１９７９年から97年までのＧＤＰの増加分のうち、この要因が5分の1を占めていた。[4]

１９９８年以降、都市化は2番目の「建設ブーム」のフェーズに移った。それにはいくつかの要因があった。第一に、移住に関する規制が暗黙のうちに緩和されたことや経済改革によって、農村部から都市部への移住のペースが加速した。都市部の人口増加は、１９７８年から98年までが年平均１２００万人だったのに対し、１９９８年から２０１８年までは２１００万人になった。第二に、１９９０年代後半に都市部の住宅が私有化され、これが世界史上最大と思われる住宅ブームにつながった。第三に、１９９８年以降の政府の政策によって、インフラ建設が後押しされるようになった。このインフラには、都市間高速道路や鉄道などが含まれたため、人々が都市に仕事を探しに来るのが容易になった。また、都市部の道路や地下鉄、浄水場なども建設され、それらは都市部自体の拡大に直接貢献した。

今日の中国の課題は、建設ブームのフェーズが停滞期に入ったことだ。１９９８年から２０１８年の間に、新築住宅の年間完工面積は4倍近くになった。しかし、住宅建設はピークに達したか、ピークに近づいており、２０２０年代にはほぼ確実に減少していくだろう（図表6.2参照）。ほぼ同じことが都市のインフラ建設にも言え

図表 6.2　年間住宅完工面積と鉄鋼需要の推移

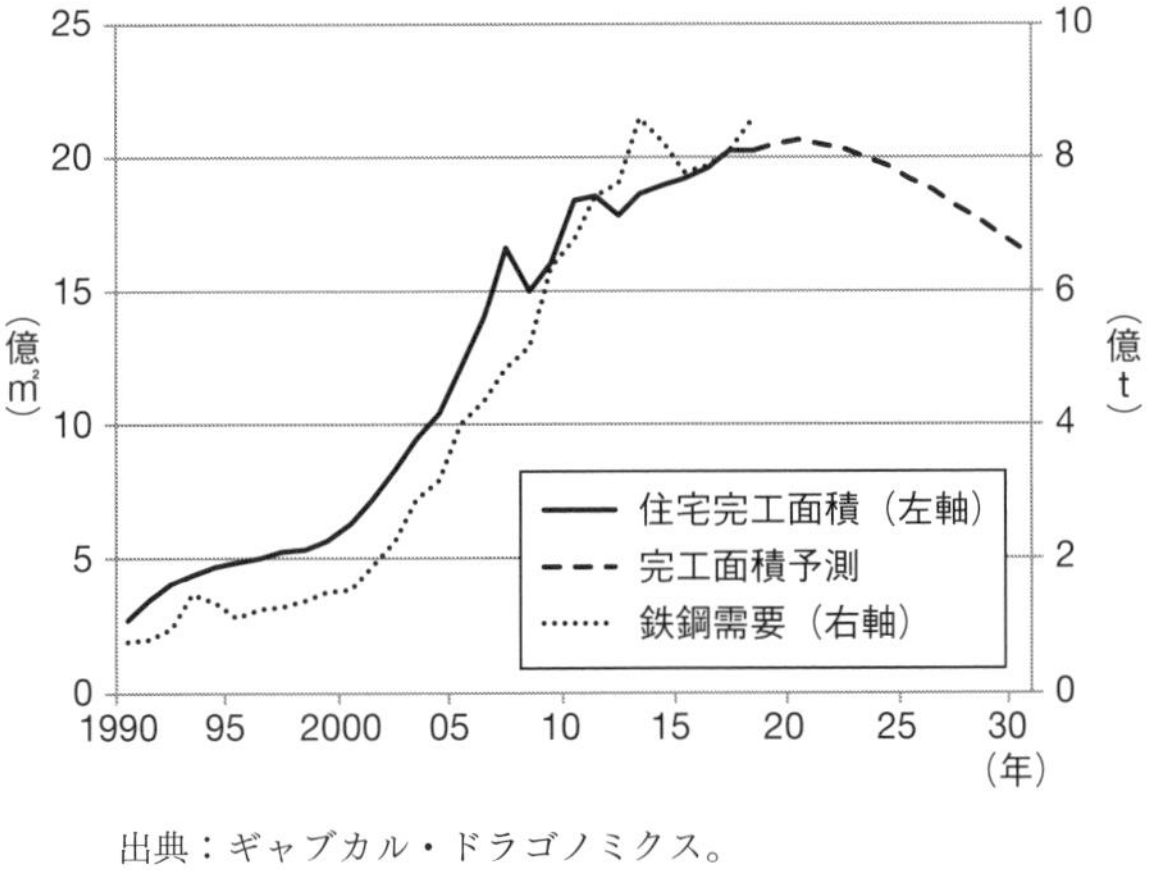

出典：ギャブカル・ドラゴノミクス。

る。まだ建設する必要はあるが、年間の建設量をこれ以上増やす必要はない。したがって、単純に住宅やインフラを建設することだけでは、中国はさらなる成長を実現できない。したがって、中国は各都市を「スマートシティ」のフェーズに移し、専門化とイノベーションが経済成長を主導するようにしなければならない。

中国の「部分的な都市化」の問題とは何か

中国の都市人口は急速に拡大してきた。しかし、ここまでに引用してきた数字は、少々誤解を招きやすい。どこまでを「都市住民」と数えるかは定義によって変わるし、中国の都市人口のデータはさまざまに歪められてもいるからだ。たとえば、中国の都市の境界線は外側に広がり続けており、それによって農村がかなり都市に含まれるようになった。世界銀行によると、２０００年から10年までの都市人口の増加分のうち、農村部だった土地を都市部に変更したことによって生じたものが42％だったという。移住で生じたものは43％で、残りの15％が自然増だ。[5]

中国の都市は公式にはある定められた行政区域全体を指すため、その人口は、都市とみなせる地域に住んでいる人口よりもずっと多い。その最も極端な例が直轄市【省と同格の大都市。北京、上海、重慶、天津の４つ】の重慶だ。重慶市は「世界最大の都市」と呼ばれることもあるが、実際にはそんなことはない。そこはオーストリアほどの広さの地域で（オーストリアと同様に山がちでもある）、１９９７年に四川省から切り離されて直轄市になった。人口

4　Fang Cai and Dewen Wang, "The Sustainability of Economic Growth and the Labor Contribution," *Economic Research Journal* 10 (1999): 62–68.

5　World Bank/DRC 2014, 74n. 1.

は3100万人で、総面積の少なくとも3分の1は農村だ。重慶市の都市部の中核地域の住民は約700万人から800万人で、直轄市重慶の4分の1程度である。本当の意味での中国最大の都市は上海で、都市人口は2200万人。より広い定義を用いると、広州の珠江デルタ【珠江の河口にある三角地帯で、広州、香港、深圳、マカオを結ぶ地域】が2014年に人口4200万人となり、東京圏を抜いて世界最大の都市圏となった。[6]

中国の本当の都市人口は何人なのか、都市地理学者らが詳しく研究し、最終的にはその人数は公式の統計で示されている数字とほぼ同じだという結論に達した。しかし、その分布は、都市人口という言葉から予想されるよりも広く散らばっている。というのも、中国の都市人口のかなりの部分が、北京や上海などの大都市の周囲にある「衛星都市」に住んでいるからだ。[7]

さらに大きな問題は、中国の都市住民の生活水準には大きな幅があることだ。中国人の研究者たちが「部分的な都市化」という場合、この点を指している。運のいい人たちはきちんとした住宅に住み、公立学校や医療、年金などの社会サービスをすべて受けられる。しかし、あまり運の良くない人たちも2億5000万人（都市人口の3分の1）ほどいて、彼らは都市に住んで仕事をしているものの、こうした社会サービスを受けられない。加

図表 6.3　登録状況別の都市人口

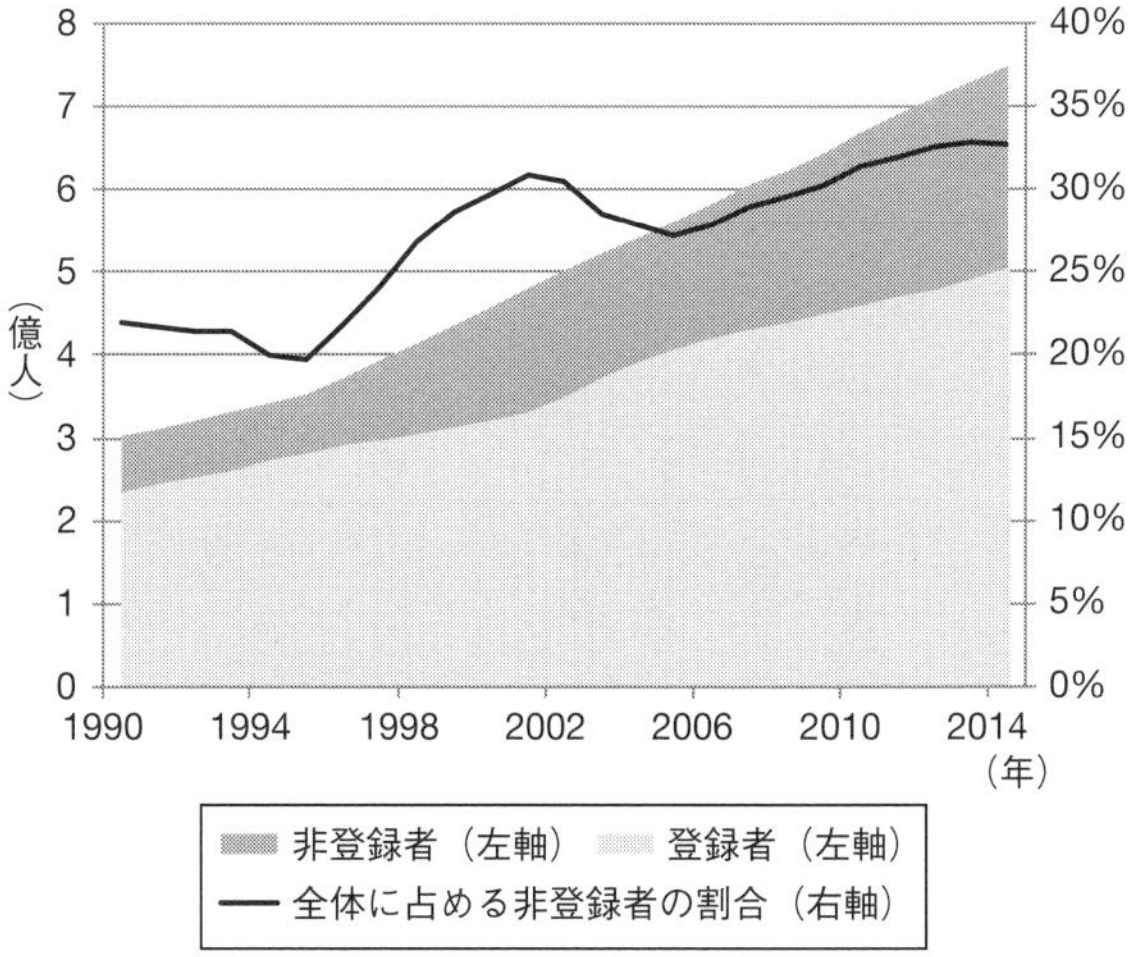

非登録者（左軸）　登録者（左軸）
全体に占める非登録者の割合（右軸）

注：非登録者のデータは2014年以降、公表されていない。
出典：NBS/CEIC.

えて、世帯専用の台所やトイレがないなど、低水準の住宅に住んでいる場合も多い[8]（図表6.3参照）。過去40年間で、何億人もの中国人が都市部に引っ越してきた。しかし、その多くがいまだに十分な都市生活を送れていない。言い換えると、中国は仕事の都市化には成功したが、国民の都市化には成功していないということだ。この「不完全な都市住民」を完全な都市住民にすることが、次の10年の大きな課題となっている。

中国の「戸口」制度とは何か。どんな影響を及ぼしているのか

「部分的な都市化」の大きな原因となっているのが、「戸口」と呼ばれる戸籍制度だ。この制度は11世紀の宋朝の時代に確立された世帯の登録制度がルーツとなっており、同様の戸籍制度は、後にベトナムや韓国、日本などのアジア諸国で採用された。

現代の中国の戸籍制度は１９５８年に始まったもので、宋朝の制度よりはるかに厳しい規制が設けられている。宋朝の戸籍制度は人口調査と課税が目的だったが、現代の戸籍には、ソ連が人々の移住を制限するために用いた「国内パスポート」の要素が組み込まれている。戸籍制度では1人ひとりに登録地が割り当てられ、その変更は難しい。それに加えて、国民は大きく2種類の戸籍に分けられている。農業戸籍と都市戸籍だ。この制度が厳しく適用されていた毛沢東時代には、自分の戸籍地以外で仕事を獲得するのは非常に難しかった。また、農村

6　http://www.worldbank.org/en/news/press-release/2015/01/26/worldbank-report-provides-new-data-to-help-ensure-urban-growth-benefits-the-poor.
7　中国の人口統計の問題点については、OECD 2015: 31-37で詳しく読むことができる。
8　World Bank/DRC 2014, 5. もっと悲観的な見方では、２０１０年の人口調査で認識された6億７０００万人の都市住民のうち、47％に当たる3億１４００万人が都市の「戸口」を持っていないという。World Bank/DRC 2014: 89を参照のこと。

部から都市部に移住するのはほぼ不可能だった。実際、1960年から1978年の間に都市人口の割合は20％から18％に減少した。ここで都市部の成長が抑えられたことが、今日の中国がその所得の割には都市人口の割合が少ない原因となっている。[9]

この規制が崩壊し始めたのは1980年代だ。この頃、沿岸都市に工場が建てられ、最初は近くの農村部から労働者を集めていたが、やがて何百kmも離れた省からも働き手が来るようになった。経済成長を促進したい官僚が、労働者の都市部への自由な流入を認めたからだ。一方で、官僚は都市がスラム化するのは恐れたため、労働者の扶養家族が移住してくることは認めなかった。それでも、1990年代から2000年代には労働者が家族を連れてくることも増えた。しかし、その場合、家族は社会サービスを受けることができなかった。子どもたちは合法的には近所の公立学校には入れず、病院では治療を拒否され、公式に住宅を買ったり借りたりすることも難しかった。このようなサービスが受けられたのは、その地域の都市戸籍を持っている人だけだった。

このように、厳密な意味では、戸籍制度は労働者の流動を阻む役割をかなり以前から失っており、労働者たちはかなり自由に、仕事がある場所に移住することができる。しかし、戸籍制度は労働者の流れを歪めており、そのために経済的なコストも生じている。たとえば、北京や上海など、最も活気があり仕事の機会も多い都市は、最も移住政策が厳しい。したがって、その人口や経済は、戸籍制度がない場合に想定されるよりも小さくなっている。そうした大都市に行けない労働者の多くが、周囲の小さな都市に流れていく。そこには一時的に労働力が求められる建設の仕事があり、移住の規制もそれほど厳しくないが、長期的な生産性拡大の可能性は低い。[10]

また、戸籍制度は都市部の社会流動性の面では大きな障壁となっている。地方から移住してきた労働者の所得は、都市戸籍を持つ人々の60％程度でしかない。家族の社会的な地位も一段低いものに押しとどめられている。一方で、たとえば韓国では、地方からの移住者もすぐに昔からの都市住民と区別がつかなくなる。中国では、移住してきた労働者の子どもたちでさえ、住宅の取得など社会的に上昇する手段において差別に直面する。[11]

戸籍制度の改革はどのように進められているか

中央政府は非常に慎重に戸籍制度の改革を試みてきた。主な動きは次の通りだ。２００１年には、小規模な都市や町に対して、移住者に都市戸籍を与えるよう奨励。２００６年には、移住者に対する徴収金の廃止を国務院が決定した。２０１１年には戸籍制度緩和のガイドラインを国が設定し、２０１４年にはその部分的な実施が始まった。しかし、現場での進展は非常に遅い。最も難しい問題は、①移住労働者が住んでいる都市で、都市戸籍の住民と同等の社会サービスを受けられるようにすること。②その際には、その都市が持ちこたえられないほどの財政的圧力がかからないようにすること。③移住労働者が沿岸部の少数の大都市に集中せずに、中国全土のさまざまな規模の都市に分散することである。

③の目標があることによって、他の２つの目標が達成しにくくなる。また、③の目標は政策当局者が口にする市場の力への配慮と、彼らの心に植え付けられた計画志向との間の葛藤を表してもいる。もし、移住労働者に平等な環境を提供しようとするならば、最もシンプルなのは、彼らが何の制約もなく裕福な大都市に行けるように

9　Tom Miller, *China's Urban Billion: The Story behind the Biggest Migration in Human History* (London: 2ed books, Asian Arguments, 2012): 33ff を参照のこと。

10　人口密度の高い大都市の相対的な効率については、World Bank/DRC 2014: 7-8 を参照のこと。一方で、生産性は単に人口密度だけによって上昇するのではなく、「人が他の大勢の人々と交われる状況」によって上昇するとする見解もある。以下を参照のこと。*OECD Urban Policy Reviews: China 2015* (Paris: OECD Publishing, 2015): 44-47.

11　相対的な賃金は World Bank/DRC: 180 より。社会流動性については、World Bank/DRC: 179 より。

することだろう。そのような都市には、すべての人に社会サービスの提供を開始できるだけの財源がある。さらにもっと重要なのは、そうした都市の経済は多様で高度化しているため、移住労働者の生産性が短期間で上昇するということだ。そうなれば将来の経済成長に貢献し、それによってその都市の財源も増え、社会サービスも拡大できるようになるだろう。

しかし、この方法が議論されていないことは明らかだ。2014年の戸籍制度の緩和の際にも、500万人以上の都市（中国の都市人口の20%がここに居住する）への移住は厳しく規制されると明記された。一方で、人口100万人未満の小さな都市への移住は積極的に推進するとされた。[12] この決定には大都市の政治力が反映されている部分もある。大都市の政策当局者は、低所得の労働者が流れ込んでくることにより環境が悪化し、生活の質が低下することを恐れている。また、制御しにくい巨大都市の出現を許したくないという、長年にわたり染み付いた先入観も反映されている。この見方は理解できないものではない。開発途上国では、マニラやムンバイ、サンパウロなど、スラム街によって都市自体が飲み込まれてしまいそうな例もたくさんある。

しかし、東アジアには東京やソウルなど、成功した巨大都市の例もあり（ソウル大都市圏には、韓国人の約半分が暮らしている）、創造とイノベーションの中心地として秩序が保たれている。中国に巨大都市ができたなら、それはソウルではなくマニラのようになりそうだという中国の見方は正しいかもしれない。しかし、中国で特に成功している都市の成長を意図的に制限すると、中国はイノベーションを生み出せる社会をなかなか育てられないだろう。また、戸籍制度によって生じている不平等の解消も難しくなるだろう。

戸籍制度改革では現在、戸籍制度と併用される「居住許可」制度の創設に重点が置かれている。これは、戸籍ではなく居住許可を基準に社会サービスを提供するというものだ。居住許可は、その人が実際に働き、暮らしている市や町によって発行される。2010年以降、このプログラムは広州や深圳、重慶、上海、天津などの都市で試験的に実施されるようになった。ほとんどがポイント制で行われており、移住者は雇用年数や税額、教育などによってポイントを獲得し、一定のポイントに達すると居住許可が得られるという仕組みだ。

理論的には、この制度は中国全土で導入が可能だろう。そうなると、農業戸籍に残される役割は土地の権利の証明だけになる。しかし実際には、居住許可改革はゆっくりとしか進展していない。中央政府が居住許可の全国的な基準を決めるまで、また、財源の地方への移転制度を改善して、移住者向け社会サービスの財源がない都市に援助ができるようにするまでは、改革のペースが速くなることはなさそうだ。[13]

都市部の住宅私有化はどんな影響を及ぼしたか

中国経済史の大きな転換点の1つに、都市部の住宅の私有化がある。1990年代後半まで、都市住民のほとんどは工作単位【職場組織を指すが、住宅・教育・医療など、社会的な面までこの組織がすべて面倒を見る。以下、「単位」と表記】が指定した集合住宅に住んでおり、形ばかりの家賃を払っていた。この毛沢東時代の計画経済の遺産のような制度があったため、誰も自分で新しい家を建てようという気持ちにはならなかった。その結果、住宅供給は不十分となり、ほとんどの世帯が窮屈な暮らしをしていた。1人当たりの居住面積は、わずか14㎡だった。ところが、朱鎔基による国有企業改革プログラムで、国有企業と政府の単位は、管理している住宅を居住者に

12　Rosealea Yao, "Housing and Construction Review," Gavekal Dragonomics research note, November 2014. 都市化政策についての政府の発表は、以下のウェブサイトに掲載されている「国家新型城鎮化規則（国家新型都市化計画）」で見ることができる（中国語）。*http://www.51baogao.cn/free/xinxingchengzhenhua_pdf.shtml. ２０１５年以来、北京と上海の両都市が人口削減を積極的に推進する政策をとっており、その一環として、登録されていない都市住民を多数立ち退かせている。

13　この問題についての包括的な解説は、World Bank/DRC 2014: 186-95で読むことができる。

売却するよう命じられ、しかも、売却価格は市場価値よりも相当に低いものだった。それが具体的にどのくらい低かったかは、当時は住宅や土地の実質的な市場が存在していなかったため判断しにくい。この「インサイダー」的な低価格でも、住宅を買い取る資金がない世帯も多かったが、そのような場合は、政府や勤務先から補助金が支払われたり、好条件の融資が行われたりした。買い手はそのような支援を受けた場合は、新しく手にした住宅を一定期間売却できず、その期間は通常5年間だった。全体としてこのプログラムは、英国でマーガレット・サッチャーが1980年代前半に行った国有住宅の私有化に似ていた。しかし、規模ははるかに大きいものだった。

中国の住宅私有化は、富の移転としては史上最大級のものだ。また、その後10年ほどの異常とも言える住宅ブームの基盤ともなった。この場合、富の移転とは、都市部の世帯が国有企業に支払った購入代金と、最終的な売却価格との差であり、それが国から都市部世帯への富の移転である。その価値は合計すると約5400億ドルで、住宅の私有化がほぼ終了した2003年を基準に考えると、中国のGDPの3分の1にも匹敵する額だった[14]。

これが個人のレベルでどの程度のインパクトがあったのかを理解するために、単純化した例で考えてみよう。ある世帯が都心部の家を100ドルで買ったとする。購入資金のうち、50ドルが自己資金で50ドルが単位から無利子で借りたものだ。5年後、売却が可能になった時には、その家の市場価値は250ドルになっていた。家を売却し、勤務先に借入金を返済した後、手元には200ドルが残った。自己資金と手元に残ったお金の差である150ドルは、国からこの世帯への富の移転として考えられる。なぜなら、仮に国有企業がその住宅を市場で売却したら国有企業のものになったはずの利益を、この世帯が手に入れたからだ。

次のステップとして、この世帯はこの資金を使って、郊外にある2軒の家をそれぞれ100ドルで買った。1

軒は自分たちで住むためのもので、もう１軒は投資目的での購入だった。数年後、購入した住宅の価値は１軒当たり２５０ドルまで上昇した。こうして、この世帯が最初に投資した50ドルは、最終的には10倍の５００ドルまで膨らんだ。加えて、２軒の住宅の需要が生まれたことにより、不動産開発業者の仕事も創造された。

もちろん、この例にはいくつもの前提が含まれている。中でも重要なのは、住宅価格が急速に上がり続けるという前提だ。しかし、住宅価格が永遠に上昇し続けることはない。この点については、米国の住宅所有者が２００７年から08年【サブプライム住宅ローン危機、リーマンショックの時期】にかけて痛いほど実感した。それでも、中国では20年間にわたって住宅価格の急上昇が続き、それにはいくつかの理由があった。

１つ目は、スタート時点で都市部の不動産価格が異常に低かったことだ。機能している不動産市場がなく、また１９９０年代後半より前には、都市部の不動産のほとんどを国有企業の単位が管理しており、しかもその多くが何十年も国有企業が所有していたものだったため、不動産の価値は市場システムがあった場合と比較し、はるかに低かった。２つ目の理由は、このスタート時点で住宅の供給が非常に不足していたことだ。これらの理由により、いったん市場環境が落ち着くと、住宅の需要と供給が均衡するまで、住宅価格は上がるしかなかった。１９９０年代後半から２０００年代前半にかけて都市の不動産を手に入れた人なら誰でも、その値段が本当の市場価格に向かって上昇していく中で、ほぼ確実に大きな利益を獲得できた。この状況は、低価格で国から住宅を買った個人でも、再開発の権利を獲得した不動産会社でも同じだった。

住宅の私有化は、何千万もの都市在住の中国人世帯に莫大な利益をもたらした。その世帯の生活水準は向上して、大きな資産を蓄えることができた。しかし、その一方で、不平等と不公平が拡大するという莫大なコストも

14　住宅資産価値の移転についての推計は、以下を参照のこと。Arthur Kroeber, Rosealea Yao, and Pei Zhuan, "Housing: A Room of One's Own," *China Economic Quarterly* (December 2007): 53-58.

生じることとなった。住宅の私有化は、その時に国有の住宅に住んでいた人にとっては素晴らしいものだった（家族が複数の住宅の権利を持っている場合はさらに良かった。たとえば、夫婦がそれぞれに単位から住宅を提供されている、あるいは、両親から住宅を引き継いでいたような場合だ）。しかし、たまたま1990年代後半から2000年代前半に国有の住宅に住んでいなかったり、初期に住宅市場に参入できるだけのキャッシュを持っていなかったりした場合には、運が悪かったとしか言えない。そのような人たちは、単位から住宅を買うことはできなかったので、自分の少ない貯金を使って、所得よりも急速に価格が上昇する住宅市場で（少なくとも、いくつかの都市ではそうだった）家を買わなければならなかった。

2000年から10年にかけての住宅ブームは、都市戸籍所有者がより良い新しい家に住み替えようとした「アップグレード需要」から生じたものだった。都市に新たに移住してきた人たちは高い住宅代金を払うことができず、そこからはあまり需要は生まれなかった[15]。農村部から都市部に非常に多くの移住者が流入してきたにもかかわらず、住宅市場は元から都市に住んでいた人たちのものだった。すなわち、都市戸籍を持つ人たちの一部が莫大な利益を得た一方で、新しく移住してきた人の住宅ニーズは冷たくあしらわれたのである。さまざまな研究で、2012年には都市戸籍所有者の70％から80％が住宅を所有していたことが示された。この数字は、米国の住宅所有率が史上最高となった2004年の69％を上回るものだ。一方で、移住者世帯の住宅所有率は10％以下だった[16]。移住者は会社の寮や、地下室や防空壕（ごう）などにつくられた地下の住宅、あるいは街はずれの農家を改造した部屋などで暮らした。

住宅の私有化に関する最後のポイントとして挙げられるのは、それが中国の政策が都市に偏っている例の最たるものであり、中国における大きな格差の主要因の1つとなっていることだ。都市の住宅所有者には、その住宅の財産権がすべて与えられた。たとえば、売買の権利や、住宅ローンを組むために住宅を担保にする権利などである。現在、都市の住民は不動産を買うことができれば、その私有不動産についての絶対権【すべての人に対して主張できる権利】を手にすることができる。

これに対して、農民の不動産の権利は非常に限られていて、大きな議論の的になっている。第4章で述べたように、農民は主に土地の使用権を持っているが、市場で自由に売買する権利は持っていない（加えて、政府のインフラ開発のために、公正とは言えない価格で土地を売却させられることもある）。使用権の中身も地域によって異なり、権利が明確にされていないことも多い。しかも、政府は依然として、農民に都市世帯と同水準の財産権を与える姿勢を示していない。この乖離（かいり）が続く限り、都市部と農村部の所得と資産の格差も続いていくだろう。

中国住宅市場は持続不可能なバブルなのか

過去20年間で、中国は歴史上で最も桁外れと言える住宅ブームを経験し、住宅の建設規模と価格の両方がとてつもない上昇を遂げた。１９９６年から２０１８年の間に、年間の新築住宅の建築面積は約4倍になり、年間5億㎡から20億㎡にまでなった。また、２００３年から18年までの間に、都市部の住宅の平均価格は２９０％上昇した。最も人気がある北京と上海では、住宅平均価格は4、5倍に上がった。[17]

15　筆者の同僚のRosealea Yaoによると、２０００年から12年の間に都市部に建築された住宅のうち、46％がアップグレード需要に対応するものだった。これに対して、都市人口の増加を反映した需要増はわずか36％。残りの18％は取り壊された住宅の建て替えだった。Yao, "Housing and Construction Review."

16　World Bank/DRC 2014: 21. 移住者が都市人口の40％を占めていることから、都市部全体での住宅所有率は50％程度だということになる。米国の住宅所有率は現在65％だ。米国の住宅所有率については、セントルイス連邦準備銀行のウェブサイトで見ることができる。http://research.stlouisfed.org/fred2/series/USHOWN/.

こうした価格上昇や、さまざまな都市で大量の住宅が売れ残っているという折に触れての報道が、中国の住宅市場はやがてはじけてしまうバブルであり、金融危機の引き金となるのではないかという懸念を引き起こす。しかし、これまでのところ、こうした懸念は根拠のないものであることが証明されている。それがなぜなのか、理解しておくことは重要だ。

バブルでは、何らかの資産（住宅、株式、チューリップなど）の価格が、その基本的価値（ファンダメンタル・バリュー）を大幅に超えて上昇する。理性が戻ってきて、価格が現実的な水準に下がるのがバブルの崩壊だ。もし、人々が多額の借り入れをして割高な資産を買っていたら、悲惨な状況となる。なぜなら、返済できない多額の負債が残るからだ。中国の住宅市場では実際、長期間にわたって、住宅価格がかなり急速に上昇した。しかし、注意深く分析すると、現実的な水準を越えた上昇は、それほど長期間ではなかったことがわかる。また、他の市場と比べると、中国の世帯はあまり住宅ローンを抱えてこなかった。

長期的な住宅市場の上昇の背景には主に3つの要因があり、これらの要因が分析を難しくしている。第一に、国有企業が都市部の住宅と土地を所有していたため、中国都市部には2000年代前半まで、実質的に住宅市場が存在せず、1950年代以降、住宅や土地が取引されることはほぼなかった。そのため、住宅ブームの最初の時点では、住宅価格は真の市場価値よりはるかに低かった。第二に、住宅不足がかなり深刻だった。こうした状況では、真の市場価値に近づくまで、価格が大幅に上昇するのは自然なことだ。第三に、前述したように、住宅の私有化によって多数の都市住民に「棚からぼたもち」のような巨額のキャピタルゲインがもたらされた。その結果、特に初期の段階での住宅購入では、通常の所得に加えて、この「ぼたもち」も購入資金とすることができた。これによって、住宅価格と世帯所得の適正な関係を判断するのが難しくなった。

実際、データを分析すると、価格が上昇し続けているにもかかわらず、都市部の一般的な世帯は住宅をより手に入れやすくなっていることがわかる。特に2007年以降、政府が住宅価格の高騰を大きな問題として認識し、住宅を入手しやすくする政策を積極的に推進し始めてからは、その傾向が顕著だ。2007年から18年までに、都市部の集合住宅の平均価格は、年間世帯所得の平均の9倍だったものが7倍まで低下し、人口密度の高いアジアの都市としては一般的な数値となった。[18] 住宅ローンの支払いも、平均で月間所得の40％だったものが、26％まで低下した[19]（図表6.4参照）。

今後については、個々の都市の住宅市場は激しい変動が起こる可能性もあるが、中国全体に影響を与えるような、2008年に米国が経験したほどの危機が起こるとは予想し難い。第一に、住宅価格は全般的に地域ごとにおおよそ決まっており、価格が上がり過ぎた場合には、中央政府や地方政府が常に修正している。第二に、多額の頭金を用意する必要があるた

図表6.4　月間所得に対する住宅ローン支払い額の割合と年間世帯所得に対する住宅価格の割合

出典：NBSのデータから筆者作成。

17　住宅価格の上昇は、住宅の1㎡当たりの平均価格に関する中国国家統計局〈NBS〉／CEICの公式データを用いて計算した。北京や上海の中心部など、最も人気のある地区では価格の上昇はさらに著しく、8倍や10倍という例も見られた。

18　Yao, "Housing and Construction Review."

め、買い手が多くの負債を抱えていない。頭金は、住宅の場合は価格の20％から30％で、投資用不動産では、60％から70％にもなる。[20] 第三に、今後15年から20年の間に、都市人口が2億人ほど増えると予想され、こうした人口増が大きな需要をつくり出すと考えられるからである。

中国の2層の住宅市場からはどんな問題が生じるか

中国都市部の住宅市場の真の問題は、それがバブルかどうかということではない。不平等であり、2層構造になっているということだ。これは住宅私有化の負の遺産である。私有化によって都市住民たちは、幸運なグループと不運なグループに分かれた。幸運なグループは私有化によって手にした利益で、比較的高価な住宅を買うことができた。しかし、不運なグループは必死に働いて貯めたお金だけで住宅を買わなければならなかった。

住宅市場の1番目の層は、幸運なグループである、家をアップグレードしたい人たちと高所得世帯のためのものであり、より市場動向の影響を受ける。この第一層は供給過剰のリスクにさらされることが多い。なぜなら、ハイエンドの住宅開発に非常に熱心になった都市が、あまりにも多かったからだ。住宅開発が行われる土地を管理していた都市の政府が、多くの利益を手に入れようとした。

住宅市場の二番目の層は移住者とその家族のニーズに応えるが、移住者らは市場で住宅を買えるほどの所得を得ていない。この第二層では供給が不足している。

中央政府は2007年にこの問題、つまりハイエンドの住宅の供給過剰と、手ごろな価格の住宅の供給不足という問題を認識した。そして、2010年までにはこの問題に対処するための政策を整えた。

ハイエンドの住宅の購入には厳しい規制がかけられるようになった。具体的には、頭金の引き上げ、住宅ローン金利の引き上げ、1人が買える住宅の戸数の制限などだ。一方で、低所得世帯向けの住宅供給を増やすため、大規模な「保障性住宅」プログラムも開始され、政府によるさまざまなインセンティブや補助金が設けられた。最初の目標は、第12次5ヵ年計画（2011～15年）の期間に、3600万戸の保障性住宅の建設を開始するというもので、これは年間に直すと700万戸の建設ということになる。

これらの政策は、住宅価格の上昇速度を緩和し、低所得世帯向け住宅の選択肢を増やすという点ではいくらか効果があった。しかし、購入を規制することでは、ハイエンドの住宅の供給過剰を改善するという目標は達成できなかった。2015年前半までには、売れていない住宅の在庫が増えすぎて住宅業界が厳しい状況に陥った。そのため、ほぼすべての購入規制が解除されることとなった。

保障性住宅の建設について表現すると、それは「仕組みを備えていない命令」という言葉が最も適切だ。地方政府は建設するべき保障性住宅の戸数をノルマとして割り当てられたが、それをどのようにつくるかというアドバイスはなく、少なくとも最初のうちは、資金の援助もなかった。そのため、当然のことながら、結果には大きな差があった。上海などの豊かな都市はスラム改善プログラムを開発し、あまりコストをかけずに荒廃した住宅を現代的な住宅に建て直した。一方で、県や郷のレベルの街では、中心部から離れた安い土地に慌てて何らかの建物を建て、「任務完了」と宣言するところが多かった。建設工事は手抜きで、近くに買い物をする場所も交通

19　所得に対する住宅価格の割合について、米国と比較すると誤解が生じる。米国は相対的に人口密度が低く、土地も安い。また、政府は住宅購入者に大きな支援をする上、投資家は住宅以外に資産を蓄えておく場所がたくさんある。20年前の2000年代初期には、住宅価格は世帯所得の中間値の2.6倍だった。個々の都市で比べると2倍から5倍の間で開きがある。韓国や台湾などの東アジア諸国では人口密度が高く、世帯の資産を蓄えておく場所として住宅が第一であり、それらの国々では所得と住宅価格の割合は6倍から9倍となる。

20　頭金20％が認められるのは、地方自治体の住宅準備基金から融資を受けた小型住宅である。投資用物件に対する多額の頭金の支払い条件は、2014年にほとんどの都市で緩和されたが、その後、投機を抑制するために一部の地域で再導入された。

システムもなく、文字通り住めないものであっても、それで終了となった。

今日では、保障性住宅のプログラムはさまざまなものが入り交じっている。そのための資金もさまざまで、地元の資金や債券、銀行からの融資（非現実的なほどに高く評価された土地が担保となっている場合が多い）、中央政府からの資金などが混在している。中央政府の資金はたいていの場合、それを受け取る地方政府のニーズには関係なく割り当てられる。現在では、保障性住宅プログラムの重点は、低所得者が購入することを前提とした住宅の新設から、徐々に既存の住宅を改修して賃貸用にすることへ移ってきている。これは歓迎すべき動きだ。なぜなら、低所得者が用意できる住宅購入資金について、初期に行われた予測は非常に非現実的だったからだ。[21]

中国都市部の住宅需要への対応は、今後20～30年間、難しい課題であり続けるだろう。中国政府はこの課題に対して、良かれ悪しかれ、政府の役割を拡大し、市場の役割を縮小することで対処しようとすると思われる。2000年から10年までの間では、都市部の住宅のうち約3分の2が市場によって供給された。残る3分の1は保障性住宅か、補助金を使って政府機関が建てた住宅、あるいは国有企業が従業員のために建てたものだ。今では、都市部の住宅の半分以上が、政府から何らかの形の直接的、間接的な補助を受けて建てられていると思われ、この傾向は継続しそうだ。

なぜ中国は多くのインフラを建設するのか

都市化の急拡大と関連しているのがインフラ投資の急拡大だ。中国は改革開放期の最初の20年間で、道路や港、電気通信ネットワークなどを中心に、大規模なインフラ投資を行った。そして1998年にはインフラ投資は格段に強化された。アジア金融危機を受けて政府が経済刺激策を導入し、その目玉がインフラ投資だったからだ。資金は特別な債券の発行によって手当てされた。

ここで中心となったインフラ整備が、米国のインターステート・ハイウェイ（州間幹線道路）をモデルにした高速道路のシステムだ。１９９７年にはその長さは５０００㎞に達していなかったが、２０１４年には14万３０００㎞と、米国の州間幹線道路の2倍近くになった。

他のプログラムも後に続いた。中国沿岸の北から南まで開設されていた港は、２０００年代に輸出が急増するのに合わせて拡張された。２０００年代の初め頃は、国内の港では荷物をさばききれなかったため、中国の輸出品の半分近くが香港から出荷されていた。中国の港の中で、世界のコンテナ港上位20位内に入っていたのは上海だけだった（19位）。しかし、２０１３年までには中国の港の取扱量は6倍になり、コンテナの取扱量は近隣６ヵ国の合計量を超えた。上海はシンガポールを抜いて世界最大のコンテナ港になった。また、上位10港の中に、上海以外の中国の港が５つ入っていた。[22]

中国の輸出産業の中心地である広東省で、２００３年に時折停電が起こるようになると、発電所への投資が急増した。その後10年間、中国は毎年、英国全体の発電能力に匹敵する規模の発電所を建設した。発電容量は２００２年の３５７ギガワットから、２０１８年には5倍の１９００ギガワットに拡大し、米国の2倍近い水準となった。

また、電気通信とインターネットのネットワークに大きく投資した結果、インターネットユーザーの数は、２００３年の６８００万人から、２０１８年には8億人になった。同期間に、携帯電話の利用者数は、2億７０００万人から13億人になった。

21　保障性住宅のプログラムに関しては、World Bank/DRC 2014: 22-23 を参照のこと。
22　港のデータは、香港を拠点とする輸送アナリストの Charles de Trenck より使用許諾を得た。

中国全土に高速鉄道網を張り巡らす計画は、日本の新幹線をモデルとして2003年に開始された。2018年の時点では2万9000kmが完成しており、これは全世界の高速鉄道の3分の2にあたる。2025年までには3万8000kmまで延ばす計画だ。

最近では、いくぶん地味な都市インフラ・プロジェクトに重点が移ってきている。たとえば、地下鉄のネットワーク（すでに30以上の都市に合計4000kmの地下鉄が完成している）や、下水処理場などだ。[23]

この建設ラッシュは、いくつかの要因によって引き起こされた。まず、もちろん中国には真にインフラが必要で、そのニーズを必死に満たそうとしたということが挙げられる。しかし、他の要因も重なり合った。それらの要因によって、建設の規模とスピードが拡大するとともに、問題も生じた。たとえば、プロジェクトの重複や無駄、質やデザインの劣る建築、不十分な連携などである。投資を競い合う地方政府は、可能な限り多くのインフラを建設しなければというプレッシャーを感じ、十分な費用対効果の分析は行わなかった。しかも、2002年から12年にかけての低金利と、土地の売却による収入の急増で、地方政府にとってインフラ建設は大して高い買い物ではなくなった。官僚的なインセンティブも働いた。小さな都市が国の行政ピラミッドで上の方に上がるためには（そうなれば、官僚も昇進し高い地位が得られる）、一定のインフラ基準を満たさなければならない。地方の役人は、自分のキャリアのためにインフラを建設したいという強い誘惑に駆られた。そのプロジェクトが本当に必要なのかは、この際関係なかった。

インフラはどのくらいが有用で、どのくらいが無駄だったのか

過去20年間につくられたインフラは、中には大きな例外もあるが、大半は有用で生産的なものだ。中国の熱狂

的なインフラ建設に関しては、信じがたいほどの量が建設されていることから、主にその無駄に批判が向けられる。こうした大ざっぱな批判は、いくつかの点を見落としている。その主たるものは中国の大きさだ。中国は一大陸に相当する規模の国で、アラスカを含めた米国と同じくらいの面積を持ち、そこに米国の4倍以上の人口を抱えている。人口1人当たりで見ると、中国が米国や他の先進国と比べて、インフラを建設し過ぎているという指標はほぼ見当たらない。

また、中国のインフラ投資の決定には複雑な要因が絡んでおり、豊かな国の人々はそうした要因を誤解しやすい。豊かな先進国は成長速度も遅く、サービス業中心の経済で、インフラは大昔につくられ、今や当たり前のものになっている。中国では過去30年間の大半の期間で年率10％の成長を遂げてきた。これは、7年ごとに経済規模が2倍になるということだ。つまり、他の条件が変わらないとすると、改革開放期の大半において、7年ごとにインフラを2倍にしなければならなかったということになる。したがって、まず先に建設をして、後から考えるというアプローチもたいていは理にかなっている。

投資の決定の複雑さと、他国との比較が必ずしも適切でないことは、高速鉄道ネットワークによく表れている。このプロジェクトは次のような点が批判された。中国はこのような洒落た乗り物を導入するような発展段階にない。コストがかかり過ぎる。投資を回収できるわけがない。建設のスピードが速すぎる――。最初の点は、単純に根拠がない。日本が名高い新幹線を最初に開通させたのは1964年で、国民1人当たりのGDPが、2007年の中国とほぼ同じレベルだった時だ。

他の批判は主に中国国内で行われたもので、妥当な批判だった。しかし、異なる意見もあった。高速鉄道を先

23　インフラのデータはNBS／CEICより。

進国で建設する場合には、人件費と土地の値段が高いため、費用がかかることがよく知られている。しかし中国では、土地も人件費も設備費も安く、距離当たりの建設費は豊かな国々よりはるかに安かった。また、中国の既存の鉄道は超満員で、輸送効率はどの主要国と比べても何倍も高かった。２００８年のデータでは、中国の鉄道の総距離は世界全体の６％だったが、乗客数では全体の４分の１を占めていた。旅客専用の鉄道網を新たにつくれば、古い旅客用の鉄道ネットワークを転用し、とても必要性が高い貨物輸送能力を確保できる。計画を立案した人々は、既存の鉄道で貨物輸送収入が増えることによって、新たな旅客鉄道の投資費用をかなり回収できると計算した。[24]

高速鉄道ネットワークは、非常に収益力の高い路線もあれば、そうでない路線もあるが、全体とすれば、おそらくは中国の交通システムに組み込む価値があったと言えるようになるだろう。しかし、その建設の仕方については、中国のインフラ建設の問題点を示すものでもあった。すなわち、おびただしい汚職である。中国の高速鉄道のプロジェクトは、最初は17年のプログラムとして計画された。しかし、世界金融危機が起こる中、力のある鉄道大臣は計画を5年短縮することに成功した。これは経済への刺激にはなったが、一方で汚職の可能性も広がった。なぜなら、期間が短縮されてプロジェクトが加速することにより、監視の目も自然に行き届かなくなるからだ。鉄道大臣とその同僚らは、数十億ドルを流用したとして最終的には刑務所に入ることになった。中国の他のインフラ・プロジェクトでも同様だが、単純にペースを少し抑えさえすれば、効率も上がり、資金の流用も減ったことだろう。[25]

中国のインフラ建設のもう1つの問題点は、都市どうしの競争によって不要な重複が生じることだ。その最たる例が空港である。中国では何十もの都市が、乗り継ぎの拠点となることを狙って巨大な空港を建設したが、結局は1日に数えるほどの便しか運航されていない。これは純粋に無駄な支出であり、これが起こったのは、浪費に走る地方の役人を戒めることができない、混沌とした財政システムのためだ（第8章を参照）。

中国のインフラの大半が有用なものだと認めるとしても、ものすごい勢いで投資する時代が終わりに近づいていることは明らかだ。２００８年以来、インフラ投資や他の資本集約型プロジェクトでの投資リターンは低下してきている。経済も減速し、サービス業にシフトしていく中では、新たなインフラの必要性はこの先10年ほどのうちに減少していくことだろう。住宅だけを見ても、建設ラッシュの段階はほぼ終了している。だが、これは必ずしも問題ではない。やがては、どんな国でも必要なインフラをほぼつくり終えた段階に到達し、次はそのインフラをどう有効に使うかに注意を向け始める。しかし、官僚がどれだけ目に見える建物を建てたかでその報酬が決まるような体制では、そうしたポスト・インフラ経済への移行は困難な道のりとなるだろう。

「新型都市化計画」とはどのようなものか

これまでの議論で明らかなように、中国の政策当局者は都市化について長い間矛盾した見方を持っていた。１９８０年代と90年代には、移住してきた労働者が都市の工場で働くのを認めたが、政府は彼らが家族を帯同してこないよう最大限努力した。これが都市の成長を遅らせ、また、特権的な都市戸籍の所有者と移住者との格差

24　高速鉄道プログラムの正当性について詳しくは、以下を参照のこと。Will Freeman, "High-speed Rail: The Iron Rooster Spiffs Up," *China Economic Quarterly* (June 2010): 7-9.

25　高速鉄道建設での汚職や、その安全面での問題については、次の文献で鮮明に描かれている。Evan Osnos, "Boss Rail," *The New Yorker*, October 22, 2012, http://www.newyorker.com/magazine/2012/10/22/boss-rail. 高速鉄道で性急に信号機を設置したことが、２０１１年の悪名高き脱線事故の一因となった。この事故では40人の乗客が死亡し、当局が事故車両を埋めようとしている写真がインターネット上に出回って、国民の怒りを買った。

をさらに拡大した。2000年代には、政策当局者は農村部の世帯が家族で移住してくるのを防ぐのをやめ、急速な都市化を経済成長の原動力として受け入れるようになった。しかし、豊かな大都市に向かおうとする移住者を、それより小さな、移住した後の経済的な見通しがはっきりしない都市に行かせようとした。また、お粗末な予算の管理と、土地の売却に大きく依存する地方財政によってつくり出された都市や町は、無秩序に広がり、あり余るほどのインフラを備えてはいるものの、建設ラッシュの後に、生産性を重視した経済成長に移行できる見通しがあまり立つものではなかった。

研究者や中央政府の官僚はこうした問題を認識し、李克強首相の支援の下、国務院は2014年に、今後10年間の都市開発の手引きとなる「新型都市化計画」を公表した。そこでは、今後の都市化では何かを建設することよりも、社会サービスや人的資源の開発に重点を置くという方針が示された。

この方向修正は妥当なものだが、実行は難しいことが見えてきている。たとえば、この計画は地方政府の財政改革を前提としているが、それが当初の見込みより大幅に遅れている。

第7章

企業システム

国有企業と民間企業ではどちらがより重要か

中国経済に関してよく議論の的になるのが企業の「所有者」で、次の2つの説がよく唱えられる。1つは、「改革開放期に、民間セクターを優先させて国有企業を徐々に後退させてきたので、いまでは民間セクターが経済活動の多くの部分を占めている」。もう1つは、「中国経済は依然として圧倒的に国が支配しており、他の国々と比べると国の資産の相当大きな部分を国有企業が占め、ほぼすべての経済分野で大企業の大半が国有である」[1]というものだ。

一読すると、この2つの説がともに真実であることはないように思える。経済を支配する力を持つのは、民間か国有か、どちらかであるはずだ。しかし、実はどちらの説もある意味で真実であり、中国は「民間企業が主導している」と言っても、「国有企業が主導している」と言っても、どちらも等しく正しい。

1　民間セクターが強いという見方を最も強力に示している文献：Nicholas Lardy, *Markets over Mao : The Rise of Private Business in China* (Washington, DC: Peterson Institute of International Economics, 2014). 国有企業の優位性を論じた重要な文献：Yasheng Huang, *Capitalism with Chinese Characteristics: Entrepreneurship and the State* (Cambridge: Cambridge University Press, 2008). 後者の文献と同様の見方を示している文献には以下のものがある。Barry Naughton and Kellee S. Tsai (eds.), *State Capitalism, Institutional Adaptation, and the Chinese Miracle* (Cambridge: Cambridge University Press, 2015). ニコラス・ラーディの最新の著書，*The State Strikes Back: The End of Economic Reform in China?* (Washington, DC: Peterson Institute of International Economics, 2019) の中でラーディは，民間企業の発展は阻害されており、赤字を出し補助金をもらっている多数の国有企業が経済成長を妨げていると述べている。

中国には急速に成長している大きな民間セクターがあり、経済産出量と雇用の面では半分以上を占め、さまざまな経済指標で民間企業が占める割合も上昇している。しかし、民間企業は一般的に小規模だ。中国の大企業は圧倒的に国有が多く、資本集約的な産業のほとんどを国有企業が支配している。国の資産の中で国有企業が占める割合は、他のどの大国と比べても中国の方がはるかに大きい。国有企業はその産出量に比して、はるかに多くの経営資源（金融資本、土地、エネルギー）を使っている。国有企業は政治権力構造においても不可欠な部分になっている。マクロ経済政策や業界規制の手段として、相対的に弱い政策や規制手段の代わりに利用されるのだ。したがって、国有企業の力と重要性は、経済統計に表れる数字よりもはるかに大きいと言える。加えて、少なくとも2013年以来（おそらくは2008年、あるいはそれ以前から）、国の経済政策の目標が、国有企業の役割を強化することとなっている。

さらにややこしいのが、中国の民間企業、特に大手民間企業が「クローニー・キャピタリズム（縁故資本主義）」と言われかねない状態にあることだ。見かけ上は民間企業である企業の多くが、高級官僚からの投資に全面的・部分的に頼っていたり、支援を受けていたりする。そうでない企業も、政府機関が少数株主であるなど、民間企業が国の影響力からどれだけ独立しているのか、疑問が持たれる。

つまり、中国では、「民間セクターは大きく成長しているがまとまっておらず、おそらくは縁故主義的で、一方の国有企業は縮小しつつあるが、資源が集中していて政治的な力が強い」ということだ。では、どのようにしてこうした状況にたどり着いたのだろうか。それを理解するためには、最初に「企業制度」の発展の歴史を見てみる必要がある。ここで言う企業制度は、基本的には国有企業を管理する仕組みだが、これは民間企業の発展の仕方にも影響している。[2]

１９８０年代と90年代の国有企業改革の狙いは何だったか

中国が１９７０年代の終盤に改革を始めた時、農業以外の経済活動の大半が国によって管理されていた。企業ではなく、政府の省庁や中央と地方の局などが管理にあたっていた。このシステムの効率は低く、それにはいくつかの理由があった。

第一に、市場価格が存在しなかったため、「工作単位（以下、「単位」）」が経済的な価値を本当に創造しているのかを知るすべがなかった（企業が存在しなかったので、経済活動は政府機関の下にある個々の工場などの「単位」で行われていた）。第二に、真の経済価値がわからないため、単位は利益や損失について説明責任を持つ必要はなく、厳しい予算の制約に直面することもなかった。投資予算などの経営資源を手に入れられるかどうかは、事業の成否よりも政治力に左右された。

第三に、どの製品を取ってみても、その生産は中国全土の数十あるいは数百、ときには数千もの単位に分散されていた。これは地方の自給自足を重視した毛沢東のイデオロギーの遺産といえる。このため、規模の経済を実現するのは不可能になった。第四に、政府がすべての生産を管理していたので、生産者と規制当局の区別がな

2　中国の国有企業の仕組みについては、次の文献によく記述されている。筆者の本書での説明も、この文献を大いに参考にしている。Li-Wen Lin and Curtis J. Milhaupt, "We are the (National) Champions: Understanding the Mechanisms of State Capitalism in China," *Stanford Law Review*, Vol 65: 697-760, April 2013. 国務院国有資産監督管理委員会とその役割について詳しく理解するには、バリー・ノートンが *China Leadership Monitor* (Hoover Institution) で執筆した記事のシリーズが参考になる(http://www.hoover.org/publications/china-leadership-monitor)。特に、以下を参照のこと。"The State Asset Commission: A Powerful New Government Body" (Issue 8, October 2003)｜"SASAC Rising" (Issue 14, April 2005)｜"Claiming Profit for the State: SASAC and the Capital Management Budget" (Issue 18, July 2006)｜"SASAC and Rising Corporate Power in China" (Issue 24, March 2008)｜"Loans, Firms and Steel: Is the State Advancing at the Expense of the Private Sector?" (Issue 30, November 2009).

かった。計画経済で国が動いている間は、これはまあまあ機能した。計画経済における規制当局としての国の中心的な機能は、目標とする生産量が実現できるよう、確実に原材料などのインプットが配賦されるようにすることだったからだ。しかし、市場中心の方向に舵が切られると、資産の保有者としての国の役割と、経済活動の規制当局としての国の役割の間に矛盾が生じるようになった。

国有セクターの改革では、過去35年間でこれら4つの問題すべてへの対応が行われ、それぞれにいくらかの進展があった。しかし、完全に解決したものはまだ1つもない。

まず、1990年代の後半にはほとんどの価格が市場で決められるようになった。しかし、企業にとって重要ないくつかのインプット、特に土地や資本、エネルギーなどの価格は、さまざまな面で国が統制している。また、1990年代には、国有企業は基本的には自社の損益に責任を持つようになった。しかし、依然として完全に市場で決まったのではない価格で優先的に資源を入手できるため、国有企業の「予算の制約」は民間企業よりも緩い状況にある。

残る2つの問題、すなわち、事業が過度に分散しているという問題と、国の2つの役割（規制者と資産の保有者）の区別が明確でないという問題は解決しにくかった。そのため、新たな形態の国有企業も設立しにくくなった。たとえば、中央政府の官僚が大型の国有企業をつくりたいと考えても、地方の官僚が利益供与や税収、雇用の源となる事業を断固として手放すまいとし、両者の思惑がぶつかった。また、国による所有と規制の役割を分離しようとする努力も、国の矛盾した願望によって複雑化した。すなわち、国有企業の効率と収益力を高めたいという願望と、必要な時には国の政策を手足となって実行してほしいという願望との矛盾である。

こうした問題の明らかな解決策は、単純に国有企業を民営化することだったはずだ。しかし、それが真剣に論じられることはなかった。なぜなら、鄧小平をはじめとする最も改革志向が強い人々でさえも、経済運営では国が大きな役割を果たすべきだと考えていたからだ。さらに、この役割は国が資産を直接保有することによって果たされるべきであり、以前の日本もそうであったように、単に規制により資源の配分をコントロールすることで実現されるべきではないと考えられた。加えて、２００８年から09年の世界金融危機を中国が比較的うまく乗り切ったことは、大規模な国有セクターの価値の証明であると多くの指導者がとらえた。国有企業は経済刺激策を実行する有効なチャネルであり、したがって、重要な経済安定装置だった。そのため、国有企業改革の目標は、国有企業が国のより効果的な手足になることとなり、解体されることとはならなかった。

中国の国有企業は日本の系列や韓国の財閥と似ているか

１９８０年代、中国の研究者や官僚は、国の経済活動にとってよりよい組織形態を探していた。近隣国には2つのモデルがあった。日本の系列と、韓国の財閥だ。

系列とは、株式の持ち合いによって結ばれた企業のネットワークで、通常、その中央には銀行がいる（メインバンクと呼ばれる）。系列の最大の強みは、企業と資金提供者、そして企業と供給業者が、安定的で協力的な関係を築けることだ。これによって日本の大企業は、短期的な株価の変動を心配することなく、長期的な計画や投資に取り組むことができるようになった。加えて、系列によって日本企業は外国企業に買収されにくくなり、また供給業者と親密な関係を築くことで国内市場を操作し、価格と利幅を比較的高く維持することができた。こうした安定的な状態にあったため、系列の企業は多くの従業員に終身雇用を提供した。

このシステムは、１９５０年代から90年代の半ばまではうまく機能した。しかし、１９９０年に株式市場でバブルがはじけた後、メインバンクであった銀行の財務が厳しい状況に陥り、系列システムは崩壊し始めた。また、インターネット時代に入り、日本企業は技術の変化のペースになかなか追いつけず、さらにこの頃には、大型の製造ネットワークを動かすことが得意な企業よりも、新たな技術を基盤としたサービスを市場で素早く展開できる企業が優位に立つようになり、それも系列崩壊の要因となった。

韓国の財閥は多角化されたコングロマリットで、創業家一族が支配している場合が多い。系列と同様に、財閥も関係会社間で幅広く株式の持ち合いを行っている。ただし系列と異なるのは、法律によって銀行を所有することが禁止されている点だ。これは1960年代に韓国政府が意図的に決めたものだ。政府はこれにより財閥が国有銀行に資金を頼るように仕向けて、政府の政策目標に財閥が従うことを狙った。

中国の政策当局者にとっては、系列も財閥も、複雑な経済活動を大規模に組織化して動かす方法として魅力的ではあった。中国には、分散している製造事業を統合できるような仕組みが欲しいというニーズがあり、それを満たすものでもあった。

しかし、これらの仕組みを簡単に中国に移行できるとは考えられなかった。まず、系列も財閥も、ともに強力な同族企業をルーツとしている。中国では、大規模な同族企業は1950年代にすべて破壊されており、新しいコングロマリットになるような起業家的な基盤は存在しなかった。また、共産主義体制の名の下ではいずれにせよ国が大企業をコントロールするのであり、それを民間の手には委ねないという思いに変わりはなかった。

ほかにも大きな懸念が2つあった。1つは、事業グループに自前の銀行を持たせたくないという点だ。政策当局者は、マクロ経済政策の効果を上げるには、政府が銀行システムを直接コントロールすることが不可欠だと考えていた。また、国有企業が自社の資金をあまりに自社でコントロールできるようになると、政策目標への対応が鈍くなるのではないかと恐れた。2番目の懸念点は、1つの業界に特化した企業が望ましいと政府が考えていたことだ。そのような企業が、やがては鉄鋼や石油化学製品、自動車などの重要な産業で「全中国チャンピオン」となることが期待されたのだ。これに対して、財閥も系列も、さまざまな業界に広がる企業帝国となる傾向があった。

国有企業はどのように組織されているか

さまざまな実験が行われた後、中国で発達したのが「企業集団」だ。企業集団が最初に法的に定義されたのは１９８７年で、その後15年かけて、中央政府はさまざまな省庁や生産部局を企業化するなどして、約２００の企業集団をつくった。省の政府も、当初は場当たり的かつ不完全ではあったが、中央政府の動きを真似した。さらに２つの政策が展開されて、企業集団制度を発展させる足掛かりとなった。

まず実施されたのが、１９９５年に採用された包括的な国有企業改革プログラムだ。「抓大放小（そうだいほうしょう）」（大きなものをつかんで、小さなものを自由化する）というスローガンの下に展開された。このプログラムには主に２つの狙いがあった。短期的な狙いは、１９９０年代前半の投資拡大によって国有企業の中に積み上がった不良債権を整理することだった。その規模は、経済全体を脅かすほどになっていた。もう１つの戦略的な狙いは、国による企業の所有をもっと合理的なものにすることだ。

このプログラムの基盤となった認識は、サービス業における小売業やレストラン、あるいは消費財メーカーなど、国有にする必要がないものが存在するということだった。これらの分野の小規模な国有企業（その大半は中央政府ではなく、地方政府が管轄していた）は民営化するか破産させ、これらの分野を民間に手渡してもよいと考えられた。しかし、「戦略的重要性が高い」分野については、国による統制を強化する必要があるとされた。そのような分野には、以下のものがあった。

- 航空、鉄道、電気通信、発電と電力供給など、国の重要なネットワーク
- 石油、ガス、石炭など、川上に位置する産業
- 鉄鋼、アルミニウム、石油化学など、基幹となる重工業
- 工作機械や発電機器など、重要な重機の製造
- 道路やダム、港、鉄道の建設などのインフラ開発
- 自動車をはじめとする、中核的な消費者向け耐久財
- 軍装備品

「抓大放小」の改革では、こうした戦略的に重要な分野は大規模な企業集団に編成され、ほとんどの場合、中央政府の管轄となった。１９８８年には企業集団を統治する規則が公表された。鉄道部（鉄道省）などのいくつかの例外を除いて、具体的な業界に責任を持つ省庁は解体され、企業化された。２０１６年までには、中央政府が管轄する国有の企業集団のうち、92%が法人組織となった。[3]

このプロセスで重要だった点は、ほぼすべての産業で、単独の独占的な国有企業をつくるのではなく、複数の競合する企業がつくられたことだ。たとえば、電力を担当していた省は、５つの大規模な国有電力会社と２つの地域的な電力会社に分割された。電気通信を担当していた省は３つの電気通信会社になり、航空を担当していた部門は３つの航空会社になった。地方政府（省や市）も、戦略的に重要だと考えられる国有企業を管轄し続けることが認められた。しかし、それらの企業は単純に地方政府の一部として運営するのではなく、法人化するよう要請された。

国有企業改革プログラムでは、外国の株式市場での上場に適した子会社も創設された。これを行う場合、通常

は1つの国有企業の中から商業的に魅力のある部分をまとめて上場用の子会社にし、一方でリターンの低いインフラ投資や、政治的にデリケートなプロジェクトは非上場の親会社に残した。たとえば、大手石油会社の中国石油天然気集団公司〈CNPC〉は、ペトロチャイナという子会社をつくり、同社を香港とニューヨークで上場させた。ペトロチャイナには、CNPCの大半の油田とガス田、精製所が含まれているが、一部のパイプラインと、スーダンなど、国際的に物議を醸しかねない地域への投資は含まれていない。

なお、証券会社やメディアの記事ではよく誤った書き方がなされるが、国有企業の子会社上場は民営化ではない。多くの場合、市場で売られている株式は全体の20％未満で、残る80％は親会社の手に握られている。つまり、中国政府が所有している。こうした上場の目的は、決してこれらの企業を少しずつでも民営化することではなく、中国の大企業に国際資本市場の使い方を学ばせて資金を調達できるようにすること、また、国外の株主からの要求に適度に触れることで、業績を改善させることなどだ。

もう1つの政策展開は、2003年の国務院国有資産監督管理委員会【以下、「国資委」と表記。英文略称はSASAC】の設立だ。国資委の目的は、つまりは、中央で管理している200近い国有企業集団の政府株主として活動することだ。これらの企業は名目的には国務院の傘下にあるが、国務院自体がこれらの多様な大企業での持ち分行使について考えるのではなく、代わりに国資委がさまざまな責任を担う。たとえば、経営幹部を任命したり、総資産利益率や市場シェアなどの目標数字を達成するよう、幹部に責任を持たせたりする。つまり、一般的な企業の大株主の役割を担っているのである。省や市の政府も各地の国資委を設立し、小規模な国有企業を監督している。なお、銀行など金融業の国有企業は、国資委によって監督されるのではなく、財政部（財務省）によっ

3　Lardy, *The State Strikes Back*: 83.

て監督されている。[4]

国資委は個々の企業を監督することに加えて、大きく2つの目標を持っている。1つは中央で管理している企業集団の数を100以下に減らすこと。もう1つは、国の総資産を最大化することだ。1つ目の目標が設けられた理由は、大手国有企業が世界的に競争力のある「全中国チャンピオン」のような企業になってほしいと政策当局者が望んだためで、それを実現する唯一の方法は、さらに企業の統合を進めていくことだと考えられたからだ。この目標は、少なくとも数の上では達成された。2018年までに、国資委は自らが監督する国有企業集団を100未満に減らした。約2万3000社をこの傘下にまとめたのである。[5]

2つ目の目標も達成された。2015年までに国有企業の資産合計は、10年前の4倍にあたる140兆元となった。これは中国のGDPの2倍以上に相当する（図表7.1参照）。しかし、規模だけが重要だということはない。2008年までは、国有企業の業績関連指標の大半が大幅に上昇していた。だが、それ以降は、規模が拡大するのにつれて、ほぼすべての指標が低下するようになった。利益率が下がり、借り入れが増えた。近年では、国資委による、監督する企業の資産拡大の重視が、その効率低下につながっているように思われる。

図表 7.1　非金融業の国有企業の資産

(兆元) 0 20 40 60 80 100 120 140 160 180 200
0% 50% 100% 150% 200% 250%
2008 2010 2012 2014 2016 2018 (年)

国有企業の資産（左軸）
国有企業の資産のGDPに対する割合（右軸）

出典：NBS/CEIC.

国有企業集団はどのような構造になっているか

ここまでで述べてきたプロセスを経て出来上がったのが、日本の系列や韓国の財閥のように特徴的な、中国型の企業組織である企業集団だ。典型的な中国の国有企業集団は、次のような構造になっている。

- 1番上の層：非上場の親会社。国資委を通じて政府がコントロールする。
- 2番目の層：子会社。親会社が株式のすべて、あるいは過半数を所有する。この中には、中国あるいは外国の株式市場に上場している企業もある。多くの場合、この層の子会社の中には、金融子会社が1社含まれている。
- 3番目の層：親会社が少数の株式を持つ子会社、または合弁会社。これらの会社の存在により、周辺領域の事業に加わることができる。たとえば、中国石油天然気集団公司は、パイプラインを通じた天然ガスの卸売りが中核事業の1つだが、ガスを家庭に供給する各地のガス会社の株式も所有している。
- 4番目の層：グループとは株式による関係はないが、さまざまな契約関係などによって結ばれている企業。

4　国資委による監督は制約を受ける場合がある。たとえば、工業情報化部など他の省庁や機関が、監督権を主張することがある（Lin and Milhaupt, "We Are the (National) Champions,": 726）。また、一部の国有企業は国資委と同じランクにあるため、国資委の命令に従う必要はないという見解を持っている（Lin and Milhaupt: 736）。国有企業の経営陣のうち、国資委が任命するのは約半分で、残りの半分は中国共産党中央組織部が任命する（Lin and Milhaupt: 738）。

5　Lardy, *The State Strikes Back*: 87-88.

この構造は、中央の国資委が監督する国有企業集団でも、省または市が監督する国有企業集団でも同様だ。
この構造について、注目すべき点がいくつかある。まず、国有企業集団は、通常は1つの業界の中だけで事業を行うということだ。このルールはいくぶん弾力的で、多くの国有企業集団が本業とは関係のない分野にさまざまな投資をしている。特に、不動産や旅行サービス、レストランなどが多い。しかし、これらの投資も本業と比較すると小さなものである。こうした1つの業界への集中は中国の企業集団に特徴的な点であり、幅広く多角化された日本や韓国のコングロマリットとは大きく異なる。たとえば、かつて韓国最大の財閥であった現代グループは、1990年代後半に大幅な企業再編を行うまでは、自動車製造、造船、化学、半導体、パソコン、不動産開発、百貨店などの企業の株式を所有していた。中国の大手国有企業で、これほど幅広い事業を展開している企業はない。ただし、民間企業のコングロマリットの中には、韓国財閥のような事業ポートフォリオを持つ企業も現れ始めている。

2つ目に注目すべき点は、大半の国有の企業集団が、グループ内に金融子会社を持っているということだ。国有の企業集団として登録されている企業グループは、金融子会社を持つことができる。しかし、企業集団の登録基準を満たさない企業グループは（多くの民間企業がこれに該当する）、金融子会社を持つことができない。

グループ内の金融子会社は、日本の系列におけるメインバンクに少し似ているように見えるが、いくつか大きな違いがある。1つは、金融子会社の株式は親会社の企業集団がすべてを保有しているという点だ。反対に、金融子会社は親会社や他の子会社の株式はまったく持っていない。また、金融子会社は規模が比較的小さい。日本の系列では日本の大手銀行のいずれかがメインバンクとなっているが、中国最大の企業金融会社でも、都市商業銀行【中国の銀行は4つのレベルに分類されており、その中で上から3番目のレベルの銀行。通常は省級の地域内部だけで営業する】程度の規模だ。

このように、ほどほどの規模で企業金融という役割に特化させることで、次のようなバランスを取っている。政府は大手国有企業が、自社の財務の手続き、特にグループ内の1社から別の1社への資金移動などに関しては、自社で柔軟に取り仕切ってほしいと考えている。一方で、企業金融会社が本格的な銀行になるのを認めることによって、金融システムのコントロールを失うのは避けたいと思っている。

1990年代の国有企業改革プログラムには、どんなインパクトがあったか

1995年に始まった「抓大放小」の国有企業改革プログラムは、2つの目的を達成した。

第一に、1990年代中頃に国有企業で拡大した、巨額の不良債権問題を一掃した。この不良債権は「三角債」（企業が供給業者に支払いができなくなることで、供給業者が銀行からの借り入れを返済できなくなる）と呼ばれる問題だった。最終的にはこの問題は国有銀行に集約され、1990年代後半には、国有銀行の不良債権の金額が推計でGDP〈国内総生産〉の3分の1という驚くべき規模となった。銀行は公的資金の注入を受け、加えて、自力で事業を継続できない企業に、雇用維持のためだけに融資する責任から解放された。力のある国有企業は、資本集約的な産業において、自社の事業の発展に集中できるようになった。

第二に、「抓大放小」は、本質的に競争の激しい分野（たとえば、消費財製造業など）から国有企業を撤退させ、「戦略的重要性が高い」分野に国有企業を集約して、法人化し、さらに財務状況を改善することに成功した。

その後10年の間に、これらの改革からは主に3つの影響が生じた。第一に、国有企業の数が減少した。統合、民営化、経営破綻などにより、1997年には26万2000社だったものが、2008年には11万社にまで減った。[6]

第二に、国有企業による雇用が減少した。１９９５年には、都市部の雇用の60％に当たる1億１３００万人が国有企業で働いていたが、２００７年には６４００万人（都市部の雇用の20％）になった。そして第三に、国有企業の事業効率が改善した。国有企業の総資産利益率は、１９９８年の0.2％から、２００７年には5％にまで急上昇した。国有企業の利益も、同期間にＧＤＰのわずか0.3％から6.6％に拡大した。こうした業績拡大の要因としては、従業員の社会保障費の負担の軽減、競争圧力の拡大、業績目標の達成を求める国資委からの要請、土地や資本を安価に獲得できたことなどがあった。[7]

２００8年以降、国有企業の改革はどのように進んできたか

朱鎔基が２００３年に首相を退任すると、国有企業改革のペースはいくぶん緩み、２００８年頃までには、国有企業改革の方向性は明らかに変わった。いまや中央政府は、国有セクターを合理化して効率を高めるのではなく、国有セクターを強化して、国有企業を大規模化し、国の政策をより効果的に実施するための手段にしようとしている。

この方向性は２００８年の世界金融危機の後、特に顕著になった。金融危機の影響を相殺するために導入された膨大な経済刺激策のチャネルとして、国有企業が重要となったからだ。加えて、金融危機によって、米国をモデルとした市場志向の改革派への信頼が揺らぎ、反対に、経済において国が永遠に強い役割を果たし続けることを願う保守派の勢いが強まった。国の役割強化に向かう変化は、「国進民退」（国有セクターが前進し、民間セクターが後退する）という言葉に要約されている。

習近平が２０１３年に権力を握ると、効率重視の国有企業改革が再開されるのではないかとの期待が生じた。

国有企業を業績重視の持ち株会社の傘下に置き、個人株主を導入することで、より規律を持たせるのではないかと言われていた。しかし、多くの議論や官僚間の争いを経て、中央政府は国有企業の効率化を進めるのではなく、ほぼ大規模化することだけにフォーカスする政策を採用した。これによって、２００８年に明確になっていた傾向が確定した。すなわち、国有企業は大規模化し、戦略は曖昧になり、収益力は格段に弱くなるという傾向である。[8]

国有セクターの規模は現在どのくらいか

過去30年ほどかけて国有企業を減らしてはきたものの、中国の国有企業セクターは、ＧＤＰとの比較で見ると他の国々よりはるかに大きい。財政部によると、２０１５年には中国には約17万社の国有企業があり、その資産合計は約１４１兆元と、ＧＤＰの２０５％に相当する規模だった。このうち、中央政府が管理する国有企業の数は３分の１で、資産合計は半分を少し下回る程度、残る３分の２の国有企業は省級や他の地方政府が管理し、資

6　この数字は個々の国有企業の数で（先に説明した構造で、２つ目と3つ目の層に該当する企業）、１つ目の層の企業集団の数ではない。

7　以下も参照のこと。Barry Naughton, "SOE Policy: Profiting the SASAC Way," *China Economic Quarterly* (June 2008: 19-26) | Andrew Batson, "Fixing China's State Sector," Paulson Institute Policy Memorandum, January 2014. 一部のアナリスト、特にChina Unirule Institute of Economics のアナリストは、２０００年代の国有企業の利益は土地と資本を安価で入手できたことだけから生み出されたと論じている。Unirule Institute of Economics, "The Nature, Performance and Reform of the State-Owned Enterprises," April 12, 2011. しかし、国有企業は１９９８年以前も同程度に安価な土地と資本を入手でき、それにもかかわらず巨額の損失を計上していたことから、この説の信頼性は低い。隠れた補助金が国有企業の利益創出において大きな役割を果たしていたことは疑いがないが、それだけでは１９９０年代と２０００年代の業績拡大は説明できない。

8　"Two Trains Running: Supply-Side Reform, SOE Reform and the Authoritative Personage," *China Leadership Monitor* Issue 50, July 2016. https://www.hoover.org/research/two-trains-running-supply-side-reform-soe-reform-and-authoritative-personage.

産合計は半分を少し上回る。[9]

国有企業に関する統計の取り方に国際的な基準が存在しないため、他国との比較は難しい。しかし、中国の国有セクターが概して大きいことは明らかだ。２０１１年に経済協力開発機構〈ＯＥＣＤ〉の研究者が、「フォーブス・グローバル２０００」（世界の企業の上位２０００社を集めたリスト）に入った国有企業のデータを分析した。それによると、中国の主な国有企業は合計でＧＤＰの１４５％に当たる資産を保有し、同26％に当たる売上を計上していた（図表7.2参照）。他の大きな新興国（ブラジル、ロシア、インド）と比べると、資産・売上とも約2倍の規模だ。先進国の中では、対ＧＤＰ比での国有企業の資産の割合が高いのは、韓国（48％）、フランス（23％）だった。[10]

中国で最大規模の国有企業は、実際、非常に大きい。また、中国で規模が極めて大きい企業は、大半が国有企業だ。２０１８年には、世界の売上金額上位５００社のランキング「フォーチュン５００」に、１０３社の中国企業がランク入りした。そのうち、67社が中央政府の管理する国有企業で、20社が地方政府の管理する国有企業、民間企業はわずか16社だけだった。また、同ランキングに入った中国企業の上位40社のうち、33社が中央政府の管理する国有企業だった。その中の3社、中国石油化工集団〈Sinopec〉、中国石油天然気集団〈ＣＮＰＣ〉、国家電網は、世界第4位までに入る規模である。

このように、資産と売上で見ると中国の国有セクターはかなり大きい。しかし、雇用とＧＤＰへの貢献度という点では、見え方は変わってくる。国有企業による総雇用者数は、２０１７年には６１００万人に減少し、都市

図表 7.2　国有企業の資産と売上（2011 年 GDP 比）

国名	資産	売上
中国	145%	26%
インド	75%	16%
ロシア	64%	16%
ブラジル	51%	12%
韓国	48%	7%
フランス	23%	8%
インドネシア	19%	3%

出典：OECD.

部の雇用に占める国有企業の割合は史上最低の14％となった。

ＧＤＰへの貢献度は測定しにくい。なぜなら、中国のデータでは、常に国有企業と民間企業の分類が行われているわけではないからだ。しかし、主な産業分野である農業・工業・サービスの分野別に、国有企業の役割に関する情報を分析することで、推計をすることはできる。

農業分野では、個々の農家による生産がほとんどだ。ただし、食肉や乳製品などの分野では、大規模生産を行う国有企業も存在する。農業生産における国の事業の割合は、10％程度と考えるのが妥当だろう。工業については詳しいデータが存在する。最も詳細に行われた研究によると、工業生産において国が占める割合は（付加価値ベースで）約25％である。サービス分野に関してはその貢献度にムラがある。電気通信など、一部のサービスでは国有企業が明らかに支配的だ。他の多くの分野、たとえば小売、レストラン、オンライン販売などでは、民間企業が主体となっている。中国の研究者らの推計によると、サービス分野の生産は国有と民間でほぼ半々だろうという。[11]

これらを足し合わせ、各分野のＧＤＰへの貢献度で重み付けすると、国有企業の貢献度はＧＤＰの35％程度と推定できる。おおまかに言うと、国内の民間企業はＧＤＰの60％程度、外国の投資家が支配する企業が残りの5％程度と考えられる。

9　Ministry of Finance, *Finance Yearbook* 2014.

10　Przemyslaw Kowalski, Max Büge, Monika Sztajerowska, and Matias Egeland, "State-Owned Enterprises: Trade Effects and Policy Implications," OECD Trade Policy Papers No. 147 (2013), http://dx.doi.org/10.1787/5k4869ckqk7l-en. 厳密に言うと、このデータは国民総所得〈ＧＮＩ〉との比較で計算された。国民総所得は、ＧＤＰに国外での所得を加えたものだ。実際にはＧＤＰとＧＮＩの差は小さいので、ここでは簡潔に説明するためＧＤＰとした。

11　この推計は、中国社会科学院に属する世界経済・政治研究所の張斌によるもの。以下の草稿より引用。"*Zhongguo jingji zengsu weihe fangman? Jingji jiansu, jinrong gao honggan yu zhengfu gaige de san nan xuanze*"

この推計から言えるのが、国有企業は多くの資産を抱えている割には、GDPへの貢献度は低いということだ。すなわち、国有企業の資産に対するリターンは、民間企業のそれに比べるとずっと低いということになる。この結論は、産業に関するデータにも示されている。2012年から18年までの間、工業分野の国有企業の総資産利益率は、民間企業のそれが6.6%だったのに対し、わずか4%だった。

国有企業は独占企業か

中国に国有企業は多数存在し、政治的に影響力が強く、その生産に見合わない量の資源を使っている。しかし、国営鉄道やたばこの独占、塩の独占（2014年に廃止）など、国が意図的に行っているわずかな例外を除けば、国有企業が独占的な地位を占めているということはない。

前述したように、1990年代の国有企業改革では競合する企業が複数つくられた。それは、航空や通信、石油、発電など、中央で管轄するとされた業界でも同じだった。それほど戦略的でない業界はさらに分散している。たとえば、2011年には、石炭業界には880社の国有企業があり、鉄鋼では312社、非鉄金属加工では264社の国有企業が存在した。工業分野の企業のデータを詳しく見てみると、ある業界の企業数が異常に少ないとか、独占から得られる過剰な利益が存在するなどの証拠は見つからない[12]。

中国が国有企業に大きく依存しており、その国有企業は明らかに民間企業より効率が低いにもかかわらず、中国は大きな経済成長を持続させることができた。それは、「国有セクターが独占的でなかった」ことが1つの理由である。ここから言えるのは、社会主義の計画経済から市場経済に移行する場合、1990年代にエコノミストたちの間で主流だった考えとは異なり、国の資産の完全な私有化は必ずしも必要ないということだ。市場経済に不可欠なのは、私有化された資産ではなく競争である。国有企業が民営化されても競争の仕組みが弱ければ、あまり良い結果は生まれない。国有企業に代わり、民間企業が独占か寡占を進めるだけである（1990年代のロシアは、実際にこれを経験した）。

一方で、仮に競争が強化されれば、大幅に国の管理下に資産を残しながら経済成長も実現できる。なぜなら、国有企業が見逃している市場機会を活用しようと、より生産的な民間企業が台頭してくるので、国有企業でさえも事業運営を改善せざるを得なくなるからだ。たとえ、国有企業の生産性が民間企業より低いままであっても、少しでも改善すれば経済成長に貢献する。エコノミストのバリー・ノートンは、「計画の外で成長する」というフレーズを編み出した。計画経済から市場経済への移行で、中国が民営化よりも競争の強化に頼った、その戦略を表現したのである。

しかし、このアプローチにも限界があり、中国は今、それにぶつかっている。まず、競争の仕組みを機能させるには、負けた企業が経営破綻して市場から出ていくか、より強い企業に買収されなければならない。しかし、「抓大放小」の改革が2005年頃に終了して以来、国有企業はめったに経営破綻せず、より優秀な民間企業に買収されることもない。むしろ、2009年以来、中央政府は国有企業が資産を拡大するのを推奨し、利益の出ない投資を支えるために、巨額の借り入れをすることを認めてきた。さらには、競争法の力も弱く、規制当局による監視も緩い。2007年には独占禁止法も成立したが、その執行は3つの機関が分担して行っている。また同法は、国有企業や政府機関による反競争的な行為をなくすためというよりも、外国企業の力を制限するために使われている。[13]

12　Lardy, *Markets over Mao*: 24-33.

つまり、国有企業は独占企業ではないかもしれないが、強い競争圧力にはさらされておらず、国有企業の効率の低下が経済の負担となりつつある。

中央政府の国有企業は自由にふるまえるのか。あるいは政府の計画の実行役なのか

これは非常に難しい問いである。これまでに述べてきたように、大手国有企業の活動は、持ち株機関である国資委を通じて調整されている。そして中国共産党も、非常に「戦略的」と位置付ける国有企業の約半分の経営陣の人事を司っており、それによって国有企業の活動を統制している。加えて、国有企業のトップを政府の重要な役職に異動させたり、政府や党の高官を重要な国有企業のトップに異動させたりすることも頻繁に行われている。

しかし、このように国有企業と政府、党が強く結びついているとはいえ、国有企業は単純に上からの命令に従っているだけではない。他国の大企業と同様に、国有企業も事業上の目標を追求しており、それは国の目標と一致する場合も、一致しない場合もある。国有企業は政策や規制が自社に有利になるように、政府に対してロビー活動も行い、その成功の程度はまちまちだ。国有企業の間で利益が相反することも多く、その場合は政府に対してまったく反対の方向からロビー活動が行われる。よく見られるのが貿易に関するものだ。たとえば、一方の国有企業が外国企業に反ダンピング関税を課すよう求め、もう一方で輸入原材料に頼る国有企業が関税に反対し、外国企業と組んでロビー活動をする。[14]

実際には、国有企業は自社の規模と力を拡大するために、かなり自立した存在としても活動するし、同時に、政府や党を含めた支配的な組織のネットワークの一部としても活動する。最近では、政府内の一部の人々を含め

た多くの中国人が、政府から国有企業に圧力がかけられているのではなく、その反対だと考えるようになっている。近年よく言われる言葉に、「国有の企業は存在しない。企業が所有する国が存在するだけだ」というものがある。これは誇張ではあるが、それほどひどい誇張ではない。[15]

民間セクターはどの程度重要か

中国の国有セクターは国際的な水準で見ると著しく大きく、マクロ経済政策の運営においても、インフラ開発においても、政府にとって重要な役割を果たしている。しかし、過去30年ほどの急速な経済成長を支える上で、民間セクターの成長はそれ以上に大きな貢献をしてきた。

１９７８年以降のすべての雇用拡大、および生産性向上の大半は、元をたどれば国有から民間に経営資源が移ったことによるものだった。民間セクターは今や、雇用と工業生産の約85％を占め、ＧＤＰと固定資産への投資ではおおよそ3分の2、輸出では2分の1、貿易黒字では2分の1以上を占めている（図表7.3参照）。こうした指標の多くで民間が占める割合は、近年ではややペースが鈍っているものの、安定的に増え続けている。

13　企業が市場から撤退しないということについては、以下の文献を参照のこと。Scott Kennedy, "Wanted: More Creative Destruction," Gavekal Dragonomics research note, February 10, 2014. 独占禁止法については、以下を参照のこと。US Chamber of Commerce, "Competing Interests in China's Competition Law Enforcement: China's Anti-Monopoly Law Application and the Role of Industrial Policy," September 2014, *https://www.uschamber.com/report/competing-interests-chinas-competition-law-enforcement-chinas-anti-monopoly-law-application.

14　Scott Kennedy, *The Business of Lobbying in China* (Cambridge, MA. Harvard University Press, 2008) | Erica Downs, "Business Interest Groups in Chinese Politics: The Case of the Oil Companies," (Cheng Li〈ed.〉, *China's Changing Political Landscape*〈Washington, DC: Brookings Institution, 2008〉に収録)。

15　Lin and Milhaupt, "We Are the (National) Champions," は、国有企業と国の関係の本質を「ネットワーク化された階層構造」と表現した。

2018年には、中国には民間セクターの億万長者が620人おり、その数は世界でトップだった。中国経済の成長は、民間セクターが成功してきたことによる部分が大きく、今後も急速な成長を維持できるかは、主に民間企業の肩にかかっている。[16]

民間セクターはどのように発展してきたか

改革開放期が始まってからの民間セクターの成長は、大きく3つの期間に分けることができる。

最初の期間（1978年終盤から90年代半ば）では、民間の経済活動は急速に拡大したが、その法的な基盤は不安定だった。会社の形態は「個体戸」（個人経営）が主体で、個体戸は7人を超える従業員は雇用することができなかった。もっと大きな民間企業も存在したが、純粋な民間企業として登録することは困難だった。したがって、多くは地方政府がかなりの株式を保有して支援・保護し、「集体」企業として登録した。この手法は「赤い帽子をかぶる」として知られた。

次の期間は、1995年の「抓大放小」の国有企業改革の初め頃から、2008年の世界金融危機の頃まである。この期間には私有財産権が強化され、より柔軟な企業形態もできた。また、多くの分野で国の役割が大胆に縮小され、民間企業が魅力のある新市場に参入するチャンスができ、時には行き詰まった国有企業やその資産

図表7.3　民間セクターが占める割合

(年)	登録企業数	都市部での雇用	輸出	工業生産	固定資産投資
2000	-	55%	5%	＜30%	＜30%
2005	55%	77%	20%	-	47%
2010	74%	81%	31%	-	54%
2013	93%	83%	42%	＞60 %	60%
2018	95%	86%	48%	-	65%

出典：次の資料をもとに筆者作成：NBC/CEIC、Lardy 2014、OECD 2007。

を買収することもあった。この期間の重要かつ象徴的な動きとしては、２００１年に民間の企業家が共産党の党員になれるようになったことが挙げられる。これは、１９８９年の天安門事件の後には禁止されていた。

この第二期に民間企業は成長を遂げ、生産（特に工業生産）と雇用に占める割合を急速に高めた。ただし、この成長を正確に測ることは難しい。なぜなら、中国企業に関する統計では、民間と国有が明確に分けられていないからだ。しかし、大まかに言うと、中国の工業生産と固定資産投資に占める民間セクターの割合は、４分の１未満から約３分の２に増えた。[17] ２００７年のＯＥＣＤ〈経済協力開発機構〉の研究によると、工業部門の付加価値に占める民間セクターの割合は、１９９８年の15％から２００３年には33％となり、倍以上に増加した。[18] エコノミストのニコラス・ラーディによる研究では、名目上は「外資」だが実際は国内の民間株主がコントロールしている企業や、小規模な企業についての推計が加えられ、工業部門の付加価値に占める民間の割合はもっと高かったことが示された。ラーディの研究によると、２００３年は56％で、２００７年は63％だった。固定資産投資においても民間セクターが占める割合も、１９９０年代終盤では約４分の１だったが、２００７年末までには60％近くに拡大した。[19]

16　中国の億万長者の数に関しては、以下の文献を参照のこと。Hurun Report, *http://www.hurun.net/EN/HuList.aspx.
17　企業の登録には多くのカテゴリーがあり、たとえば集体企業や株式合作企業などには、国有企業も民間企業もある。また、統計によって、民間企業の活動を民間企業の活動としているものもあれば、「国営以外」のその他の活動としてしか捉えられないものもある（固定資産への投資など）。
18　Sean Dougherty, Richard Herd, and Ping He, "Has a Private Sector Emerged in China's Industry? Evidence from a Quarter of a Million Chinese Firms," *China Economic Review 18*, no. 3 (2007): 309-334.
19　Lardy, *Markets over Mao*: 74.

国有企業の力が増し、民間企業の力が弱まっているというのは事実か

民間セクターの成長の第三期は、「国進民退」（国有セクターが前進し、民間セクターが後退する）という言葉が中国メディアでよく使われるようになった2008年頃から始まる。この言葉は、「政府が民間セクターの利益を縮小し、国の支配的な役割を取り戻そうと体系的な取り組みを始めた」という考え方を反映している。こうした考え方の裏付けとしては、国有企業に有利な産業政策が増えたことが挙げられる。また、民間企業が不利な条件で国有企業に自社売却を強いられた有名な例も複数存在し、さらには、山西省の石炭産業が省の国有企業の下に統合され、民間所有の炭鉱が買い上げられたという例もあった。

データ上では、しばらくの間は民間セクターが「後退」しているという見方は裏付けられなかった。2008年以降も、工業生産や輸出、雇用、GDP、大半の経済分野の市場シェア、銀行融資に占める民間セクターの割合は増え続けた。2011年までは、国有企業が生産高の20％以上を占める業界は、主要40業界のうち6つだけだった。[20]

しかし、民間企業が国有企業に置き換わるスピードは、2008年以降明らかに低下した。国有企業数は減少が止まって安定し、2010年を過ぎると再び増え始めた。国有企業の雇用者数も安定した。そして、固定資産投資額において国有企業が占める割合も、以前ほど急速に減少することはなく、いくつかの業界では上昇し始めた。[21]

加えて、習近平が権力の座についてから、特に2015年以降は政府の政策における国有企業優遇の傾向が明らかになり、さまざまな指標で国営セクターの占める比率が安定した。中央政府は、民間企業にこれまで以上に影響力を及ぼす手法を導入するようになった。たとえば、企業内での共産党委員会の設置を、以前よりも厳格に

求めるなどである。そして、国有企業は依然として、その経済成長への貢献度合いに比較するとかなり多くの経営資源（土地、資本、エネルギー）を使い続けた。一方で、民間企業の借り入れは、ノンバンクによる融資を制限する取り組みによって規制されるようになった。２０１９年の時点では、経済における国有企業の役割は、いくつかの側面においては拡大しつつあったと言って間違いない。

このような変化の背景には、４つの要因がある。第一に、胡錦濤政権は前政権に比べて全般的に国家統制主義的で、政策の手段として国有企業をより積極的に活用した。習近平も国有企業優先の傾向があることは明らかで、その傾向はさらに強くなっている。第二に、２０００年代前半に国有企業の利益が増加したことから言えるのは、国有企業の市場支配力を削ぐような改革に反対するロビー活動を、国有企業が実施する手段も、インセンティブもあったということだ。

第三に、世界金融危機に対応するため、政府は２００８年末に大規模な経済刺激策を導入したが、そのほとんどが、国有企業や地方政府のインフラ・プロジェクトという形で行われた。国有企業は経済安定のために必須とされた役割を担うため、借り入れを増やした。これによって、もっと生産性の高い用途に融資を振り向けるコストは上昇した。というのも、国有企業の信用枠を縮小すると、多くの企業が財政的に苦しくなるか経営破綻することになると考えられたからだ。

第四に、経済構造が国有企業に有利な方向に転換してきている。２００８年から18年の間に、経済における工

20　Lardy, *Markets Over Mao*: 81.

21　「国進民退」の状況については、スコット・ケネディによる以下の文献で詳しく論じられている。Scott Kennedy, "Private Firms: Pink Capitalists In Bloom," *China Economic Quarterly* (June 2012): 37–42｜"Wanted: More Creative Destruction," Gavekal Dragonomics research note, February 10, 2014.

業と建設（そのかなりの部分が民営化されてきた）の生産高の割合は、47％から41％に低下し、一方で、金融や電気通信、医療・保健のようなサービス（国有企業の役割が依然として大きい）の割合が43％から52％に上昇した。

今後、国有と民間のバランスはどうなりそうか

要約すると、国有企業が経済に占める割合は半分には満たないが大きなものであり、長年にわたって減少してきたのちに、今は安定している。加えて、その割合をはるかに上回る規模の資源を使い、政治的影響力を持っている。民間セクターは合計すると経済活動の過半を占めるが、まとまっておらず、政治的な力も弱い。現在の政治の方向性は国有企業に有利なものとなっている。では、今後は国有と民間の力のバランスはどうなるのだろうか。

この問いを考える上で重要なのが、国有企業の効率が劇的に下がっていることだ。１９９７年から２００７年にかけては、国有企業の収益力は、総資産利益率〈ＲＯＡ〉と自己資本利益率〈ＲＯＥ〉で見る限り向上していた。しかし、２００８年の世界金融危機以降、ＲＯＡとＲＯＥはともに約半分になった（ただし、２０１７年から18年にかけては回復が見られた。おそらくは、政府が過剰な生産能力を削減し、ゾンビ企業【自力では生存できない企業】を閉鎖したた

図表 7.4　工業分野の国有企業と民間企業の総資産利益率

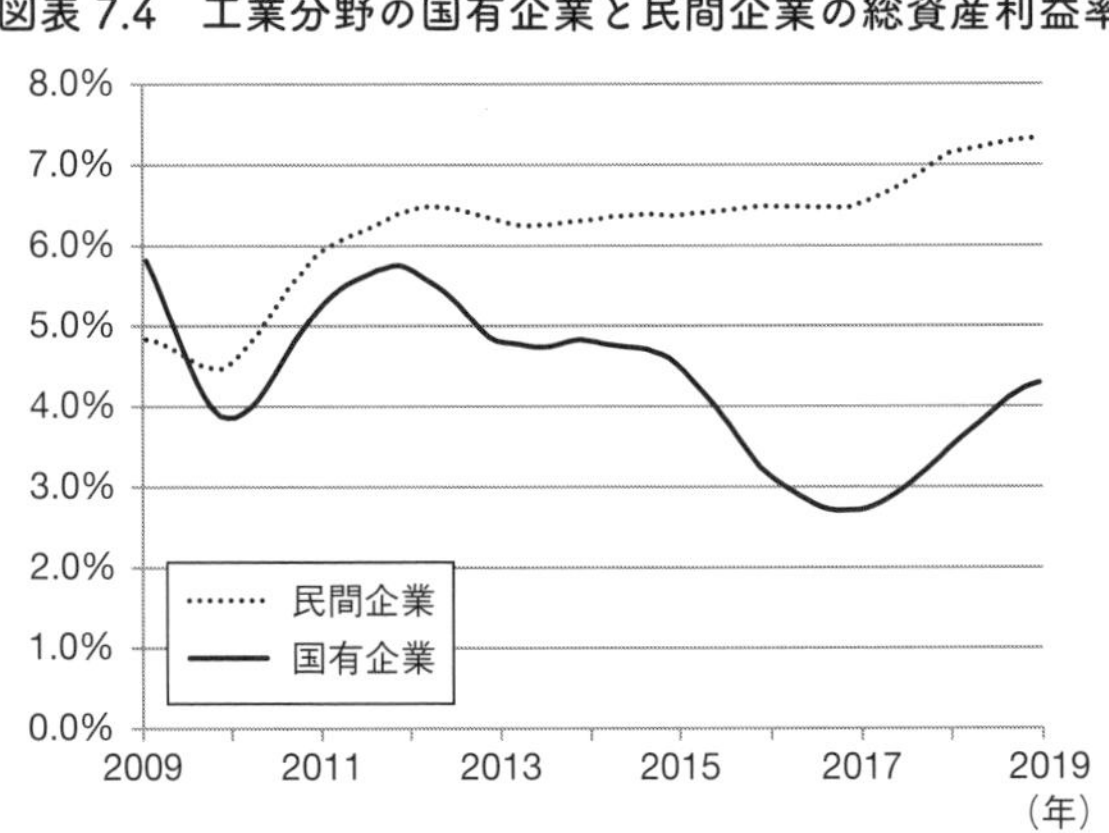

出典：ギャブカル・ドラゴノミクス。

めと思われる)。国有企業の約40%が、資本コストをカバーする利益も稼げておらず、過去の負債の利払いのためだけに、新たな融資を受けなければならない状況となっている。

一方で、民間企業の業績は向上し続けている。２０１８年には、工業分野の民間企業のＲＯＡは、国有企業の約2倍となった[22](図表7.4参照)。しかも、民間企業はこの成果を、国有企業よりもはるかに少ない借り入れで実現した。２０１０年から17年までの負債資本比率の平均は、国有企業が民間企業よりも30ポイント高くなっている(図表7.5参照)。

国有企業の収益力悪化は、近年の中国経済の減速を反映してもいるし、同時に、減速の原因でもある。国有企業は重工業分野に多く存在し、本書の第6章で述べた建設ブームが終わると、同分野は最も大きな打撃を受けた。民間企業は消費関連分野に多く、新たに伸びてきた中間層の消費拡大の恩恵を受けた。したがって、経済全体として国有企業よりも民間企業の方が調子が良かったのは当然だ。しかし、同じ分野の中でも、民間企業の業績が国有企業を上回っているという研究結果が継続的に発表されている。

中国が経済成長を安定させるには、全体的な投資効率を改善する必要がある。これは必ずしも、大規模な民営

図表 7.5　国有企業と民間企業の負債資本比率

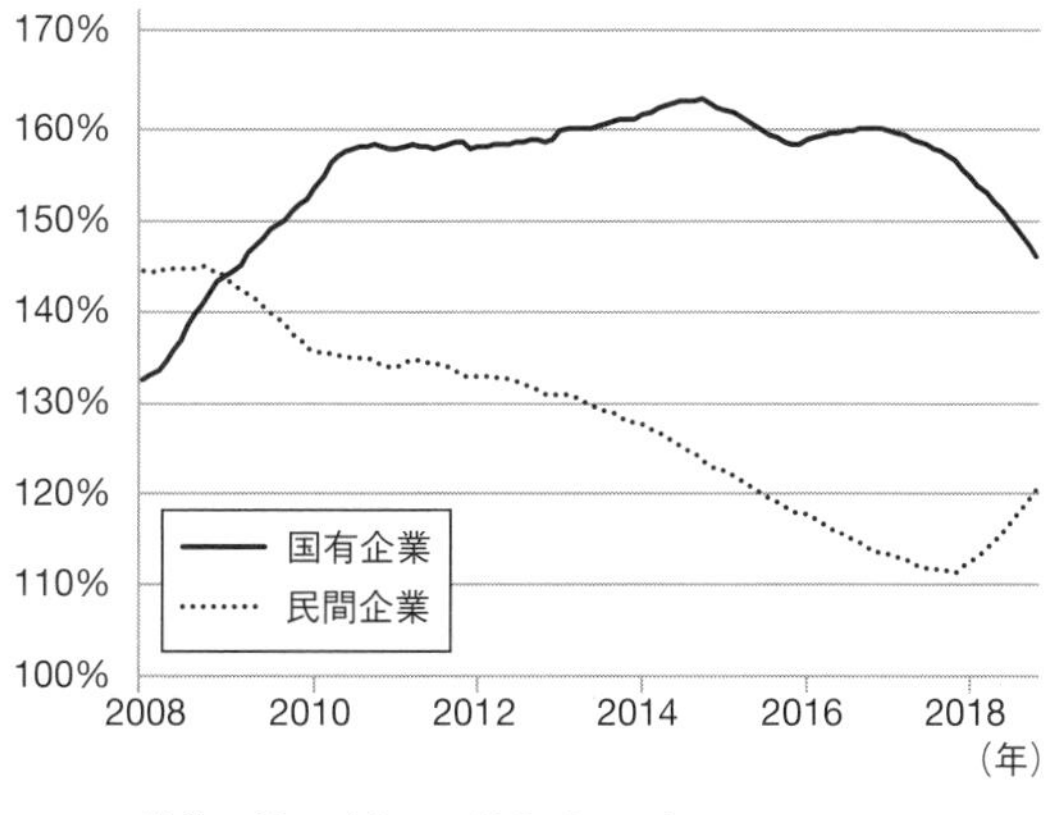

出典：ギャブカル・ドラゴノミクス。

22 Lardy, *The State Strikes Back*: 49-80で、国有企業と民間企業の業績の差について、徹底的に説明している。

化が必要だという意味ではない。しかし、1990年代に製造業が民間企業に門戸を開いたように、サービス業界にも民間企業との競争を取り入れる必要がある。また、小規模な国有企業、特に、地方政府が管理している企業が競争の激しい環境で生き残れない場合には、破綻させる必要もあるだろう。さらには、中央の国有企業については、財務面でもっと強い規律を設ける必要もある。そして、金融分野の改革を実行に移し、借り入れを有効に活用できる企業のみに、融資が行われるようにするべきだろう。

しかし、こうした改革はほとんど実施されていないように見える。習近平政権による国有企業政策は、国有企業を大規模化し、競争圧力を弱めることに重点が置かれている。2016年終盤に始まった「シャドーバンキング（影の銀行）」への締め付けによって、民間企業の重要な借入先がなくなり、その代わりになるものは未だ現れていない。また、民間企業が金融や電気通信、医療・保健といった現代的なサービス業に参入する上での障壁は、依然として高い。

プラス面に目を向けると、規制上の複雑な手続きが廃止されたことによって、民間企業の設立はかなり容易になった。また、2016年から18年の「供給側構造改革」によって、国有企業の中の最悪の「ゾンビ企業」を減らすことには成功したと見られる。

しかし、全体として見ると、中国の企業部門の収益性と生産性を維持する上で、十分な対策が取られているとは言えない。中国経済が速いペースで成長（たとえば、「2020年代は年率5％以上の成長」など）し続けるには、企業の効率は改善されなければならない。効率の改善は、民間企業が事業を行える領域を拡大することと、国有企業の合理化の両方によって実現される必要がある。

第8章 財政システム

なぜ財政システムを理解することが重要なのか

中国の財政システムについて理解すべき理由は２つある。

１つ目は力関係を理解するためだ。中国ほど巨大で多様な国では、中央政府と地方政府の関係をうまく管理するのはなかなかに難しい。財政システムを見ると、政府のさまざまなレベルでどう権力が配分されているかを知る手掛かりになる。

２つ目はマクロ経済を理解するためだ。中国政府がどのように資金を調達し使っているか、また、目標実現のためにどのくらい借り入れをする必要があるかを知ることは、中国の成長の性質と持続可能性を判断する上で不可欠である。

中央政府と比較して、地方政府はどのくらいの力を持っているか

第１章で見たように、中国は公式には中央集権化されているが、実際には非常に分権化されている。中国の歴史では中央政府と地方政府の間の攻防が繰り返され、それは中国語で「上有政策、下有対策」（上に政策あり、下に対策あり）と表現される。政府の指導者たちが政策を定めても、その下のレベルの人たちは抜け道を見つける

という意味だ。

分権化は定量的にも定性的にも説明が可能だ。定量的な指標として最もわかりやすいのは、財政収入と支出全体のうち、地方政府が占める割合だ。この数字を見ると、中国は世界でも突出して分権化されている国だとわかる。地方政府は財政収入の50％を集め、財政支出の85％を使っている。経済協力開発機構〈ＯＥＣＤ〉諸国では、それぞれの平均が20％と3分の1である。開発途上国はさらに中央集権化されている。[1]

もし、「中国は、中央政府が指示をすれば何でもすぐに実現する権威主義国家だ」などの言葉を聞くことがあったら、この大幅な分権化について思い出すとよいだろう。反対に、「中国はバラバラな国家で、北京が何を言おうと関係なく、地方の人々が好きなことをする」といった極端な意見を聞くことがあるかもしれない。その場合は次の点を思い出そう。中国では「地方政府」には省も含まれるが、省の人口の中間値は４６００万人で、つまりは１つの国くらいの規模になる。仮に、省を中央政府の一部と考えると、「地方」による財政収入の割合は約3分の1となり、支出の割合は約半分となる。依然として高い数字ではあるが、それほど極端なものではなくなる。[2]

ほかにも2点ほど、「バラバラな中国」のイメージを弱める要素がある。まず、地方政府が収入のかなりの部分を徴収しているのは事実だが、地方政府が公式に徴税の方針や税率を決められることはほとんど、あるいはまったくない。米国では、すべての州や地方政府が、各地の状況に応じて税金の構成や税率をそれぞれ独自に決めている。いくつかの州（たとえばカリフォルニア州など）では所得税の割合が大きいが、一方で、所得税はゼロで消費税に大きく依存している州政府（たとえば、ニューハンプシャー州など）もある。中国では、北京の中央政府が税金の種類や税率を決め、税収をどう配賦するかも決める。地方では、こうした要素を変えることはほとんどできない。

もう1つ、定性的な要素として、中央政府が地方政府に相当な支配力を及ぼしていることが挙げられる。これは人事制度によく表れている。党の中央組織部が人事をコントロールしており、地域のネットワークが力を持たないよう、省をまたいで計画的に幹部をローテーションしている。腐敗を監視する党の中央規律検査委員会も、地域に力がついてきたらそれを打ち砕くという役割を果たす。[3]

それでも、中央政府が地方の官僚の自治権を制限しようと仕組みを作るたびに、彼らはすぐに抜け道をつくる。財政システムに関して長く続いている問題は、地方政府が予算外の収入（さまざまな手数料や土地の売却・賃貸収入など）を用いて、予算外の支出をカバーするという慣行である。さらには、地方政府は公式には借り入れを禁止されているにもかかわらず、今では大きな負債を抱えている。

最後に指摘しておきたいのが、中央と地方の権力争いでは、誰が悪者で誰が善人なのかについて、さまざまな立場の人の言い分を鵜呑みにしないことだ。中央政府の官僚は、自分たちがいくら優れた政策をつくっても、地方の近視眼的で貪欲で腐敗した役人に妨害されると嘆く。地方の官僚の方は、緊急の問題に対処しようとしても、横柄で実情を知らない腐敗した北京の官僚が、意味のない矛盾した命令を出すので、自分たちの努力が台無

1　David Dollar and Bert Hofman, "Intergovernmental Fiscal Reforms, Expenditure Assignment, and Governance" (Lou Jiwei (ed.), *Public Finance in China: Reform and Growth for a Harmonious Society* 〈Washington, DC: World Bank, 2008〉, 40に収録)。

2　"Intergovernmental Fiscal Reforms, Expenditure Assignment, and Governance": 42.

3　大物の汚職調査は政治的な動機に基づいたものが多く、地域の実力者の地盤を崩すことを狙いとする。有名な例としては、１９９５年の北京市長の陳希同の起訴や、その約10年後の上海市党委員会書記の陳良宇の起訴などが挙げられる。どちらの事件も、地方で強い権力基盤を持ち、中央の指導者たちの脅威になると見られていた人物を引きずり下ろしたものだった。ほかには、中央のトップを脅かすほどではなかったが、強力な地方のネットワークをターゲットとした反腐敗運動があった。たとえば、１９９０年代後半、中国南部で密輸の一斉検挙が行われ、厦門や汕頭などの複数の市政府が壊滅状態となった。また、２０００年代初めには、黒竜江省で組織犯罪者が牛耳っていた地方政府が一掃された。

しになると文句を言う。どちらの意見も、たいていは一理ある。したがって、どちらが正しいのかを判断しようとするよりも、何が両者の争いを生じさせているのかをできる限り理解することが重要だ。大国の中央による統制と地方自治の間では、求めるものが対立し、目的を達成しようとする官僚の動機も異なる。また、官僚が目指す目的は、一般の人々の利益になる場合もあるし、ならない場合もある。

分権化は経済発展にどのような影響を及ぼすか

経済的な観点からすると、事実上の大幅な分権化にはメリットとデメリットの両方がある。最大のメリットは、政策に関して大規模な実験ができることだ。中央政府は特定の都市や地域をある政策のための「試験地域」に指定して、実験をすることがある。その最たるものが１９８０年代に設けられた経済特区だ。そこでは税制もビジネスに関する政策も、他の地域とはまったく異なっていた。

一方で、もっと受け身の実験もある。中央政府は一部の地方政府のやり方が中央の基準から外れていることを知りながら、それを黙認するのである。その理由は２つある。１つは、地方によってバラつきがあるのは仕方ないと考えていること、もう１つは、面白いイノベーションが生まれて、それをより幅広い地域に展開できるかもしれないと考えていることだ。

こうした実験の力が、中国の成功において不可欠な部分となってきた。また、他の国と中国との違いが生じる部分ともなっている。インドはこの点に関しては中国と正反対で、同国は形式的には分権化されているが、実際には非常に中央集権的だ。[4]

分権化のデメリットは、経済活動が最終的には非常にバラバラなものになること、そして、地方政府が自分たちの行動に関して説明責任を持たないということである。これに加えて、中央政府が１９８０年代前半から地方政府に課しているインセンティブの仕組み（ＧＤＰ〈国内総生産〉の成長を最大化させた者や、社会の安定を維持した者が報われる）や、経済の効率よりも資本の蓄積に重点を置くという中国の一般的な傾向を合わせて考えると、望ましくない結果が生じる可能性が見えてくる。[5]

これらの要因が組み合わさって、中国の地方政府に特徴的な不合理な行動が生じている。それは、大規模で資本集約的な産業やインフラ・プロジェクトへのこだわり、そして赤字の企業を経営破綻させたり、市場から撤退させたりすることへの抵抗感だ。資本集約的なプロジェクトが好まれるのは、それが非常に目立つからだ。たとえば、人事に影響力のある政府の高官が訪問して来た時に印象づけやすい。また、そうしたプロジェクトが建設されている間は、投資資金が必要になるため、ＧＤＰの数値にすぐ反映される。

また、操業中の工場が経営難に陥った場合、操業の継続が経済的にはまったく合理的でないとしても、地方政府はその工場の運営を維持したいと考える。なぜなら、工場が生産をやめたらＧＤＰは低下し、労働者を解雇すれば社会の安定が脅かされるからだ。そして、操業継続のための手段も持っている。たとえば、地方政府は土地

4　インドと中国の統治の違いについては、以下の文献が参考になる。William Antholis, *Inside Out, India and China: Local Politics Go Global* (Washington, DC: Brookings Institution, 2013).

5　地方政府の説明責任の欠如については、あまり誇張されるべきではない。中国の地方政府は選挙で選ばれてはいないが、選挙で選ばれたインドの地方政府に比べると、地元民のニーズに対して昔から責任を持っているとも言える。インドにおいて地方政府に期待されているのは、経済成長を最大化させることよりも、特定のカーストや言語グループ、宗教グループに戦利品を持っていくことである。両国の比較については、*Inside Out*, 33を参照のこと。また、中国の地方政府の説明責任の仕組みについては、以下を参照のこと。Lily L. Tsai, *Accountability without Democracy* (Cambridge: Cambridge University Press, 2007). しかし、中国の人々は全般的に、中央政府の役人よりも地方政府の役人の仕事に不満を感じていることが多いのも事実だ。以下を参照のこと。Bruce J. Dickson, *The Dictator's Dilemma: The Chinese Communist Party's Strategy for Survival* (Oxford: Oxford University Press, 2016): 222.

や電力などの供給をコントロールし、地域の銀行の融資方針に影響を及ぼすことができる。また、地元の特定の業者から仕入れるよう地域の会社や政府に強要し、さらには取引に対する障壁を設けて、他の地域の企業が入ってきて競合したり、有力企業を買収したりしないようにもできる。

地方政府が市場への参入を妨害する力はかなり衰えてきたが、末期的な症状の企業を生き永らえさせる力は今も変わらず強い。だから、過剰な生産設備が維持され続け、また多くの業界で小規模な企業が数多く存在している。たとえば、中国には現在、少なくとも120社の自動車メーカーがあり、その多くが地方政府の支援を受けている。20年以上にわたって、中央政府が業界内での統合を強く求めてきたにもかかわらず、そうした状態が続いている。経済が果たす役割が、可能な限りの資本を蓄えることである場合（中国では数年前までそうだった）、このような無駄もなんとか対処できる。しかし、現在の経済の役割は、すべての資産からできるだけ大きなリターンを獲得することだ。したがって、地方政府へのインセンティブの仕組みも変える必要がある。[6]

1994年の税制改革にはどんな意義があったのか

中央政府と地方政府のせめぎ合いは、改革開放期の財政システムの歴史に見ることができる。それは1994年の税制改革を境に、きれいに2つのフェーズに分けることができる。

1994年の税制改革以前のフェーズでは、テーマは分権化だった。計画経済の時代には税金はほぼ存在せず、ほとんどの収入が国有企業の利益から生じていた。国有企業の利益は地方で回収されて中央に送られ、中央政府は毎年、翌年の投資割り当てと地方政府の経費に当てる資金を各省に送っていた。[7]

改革開放期の初め頃、政策当局者は2つの大きな変更を行った。第一に、投資の意思決定の責任を、企業に委譲し始めた。第二に、地方政府が市場主導型の経済活動を促進するよう、中央に送らなければならない金額を超えた分に関しては、集めた税金を地方政府に残してよいこととした。こうした変化は、計画経済と中央によるコントロールの役割を減らし、市場勢力の拡大を認めるという全般的な動きと一致している。

その結果、政府の予算には劇的な変化が生じた。1978年には、政府の総収入はGDPの30%を超える規模だったが、国有企業が利益を国に送らなくなったことにより、1994年には11%を下回るまでになった。また、1980年代の後半に自由市場が根付き始めると、中央政府が管理する収入の割合が減少していった。ピークだった1984年には収入全体の41%だったが、1993年にはわずか22%になった。

この頃には、政府が活動をするのに十分な歳入を得られていないのではないかと、北京の政策当局者たちは心配し始めた。発展途上国では通常、政府の総収入は少なくともGDPの20%程度で、豊かな国では30%を超えるのが普通だ。また、地方政府が収入の多くを管理していると、中央政府が地方政府を従わせることや、国の政策を実施することが難しくなるのでは、との心配も生じてきた。

1994年の税制改革では、この2つの問題の解決を目指して、①政府の総収入を増加させ、②中央政府が収

6　地方政府が取引と競争を妨害する力は、1980年代・90年代に比べてかなり弱まっている。詳しくは、以下を参照のこと。Barry Naughton, "How Much Can Regional Integration Do to Unify China's Markets," (*How Far Across the River: Chinese Policy Reform at the Millennium*, ed. Nicholas C. Hope et al.〈Stanford, CA: Stanford University Press, 2003〉に収録)。しかし、力のない企業が市場から退出するスピードが、他国に比べて中国ではかなり遅いのも明らかだ。特に、国有企業の場合はそうであり、それには地方政府からの支援が大きく関係している。詳しくは、以下を参照のこと。Scott Kennedy, "Wanted: More Creative Destruction," Gavekal Dragonomics research note, February 10, 2014. 真の市場経済を実現するには、新規企業の参入と、力の弱い企業の撤退の両方が不可欠である。

7　この説明は便宜的に簡略化したもので、現実のプロセスはこれほど中央集権化されたものではなかった。実際には、地方政府は「予算外資金」を使っており、1970年代後半にはそれで投資の約3分の1を賄っていた("How Much Can Regional Integration Do to Unify China's Markets": 43)。

入の半分以上を直接管理する仕組みをつくった。新たな仕組みでは、それぞれの税金に関して、中央政府と地方政府の取り分を固定し、中央政府の取り分が半分以上になるようにした。政府による監視の強化と、最も重要な税金である付加価値税【日本では消費税に相当。中国では「増値税」と言われる。売上税額から仕入税額を差し引いた金額（付加価値）に対する税額を企業が納付する】の徴収の仕組みの改善は、全体的な収入の拡大を狙ったものだった。

1994年の改革の結果はすぐに表れ、中央政府と地方政府の収入の割り振りに恒久的な影響を与えた（図表8.1参照）。政府収入全体のうち、中央の割合は1993年の22%から94年には56%となり、そのまま2010年まで50%を上回る水準を維持した。全体的な徴収額への影響が表れてくるまでには時間がかかったが、大きな効果があった。政府の総収入は、1996年の対GDP比10%を底に、2015年には22%にまで上昇したのである（図表8.1参照）。[8]

1994年の改革からは、ほかにも長期的な影響が2つ生じた。第一に、中央政府の力が強まった。これは、中央政府が国の予算をより強力に管理できるようになったためであり、国の財源の真の姿が、格段に明確に見えやすくなったためである。

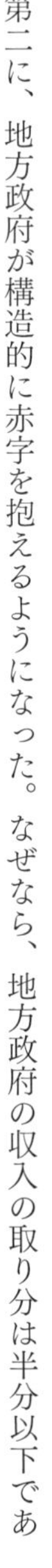

第二に、地方政府が構造的に赤字を抱えるようになった。なぜなら、地方政府の収入の取り分は半分以下であ

図表8.1　政府収入に占める中央と地方の割合

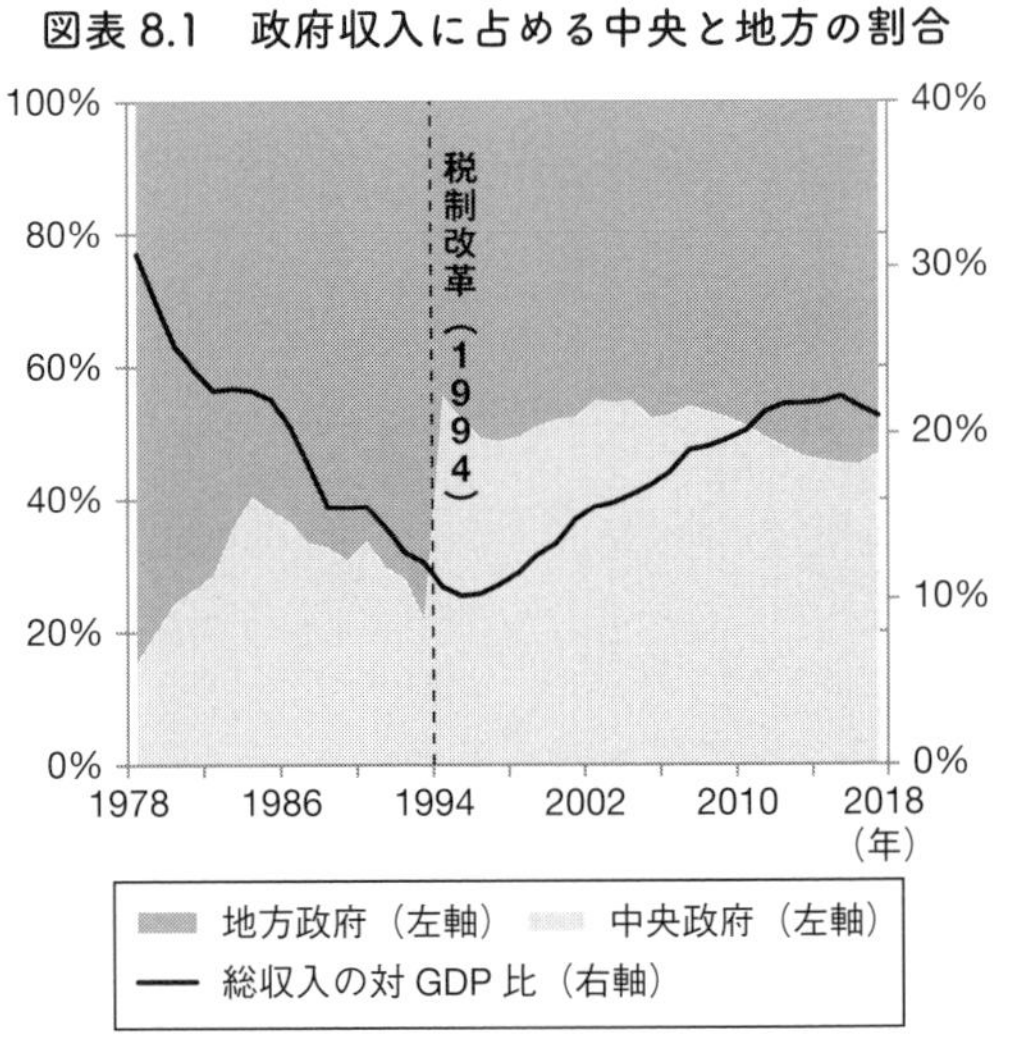

出典：財政部。

るのに、支出は半分以上（当初は70％にも上った）を負担していたからだ。不足分は中央政府から交付される資金でカバーされ、表面的には予算の均衡は取れていた。そもそも、公式に赤字を計上できるのは中央政府だけで、その赤字を補うために債券を発行できるのも中央政府だけだった。だが実際には、中央から地方への資金の交付はうまくいかず、地方政府は、支出をカバーするために追加の収入を確保しなければならないという、強烈なプレッシャーを感じることになった。１９９０年代中頃には、交付金受領前の赤字額はＧＤＰの３％程度だったが、２００９年には８％、２０１６年には10％となって、地方政府のプレッシャーはどんどん強まっていった（図表8.2参照）。

１９９０年代後半に、追加資金を獲得する方法として好んで用いられたのは、地方の官僚が思いついた費用をその時々で課すことだった。これにより、帳簿に記録さ

図表 8.2　地方政府の収入と支出

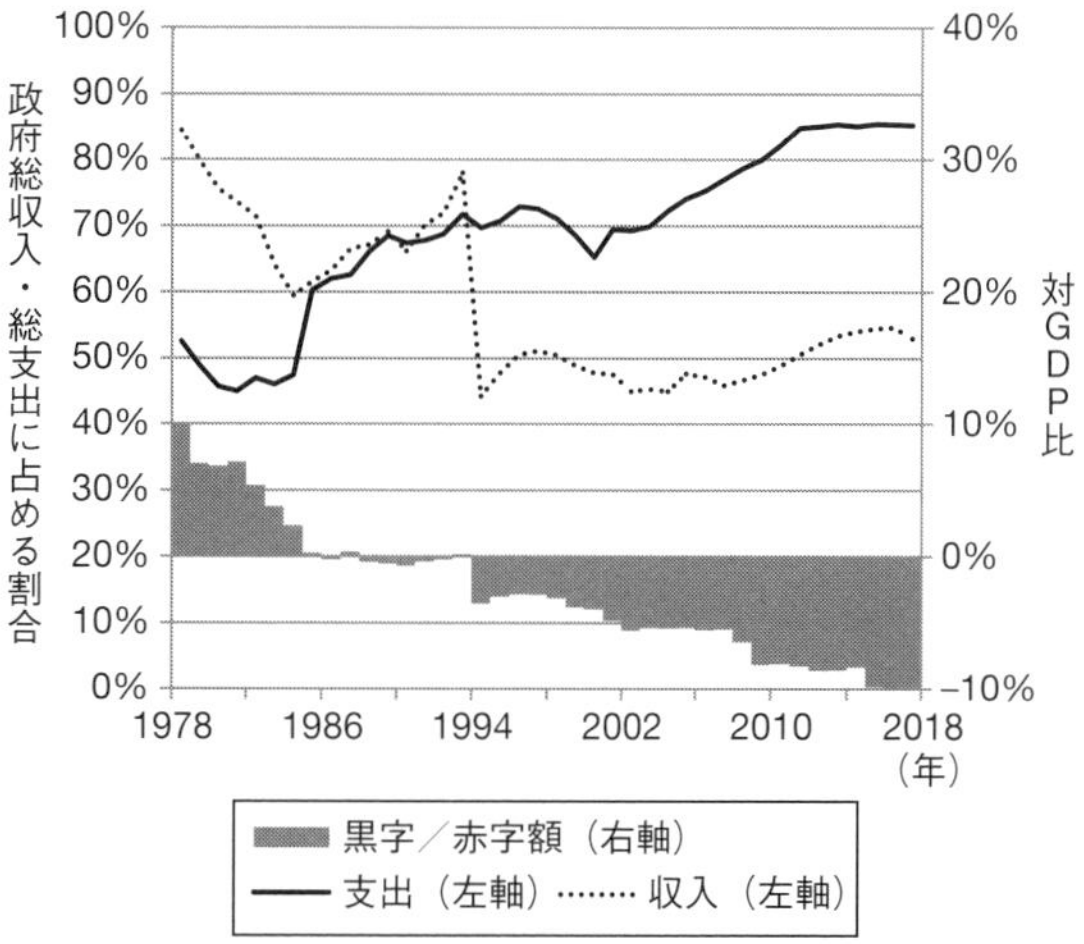

政府総収入・総支出に占める割合
100%
90%
80%
70%
60%
50%
40%
30%
20%
10%
0%
40%
30%
20%
10%
0%
−10%
対GDP比
1978
1986
1994
2002
2010
2018
（年）
黒字／赤字額（右軸）
支出（左軸）
収入（左軸）

出典：財政部。

8　１９９６年以降の収入増が真実を反映したものなのか、あるいはさまざまな予算外資金として隠れていたものが捕捉されるようになったのかは明らかではない（同様に、１９８０年代の収入の減少分も、予算外の部分に蓄えられていたのかもしれない）。今日においても、中国の予算会計は厳格なものではない。財政部が確認できる口座で、収入と支出をすべてまとめて管理するよう各政府機関に対して求めてはいるものの、完璧には程遠い。

れない非公式の徴税（あるいは強要）を行うという混沌とした状況が起こり、その負担が最も重くのしかかったのは、反撃する力のない人々、つまりは農民だった。中央政府は「税費改革」で対応した。徴収されていた費用の大半を税金に転換し、税率や納税先を明示することで、秩序を回復したのだ。税費改革は2003年までに終了した。

しかし同時に、中央政府は地方政府に対して非常に幅広い責任を課すようにもなった。だが、地方政府がその責任を果たすだけの財源を持っているか、確認することはほとんどなかった。こうしたやり方は、1980年代に米国で、「資金を伴わない命令（unfunded mandates）」として知られていた方法と同じだ。1990年代後半の国有企業改革により、企業が教育や医療、年金などを負担する義務は削減、または廃止されたが、まずはこれらの社会サービスを提供する責任が次第に地方政府の肩にかかるようになっていった。加えて、国有企業からレイオフされた何千万人もの労働者に、生活保護や職業訓練なども提供しなければならなくなった。さらには、都市化が進むにつれて、道路や送電網、上下水道などのインフラや住宅の建設も求められた。

こうして、2000年から11年までの間に、政府の総支出に占める地方政府の割合は69%から85%にまで高まった。絶対額で言うと、1兆元から9.3兆元へと、9倍にもなったのである（同時期、中央政府の支出は3倍にしかならなかった）。これらの膨れ上がるプログラムの資金を確保するため、地方政府は彼らの最大の資産に頼ることになった。土地である。

土地を活用した地方政府の資金調達はどのような仕組みか

2000年代前半から、地方政府は自分たちが管理している都市部の土地を使った資金調達を実験し始めた。

これが可能になったのは、1998年から2003年までの住宅私有化により、都市部の土地を対象とする大きな市場ができたからだ。民間の開発業者は、新しい住宅やオフィス、商業施設の開発のため、都市の中心部にある土地を手に入れようと熱心だった。都市部の土地の値段は意図的に抑えられていたため、開発する前の土地価格と、開発完了後の価格の差は相当大きくなることが期待された。地方政府はそれを見越して、価格の上昇を見込んだ土地を担保に、資金を借りるようになった。

これがどれほどのチャンスだったか、初期の事例で見てみよう。2003年に国家開発銀行〈CDB〉が中心となって、天津で実施した事例である。同年、天津市の市長は5ヵ年のインフラ開発プロジェクトを発表した。予算は1700億元（210億ドル）だ。この金額は、天津市でそれ以前の14年間にインフラ建設費として使われた金額の6倍で、市の年間収入の5倍以上だった。この一見して異常な計画は、国家開発銀行の与信枠から資金が提供された。同行が見込んだのは、インフラ・プロジェクト（道路、地下鉄、公園など）自体からはほとんど収入は得られないものの、天津市は土地を売却することにより、元金と利息を合わせて720億元にのぼる金額を、15年超に及ぶ融資期間で返済できるだろうということだった。しかし、この予測でさえも保守的すぎた。プロジェクトの最初の6年間で、天津市は土地の売却により950億元を手に入れた。そして、7年目には730億元を稼いだ。融資をすべて返済できる金額を、1年間で手に入れたのである。[9]

このような事例が、中国全土の何百もの都市で繰り返された。地方政府は公式には資金を借り入れることができないため、土地の所有を特別目的会社に移し、特別目的会社がその土地を担保として銀行から融資を受けた。こうした会社は後に、「融資平台〈地方政府の金融会社〉」として知られることになる。融資の返済資金は、土地の

9　詳しくは以下を参照のこと。He Yuxin, "China Development Bank: The Best Bank in China?"; Gavekal Dragonomics research note, July 1, 2010.

売却またはリースによって調達されたが、２０００年代前半は土地価格が急騰したため、担保の価値は融資の返済に必要な額をはるかに超えていった。そして、プロジェクト終了後に残った土地は、次の新たな融資の担保となった。こうした土地の売却によって得られた簿外の利益は、２００８年から18年までの間、平均で地方政府の予算収入の約半分の規模となった。

こうしたやり方は、急速で大規模な都市開発の資金調達方法として、初期の頃には有効だった。現在、中国では、１人あたり所得が同程度の国と比べると良いインフラが整っているが、その一因はこのような資金調達があったからだと言える。中央政府はこうした手法が取られていることを十分認識しており、資金の大半は中央政府が管理する国家開発銀行から提供された。

しかし、２００８年以降になると、土地を基盤とした資金調達は制御不能になっていった。世界金融危機への対応として、中央政府はインフラ・プロジェクトを中心とした4兆元（５９００億ドル）の経済刺激策を承認した。この資金を賄うために、地方政府は商業銀行から大幅な借り入れを行ったのだが、商業銀行は国家開発銀行ほどこうした手法に熟達していなかった。そのため、土地をあまりにも高く評価し過ぎて融資を行ったり、時にはまったく担保を求めなかったりもした。結果として生じたのが、地方政府が返せる見込みのない大量の負債である。２０１３年半ばには、中国審計署〈会計検査院〉は地方政府が約18兆元の負債を抱えていると推計した。これは２０１０年の2倍近くの金額だ。地方の負債額はＧＤＰの約３分の１に相当し、中央政府の負債額の約半分に及ぶ額となった。[10]

政府の負債はどれほど大きな問題なのか

こうした地方政府の負債の拡大は大きな注目を集めたが、それも当然のことである。というのも、地方政府による無秩序な借り入れが、過去に起こった新興諸国の財政危機で主な要因となったからだ。有名な例としては、１９８０年代のブラジルの債務危機がある。したがって、中国も同様な問題に直面するのではないかと懸念された。特に中国においては、地方政府の負債に関する中央政府の統計が不透明で、時には矛盾しており、そのため中央政府が意図的に問題の大きさをごまかしている、あるいは（さらに悪いことに）どの程度の負債があるのかを把握しきれていないことが考えられた。

負債の問題への懸念を増幅させるのが、中国の財政統計の極度の不透明さだ。この不透明さは、地方政府が資金を調達するために用いた、簿外のさまざまな仕組みから生じている。中国の公式の予算データによると、中央政府と地方政府の合計の財政赤字は、２０００年から14年までは平均でＧＤＰの1.5％、地方政府の支出がより正確に記録されるようになった２０１５年から18年までは、平均3.8％だった。また、公式のデータでは、２０１８年の政府の負債はＧＤＰの約38％だったが、この数字は中央政府と地方政府による債券の発行だけを示したものだ。

一方で、ＩＭＦの推計によると、地方政府の支出をすべて計上した真の財政赤字額は、２０１０年はＧＤＰの

10　地方政府の特別目的会社による借り入れは、地方政府の借り入れのうちの約40％に過ぎなかった。残りはさまざまな形の借り入れのほか、債務保証や偶発債務など、地方政府が直接の責任は持たないものの、経済状況が悪化した場合には引き受けざるを得なくなる可能性があるものだった。詳しくは以下を参照のこと。National Audit Office, "Audit Results of Nationwide Governmental Debts,"; December 30, 2013, *http://www.cnao.gov.cn/main/articleshow_ArtID_1335.htm.

5%だったが、2018年には11%になったという。さらに、政府の真の負債額は、2018年にはGDPの73%にのぼったとされた（地方政府による簿外の借り入れすべてと、中国国家鉄路集団などの機関による簿外の負債を含む）[11]。

このように地方の負債の問題は大きいが、コントロール不可能なものではない。OECD諸国の間では、政府の負債がGDPの70%を上回ることも一般的だ。米国や英国、カナダ、フランスの公的債務はGDPの90%を超える額になっている。加えて、中国の負債の大半はインフラ整備に使われている。インフラは、いずれは経済成長にプラスの影響をもたらす可能性が高いが、一方で豊かな国では公的債務のかなりの部分が社会保障関係の費用として再分配されている。中国が土地価格の上昇への過度の依存を減らすよう負債を再編できるのであれば、地方政府の負債が財政危機を引き起こすという懸念は無用である。中国におけるもっと深刻な負債の問題は、非効率な国有企業から生じている。国有企業が、利益を生まない投資のために、どんどん借り入れを行っているからだ（詳しくは第7章と第9章を参照）。

このように、地方政府の負債の問題は危機を引き起こす恐れはないが、財政システムの大きな欠陥や持続可能性のなさを反映している。そうした財政システムは、中央と地方の政府のややこしい政治的関係から生じている。

中国政府は財政の課題をどう解決しようとしているか

ここまでの議論が示すように、1994年以降の財政の仕組みによって、いくつもの問題が生じた。

- 地方政府が責任を持つ支出の額が、直接の収入の額をはるかに超えていた。そのため、地方政府はその時々で、土地の売却などの持続不可能な臨時の収入源を見つけようとした。

- 公式には借り入れを禁止されているにもかかわらず、地方政府は巨額の負債を抱えており、しかも不適切な仕組みのものが多い。
- 中央政府から地方政府への資金の交付により、地方の財政は均衡がとれるはずだったが、実際にはその仕組みがうまく機能しなかった。その結果、地方政府はその場しのぎの資金調達や借り入れに頼ることになった。
- 地方政府の収入の仕組みが原因となって、資本集約型産業やインフラへの過剰投資が行われた。

これらの問題を解決することが、２０１４年から始まった一連の財政改革の狙いだった。同年に可決された予算法の改正によって、役人が簿外の資金に依存できないようにし、より強力な報告義務を課した[12]。２０１５年には、地方政府は簿外の負債を「地方政府融資工具」を通じて、債券に転換するよう求められた。その結果、激流のような債券発行が起こった。２０１５年から18年までの間、政府による債券発行のうち、地方政府によるものが４分の３を占め、２０１８年末の時点で、債券残高は18兆元（2兆６０００億ドル）と、中央政府を超える額となった（図表8.3参照）。

11　IMF, Article IV Consultation, Staff Report (2019), https://www.imf.org/en/Publications/CR/Issues/2019/08/08/Peoples-Republic-of-China-2019-Article-IV-Consultation-Press-Release-Staff-Report-Staff-48576: 10, 16, 45, 50 and 54.

12　財政改革のパッケージに含まれることとなった財政改革の優先事項については、楼継偉の財政部部長としての最初の予算報告書 "Report on the Implementation of the Central and Local Budgets in 2013 and on the Draft Central and Local Budgets for 2014" (Ministry of Finance 2014) を参照のこと。新予算法のインパクトについては、人民日報２０１４年9月11日号に掲載された楼継偉のインタビュー（中国語）を参照のこと。*"Xin yusuanfa: dajian xiandai caizheng zhidu kuangjia"*（「新予算法：現代的な予算制度構築の枠組み」）, http://politics.people.com.cn/n/2014/0911/c1001-25637407.html.

この異常とも言える債券の発行によって、中国の公式な負債額はGDPの37％へと倍増した。しかし、この大半は新たな借り入れではなく、隠されていた簿外の負債を目に見える、公の負債へと転換しただけのものである。

そして2016年8月には、国務院が4ヵ年の財政改革プログラムを発表した。プログラムの目的は主に3つあった。1つ目は、地方の責任となっている支出の一部を、中央政府の責任とすること。2つ目は、中央政府から地方政府への資金交付の仕組みを、混乱した状態から秩序ある状態にすること。そして3つ目は、政府のすべてのレベルで、支出の透明性と説明責任を強化することである。これらの改革は、2020年の新たな予算法で成文化された。

一部の地域では、中央からの交付金が収入の半分以上を占めているところもあるが、中央政府が責任を持つ支出が増えると、中央から地方への交付金を減らせるようになる。それでも、交付制度は絶対的に改善が必要だ。

交付金のプログラムは200以上あり、それぞれにルールもスケジュールも、計算式も異なる。交付金はまず北京から省政府に送られ、省政府がその下のレベルの政府に送るのだが、そのスケジュールは不確実で、方法もさまざまに異なっている。省政府への交付を監督しているのは、わずか数人の財政部の職員だけであり、そのため、交付金が省に送られた後の行方まで中央政府が追跡するのは難しい。

図表 8.3　国債・地方債未償還残高

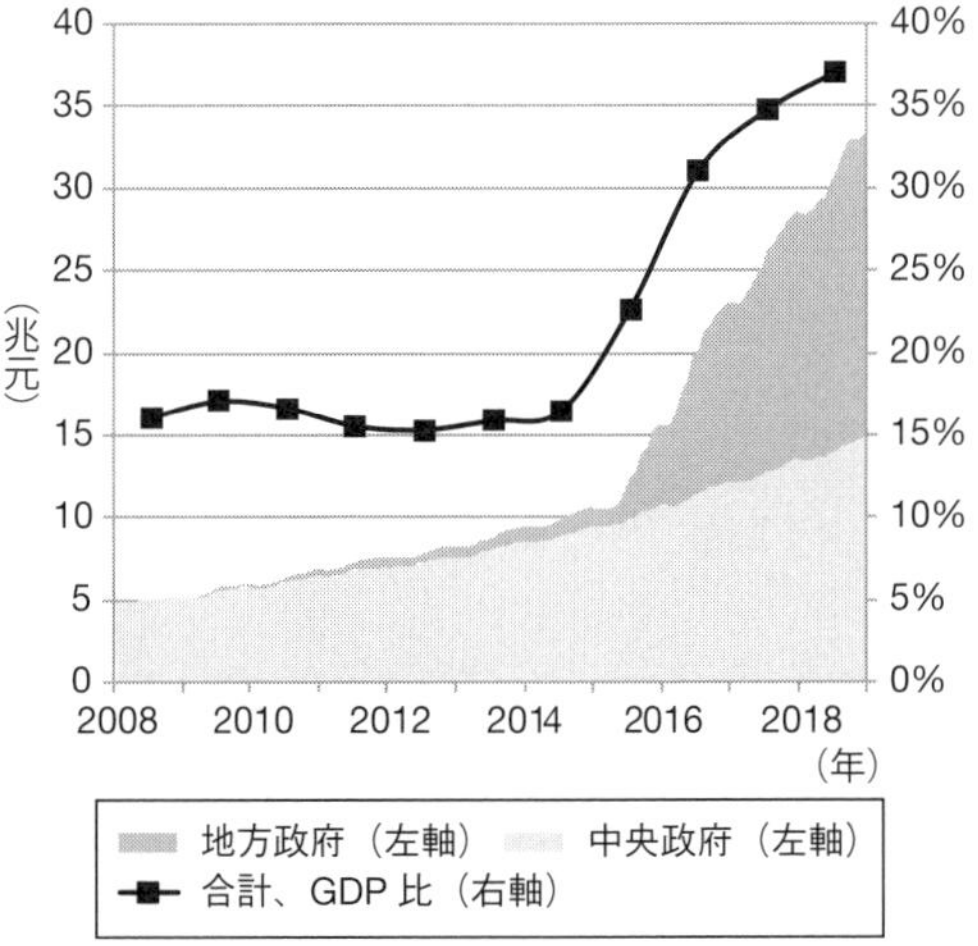

(兆元)
40
35
30
25
20
15
10
5
0
2008
2010
2012
2014
2016
2018
(年)
40%
35%
30%
25%
20%
15%
10%
5%
0%
地方政府（左軸）
中央政府（左軸）
合計、GDP 比（右軸）

出典：財政部。

交付金の多くはその使用目的が定められているが、それが受け取り先の実際のニーズに合わない可能性もある。汎用的な交付金の中には、その大半が最も豊かな地方政府に行き、最も貧しい地方政府には渡らないような計算式に基づいたものもある。これは、地域による大きな所得格差を改善するのに必要な施策とは、まったく正反対のものだ。

こうした仕組みであるため、地方政府はいつ、いくらの交付金が手に入り、それを何に使えるのかがわからない。そのため自然と、もっと予測可能な、自分たちでコントロールできる他の収入源を探そうとするようになる。[13]

財政改革は中央と地方の関係や経済開発にどのような影響を与えるか

現在の財政改革の政治的な狙いは明らかだ。１９９４年の改革と同様に中央への集権化を進めるプログラムであり、中央政府の力の強化を狙っている。同時に、さまざまな形で地方政府を規律に従わせようともしている。資金需要を満たす方法として、従順な地元の銀行の支店から借り入れるのではなく、債券を発行させることによって、地方政府は市場の規律に従うことになる。この場合、信用記録に問題のない地方政府であれば資本市場を活用できるが、浪費しがちな政府は、まったく借り入れができなくなるかもしれない。

13　交付金の問題に関しては、Lou, *Public Finance in China* に詳しく記されており、収録されている文献のうち特に次の２つが参考になる。David Dollar and Bert Hofman, "Intergovernmental Fiscal Reforms, Expenditure Assignment, and Governance": 39-52｜Anwar Shah and Chunli Shen, "Fine-Tuning the Intergovernmental Transfer System to Create a Harmonious Society and Level Playing Field for Regional Development": 129-54. これら以外では以下の文献も参照のこと。Xiao Wang and Richard Herd, "The System of Revenue Sharing and Fiscal Transfers in China," OECD Economics Department Working Papers, No. 1030 (Paris: OECD Publishing, 2013).

新予算法では、政府の高いレベルでも規律を強めようとしており、より厳しい会計基準を設け、予算外の収入の獲得や支出の範囲を制限する。こうした監督の強化を受け入れるのと引き換えに、地方政府は資金がないのに多くの責任を持たされる状態から脱し、中央政府からの交付金をより柔軟に使えるようになる。

財政改革の経済的な狙いも明らかだ。それは、地方の役人のインセンティブを変えて、インフラ建設や資本集約型産業、土地の投機に傾倒しないようにさせることだ。その代わりに、経済開発において、地方政府が消費者向けのサービス業を優先させることを望んでいる。[14] そして、おそらくもっと重要な狙いがある。これまで地方政府の役人は、政府を商工会議所のように考えて、企業に楽をさせることを仕事の中心としてきた。こうした考え方をやめて、医療や福祉、教育や環境など、公共のサービスを提供することが彼らの主な仕事だと認識させるのである。

図表 8.4　政府予算の収入源（2018 年）

収入項目	兆元	税収に占める割合	収入全体に占める割合
付加価値税（増値税）	6.250	40%	34%
企業所得税	3.532	23%	19%
都市部土地・住宅・建設税	1.576	10%	9%
個人所得税	1.387	9%	8%
消費税	1.063	7%	6%
その他	1.832	12%	10%
税収合計	**15.640**		**85%**
税外収入	2.695		15%
総計	**18.335**		

出典：財政部。

政府はどんな税金を課しているか

中国の税制の大きな特徴の1つは、先進国の税制では不可欠な個人所得税や固定資産税にはほとんど依存していないということだ。政府の収入の半分以上は、付加価値税（主に企業が支払う）と企業所得税から生じている（図表8.4参照）。個人所得税は政府の収入の中で8％を占めるに過ぎず、その割合は近年では少しずつ上昇してきてはいるものの、国際的な水準からするとかなり低い。たとえば、米国では連邦政府の収入のうち、86％が個人所得税と給与税によるものだ。中国では、多少なりとも個人所得税を払っている人の割合は、相対的に少ない。[15] キャピタルゲインへの課税も常に回避され、少数の試みを除いては、不動産の価値に対して課される税金もない。前

14　なぜ、税制が原因となって、地方政府が工業やインフラを重視するようになるのかという議論は複雑で、専門的なものだ。その説明としては、以下が優れている。World Bank/DRC 2014: 57｜Xinye Zheng and Li Zhang, "Fiscal Reform: A Better Way to Tax and Spend," *China Economic Quarterly*, March 2013: 26-30. 重要なカギとなるのが、中国の付加価値税だ。ほとんどの国では、付加価値税は実質的には消費税である。というのも、税金の正味金額の大半を最終製品の消費者が支払うからだ。しかし、中国の「生産付加価値税」については、その大半を支払うのは企業で、特に資本設備に大きな投資をしている企業が払う。そして、2016年までは、他の多くの国々と異なり、サービスには付加価値税は課されず、その代わりにサービス業者はその収入に対して「営業税」を払っていた。(Ehtisham Ahmad, "Taxation Reforms and the Sequencing of Intergovernmental Reforms in China: Preconditions for a *Xiaokang* Society,"〈Lou, *Public Finance in China* に収録〉を参照)。すなわち、サービス事業者に対する課税は重く、また、サービスの購入者は付加価値税の納付額を算出する際に、物品購入時とは異なり、支払った付加価値税額を納付する税額から差し引くことができなかった。この問題は2016年に解決された。営業税が廃止され、サービス業の付加価値税に変更されたためである。もう1つの問題が地方と中央で分配される税金だ。たとえば、付加価値税や企業所得税などがそれに該当するが、これらの税金は徴収された場所を基準に配分が行われる。したがって、市政府は企業が新しい場所に移転したり、他の地域で納税している企業に吸収されたりするのを極端に嫌う。経営難の企業から付加価値税を受け取り続けるため、地方政府は地元の銀行支店からの融資や、電力や土地の値引きなど、すぐには予算に影響が表れない方法でその企業を支援する。

15　2018年まで、都市の被雇用者の44％が個人所得税を支払っていた。しかし、2019年の減税によって、この割合は15％にまで減少した。1ヵ月の給与所得が5000元を超える人だけが課税されるようになったためだ。以下を参照のこと。Ernan Cui, "The Large Print Giveth, the Small Print Taketh Away," Gavekal Dragonomics research note, January 31, 2019.

述したように、都市世帯の資産はこうした不動産が主体となっている（第6章を参照）。

中国が企業を中心とした税制をとっている主な理由は、何億人もの賃金労働者から税金を徴収するよりも、比較的少数の企業から集める方がずっと簡単だからだ。特に、付加価値税の場合はこれが顕著で、この税金には企業にとってのインセンティブも組み込まれている。

企業が付加価値税を払う時、材料などを仕入れた際に供給業者に支払った付加価値税は差し引くことができる。税務担当の官僚が、中国最大手の企業にきちんと税金を払わせるのは比較的簡単だ。なぜなら、その数が非常に少ないからだ。最大手企業は供給業者が自社に付加価値税を課し、課税証明書を正しく発行することを求める。すると供給業者は、自社の供給業者に同じことを求め、その連鎖がずっと続いていく。一方で、企業の売上や利益に対する課税はもっとごまかしやすい。経理操作などにより、売上や利益を低く見せることができるからだ。

加えて、政治的な動機が無意識のうちに政府に働いているかどうかを考えてみるのも面白い。トーマス・ペインによる「代表なくして課税なし」というスローガンは、どの時代でも有効だ【米国が英国の植民地だった時代、米国は税金を英国に収めていたのに英国議会に代表を送ることができず、人々の不満が募った】。政府が市民に直接税金を課すと、税金がどのように使われているか、説明を求めようとする気持ちが強くなる。その要求があると、代議制による政治を求める気持ちにつながりやすい。賃金労働者の多くに所得税を課さないことにより、また、上昇する不動産や株式市場への投資から得られた利益に課税しないことにより、政府は（意図的であるかどうかはわからないが）政治活動の種を取り除いている。

こうしたインセンティブがあるにもかかわらず、政府は個人所得税の徴収拡大に動いている。2019年初めに施行された新しい個人所得税法では、大半の世帯で税率が引き下げられたが、ボーナスなどある種の所得に対する優遇税制が廃止された。また、賃金以外の所得、たとえば、不動産の売却や賃貸から得られた利益や、ロイヤリティ収入、プロフィット・シェアリングによる収入に対する税金を厳しく徴収することが定められた。それをよく知らしめるために、中国で最も人気がある女優の范冰冰（ファンビンビン）ら、複数の著名人が２０１８年に拘束され、追徴課税で数百万ドルを支払うこととなった。

個人所得税以外の税金で、財政部が導入を提唱しているものの政治的に実現が難しい税金として、不動産価値に対する税金（固定資産税）がある。米国の地方政府は、この税金を学校制度運営の資金として用いている。固定資産税がないために、投資家は買える限りの家を買って、キャピタルゲインが得られるまで（必要な場合は空き家のまま）保持し続ける。固定資産税を課せば経済的にも合理的だし、中国の都市開発のパターンも、もっと良識あるものとなるだろう。しかし、不動産の所有者や地方政府が、固定資産税の導入には強く反対している。地方政府は、単純に土地を売却するという現在のやり方から固定資産税の徴収に切り替えたら、収入が減ると考えているからだ。[16]

政府の税金の使い道はどうなっているか

政府による支出の構造には、政府の優先順位やガバナンスの方針が映し出される。中国政府の支出は４つのカテゴリーに分類することができる。

１つ目は、社会管理と呼べるもので、支出の約3分の1を占めている。そこには、社会福祉プログラム、年

16　不動産税とその問題については、以下の文献が参考になる。World Bank/DRC 2014: 56 and 292-297.

金、医療制度だけではなく、さまざまな地域開発プロジェクトも含まれる。２つ目は教育および科学技術で、これが支出の約20％を占める。３つ目は資源管理で、支出の約17％を占める。その中身は主に農業支援に関するものだが、環境保護や天然資源の採掘にかかわるものも含まれる。４つ目が安全保障だ。国防と国内の治安維持の両方を含み、これが支出の12％を占める[17]（図表8.5参照）。

この分類を見るだけでも、いくつか特徴が見て取れる。第一に、中国の社会福祉プログラムへの支出の割合は、先進国の一般的な水準と比較するとかなり小さい。中国の指導者たちにとって今後数十年で課題となるのは、高齢化する国民のため、より充実したセーフティネットを築くことだ。しかも、非常に多くの先進国政府を悩ませている過剰給付の罠に陥ることなく、それを実現しなければならない。第二に、教育および科学技術への支出は相対的に大きく、ここには、ハイテク経済を動かすのに必要な「人的資本」を築きたいという政府

図表 8.5　政府予算支出、カテゴリー別（2018 年）

	兆元	支出シェア
社会管理	**7.156**	**32%**
社会保障および雇用	2.701	12%
都市部／農村部コミュニティ	2.212	10%
医療および家族計画	1.562	7%
教育および科学技術	**4.404**	**20%**
教育	3.217	15%
科学技術	833	4%
資源管理	**3.680**	**17%**
農業、森林、水資源保護	2.109	10%
環境保護	630	3%
天然資源採掘	508	2%
安全保障	**2.565**	**12%**
公共安全【国内治安維持など】	1.378	6%
国防および外交	1.128	5%
政府債務利払い	**740**	**3%**
一般管理費	**1.837**	**8%**
その他	**1.709**	**8%**
総支出	**22.091**	**100%**

出典：財政部。

の狙いが表れている。第三に、予算に占める国防費の割合（5.4％）あるいは、そのＧＤＰ比（1.3％）は、中国の開発レベルに見合ったものだ。[18] 実際、中国は国防よりも公共安全（国内の治安維持など）に多くの予算を投じており、その費用も、広い意味での社会福祉予算に比べると小さなものである。

より大きな視点から見ると、こうした支出の優先順位は、中国共産党がその統治と正当性に関して複雑な戦略を持っていることを描き出す。すなわち、中国は単なる警察国家【警察力を使って国民の日常を監視する国家】ではなく、国民の物質的な状態や機会、生活環境に莫大なエネルギーと資金を投じる警察国家だということだ。第15章では中国の今後の成長の見込みと国際舞台における立場について考察するが、この点を心にとどめておいてもらいたい。

17　比較のために示すと、米国の連邦予算の47％が社会保障やメディケア（医療保険）などの給付金プログラムに使われ、15％が国防、９％が国債の利払いのために使われる（中国では３％）。しかし、この比較は正確なものとは言えない。なぜなら、中国側の数字は地方政府のすべての支出も含んでいるからだ。以下を参照のこと。"Monthly Budget Review: Summary for Fiscal Year 2018," Congressional Budget Office, November 7, 2018. https://www.cbo.gov/system/files?file=2018-11/54647-MBR.pdf.

18　２０１８年に中国が発表した軍事支出（１６８０億ドル）は、絶対値で米国の約４分の１、対ＧＤＰ比で米国の約３分の１、国民１人当たりでは米国の16分の１だった。*The Military Balance 2019*, Institute of Strategic Studies, February 2019. https://www.iiss.org/publications/the-military-balance.

第9章 金融システム

中国の金融システムにおいて、銀行の役割はどう変わってきたか

中国の金融システムは銀行が中心となっている。企業の資金の約70％は銀行から、あるいは銀行のような働きをする金融業者から提供されている。株式や債券の発行という形で資本市場から提供される資金は、わずか30％ほどだ（図表9.1参照）。この点において、中国は東アジアの発展モデルに忠実に従っている。東アジアで発展を遂げた国々は、どの国も成長のための資金を主に銀行から得ていた。同様のパターンは、フランスやドイツなどヨーロッパ大陸の国々でも見られるが、それらの国々の株式・債券市場はアジア諸国よりも発達している。中国の金融システムは、特に米国と英国とは対照的だ。米国・英国には非常に大きな資本市場があり、金融資産全体の中で、銀行が占める割合は著しく小さい。

それでも、過去40年間で、中国の銀行や金融システムの性格は大きく変わり、金融市場の役割も拡大した。[1] 改革開放期の初めは、銀行は単に国の予算で決まった投資資金を分配するだけの機関だった。１９８０年代と90年代には多くの銀行が設立されて融資をするようになった。しかし、その融資は事業として行われたというよりも、中央や地方の政府の指示によって行われるものだった。

図表 9.1　企業の資金調達内訳（2018 年）

	兆元	全体に占める割合
融資	7.639	70%
社債	2.049	19%
株式	1.211	11%

出典：中国人民銀行、筆者による推計。

１９９０年代後半になると銀行は再編されて事業としての側面が強くなり、住宅ローンやクレジットカード、それ以外の消費者金融のサービスなどへ、事業を多様化していった。

２０１０年以降は、多様になった金融システムの中で、ノンバンク（銀行以外の融資会社、いわゆる「シャドーバンキング（影の銀行）」）や株式・債券市場がより大きな役割を果たすようになり、金融の世界で銀行が占める部分は小さくなり始めた。しかし、２０１６年の後半には、ノンバンクの融資会社を抑え込もうと政府が強力な取り組みを展開し始め、２０１９年にはノンバンクの重要性は大幅に低下した。同時に、債券市場が大きく成長した。これは中央政府が地方政府に対し、銀行からの膨大な借り入れを再編して、歳入担保債【道路や上下水道など、建設したものからの収入によって償還する債券】に転換するよう求めたからだ。今でも、銀行は依然として金融システムの中核であり、銀行による融資も中央政府や地方政府からの政治的な影響を受け続けている。

計画経済の期間には、中国に存在した銀行は実質的にはただ1つ、中国人民銀行だけだった。中国人民銀行は中央銀行であり、同時に唯一の商業銀行でもあった。中国銀行は、実質的には中国人民銀行の一部門であり、外国為替取引を扱っていた。中国建設銀行は財政部（財務省）の一部門で、投資プロジェクトの資金を分配していた。地方には信用組合のネットワークがあり、農家から預金を集めて、小規模な企業に融資していた。共産党支配の下では、唯一の銀行である中国人民銀行は単なる国の財務代行機関のようなものであり、国有企業が原材料の調達や賃金の支払いができるよう資金を提供し、国有企業に利益が出たら中央政府に戻すのが仕事だった。

１９８０年代前半には、中国人民銀行は一般的な中央銀行としての役割を強めていき、商業銀行としての融資

1　ここからの議論の多くは、以下の文献を参考にしている。Nicholas Lardy, *China's Unfinished Economic Revolution* (Washington, DC: Brookings Institution, 1998)｜Nicholas Lardy, *Markets Over Mao: The Rise of Private Business in China* (Washington, DC: Peterson Institute of International Economics, 2014).

の役割は、財政部が直接管理する「4大商業銀行」に移っていった。4大商業銀行とは、中国銀行、中国建設銀行、中国工商銀行、中国農業銀行の4行である。1980年代半ばから2000年代前半頃までは、この4大商業銀行が中国の金融システムを支配しており、銀行融資全体の3分の2以上がこれらの銀行から提供されていた。ただし1990年代後半までは、4大商業銀行は銀行というよりもやはり国の財務代行機関のように動いており、その主な業務は、個人や企業から預金を集めて国有企業の運転資金の貸し付けを行うことだった。民間企業や個人向けの融資は、ほとんど行われていなかった。個人向けの当座預金口座やクレジットカードなど、いま私たちが当然のように使っているサービスは存在しなかったのである。

このモデルは1990年代後半に危機に陥った。1992年の鄧小平の南巡講話（第1章を参照）以降、中国では投資熱が高まり、特に地方政府が管理する国有企業は新たな生産設備に大きな投資をするようになった。しかし、そこでつくられた商品にはほとんど需要がなく、倉庫には在庫が積み上がり、企業は負債を返済できなくなった。4大商業銀行の不良債権は、1998年には国内総生産〈GDP〉の3分の1という驚くべき金額に達していた。[2] 外国のあるアナリストは、「中国の4大商業銀行は全体として見ると債務超過に陥っており、したがって破産状態にある」との見解を示した。[3] 中国は動かない資本の重みで窒息しかけていた。

朱鎔基首相はこの問題の解決に向けて改革を指示した。まず、不良債権は銀行から切り離され、特別な資産管理会社に移された。銀行は財政部から新たな資本を提供されて、もうゾンビ企業には融資をしなくてよいと告げられた。彼らの新たな仕事は、事業を継続できる企業に資金を提供することと、私有化されたばかりの住宅市場で住宅を購入する世帯に住宅ローンを提供することとなった。続いて、2001年から06年の間に、4大商業銀行はそれぞれ持ち株会社に再編され、「戦略的株主」（主に外国の商業銀行や投資銀行など）を持つことになった。それらの株主が資本を注入し、国際的な信用を高めて、4大商業銀行は外国の株式市場に上場した。[4]

銀行を再建する一方で、政府はより良い金融システムを確立するため、新たな取り組みを始めた。1994年には、事業的なリターンが期待できない政府主導のプロジェクトの資金を提供する「政策」銀行を3行設立した。[5]1990年代後半には、より規模の小さい十数行の「中位銀行」あるいは「持ち株」銀行が事業の拡大を促された。これらの銀行も国有だが、出資者は財政部ではなく、地方政府や国有企業の寄せ集めだった。少なくとも理屈の上では、これらの銀行は中央政府に従属するものではなく、また最も活気のある地域だけで活動していたため、4大商業銀行よりは動きが早いと考えられた。また、都市部の信用組合は都市銀行に再編され、現在では約170行となっている。農村部の信用組合も再編され、数千行の農村銀行となった。こうして新たな金融機関が多数生まれたため、2018年には、銀行全体における4大商業銀行の融資比率は約3分の1にまで低下した。[6]

さらには、中国銀行業監督管理委員会〈CBRC〉の設立により、銀行業に対して専門的な規制が行われるようになった。CBRCは、設立から10年間は経験豊かな改革志向の銀行家の劉明康がトップを務め、銀行が現代

2　Barry Naughton, *The Chinese Economy: Transitions and Growth* (Cambridge MA: MIT Press, 2007): 462.
3　Lardy, *China's Unfinished Economic Revolution*: 119.
4　4大商業銀行のうち最後に上場したのは中国農業銀行で、2010年だった。
5　政策銀行は、国家開発銀行（CDB）、中国農業発展銀行、中国輸出入銀行の3行。この3行の中で飛び抜けて重要なのが国家開発銀行だ（同行は1997年から2013年まで陳元が総裁を務めた。陳元は鄧小平のライバルだった陳雲の息子）。国家開発銀行は幅広いインフラ・プロジェクトに資金を提供し、土地を活用した地方政府の資金調達の仕組みを編み出した。そして、2000年代中頃からは、中国による、世界中の資源への投資の資金供給源となっている。詳しくは以下を参照のこと。Erica S. Downs, "Inside China, Inc: China Development Bank's Cross-Border Energy Deals," Brookings Institution China Center Monograph, March 21, 2011｜Michael Forsythe and Henry Sanderson, *China's Superbank* (New York: Bloomberg Press, 2013).
6　大半のアナリストが、国が管理する交通銀行と中国郵政貯蓄銀行と4大商業銀行を合わせて、「6大銀行」と呼んでいる。この6行の資産を合計しても、銀行資産全体の40%未満である。

的なリスク手法を取り入れ、十分な資本を維持するよう指導を行った。

このように、資本構成が強化され、競争が増え、借り手も健全化し、国内・国外の株主からの統制も受け、さらには規制当局の監視もあって、中国の銀行は質的に向上した。現在は、1990年代に比べると、かなり幅広い経済活動に資金を提供している。たとえば、消費者向けの融資は2000年にはほぼ存在しなかったが、2018年には銀行融資の28%を占めるまでになっており、その中心が住宅ローンだ。[7]

「金融抑圧」は中国の成長にどのような役割を果たしたか

銀行の存在感が大きいことのほかに、中国の金融システムの特徴となっているのが「金融抑圧」だ。金融抑圧とは、資金を個人や企業の貯蓄から、政府に動かすための政策である。第3章で述べたように、東アジア発展モデルの国々では、政府がさまざまな金融抑圧の手法を用いて最大限に資金フローを統制した。金融抑圧政策には以下のようなものがある。

- 厳しい預金金利規制。実質的には預金者にとっての課税となり、それによって企業や政府の借入金利を低くすることができる。
- 銀行やノンバンクが預金金利規制をかいくぐって、利率の高い金融商品を提供しようとするのを防止する規則。
- 為替レートを低く抑える（輸出業界への投資を促し、輸入消費財の購入や外貨による借り入れを抑える）。
- 資本規制（預金者が自国の低い金利を避けて国外で投資しようとするのを防ぐ）。

こうした政策の主な目的は、インフラや、鉄鋼、石油化学、輸出製造業など、基幹産業への投資資金を増やすことだ。すべての国が、こうした手段をさまざまに活用している。中国は1980年代と1990年代に、金融抑圧への道をゆっくりと手探りで進んだ。2010年以降はこれらの政策への依存度を下げてきているが、資本規制は大きな例外となっている。

1980年から95年までの間は、中国は輸出を促進するために為替レートを少しずつ切り下げ、資本の移動も厳しく規制した。しかし、国内の金利はそれほど低く抑えられていたわけではなかった。1994年には2桁のインフレを鎮静化するため、朱鎔基は金利を大きく引き上げた。2003年に首相としての任期が終わるまで、朱鎔基は預金金利をインフレ率よりも高い水準で維持した。

しかし、2004年になって胡錦濤と温家宝が政権を握ると、典型的な金融抑圧の手法が取られるようになった。2004年から13年までの間、実質の預金金利はマイナス0.3%だった。[8] この政策をとった主な理由は、おそらくは1990年代終盤の銀行の救済だ。この救済では、結局のところさまざまな会計操作が行われ、また資本基盤を再建するため、銀行は異常なまでに高い利益を長い期間にわたり稼ぎ続ける必要があった。そうした利益を確保する方法の1つが、銀行の資金調達コスト（預金金利）を非常に低い水準に抑え、一方で、その資金を調達コストよりもかなり高い金利で貸し出すことだった。[9] また、胡錦濤と温家宝が低い金利を維持したのは、同政権の野心的なインフラ・プロジェクトに安い資金を提供するためでもあった。

大規模な金融抑圧政策を、非常に長い間維持するのは困難だ。やがて、預金者はより高いリターンを稼ぐ方法

7　中国の銀行経営手法の改善を、その内側から見た文献としては以下のものがある。James Stent, *China's Banking Transformation: The Untold Story* (New York: Oxford University Press, 2017). ステントは米国人で、13年間にわたって中国の中規模銀行2行で取締役を務めた。

8　Lardy, *Markets over Mao*: 130.

を探すようになり、合法か非合法かにかかわらず、規制された銀行以外に資金を移し始める。こうした動きに後押しされて、中国では2010年頃から「シャドーバンキング」が台頭するようになった。

「シャドーバンキング」が伸びた背景には何があるか

2008年の世界金融危機の後、規制当局と金融業界担当のアナリストはいわゆるシャドーバンキングに注意を向け始めた。国際通貨基金〈IMF〉の定義によると、シャドーバンキングとは「通常の銀行システムの枠外で、信用仲介に従事する金融機関や金融活動であり、したがって公的なセーフティネットが存在しない」ものである。簡単に言うと、通常の銀行のバランスシートの外で行われる銀行業務だ。高度に発達した金融システムを備えた国、たとえば米国や英国などでは、規制の緩い「シャドーバンキング」の業務範囲は公式の銀行システムよりも大きく、金融危機の原因を作ったのはそうしたシャドーバンキングだと考えている人も多い[10]。

2010年には、2つのチャネルを通じて中国にもシャドーバンキングが現れるようになった。まず、銀行と信託会社が、銀行預金よりも高い金利を提供する「理財商品」を提

図表 9.2　業態別に見た金融機関の資産（2007、18 年）

業態	2007 年	2018 年	変化（ポイント）
銀行	**86.2%**	**74.1%**	**-12.1**
政策銀行	7.1%	7.5%	0.4
国有商業銀行 *	46.7%	27.5%	-19.2
その他（持ち株、市、農村）	32.4%	39.1%	6.7
ノンバンク	**13.8%**	**25.9%**	**13.1**
信託会社	1.5%	5.2%	3.7
保険会社	4.7%	5.1%	0.4
その他 **	7.6%	15.6%	8.0
資産合計（兆元）	**62**	**362**	
GDP 比	224%	402%	

*4 大商業銀行、交通銀行、中国郵政貯蓄銀行
** 資産管理会社、投資信託会社、ヘッジファンド会社、証券会社
出典：中国人民銀行、CEIC、Wind、財政部。

供し始めた。すると、従来型の銀行チャネル以外で提供される融資が増えていった。最初は、こうしたノンバンクの大半が信託会社だった。信託会社とは、規制の緩い金融機関で、富裕層や企業から資金を集めて、さまざまな信用証券に投資を行う。しかし、続いて他のさまざまな業種も参入し、仲買業者、証券会社、資産管理会社などが、融資部門を設立した。

ノンバンクによる融資の拡大は劇的だった。2010年から14年までの間、銀行融資の年間の伸び率は14％前後でほぼ安定していた。しかし、ノンバンクによる融資が大きく増えたため、融資全体の伸び率は、ピークとなった2013年初めには23％となった。政府が融資全体の伸びを抑制し始めてからも、ノンバンクによる貸し付けは急速に拡大し続け、融資額のピー

図表9.3　種類別クレジット資産残高の割合（2007、18年）

資産の種類	2007年	2018年
銀行融資	**62.9%**	**57.0%**
ノンバンク融資	**0.0%**	**8.2%**
債券	**28.8%**	**33.8%**
中央政府、政策銀行	17.7%	11.8%
地方政府	0.0%	7.3%
金融機関	0.8%	2.4%
企業ほか	10.3%	13.2%
中央銀行手形	**8.3%**	**0.0%**
クレジット資産合計（兆元）	**44**	**247**
GDP比	163%	274%

出典：中国人民銀行、CEIC、Wind、財政部。

9　1998年には、銀行は特別債を発行して2700億元の新しい資金を獲得した。この債券は財政部が購入したが、実際は財政部にはそれだけの資金がなかったため、財政部は銀行に借用証書を渡した。その後数年間で銀行は大きな利益を稼ぎ、その利益を財政部に配当金として支払った。そして、財政部はその配当金を銀行に渡した借用証書分の支払いに充てた。言い換えると、銀行に資本を注入するために使われた「資本」は1998年には存在せず、後になって銀行の利益から創出されたのだ。この曲芸的な手法がうまくいったのには、次の理由がある。①銀行は完全に政府が所有する、閉ざされたシステムの一部で、銀行を経営破綻に追い込む外部の株主や監査人が存在しなかった。②構造改革により、利益の得られる新たな融資の機会が大量に創出された。

10　シャドーバンキング（shadow banking）という言葉は、2007年に投資会社PIMCOの有名なチーフエコノミスト、ポール・マカリーがつくったと考えられている。筆者の見解では、この言葉が現在のような使われ方をする限り、あまり有用ではない。なぜなら、リスクがさまざまに異なる金融業務をひとまとめにしており、またすべてが不正であるようなニュアンスを感じさせるからだ。

クとなった２０１６年末には、11兆５０００億元と、新規融資の半分近くになった（図表9.2および図表9.3を参照）。

　このノンバンク融資の爆発的な拡大は、家計や借り手、貸し手のさまざまなニーズに応えた結果だった。長年にわたって、中国の世帯は貯金で金利収入を稼ぐ手立てがほぼなかった。というのも、彼らが選べたのは、インフレ率よりも低い利子しかつかない銀行口座への預金だけと言ってよい状況だったからだ。富裕国で可能な、利回りのよいさまざまな商品、たとえば、マネー・マーケット・ファンド（ＭＭＦ）、投資信託、不動産投資信託などへの投資は、まったくできなかった。２０１０年には、中国の多くの世帯が、高いリターンを追求したくなるような貯蓄を蓄えるようになっており、インフレ率も上昇していた。彼らは、利回りの高い理財商品に群がった。こうした金融商品の台頭は、１９７０年代の米国でＭＭＦが出てきた状況と似ている。当時の米国でも規制下の預金金利がインフレ率を下回っていた。[11]

　銀行では融資してもらえない借り手も多く、彼らは融資を受ける機会を探していた。そのような借り手の多くは民間企業で、彼らは事業は好調であったにもかかわらず、なかなか融資を受けられなかった。その一因は、国有企業が優先される構造的なバイアスにあった。一般的に国有企業は、土地や設備といった多くの固定資産を持ち、それが担保となった。仮に、融資の返済が難しくなった場合には、その企業の監督官庁が銀行との話し合いを取り持つことも期待された。さらには、多くの場合、国有企業が倒産することはなく、銀行が見捨てられることはないという、政府による暗黙の保証があった。

　一方で、民間企業は固定資産も少なく、監督官庁のような存在もなく、暗黙の保証もなかったため、銀行にとってはリスクが高すぎるように思われた。民間企業以外では、地方政府も熱心に融資を求めた。地方政府は中央政府から、インフラや社会福祉プログラムへの投資を求められていたが、それを実施できるほどの歳入がない場合が多かった。理屈の上では、２０１５年まで地方政府は借り入れをする権限をほとんど持っていなかったが、実際には長年、この規制の抜け穴を利用してきた。ペーパーカンパニーを設立して、地方政府の土地をその会社に持たせ、その土地を融資の担保としたのである（第8章参照）。

さらには、シャドーバンキングの借り手にも貸し手にも大きなインセンティブがあった。２０１０年以降しばらく中国経済は好調で、年間の成長率は7％から10％に達した。多くの民間企業の事業も急成長し、その資金を確保するため、民間企業は高い金利を喜んで支払った。したがって貸し手側としても、そうした民間企業に融資をすれば、いくぶんリスクがあったとしても、大きな利益が得られた。

加えて、一般の銀行側にも、シャドーバンキングを通じて資金を提供し、実質的に融資をすることにはメリットがあった。中国の銀行の規制当局は、国際的な基準に従って、１００ドルの融資に対して少なくとも8ドルの資本を持つよう銀行に求めていた。しかし、「投資」に分類されるものであれば、2～3ドルの資本でよかった。[12] そのため、融資（および利益）を伸ばしたい銀行としては、融資が「投資」である振りをするインセンティブは強かった。銀行は企業や地方政府に直接に融資をするのではなく、信託会社や他のノンバンクから「投資商品」を買い、その後、ノンバンクが借り手に融資した。銀行から最終的な借り手に資金が移動するまでには、時には2～3社のノンバンクが関わっていることもあった。

何年かの間、規制当局はこの融資の急増を黙認した。なぜなら、金融システムの規制緩和という当局の目標に

11　Nicholas Borst, “Shadow Deposits as a Source of Financial Instability: Lessons from the American Experience for China” (Washington, DC: Peterson Institute for International Economics Policy Brief 13-14, May 2013), http://www.piie.com/publications/interstitial.cfm?ResearchID=2410.

12　「バーゼル基準」によって、銀行の最低所要自己資本比率とその他の規制が定められており、広く採用されている。バーゼル基準による最低所要自己資本比率は8％（リスクアセット１００ドルにつき8ドル）。中国の主要銀行の最低所要自己資本比率は、実際には11％程度。バーゼル基準について詳しくは、https://www.bis.org/bcbs/index.htm を参照のこと。

沿ったものであり、預金者には高い金利が、幅広い借り手には融資が提供されたからだ。しかし、2016年の終わり頃には、シャドーバンキングのリスクがメリットを上回っているのではないかと、当局は懸念を持ち始めた。[13]

なぜ中国政府はシャドーバンキングを規制したのか

ノンバンクの活動（シャドーバンキング）は、中国に大きなリスクを3つもたらした。第一に、国の借金、具体的には、生産に対する負債の割合を急拡大させた。中国における負債のGDP比は、2008年の世界金融危機までは140％前後で比較的安定していた。しかし、その後の10年で急上昇し、2017年には260％になった。負債の水準も負債額の増加も、大きな金融危機の確実な予兆とはならないが、そうした危機のリスクを大幅に高める要因とはなる。

第二に、シャドーバンキングにはさまざまに異なる金融機関がかかわっており、それらの金融機関どうしの関係が非常に複雑になっていた。そのため、そこにいくらの負債があり、融資のリスクはどの程度なのか、規制当局が把握するのが難しくなった。第三に、シャドーバンキングの仕組みによって、資本不足の銀行のグループが出てきた。シャドーバンキングに最も熱心に資金を提供していたグループに、170行ほどの都市商業銀行があった。彼らのバランスシートには、シャドーバンキング商品への「投資」が積み上がっていたが、それは実際には融資だった。しかし、そうした「投資」に求められる資本要件が低いため、これらの銀行の資本は、実際に必要な額よりはるかに少なかった。

こうしたリスクに対処するため、中国人民銀行主導で、金融リスク削減の取り組みが2016年末に開始された。その目的は、負債の伸び率を全体的に抑え、シャドーバンキングすべてを厳しく規制し、銀行が再び主な融資元となるようにすることだった。

その前の2年間に、この取り組みの下準備が行われており、いくつかの規制が変更された。特に注目すべきは、2015年の銀行法改正と、一般歳入担保債、および特別インフラ・プロジェクト債の発行が地方政府に認められたことだ。その目的は、地方政府をシャドーバンキングからの借り入れへの依存から脱却させることだった。

さらに取り組みは続き、2017年には国務院に金融安定発展委員会が設立された。また、銀行と保険の規制当局が一体化され、中国銀行保険監督管理委員会となった。これらの動きは混沌としていた規制の仕組みに秩序をもたらし、また、個々の金融規制当局ではなく、国務院が金融の安定に最終的な責任を持つということを明確にした。

この取り組みは順調に進展し、基本的な目標のほとんどを達成した。2016年から2019年の間に、融資

図表9.4　シャドーバンキングの興隆と衰退（前年比、12ヵ月移動平均）

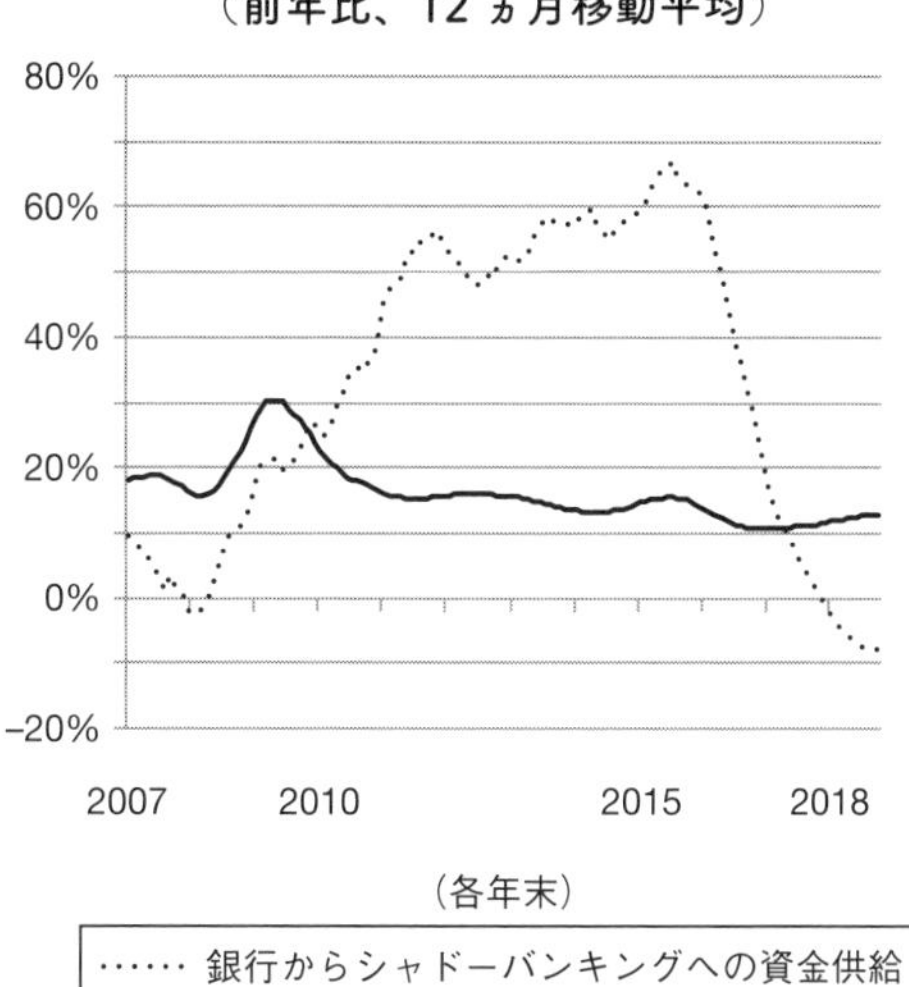

出典：中国人民銀行、ギャブカル・ドラゴノミクス。

13　シャドーバンキングが台頭したいきさつと、金融の規制緩和との関係については、以下の文献に詳しい。Chen Long, "A Short History of Financial Deregulation," *China Economic Quarterly* (September 2017): 17-24｜Chen Long, "Three Sets Of Books," *China Economic Quarterly* (September 2017): 25-36.

の伸びは16％超から10％に低下し、国の負債のＧＤＰ比は安定した。銀行は実質的にシャドーバンキングへの「投資」をやめ、シャドーバンキングによる融資は急減した（前頁図表9.4参照）。

金融規制は今後どうなるか

リスク削減の取り組みはうまくいったものの、その後、いくつか問題が残った。最も困難な問題は、政府がシャドーバンキングを抑え込んだため、民間企業が融資を得にくくなったことだ。銀行は昔ながらの理由から民間企業への融資に警戒心を持っており、また、シャドーバンキングが台頭してきたことで、民間企業への融資を減らしてもいた。ある推計によると、銀行による新規の企業向け融資のうち民間企業が占める割合は、２０１０年から13年は50％超だったが、２０１６年には11％に低下した[14]。

したがって、今後の課題は、シャドーバンキングの拡大で非公式に実現されていた金融分野の規制緩和を、もっと公式な形で実現することだ。そのための重要なステップの１つは、金利の完全な自由化だ。金利は今もさまざまな規制当局の管理下にある。形の上では、銀行融資の金利の上限は２００４年に撤廃され、銀行は独自に預金金利を決められるようになった。しかし、実際には、銀行は中国人民銀行が定めた預金金利と貸出金利の基準にほぼそのまま従っており、また、融資先と金利について、中国人民銀行と規制当局から幅広く指導を受けている。

もし金利が完全に自由化され、融資への政治的影響が弱まったら、民間企業に向けられる融資の割合が高まり、それによって経済効率も改善するだろう。しかし、これは政府の狙い、つまり、国有企業を積極的に支援し、銀行融資の方向性を経済目標の実現に利用するという狙いと対立する。こうしたトップダウンによる統制の欲求と、効率志向の規制緩和との間の綱引きが、今後どのようにして解決されるのか、見通しは明らかになっていない。

債券市場はどんな役割を果たしているか

中国の金融システムが銀行中心であることに変わりはなくとも、近年では資本市場の役割が大幅に高まっている。その中でも重要なのが債券市場だ。

中国人民銀行は２００２年以来、債券市場の発展に、特に力を注いできた。それまでは、中国の債券市場は小さく不活発で、市場を構成していたのは財政部が発行する国債と、政策銀行が発行する準政府債、最大級の国営企業が厳しい割当制度の下で発行する債券（企業債）が中心だった。これらの債券は銀行と保険会社が購入して満期まで保有し続け、売買はほとんどなかった。

こうした状況には問題が２つあった。１つ目は、企業金融を活用できるのが、銀行から融資を受けられる企業（主に国有企業）に限られたことだ。そうなると、企業金融は政治的な制約を受けることになる。より効率的な資金調達を可能にするには、別のチャネルが必要だった。

２つ目の問題は、活発に取引されている金融市場がなかったため、中国人民銀行が一般的な金融政策を実施できなかったことだ。具体的には、中央銀行による短期金利の調節を受け、その後の市場での取引を通じて、より

14　Nicholas Lardy, *The State Strikes Back: The End of Economic Reform in China?* (Washington, DC: Peterson Institute for International Economics, 2019): 105-106. ラーディはこれより前の著書で、２０１０年代初期に企業融資全体に占める民間企業の割合が急増していることを指摘していた。Lardy, *Markets over Mao*: 99-111 を参照。

長期の金利がそれに反応して変動するということがなかった。この「金利ベース」の金融政策は、経済学的に好ましいと考えられているが、中国人民銀行は「資金供給量ベース」の金融政策をとらざるを得なかった。銀行による融資額を、割当制度で中央銀行が調整する方法である。

２００２年から12年までの10年間で、中国人民銀行の主導によって、新たな種類の債券が多数つくられた。２００２年に最初につくられたのが、中央銀行が発行する短期手形で、その後、資産担保証券、非国有企業のための中・長期債券、地方政府債などが続いた。

地方政府債は２００９年に導入されたが、その発行量は厳しく制限されていた。しかし、２０１５年に、地方政府はかなり自由に債券を発行する権限を与えられた。それまでの10年に、地方政府が土地を担保に、銀行から借り入れた巨額の融資に代わるものとなったためである。

２０１９年までには、中国の債券市場は発行額が94兆元（13・5兆ドル）と、世界的にも規模の大きいものとなった。このうち3分の2に少し満たない額が、いまだに公的セクター（政府および政策銀行）によるもので、残りのほとんどが国有企業と地方政府の資金調達会社によるものだ。しかし、大手民間企業も、積極的に発行するようになっている。

次のステップは、外国投資家に市場を開放することだった。すでに２００２年の段階で、外国の機関投資家も一部の債券に投資することを認められていた。また、２０１０年には、各国の中央銀行と政府系ファンドが、主要な債券市場に無制限にアクセスできるようになった。しかし、流動性に関する懸念と、資本取引規制に関する懸念があり、必要な時に市場から資金を引き上げられるか不安があったため、外国投資家の大半は及び腰だった。

こうした懸念の多くが、２０１７年に導入された「ボンドコネクト」制度で緩和された。この制度の下では、国外の機関投資家は香港に開設した口座を通じて、中国の債券を売買できる。2019年終盤には、外国投資家は約2兆元の中国債券を保有しており、その金額は2016年の2倍以上、また市場全体の約2％だった。中国の債券市場が世界の債券指数に組み入れられるようになってきており、それらの債券指数は主要な機関投資家のポートフォリオの投資配分に影響するため、中国債券市場への外国投資家の参加も拡大しそうだ。[15]

中国の株式市場はどう発展してきたか

中国の株式市場は大規模で複雑だ。1990年に、最初の証券取引所が深圳に試験開業し、その後すぐに上海にも証券取引所が開かれ、急速に成長した。しかし、20年の間、深圳証券取引所と、それよりもずっと規模の大きい上海証券取引所は、金融システムにおける余興のような存在で、投機的なバブルと、規制による凍結の間で揺れ動き、実体経済との関係はほとんどない状態だった。長年にわたり、中国の大企業は、香港やシンガポール、ニューヨーク、ロンドンなど、国際的な株式市場への上場を目指した。阿里巴巴（アリババ）集団や騰訊（テンセント）控股など、有名な民間のインターネット企業も同様だ。両者の最初の株主には、国外のベンチャーキャピタルのファンドも含まれていた。

しかし、2008年頃から、多数の民間企業が国内の市場に上場するようになった。その要因の1つは、深圳と上海の両主要取引所が下位市場をいくつも開設して上場基準を緩和したことだ。その後10年で、国内市場に上場する企業の数は拡大し、市場の発展を遅らせていたさまざまな規制上の問題も徐々に解決されていった。

15　中国の債券市場については、以下の文献で詳しく説明されている。Alfred Schipke, Markus Rodlauer, and Zhang Longmei (eds.), *The Future of China's Bond Market* (Washington, DC: International Monetary Fund, 2019).

2019年末の時点で、中国の国内株式市場には5000社近くが上場しており（インドに次いで2番目に多い）、香港市場には中国企業1000社ほどが、他の国々の市場には約350社が上場している。中国国内の市場に上場している株式の時価総額合計は約7兆ドルで、30兆ドルの米国には大きく差をつけられているが、世界第2位となっている。外国で上場されている株式も含めると、中国の株式時価総額の合計は11兆ドルとなる。これらの企業のうち60％（会社数でも、時価総額でも）が、民間企業だ。[16]

債券市場と同様に、中国国内の株式市場に外国から大きな関心が集まるようになったのは、比較的最近のことだ。また、外国投資家が本格的に動き出したのは、香港に投資の窓口ができ、また、主なグローバル株価指数に中国株がようやく組み入れられるようになってからだ。2015年に始まった「ストックコネクト」制度で、外国投資家は香港の口座を使って、上海市場に上場されている株式を購入できるようになった。翌2016年には別のコネクト制度が始まって、よりテクノロジー志向の強い深圳の取引所の株式を購入できるようになった。

これらのコネクト制度は、債券の場合と同様に、「資本取引規制によって市場から自由に資金を引き上げられなくなるのではないか」という懸念を和らげた。コネクト制度の開始が大きな理由となって、MSCI（グローバルな株価指数を提供する最大手）が、2018年に中国の国内株式を指数に組み込み始め、その比重をゆっくりと上昇させている。

中国が金融危機に陥るリスクはあるのか

中国に関してよく聞かれる懸念の1つは、中国が深刻な金融危機に陥るのではないか、ということだ。こうした懸念は、これまで多くの新興諸国が金融危機を経験してきたことや、中国の金融業界特有の問題から生じている。

急成長する新興国は金融危機に陥りやすく、過去30年間にも数多く繰り返された。例を挙げると、ブラジルおよび他の中南米諸国（1982～84年）、メキシコ（1994年）、韓国や東南アジア諸国（1997年）、ロシア（1998年）、アルゼンチン（1998～2002年）などだ。だとすると、他の主な新興諸国を襲ったような金融危機から、中国は逃れられるのだろうか。特に懸念されるのが、GDP比での負債の急速な増加だ。2008年には140％だったものが、16年には260％になっている。この比率は、金融リスク削減の取り組みの結果、かなり落ち着いた。しかし、他の開発途上国と比較すると非常に高い水準にある。また、2008年から16年までに中国が経験したような負債の急激な増加拡大は、負債の水準にかかわらず、危機につながる場合が多い[17]。

しかし、中国が激しい金融危機に陥る可能性、すなわち、米国が2008年に、多くのアジア諸国がその10年前に経験したような金融危機に陥る可能性は低く、それにはいくつかの要因がある。金融危機の可能性よりももっと現実的な懸念は、中国の負債水準の高さが、経済停滞への政府の対応力を削ぐこと、そして、長期的には同国の経済成長の大幅な減速につながることだ。

16　今日の中国の株式市場については、以下で包括的に説明されている。Thomas Gatley, "A User's Guide to the Chinese Stock Market," Gavekal Dragonomics research note, April 2, 2019. 中国株式市場の起源や初期の発達については、以下でいきいきと描かれている。Carl E. Walter and Fraser Howie, *Privatizing China: The Stock Markets and Their Role in Corporate Reform* (New York: John Wiley, 2003).

17　中国の負債総額については推計に幅があり、多いものではGDPの300％としているものもある。負債総額を高く見積もっているものの中には、シャドーバンキングの取引を差し引きせず、二重にカウントしているものがある。たとえば、銀行Aが信託会社Bに融資し、信託会社Bが企業Cに融資したとすると、実際の融資は1件だけで、2件ではない。もう1つ、一般的な説明でよく見られる混乱は、中国の負債総額のGDP比を、他の国々の政府債務のGDP比と比較するというものである。ここで用いた推計値は、政府債務と民間への融資額の合計で、すべての企業（国有および民間）と家計への融資を含んでいる。この推計値は、中国人民銀行の融資指標の中で最も広範な「社会融資規模」（AFRE、あるいは「社会融資総量（TSF）」とも呼ばれる）を用いており、そこから株式発行を差し引きつつ、AFREで捕捉されない形態のシャドーバンキングを加えている。

ＧＤＰ比の負債の割合が２６０％と聞くと恐ろしく響くかもしれないが、米国や日本など、多くの先進国の比率は同程度、あるいはもっと高い。また、成長の遅い国々に比べると、成長の速い中国では負債の返済にあてられる収入はより多くなる。加えて、中国には返済に充てるために売却できる資産もたくさんある。たとえば、地方政府が管理している土地や、国有企業が所有する工場や設備などだ。

２００８年以降に見られたような急速な負債の増加も、金融危機の兆候と見なされることが多い。しかし、必ずしもそうなるとは限らない。１９６０年代以降、大半の先進国では、ＧＤＰ比の負債の比率が大幅に、場合によっては非常に急速に上昇した経験がある。しかし、こうした負債比率の拡大と金融危機の間に、特定の関係は存在しない。顕著な例がオーストラリアだ。同国では、１９９３年以来、民間部門の負債（つまり、企業と家計による借り入れ。政府の借り入れではない）が倍以上となったが、その間に景気後退、ましてや金融危機などはまったく起こらなかった。米国では、民間部門の負債が、１９５０年代初期はＧＤＰの50％だったものが、２０００年代初期には１５０％となったが、それによって危機が引き起こされることはなかった。金融危機が起きたのは、２００３年から07年の住宅バブルで負債が急増した後だった。

負債が増える要因は多数あり、単に浪費や非効率だけが要因ではない。１９５０年代以降、富裕国で負債が徐々に増えてきた理由は、主に企業財務のイノベーション（債券やコマーシャルペーパー）と消費者信用のイノベーション（柔軟な住宅ローン、ＨＥＬＯＣ【ホーム・エクイティ・ライン・オブ・クレジット：持ち家を担保にして、その資産価値の分の融資を受ける】、クレジットカード）によるものだ。これらの手法によって、企業も家計も負債を使ってより多くの資産を獲得できるようになった（このプロセスを「金融深化」という）。２００８年以降、中国での負債の増加の一因は金融深化だった。住宅購入のために住宅ローンを使う家計が増え、以前は金融システムから締め出されていた民間企業が、成長のための資金を借り入れる手段を見つけられるようになった。また、地方政府によるインフラ・プロジェクトのために多くの融資が行われたのも事実で、その中にはリターンがもたらされないものもあった。

加えて、全面的な金融危機が起こるには、高水準の負債があるだけでなく、危機のトリガー（引き金）となる出来事が必要だ。新興国の債務危機の典型的なトリガーは、国外の債権者に負債を返済できなくなることだ。それが資本流出につながり、為替が暴落して、国内の金融システムが崩壊する。1997年から98年のアジア通貨危機で起きたのは、基本的にはこの状況である。もう1つの典型的なトリガーは、「流動性」、つまり入手しやすい資金の不足だ。流動性が不足すると、低い価格で資産を急いで売る動きにつながり、そうした資産を融資の担保としている金融機関が損害を被る。米国で2008年にリーマン・ブラザーズが経営破綻した後に起こったのがこの状況だ。

中国では、このようなトリガーが引かれる可能性は低い。その理由の1つは、政府がリスクを認識しており、金融セクターに免疫を持たせようとしてきたことだ。国外への債務の返済能力には問題がない。なぜなら、その額はGDPの10％程度と少なく、また中国には約3兆ドルの外貨準備があるので、為替に投機的な攻撃を受けても、それをかわすだけの十分な防御手段となる。

また、流動性が不足する可能性も低い。なぜなら、国内の貯蓄率は非常に高く（GDPの約40％）、その貯蓄の大半がいまでも銀行預金の形をとっており、金融システムにとって最も安全な資金源となっているからだ。[18] 加えて、政府が主要な金融機関のほぼすべてを所有しており、最も問題のある債務者（地方政府と国有企業）もその手

18　中国は2018年の段階で、企業と家計への融資1ドルに対し、ほぼ1ドルの預金があった（預金が176兆元で融資が184兆元）。これに対して米国では、2008年の段階で、融資1ドルに対してわずか25セントの預金だった（預金が7兆ドルで、融資が24兆4000億ドル）。データは、国際決済銀行と中国人民銀行から。

の中にある。したがって、政府は不良債権を認識するペースをコントロールでき、資産の売り急ぎも防ぐことができる。

中国の真の課題はほかにある。それは２００８年以降の、負債に大きく依存した経済成長によって生じる課題である。

第一に、政府がこれ以上負債を増やしたくないと考えるのはよく理解できるが、そうなると経済の失速に対抗する手段が少ないということになる。それが明らかになったのは、２０１８年から19年だ。この時期、中国の経済は、国内の金融リスク削減への取り組み、米国との貿易戦争、世界貿易の減速のために大きく鈍化した。しかし、政府は金融セクターのリスク削減を継続し、負債の上昇も防ぐ決意だった。そのため、当時、負債残高の伸びはすでに非常に低かったにもかかわらず、２０１９年初めまではそれが加速するのを容認しなかった。

中国の負債のＧＤＰ比が、先進国との比較では普通の水準だが開発途上国としては非常に高いことを考えると、今後数年間、負債がＧＤＰよりも速いペースで膨らむのを防ごうとする可能性が高い。そうなると、経済停滞期に経済を刺激する力が限定される。

こうした制約の下では、借り入れた資金で最大限の経済効果を創出することが不可欠となる。したがって、この先の金融政策は、リターンの大きいプロジェクトに使う資金を増やし、リターンの低いプロジェクトへの資金は減らすことを目標とすべきだ。これは基本的には、投資のリターンが大きい民間企業への融資を増やし、国有企業（一貫して、民間企業よりリターンが低い）と地方政府への融資を減らすということを意味する。地方政府のインフラ投資は、リターンが非常に低い。

そうなると、相対的に生産性の低い国有セクターから、生産性の高い民間セクターへと、資金の流れを変える必要が出てくる。しかし、前述したように、習近平政権は大規模な国有セクターを維持したいと考えている。

この矛盾が、中国の多大な債務から生じる第二の課題につながる。リターンの低い国有セクターのプロジェクトに不相応な資金を回すため、政府が金融システムの管理にこだわり続けると、やがては経済の持続可能な成長率が低くなっていく。詳しくは第14章で論じるが、適切な政策を採用することができれば少なくとも２０２５年まで、あるいはもっと先まで、中国経済が年率５％のペースで成長を続けていくことは可能なはずだ。しかし、相対的にリターンの低い投資に資金を注ぎ込み続けると、この成長率を維持するのは難しくなる。金融システムを市場志向でより積極的に改革しなければ、２０２０年代の中国経済は多少なりとも「日本化」するリスクがある。つまり、１９９０年代の日本を襲った、低成長、高負債のパターンが起こり得るのである。[19]

なぜ中国は為替レートを厳しく管理してきたか

どこの国の金融システムにおいても、国内の銀行システムと金利に加えて重要な要素となるのが、自国通貨の為替レートだ。中国は為替レートを管理しており、変動相場制ではない。しかし、金融メディアや米国議会での一般的な見方とは異なり、中国は輸出拡大のために、意図的に為替を割安にする政策は取ってきていない。改革開放期以降の為替政策の狙いは、主に次の３つだ。①中国のモノの値段が他国とほぼ同等であるようにするこ

19　日本の経済低迷については、Richard Koo, *The Holy Grail of Macroeconomics: Lessons from Japan's Great Recession* (Hoboken, NJ: John Wiley, 2009) を参照。今日の中国と１９８０年代終盤の日本との間には、いくつか共通する点はあるが、違いもある。日本の問題は、１９８０年代の土地と株式のバブルに端を発し、そのバブルは１９９１年にはじけて資産価格の崩壊を引き起こし、そこから日本はある意味でまだ立ち直っていない。中国の土地価格は急速に上昇したが、１９８０年代の日本とは違って、実際の価値からかけ離れてはいない。加えて、１９９０年代を通じて、日本の政策決定者らは、日本の銀行システムが実質的に破綻していることを頑なに認めようとせず、そのため、問題への対処が何年にもわたって遅れることになった。これに対して中国の規制当局は、１９９０年代の不良債権でも、また２０１０年代のシャドーバンキングの急拡大でも、銀行の問題を素早く認識した。

と。②中国の輸出品が競争力を持つこと（しかし、輸出業者は同時に、バリューチェーンの川上を目指すよう圧力も受けてきた）。③企業の投資環境が安定的で予測可能であるようにすること。

全般的には、3つ目の目標、つまり投資の安定性が最も重視されてきたが、これら3つの目標のバランスは、時とともに、また中国経済の変化とともに変わってきた。中国の為替管理は、主に4つの期間に分けることができる。①管理下落（1979～95年）、②対米ドル固定相場制（1995～2005年）、③管理上昇（2005～15年）、④管理フロート制（2015年以降）の4つだ（図表9.5参照）。

1979年から94年までは、中国の通貨は1ドル当たり1.5元から8.7元まで、徐々に下落していった。その理由は、1980年代の中国の為替レートの主な目的が、共産主義国型の輸入代替経済から、東アジア型の輸出経済への変化を実現することだったからだ。計画経済の期間は、中国はほぼすべての共産国と同様に、為替レートはかなり割高だった。「国際貿易ではなく、国内の重工業への投資が豊かさへの道である」という、共産圏ならではの経済方針があったからだ。この場合、為替レートが割高な方が、資本財や原材料の輸入が割安になるので都合が良かった。

図表 9.5　対米ドル人民元相場と貿易加重通貨指数

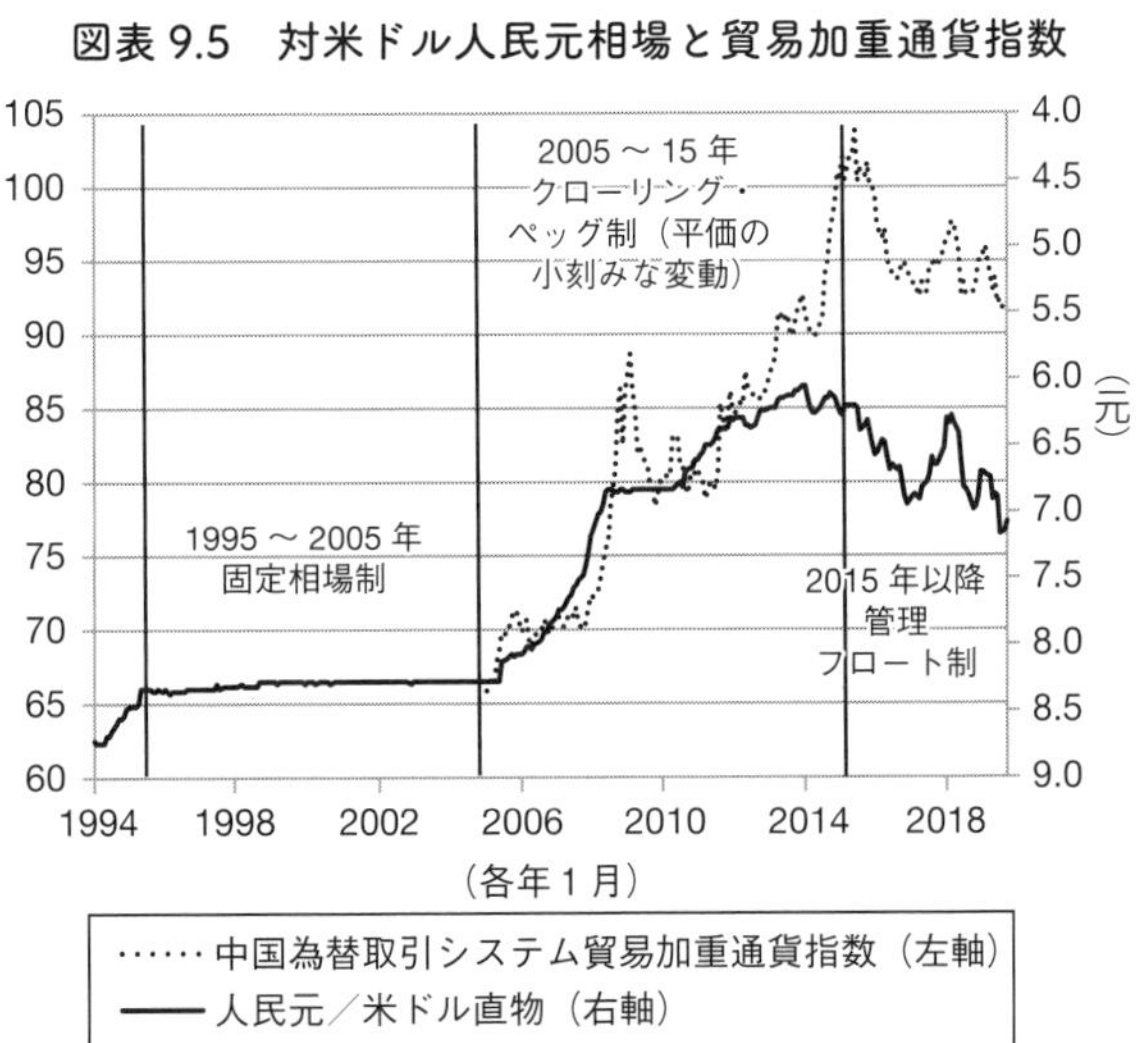

出典：筆者作成

これが輸出主導の成長モデルに変わると、どちらかといえば少し割安な為替レートが求められるようになる。中国の輸出品が世界市場で競争力を持つためだ。改革開放期の最初の15年で、中国は為替レートをより現実的なレベルまで徐々に下落させた。また、２種類の為替レートを維持してもいた。１つは公定の高いレートで、このレートは外国人旅行者が自国通貨を人民元に両替するような時に使われた。もう１つは市場主導型のレートで、免許を取得した外国の貿易組織だけが利用できた。

１９９４年に、２つの為替レートは（低い方の市場レートに合わせる形で）統合された。その後しばらく、人民元の国際的に正しい市場価値を見極めるために、比較的自由な変動が許された。[20] １９９５年の終わりには、公式レートは１ドル8.3元に設定され、このレートはその後10年間、固定レートとして用いられて１日の変動幅はわずかしか認められなかった。

なぜ中国は、人民元の少しずつの切り下げから固定相場へとシフトしたのだろうか。それは、為替の役割が変わったからだ。中国の輸出業者にとって安全な人民元から、外国の投資家にとって安全な人民元へと変化したのである。１９９０年代に、外国企業が急速に中国に進出し、莫大な数の輸出製品工場を建設した。こうした企業は、自分たちの巨額の投資の価値が為替の大きな変動によって減少しないという保証が欲しかった。そこで、中国の為替レートは２つの条件を満たす必要が出てきた。１つは、中国からの輸出品が競争力を持ち続けられる程度に低い水準であること。もう１つは、長期間にわたってほぼ変化なく維持できるよう、実際の市場での評価に十分近いものとすることだった。

この政策を取り始めた直後、固定相場制はある問題に直面した。１９９７年から98年にかけてのアジア通貨危

20　１９９３年末では、公定の為替レートは１ドル5.8元で、トレーダーが用いる市場ベースの「スワップレート」は１ドル8.7元だった。１９９４年１月、公定の為替レートは8.7元に定められて比較的自由な変動が許されるようになり、もう一方のスワップレートは廃止された。

機で、中国の近隣諸国が大幅に通貨を切り下げざるを得なくなったのだ。その国々が輸出していたのは、中国の輸出品と似たようなものだった。したがって、中国も輸出業者を助けるため人民元を切り下げるだろうと予想された。

しかし、その予想は間違っていた。中国は通貨を切り下げず、逆に1日の変動幅をわずか0.1％に縮めてドルとの連動を強固にし、切り下げの誘惑に屈せず、固定相場制を堅持する姿勢を一層強めた。つまり、外国投資家のために長期的な安定を維持するという原則が、輸出業者を助けるという近視眼的な対策に勝ったのだ。その後数年間はこの政策の代償は大きく、輸出の伸びはほぼゼロになり、貿易黒字も縮小した。しかし、外国の投資家は為替レートの安定を維持する中央政府の覚悟に鼓舞されて、中国への直接投資を継続した。2001年までには、中国はビジネスの拠点としてアジアの中で最も条件の良い国の1つであるとの評価を確立していた。そして、輸出も2桁の伸びを取り戻した。

2004年には中国の貿易黒字が急増するようになり、米国では、割安な通貨のせいで米国の市場が奪われているとの批判が繰り広げられるようになった。ここで注意してほしいのは、2004年の対ドル為替レートは、1998年とまったく同じだったということだ。中国は輸出獲得のために通貨を切り下げてはいなかった。しかし、2つほど変化があった。1つは中国の労働者の生産性が大きく向上したことだ。労働者が非効率な国有企業から、マネジメントに優れた民間企業や外資系企業に移ったためである。もう1つの変化は、ドルが2000年以降大きく下落したことだ。そのため、ドルに連動する人民元は、ドル以外の通貨（ユーロなど）に対して安くなり、中国の輸出を促進することとなった。

2005年には、中国は固定相場制をやめ、人民元がドルに対して「ずり上がる」のを許した。最初は上昇のペースは遅かったが、中国の経常黒字が2007年に4000億ドル、つまりGDPの10％に達して以降、人民元の上昇は加速していった。８年の緩やかな上昇の結果、２０１３年の末までには1ドル当たり6元に達するようになった。２００5年と比較すると、40％の元高・ドル安となった計算になる。これが主な要因となって、経常黒字はＧＤＰの2％と、それほど恐ろしくない数字になった。

２０１5年の後半に、中央政府の為替管理は４つ目の段階に入った。すなわち、中国人民銀行が米ドルをターゲットとするのをやめ、中国の主な貿易相手国の通貨で構成される「通貨バスケット」をターゲットとすることにしたのである。また、日々の為替レートの決定で、他の多くの通貨と同様に、市場がより大きな役割を担うのを認めた。しかし、値動きのペースは明らかに中国人民銀行によって調整されており、その狙いは為替レートの変動を小さくすることだ。

この「管理フロート制」の導入は、小規模な国際収支危機への対応として起こった。第三段階の「管理上昇」期には、人民元が米ドルに対してできたことは2つだけだった。上昇するか、変動しないかだ。下落させることはできなかった。これは２０１４年後半までは問題なかったが、その後、米ドルは実際のレートでも、貿易量で重み付けした価値でも急上昇した。[21] その結果、人民元の実際のレートも、貿易で重み付けした価値も上昇し、やがて人民元の割高感は深刻なレベルにまで達した。

中国企業は、人民元が割高であることに気付くと、いずれ人民元は下落するだろうと考えた。そこで、彼らは

21　ほとんどの経済ニュースでは、ある通貨の別の通貨（通常は米ドル）に対する名目レートに注目する。したがって、人民元の価値は「1ドル1.2ユーロ」などと言うのと同様に、「1ドル6.9元」などと表現される。これに対して、エコノミストは実効為替レートで見るのを好む。これは通貨の価値を他の多数の通貨に対して測るもので、使用する通貨は貿易額によって重み付けされる。たとえば、貿易の50％を米国と、30％を欧州と、20％を中国と行っている国は、実効為替レートは、50％が米ドルに対する価値、30％がユーロに対する価値、20％が人民元に対する価値で求められる。名目実効為替レートは、シンプルに貿易額によって重み付けされた平均値。実質実効為替レートは、関係する国々のインフレを考慮に入れたレートである。

人民元と人民元建ての資産を売り始め、米ドルと米ドル建ての資産を買い始めた。別の言い方をすると、大規模な資本逃避が起こり始めたということだ。民間の資本が流出する中で、中国人民銀行が人民元の対ドルレートを維持するためにできたのは、外貨準備を使って、売られている人民元を買うことだけだった。２０１４年6月から２０１６年12月までの間に、中国の外貨準備高は4兆ドルから3兆ドルに減少した。人民元の下支えが主な要因となって、１兆ドルも失ったのである。

貿易加重通貨バスケットに対する管理フロート制に移行することによって、中国人民銀行はもはや米ドルに対して特定のレートを維持する必要がなくなり、外貨準備を使わずに済むようになった。２０１６年に人民元は徐々に下落し、資本逃避も終わった（その一因には、より厳格な資本規制が行われ、国外への資金の移動が難しくなったことが挙げられる）。人民元への信頼が回復すると、２０１７年には再び上昇し始めた。外貨準備高は、3兆ドル近辺で安定している。

管理フロート制は、２０１８年から19年にかけてもその力を示した。米国が貿易戦争を始めて、やがて中国の輸出品に対して最高25％の関税を課した時だ。人民元は米ドルに対して10％下落し（市場の反応による下落であり、中国人民銀行の介入によるものではなかった）、貿易加重バスケットの下落幅はそれより少し小さかった。この通貨下落によって、関税による中国の輸出価格の上昇がいくぶん相殺された。

しかし、ここでも新たな通貨制度は、中国の輸出業者に恩恵をもたらすことを主目的としたものではなかった。主な狙いは為替レートをより柔軟にし、それによって外部からのショック（たとえば貿易戦争など）を緩和しやすくすることだ。また、国際的な投資家の間で、人民元のレートは中央政府の官僚の気まぐれよりも、市場に大きな影響を受けるということを信じてもらうことも主な狙いである。特に後者の狙いは重要だ。なぜなら、人民元を重要な国際通貨にするという取り組みが長期間、ゆっくりと進められているからだ。

なぜ中国は人民元を国際通貨にしようとしているのか

２００９年から、中国は人民元の国際的な利用を増やすための取り組みを入れ始めた。それまで、人民元は国際通貨としてはほぼ使われていなかった。このプログラムの具体的な内容は、香港の住民が人民元の口座を開きやすくすること、中国との貿易で人民元建てを増やすこと、そして、香港に人民元建ての債券市場をつくることなどだった（中国本土以外で発行される人民元建ての債券は、通称「点心債（ディムサム・ボンド）」と呼ばれている）。

初めのうちの成果は目覚ましいものだった。２０１４年末には、点心債の発行額は４０００億元（６５０億ドル）となり、また香港における人民元の預金額は全体の12％に当たる1兆元に達し、中国の貿易の22％が人民元によって決済されるようになった。そして、点心債は、シンガポールやロンドンなど、香港以外の金融センターでも発行されるようになった。わずか5年間で、人民元は国際的なプレゼンスを急速に高めたと言える。こうした状況は１９８０年代に日本円が国際化したのと、多くの点でよく似ている。[22]

しかし、その後は人民元の国際的な利用は進まなかった。２０１９年における国際為替市場での取引高は8位で、世界の通貨取引高に占める割合は4％だった。3大国際通貨である米ドル、ユーロ、円は、それぞれ88％、32％、17％である（すべての取引に2つの通貨が関わるため、合計は２００％になる）。また、香港における人民元建ての預金額は７０７０億元で、5年前の２０１４年から3分の1近く減少し、香港全体の預金額に占める割合はわずか5％となった。点心債の発行額は２０００億元と、２０１４年の半分に落ち込んだ。中国の国際貿易で人民元建てのものは20％を切った。各国の中央銀行に外貨準備として蓄えられている人民元は全体のわずか2％ほど

22　人民元による預金額、および債券発行額は、香港金融管理局から。*http://www.hkma.gov.hk/eng/market-data-andstatistics/monthly-statistical-bulletin/.

だ。これに対して米ドルは62%、ユーロは20%である。[23]

この展開からは次の2つの疑問が生じてくる。なぜ、人民元は2009年から15年までは急速に国際化したのか、そして、なぜその後は国際化の動きが止まったのか。

人民元の当初の国際化の理由はシンプルだ。第一に、中国ほどの規模の貿易国で、2009年まで通貨が国際化していなかったのはむしろ奇妙だった。中国は2009年に世界最大の輸出国となり、2013年には米国を追い抜いて世界最大の貿易国（輸出入の合計）となった。非常に多くの国や企業が中国にモノを輸出したり、中国から輸入したりする中、中国の通貨で取引したいと考える国や企業が増えるのは自然だ。これはちょうど、1970年代に西ドイツと日本が主要な貿易国となる中で、ドイツマルクと日本円の国際的な利用が急増したのと同じことだ。

人民元の急な台頭には、政策的な理由もあった。2008年の世界金融危機で、中国の閉鎖的な金融システムはダメージを受けなかったが、貿易は影響を受け、危機の翌年に輸出額が20%近く減少した。その一因は、世界貿易が米ドル建ての信用状【輸入者の取引銀行が、輸出者に対する代金の支払いを確約した書類】に大きく依存していたことにあった。中国の当局者は、将来的な危機に備えるためには、米ドル中心のシステムへの依存を減らすべきだと考えた。

もう1つの要因は、中国人民銀行が国内の金融自由化の速度を上げようとしたことだ。同行で金融改革を進める人たちは、今後の経済成長は資本をどれだけ効率的に配分できるかにかかっていると認識していた。しかし、多くの金融機関や国有企業は、低コストの資本と閉鎖的なシステムの恩恵を受けており、金融自由化に反対だった。このような抵抗を回避するため、中国人民銀行は香港で人民元の市場の整備を始めた。中国本土以外に、市場動向によって人民元の金利が決まる場所をつくろうとしたのである。もし、この小規模な実験が成功したら、中国本土での金利の自由化も説得しやすくなると考えられた。[24]

人民元の国際化が急速に進んだことから、人民元が主要な国際通貨となるのは時間の問題で、世界の中心的な通貨として米ドルにとって代わるかもしれないという予測も生まれた。[25] こうした予測は、２０１５年11月にＩＭＦが、理論上の準備通貨であるＳＤＲ〈特別引き出し権〉バスケットに人民元を５番目の通貨として加えると発表したことで裏付けられたように思われた[26]【ＳＤＲはＩＭＦ加盟国の外貨準備を補完する手段として設けられており、外貨が不足した国はＳＤＲを使って外貨を引き出すことができる】。しかし、ＳＤＲへの組み入れは人民元の地位上昇の頂点であったことがわかった。支配の時代の始まりではなかったのである。

---

23 外国為替の取引データに関しては以下を参照のこと。Bank for International Settlements, "Triennial Survey of Foreign Exchange and Derivatives Market Activity in 2019," September 2019, https://www.bis.org/statistics/rpfx19.htm. 外貨準備の割合は、International Monetary Fund, Currency Composition of Official Foreign Exchange Reserves (COFER) database を参照。人民元の国際的な利用についての他の指標は、以下を参照。Alicia Garcia Herrero and Jianwei Xu, "Natixis RMB Internationalization Monitor: Stagnation Continues," *https://research.natixis.com/Site/en/publication/tIFPfzJp3ALa8c13XWqMaw%3D%3D?from=share, Natixis Research, November 2019.

24 人民元の国際化のプログラムとその経済改革との関係については、以下を参照のこと。Arthur Kroeber, "China's Global Currency: Lever for Financial Reform," Brookings Tsinghua Center for Public Policy, Monograph Series No. 3, April 2013, *http://www.brookings.edu/research/papers/2013/04/china-global-currency-financial-reformkroeber｜Eswar Prasad and Lei Ye, "The Renminbi's Role in the Global Monetary System", Brookings Institution, February 2012, http://www.brookings.edu/research/reports/2012/02/renminbi-monetary-system-prasad.

25 たとえば以下を参照。Arvind Subramanian, *Eclipse: Living in the Shadow of China's Economic Dominance* (Washington, DC: Peterson Institute for International Economics, 2011).

26 ＩＭＦは加盟国に対する融資の単位としてＳＤＲを使っている。２０１５年11月30日にＩＭＦ理事会によって承認された新たな計算式に基づくと、構成通貨のうちの人民元の比重は11％。これに対して米ドルは40％、ユーロは32％、円と英ポンドが９％ずつである。この比重は主に貿易国としての中国の重要性を反映したものだ。国際準備通貨としての人民元のシェアはこれよりもずっと低い１％程度であり、人民元がＳＤＲに含まれるようになってからも、この割合はほとんど高まっていない。人民元が実際にＳＤＲに含まれるようになったのは、発表から１年後の２０１６年11月だった。"China's Yuan in the SDR Basket," Bloomberg China Brief, November 30, 2015, *http://newsletters.briefs.bloomberg.com/document/46z1i9i3mb3z15mu930/front.

なぜ人民元の国際化は滞っているのか

人民元が国際通貨、あるいは準備通貨となるのを妨げている要因は、中国政府が金融システム、および資金の流出と流入、為替レートをコントロールしたいと考えていることだ。米ドルが第二次世界大戦後、数十年にわたって絶対的な国際通貨としての地位を固めた一因は、国外に米ドルが積み上がっていくのを容認したことだ。これは理論的には、当時存在した資本規制に反するものであったが、幅広い貿易と投資の資金を提供するために許容された。

固定相場制を定めたブレトンウッズ体制が1971年に崩壊し、それが米国の資本規制の廃止にもつながった。その後、米国は諸外国に十分な量の米ドルが供給されるよう、永久的に貿易赤字を計上することを受け入れた。また、米国債の市場を開放し、米国外の機関が米ドルの残高を保持しておける安全な場所を設けた。さらには、経済状況に応じて、米ドル相場が大きく変動することも容認した。[27]

中国政府はこうした施策を、少なくともすぐには実行しようとはしていない。貿易黒字を維持することを決意しているため、人民元を確実に国外に提供するチャネルをつくるのは難しい。為替レートの自由化は進んでいるが、中国政府は経済安定の名の下に、値動きの幅を狭い範囲にとどめておきたいと考えている。そうなると、資本移動によって人民元の価値が急激に上下しないよう、資本規制を維持しておく必要がある。こうした資本規制によって、中国国内の債券市場を外国投資家に完全に開放するのは困難になる。なぜなら、外国の投資家は、必要な時に自分の資金を自由に引き出せる保証がない市場に、多額の資金を投入しようとは思わないからだ。

政府が求める厳しい金融統制と、人民元の国際化プログラムとの対立は、2016年1月にまざまざと描き出された。SDRへの組み入れが発表されたわずか2ヵ月後のことである。前述したように、中国は大規模な資金流出に直面し、投機筋によって、オフショアで取引される人民元のレートが香港市場で下落し、そのレートは前日の上海市場の終値よりかなり低くなった。中国人民銀行は人民元のレートを維持するために数千億ドルもの外貨準備を使い、その後ついにより厳しい手段に訴えた。香港の金融市場への人民元の流入を遮断し、人民元の取引に異常なほどコストがかかるようにしたのである。加えて、資本逃避を阻止するため、厳しい資本規制を実施した。

これらの手法によって為替レートは安定した。しかし同時に、オフショアの人民元市場の信頼性は破壊され、上海の国内債券市場に投資する外国投資家は、必要な時に資金を引き出せないだろうという疑念がいつまでも続くことになった。[28]

つまり、中国政府が為替レートと金融システムをしっかりと管理したいと願うと、中国外の個人や企業は人民元の入手が困難だと感じ、また中国外の多くの取引に人民元を使うことはできず、さらには人民元の投資をしやすい場所（米財務省証券のような）もないと気付くことになる。中国が徐々に金融市場を開放していることから、今後10年以内に人民元が日本円やスイスフランのような二次的な準備通貨になることは十分に可能だ。しかし、米ドルにとって代わる可能性はほぼゼロに近い。

27　米ドルの上昇についての優れた解説は、Barry Eichengreen, *Exorbitant Privilege: The Rise and Fall of the Dollar and the Future of the International Monetary System* (Oxford: Oxford University Press, 2012). 邦訳：『とてつもない特権：君臨する基軸通貨ドルの不安』（小浜裕久監訳、勁草書房、２０１２年）。

28　Chen Long and Arthur Kroeber, "Retreating from an International Renminbi," Gavekal Dragonomics research note, January 14, 2016.

第10章 エネルギーと環境

これまでの章で、中国の経済構造を支える3つのシステムを検証してきた。企業システム、財政システム、金融システムだ。本章では4つ目のシステムとしてエネルギー・システムを見ていく。これはある意味で最も複雑なシステムだ。というのも、中国のエネルギー利用は、同国の大気汚染と世界の気候変動という2つの大きな問題と結びついているからだ。また、今後の成長を支えるために多様で安定的なエネルギー源を確保することは、中国の地政学的な戦略においても重要である。

中国はどのくらいのエネルギーを使っているのか

中国は世界最大のエネルギー消費国で、世界全体のエネルギー消費量の4分の1を使っている。その使用量は米国よりも40％多く、欧州連合〈EU〉の使用量の2倍近くになる。石炭の使用量は圧倒的な世界第一位で、世界全体の使用量の約半分を消費している。その結果、地球温暖化の原因となる二酸化炭素の排出量も世界最大だ。

もちろん、中国は人口が多く工業国でもあるから、多くのエネルギーを使うのは当然でもある。したがってここで問うべきなのは、中国がその人口や経済規模と比較して、相対的に多くのエネルギーを使っているのか、ということだ。この問いに答えるためには、石油、石炭、ガス、原子力、再生エネルギーなど、中国のすべてのエネルギー消費を1つの単位に換算して、その数値を人口と国内総生産〈GDP〉で割って比較する必要がある。図表10・1では、すべてのエネルギー消費を石油のバレル〈BOE, Barrels of Oil Eguiva-lent〉に換算して、その結果を表した。

人口1人当たりで見ると、中国の数値はそれほど悪くない。2018年には、1人当たり17バレル相当のエネルギーを消費し、これは世界全体の平均をわずかに上回る程度だった。また、米国の52バレルと比べると3分の1以下である。しかし、経済面で比較すると、その結果は悲惨だ。中国は100万ドルのGDPを稼ぐために、1763バレルの石油を燃やさなければならない。これは米国の2倍、EUの3倍になる。中国は世界の中では突出して、エネルギー強度【GDPに対するエネルギー消費量の割合】が高いということになる[1]。

なぜ中国のエネルギー強度はそれほど高いのか

中国のエネルギー強度が高いのは、中国の経済構造、エネルギー供給の構造、そして非効率の3つが原因となっている。

経済構造面では、中国経済が他の主要国と比べて、製造業や工業全般に大きく依存していることが影響してい

図表10.1　エネルギー消費の国際比較

エネルギー	世界全体	中国	米国	EU
石油	34	5	7	5
天然ガス	24	2	5	3
石炭	28	14	2	2
原子力／水力／再生	16	4	3	3
合計	102	24	17	12

単位：10億石油換算バレル（10億BOE）

	世界全体	中国	米国	EU
1人当たりのエネルギー消費量（BOE）	13	17	52	24
GDP100万ドル当たりのエネルギー消費量（BOE）	1,184	1,763	823	660

出典：BP Statistical Review of World Energy 2019, World Bank, 筆者推定。

る。工業分野はサービス業や農業に比べて、生産額に対するエネルギー利用量がはるかに多い。したがって、工業に依存している経済は、サービス業を基盤としている同規模の経済と比べると、多くのエネルギーを消費する。つい最近まで、中国の経済生産の半分近くが工業によって生み出されていた。これに対して米国では4分の1以下である。この数字は２０１９年には約40％まで下がったが、それでも国際的に見るとかなり高い水準だ。加えて、中国の工業では重工業の占める割合が異常に高い。具体的には、鉄鋼の生産、アルミや他の金属の精錬、石油化学製品の精製、セメント、ガラスの製造などで、これらの業界は特にエネルギーを大量に使う。先進国で盛んなサービス業ではなく、エネルギー使用の多い産業にこれほどまでに依存しているため、中国のエネルギー強度が高くなるのは当然だと言える。

2番目の要因は、中国のエネルギー供給の構造、特に石炭への依存である。中国では電力生産の3分の2近くが石炭で行われている（これに対して、欧州では電力生産の4分の1以下、米国では30％が石炭によるものだ）。石炭はその主な代替品となる天然ガスと比べると効率が悪く、同じ電力をつくるのに、石炭は天然ガスよりも25％多く必要になり、これが相対的なエネルギー強度の高さにつながる。[2] 経済的に見れば、中国の石炭への依存は理にかなっている。というのも、中国国内には豊富な石炭資源があるが、天然ガスは高いコストをかけて輸入しなければならないからだ（中国は、世界の石炭埋蔵量の13％を有しているが、天然ガスの埋蔵量は3％、石油の埋蔵量は2％に満たない）。[3] 詳しくは後述するが、こうして石炭に大きく依存していることが、多大な環境コストを生み出してもいる。

3番目の要因である非効率は、先の2つの要因よりも複雑だ。なぜなら、中国のエネルギー利用はすべてが非効率なわけではないからだ。たとえば中国の発電所は、石炭による発電に関しては、米国の発電所よりも平均で約25％効率が高い。これは米国の発電所が建設から平均で40年経過しており、１９５０年代や60年代に建てられたものも多いのに対し、中国の発電所の多くが（規模で上位１００ヵ所の発電所ではすべてが）２００５年以降に建設され、より先進的で効率的な技術を用いているからだ。また、中国の自動車の燃費基準は2004年に導入されて2008年に段階的に強化されたが、それは米国よりも厳しく、ほとんどの開発途上国よりも厳しい。日本と欧州、韓国は、中国よりも厳しい基準を設けている。[4]

しかし、エネルギーや天然資源が非効率に利用されている例は膨大にある。最も顕著なのは中国の建築物だ。過去20年間の建設ブームでは、住宅やオフィスビルが大急ぎで建てられた。そのため、冷暖房のコストを抑える密閉性や断熱性には、ほとんど注意が向けられなかった。

工業からも多大な非効率が生じている。中国の電力の約3分の2が工業によって消費され、他のエネルギー（たとえば、工業用のボイラーを加熱するための石炭など）も工業分野で大量に使われている。この非効率さが時代遅れ

1　この計算は *BP Statistical Review of World Energy 2019* のエネルギー消費データに基づいて行った。また、GDPデータ（現在の為替レートで換算）は世界銀行の World Development indicators〈世界開発指標〉に掲載されている数値を使った。BPのデータは100万石油換算トン（mtoe）で表されているが、筆者はそれを1トン＝7・33バレルでバレルに換算した。中国のGDP対比のエネルギー強度は、購買力平価で換算したGDPを用いるとそれほど恐ろしい数字には見えなくなる。しかし、中国のエネルギーのかなりの部分が、世界で取引される価格水準に近い貿易財【貿易を通じて世界の市場で売買される製品】の生産に使われるので、為替レートで換算したGDPを使うのが適切であると考える。

2　具体的には、1キロワット時の電力を生産するのに、石炭だと1万500英サーマルユニット（BTU）が必要だが、天然ガスであれば8000BTUで済む。参考：http://www.eia.gov/tools/faqs/faq.cfm?id=107&t=3。電力生産に占める石炭の割合は、*BP Statistical Review of World Energy 2019* より。

3　*BP Statistical Review of World Energy 2019.*

4　米国と中国の石炭による発電の効率については、以下を参照のこと。Melanie Hart, Luke Bassett, and Blaine Johnson, "Everything You Think You Know about Coal in China Is Wrong," Center for American Progress, May 15, 2017. この研究では、米国の石炭火力発電所は、どれも中国の環境基準を満たさないだろうということも指摘している。中国の自動車の燃費基準については、以下を参照のこと。The International Council on Clean Transportation, "https://theicct.org/chart-library-passenger-vehicle-fuel-economy. これらの基準強化の背景については、以下を参照のこと。Hongyan H. Oliver et al., "China's Fuel Economy Standards for Passenger Vehicles: Rationale, Policy Process and Impacts," Discussion Paper 2009-03 (March 2009), Belfer Center for Science and International Affairs, Harvard Kennedy School.

の設備によって生じている場合もあるが、政府が旧式の製造ラインの閉鎖を進めていることから、それが原因となることはどんどん少なくなっている。より大きな問題は、地方政府が利益の出ない地元の工業を支援していることだ。地方政府は時に、工場を運転し続けて雇用と税収を維持するために、石炭や電力などの燃料価格を意図的に低く設定する。その結果、わずかな経済付加価値を生産するのに、相対的に多くのエネルギーが使われることになる。エネルギー効率の観点から言うと、そのような工場は閉鎖して、もし必要ならば、もっと効率的に生産できる場所から同じ製品を輸入した方が良いはずである。[5]

中国はどのようなエネルギーを使い、その構成はどう変化しているか

中国のエネルギー・システムと言えば、最初に思い浮かぶのは石炭だ。中国の石炭への依存度は、他の主要国と比べるとはるかに高い。石炭は中国の一次エネルギー【自然から採取された物質を加工・変換せずに得られるエネルギー】需要の58％を占める。世界平均は27％なので、2倍以上の水準だ（図表10・2参照）。中国で消費される石炭のうち、半分が発電所で使われる。残りの半分は、セメント製造やボイラーの加熱など、工業分野で多くが消費されている。

中国では石炭資源が豊富で比較的価格も安いが、石炭は大気汚染の原因となり、温室効果ガスである二酸化炭素も排出する。そのため、政府は過去10年近く、天然ガスや原子力、再生可能エネルギー

図表 10.2　エネルギー構成の国際比較（一次エネルギー消費に占める各エネルギーの割合）

	中国	米国	EU	世界全体
石炭	58%	14%	13%	27%
石油	20%	40%	38%	34%
天然ガス	7%	31%	23%	24%
原子力	2%	8%	11%	4%
水力	8%	3%	5%	7%
再生エネルギー	4%	5%	9%	4%

出典：BP Statistical Review of World Energy 2019, World Bank, 筆者推定。

などの利用を増やし、エネルギー源の多様化を進めてきた。これには一定の成果があった。原子力と水力による発電量は過去10年で2倍以上になり、再生可能エネルギーによる発電は約20倍になった。そのため、石炭への依存度は下がり、一次エネルギー消費に占める石炭の割合は、2005年と比べると12ポイント減少し、電力生産量全体に占める割合も15ポイント減少した。しかし、石炭を燃料とする発電所が膨大な数にのぼるため、遅ければ2050年まで、中国のエネルギー構成の半分程度を石炭が占め続けるだろうという予測もある。[6]

直近のデータによると、石炭消費量は2013年がピークで、中国のエネルギー消費に占める石炭の割合は、以前の予測よりも早く低下する可能性がある。ただし、残念なことにこの統計は頻繁に修正される。最新の修正において、2013年がピークだったことは確認されたが、同年の消費量は上方修正され42億トンとなった。2018年の

図表 10.3　二酸化炭素排出量の推計

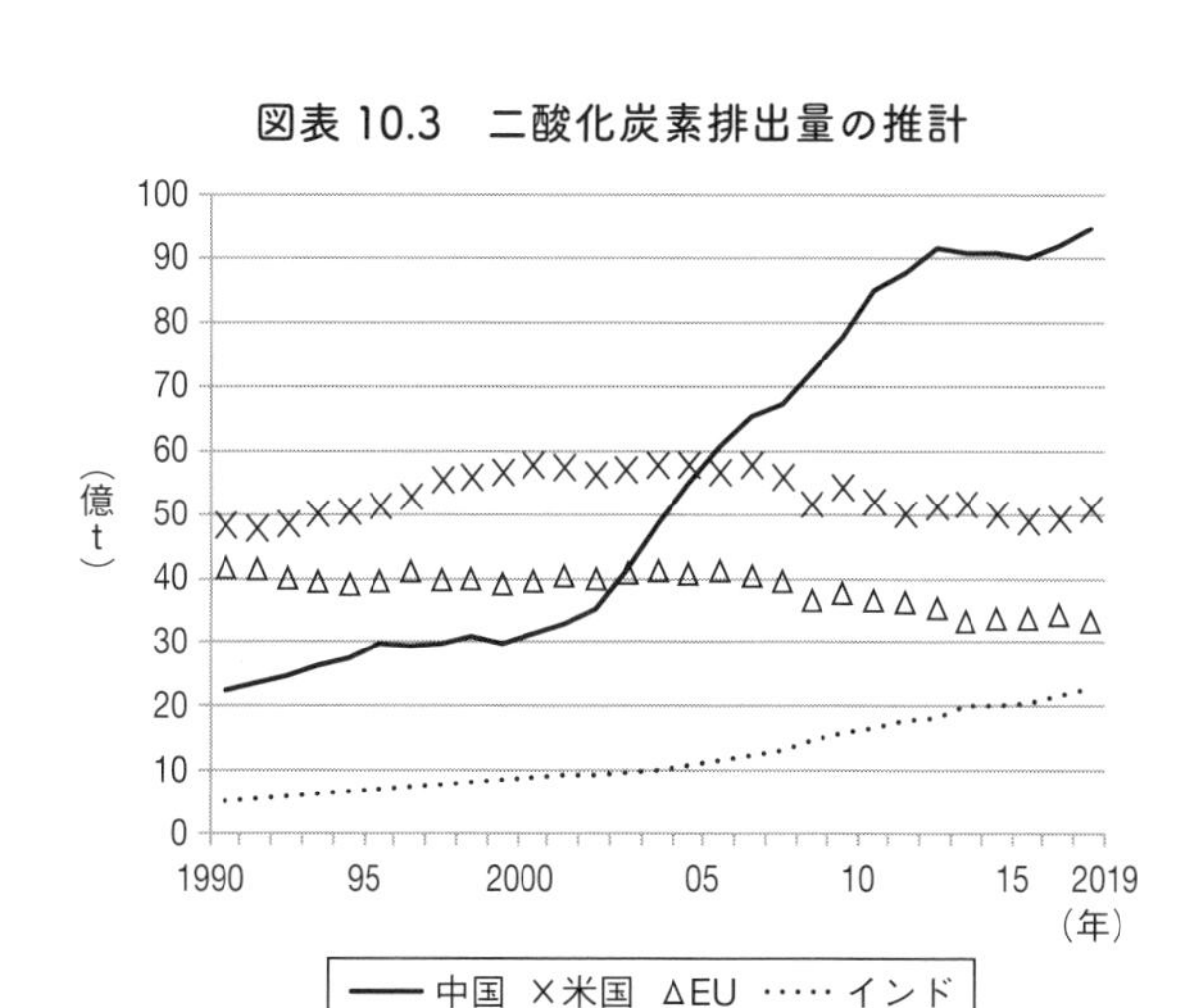

出典：Enerdata Yearbook 2019.

5　非効率の主な原因と効率化の可能性については、以下を参照のこと。Nan Zhou et al., "China's Energy and Emissions Outlook to 2050: Perspectives from Bottom-Up Energy End-Use Model," *Energy Policy* 53 (February 2013): 14ff.

6　エネルギー構成の数字は *BP Statistical Review 2019* から。電力生産のエネルギー別構成比は中国国家統計局〈NBS〉から。2050年のエネルギー構成の予測については Zhou et al., "China's Energy and Emissions Outlook to 2050" を参照のこと。

消費量（38億トン）は、2003年の2倍である。加えて、二酸化炭素排出量の推計は、2014年から17年まではは増加が見られなかったが、18年ではわずかに上昇した。これは、伸び悩み始めた経済を再び勢いづけるため、政府が環境と排出量の基準を緩和したためだ[7]（前頁図表10・3参照）。

中国はどの程度輸入エネルギーに依存しているのか

莫大な量のエネルギーを使っているにもかかわらず、中国は昔から、国内の資源で大半のエネルギー需要を賄ってきた。しかしこの状況も、中国がエネルギー構成を多様化するのに伴って少しずつ変わってきている。それでも、中国の主要な燃料である石炭は、その90％以上が国内で産出されたものだ。埋蔵量が膨大であることを考えると、今後も石炭需要のうち、輸入が占める割合は小さなものだろう。

これが石油になると話は変わってくる。中国は1993年までは石油を自給自足していたが、この年に石油の純輸入国【輸入が輸出を上回る状態】となった。それ以来、輸入への依存は徐々に拡大し、2013年には米国を追い抜いて世界第一位の石油輸入国となった。2018年の時点では、1日の輸入量は約900万バレルで、需要の70％を輸入している。天然ガスでも同様の状況が見られる。2005年には輸入はほとんどゼロだったが、2018年には需要量の40％以上を輸入が占めるようになった[8]。

理論的には、中国も米国と同じようにシェールガスの採掘を始めれば、大幅に生産量を拡大できるはずである。中国のシェールガスの埋蔵量は、米国よりも多いという推計もある。しかし、中国の頁岩（けつがん）（シェール）層の地質は米国のものとは大きく異なっているため、新しい高価な採掘技術が必要となるだろう。したがって、中国は今後もオーストラリアやインドネシアから大量の液化天然ガスの輸入を続け、中央アジアや東南アジアからは、パイプラインでガスを運び続けると思われる。

中国の石油輸入の拡大には、戦略的に重要な問題がある。中国は輸入元を多様化しようとしているが、石油輸入の半分以上が中東からのもので、これにより2つのリスクが生じている。1つは、この地域が政治的に不安定なため、戦争や社会不安などで石油供給が中断する可能性があるということ。もう1つは、中東からの石油タンカーが中国に着くまでに、マレーシアとインドネシアのスマトラ島の間にあるマラッカ海峡を通らなければならないということだ。仮に、米国と中国の間で紛争が起きたら、米海軍はこの海峡を封鎖すれば、中国への石油供給をいとも簡単に大きく妨害することができる。

これらのリスクがあるため、中国政府はより確実な石油供給元と輸送方法の開発に強い関心を持っている。したがって、中国は引き続き、中央アジアと東南アジアの新たな油田とガス田、そしてパイプラインに、積極的な投資を行っていくと思われる。[9]

中国のエネルギー利用は、気候変動にどのような影響を及ぼしているか

気候変動を引き起こす温室効果ガスの排出量で、中国は2005年に世界最大となった。2014年（比較可

7　Rosealea Yao, "Finding the Missing Coal," Gavekal Dragonomics research note, December 3, 2015.
8　*BP Statistical Review 2019.*
9　しかし、2017年以来の米国との貿易摩擦の結果、中国の政策当局者らは、重要な原材料などでは国内での自給をできるだけ多く確保するよう配慮するようになった。政府は今では国の石油会社に圧力をかけ、国内に埋蔵されている石油とガスの探査と採掘を強化するよう求めている。Erica Downs, "High Anxiety: The Trade War and China's Oil and Gas Supply Security," https://energypolicy.columbia.edu/research/commentary/high-anxiety-trade-war-and-china-s-oil-and-gas-supply-security, Columbia/SIPA Center on Global Energy Policy, November 12, 2019.

能な国際データが揃っている直近の年）には、中国は世界全体の温室効果ガスのうち30％を排出した。これは米国とEU全体の排出量を合わせた数値を上回るものだ。

中国の排出量の約85％が二酸化炭素だ。そしてここでも、石炭への過度の依存が主な原因となっている。石炭は他の化石燃料と比べて、燃焼時により多くの二酸化炭素を排出する。天然ガスの2倍、石油と比べても40％多い。したがって、中国が今後、地球温暖化にどの程度の影響を与えるかは、石炭の消費動向が最も大きく影響する。[10]

2005年以来、中国の指導者たちは中国が地球温暖化に及ぼす影響について懸念してきた。しかし当初は、国際的な気候変動に関する交渉で中国は防御的なスタンスをとってきた。中国の言い分はこうだった。第一に、中国の人口1人当たりの排出量は、豊かな国と比べるとずっと低い。第二に、米国や英国など先に工業化した国は、長年にわたって大気中に二酸化炭素を排出し続けてきたのだから、二酸化炭素の排出量削減に関してより大きな責任を担うべきだ。中国のように開発が遅かった国は、排出量削減に取り組む前に、豊かになる機会を与えられるべきだ。第三に、中国の二酸化炭素排出の責任の一端は、豊かな国々にもある。多国籍企業が製造拠点の多くを中国に移し、それにより、公害も「輸出」したからだ。

しかし、2015年にパリで開かれた気候変動に関する国際的な会議で、中国は米国や他の国々と象徴的な意味で重要な合意に達し、それ以降はこうしたスタンスから静かに退いた。1点目に関しては、2010年に中国が1人当たり排出量の世界平均をはるかに上回るようになり、また、少なくとも2014年まで急速に増え続けていたため、もはや、そのように主張できなくなった。2点目はある程度の正当性はあるかもしれない。しかし、世界の気温の安定のために必要となる削減量は非常に大きく、世界最大の排出国が加わらなければ実現は不可能となるので、この主張も基本的に妥当性を欠く。3点目は、そもそも理屈が通らない。なぜなら、中国が排出している二酸化炭素は、その大半が鉄鋼やセメントなど、国内の建設需要に対応する重工業から生じているのであり、外国企業が設立する輸出用消費財の工場から生じているのではないからだ。

中国は現在、２０３０年までに二酸化炭素排出量を減少に転じさせるという目標を掲げている。その手段は次のようなものだ。①経済構造をよりエネルギー集約型でないものに変える。②エネルギー構成において石炭への依存度を減らし、よりクリーンな化石燃料（天然ガスなど）や、再生可能エネルギーの利用を増やしていく。③エネルギー効率を高める。これらすべての点において進捗は見られる。しかし、気候の専門家らによると、産業革命以前との比較で世界の気温上昇を2℃以内に抑えるには、もっと取り組みを加速させる必要がある[11]。

中国政府側にも、こうした改革に積極的に取り組む強い動機がある。まず、息の長いバランスの取れた経済成長を実現するには、国のエネルギー強度を下げる必要がある。また、世界の気候変動への影響を低減するための政策は、中国の深刻な大気汚染問題に対処するための政策と共通する。大気汚染問題に関しては、社会的にますます懸念が高まっている。

10　温室効果ガスの排出量に関するデータは、Climate Action database より。温室効果ガスのうち主要なものは、二酸化炭素、メタン、亜酸化窒素、および3種類のフッ素系のガスである。世界の温室効果ガスの約4分の3が二酸化炭素だが、中国では二酸化炭素の割合がこれよりも高い。燃料による二酸化炭素の排出量の違いについては、以下を参照のこと。http://www.eia.gov/tools/faqs/faq.php?id=73&t=11.

11　国際環境シンクタンクのクライメート・アクション・トラッカーによると、中国の気候政策ランクは「非常に不十分」（地球の気温上昇3〜4度に相当に位置づけられる）。ＥＵは「不十分」、米国は「危機的に不十分」にランクされ、中国はその中間に位置する。https://climateactiontracker.org/countries/china.

中国の環境汚染はどれほどひどいのか

中国の環境の悪化は世界から注目されており、それも当然だといえる。急速な工業化によって、大気や水、土壌の汚染が極度に進んだ。2013年1月、中国や世界のメディアの報道により、特に深刻な北京のスモッグに世界の関心が集まった。いわゆる「エアポカリプス【Airpocalypse（最悪の大気汚染）：airとこの世の終わりを意味するapocalypseを組み合わせた造語】」だ。北京の空は、1㎥当たり800μg近くにも及ぶ微粒子で暗くなった。これは世界保健機関〈WHO〉が安全と考える値の30倍以上の水準で、この恐ろしい状況がきっかけとなって、より真剣な公害対策が進められるようになった。[12]

中国の環境問題は、国際的・歴史的な観点からも検証する必要がある。これまでに豊かになった国々では、その過程で環境がかなり汚染された。近年は、中国の有毒なスモッグや化学物質の河川への流入がニュースで取り上げられるが、1970年代には、日本の環境についてほぼ同じような記事が書かれていた。また、1960年代には、米国のピッツバーグやロサンゼルスなどの大都市で大気汚染が深刻な状況となり、工業地域では河川が発火し、また化学物質による汚染のため居住には適さない地域も出ていた。こうした環境汚染を取り除くのには何十年もかかったし、これからもまだ対策が必要だ。中国の「エアポカリプス」より深刻な前例さえもあった。1952年12月にロンドンで発生した「グレート・スモッグ」では、5日間で4000人以上の死亡が確認され、その後何ヵ月かのうちにさらに8000人が死亡した。この時の微粒子の濃度は、2013年に北京で記録された濃度の5倍程度だったと推計されている。[13]

こうした角度から検証するのは、中国の環境問題が大したものではないと言うためではない。実際、中国の環境はかなり悪い状況にある。むしろ、こうした見方をするのは、環境問題が「中国特有の経済成長モデルや政治システムの欠陥から生じている」と言いがちであることへの戒めである。中国の環境問題は、すべての工業国を苦しめてきた症状が、深刻な形で表れたものと捉えるのがより正確だ。

では、どのくらい深刻なのか。図表10・4はその疑問に答えようとしたものだ。このグラフは、イエール大学の「環境パフォーマンス指数」の値と、1人当たり所得（購買力平価で換算）との関係を示したものだ。対象となっているのは世界の主要30ヵ国で、主要な先進国とアジアの工業国（ベトナムやバングラデシュなど、工業化を推進中の国も含む）、および、ロシアやブラジル、南アフリカ、トルコなど、大規模な新興国が含まれている。人口が少ない国や都市国家、工業化があまり進展していない国はここには含まれていない（シンガポールやサウジアラビア、ニュージーランドなど）。

12　「エアポカリプス」と大気中の微粒子PM2.5による大気汚染の問題では、中国の平均的なPM2.5のレベル（2010年代では1㎥当たり90μg、現在は5μg程度）が、WHOの「安全」基準（同25μg）と比較されることが多い。しかし、開発途上国では工業化の初期段階では排出ガスが増えることが認識されており、WHOはいくつかの推奨段階を設けている（同70、50、30μg）。参考：WHO、*http://whqlibdoc.who.int/hq/2006/WHO_SDE_PHE_OEH_06.02_eng.pdf: 12。以下の文献では、中国の大気汚染の問題や、これまでの進展、政策などに関して、難解だが有用で専門的な説明が読める。Chris P. Nielsen and Mun S. Ho (eds.), *Clearing the Air* (Cambridge, MA: MIT Press, 2007) | Chris P. Nielsen and Mun S. Ho, *Clearer Skies over China* (Cambridge, MA: MIT Press, 2013).

13　グレート・スモッグと、1948年にペンシルベニア州ドノラで発生した同様の災害については、以下を参照のこと。Stephen Mihm, http://www.bloombergview.com/articles/2013-11-06/londons-great-smog-provides-lessons-for-china.

図表10.4　環境パフォーマンスと経済発展との関係（2018年）

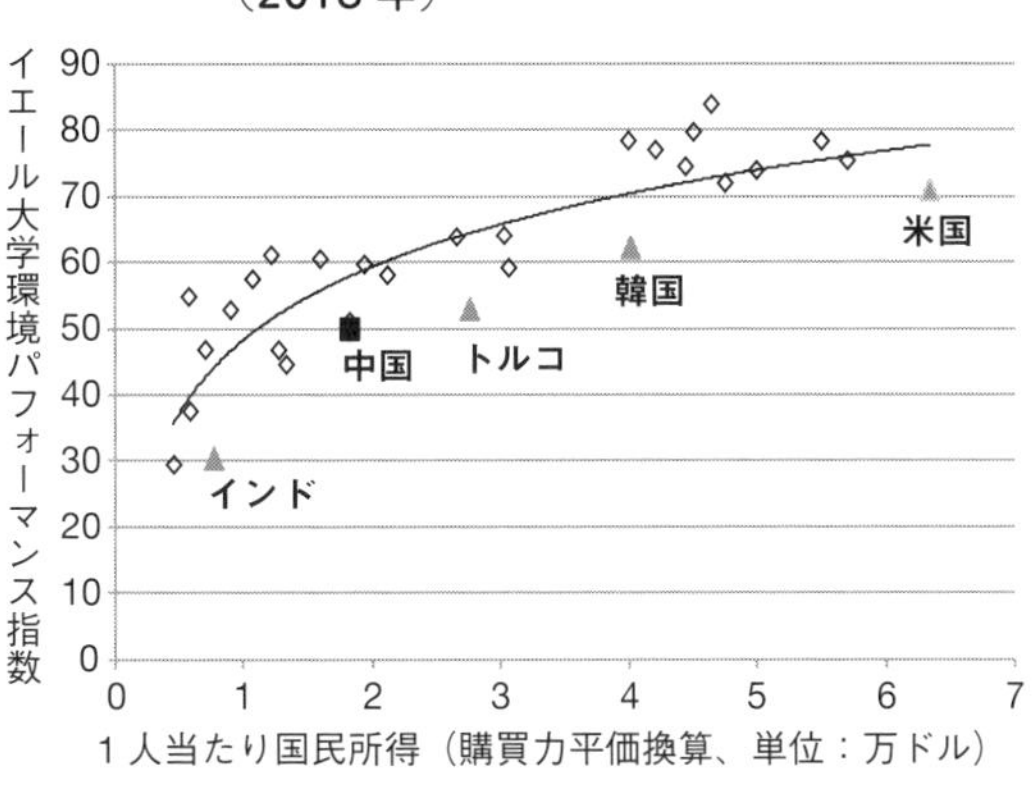

出典：Yale Environmental Performance Index. World Bank.

このグラフからは次の2点が読み取れる。1点目は、国の所得レベルと環境に強い相関関係があることだ。一般的には、国が貧しいときには環境にほとんど配慮しないが、豊かになるにつれて汚染に対処し、目に見えてきれいな環境となっていくと考えられているが、このグラフはそれを裏付ける。また、環境パフォーマンス指数の向上は、国が中間レベルの所得になる頃（このグラフでは、おおよそ1万ドルから2万ドル）から顕著になっていく。これは、中間層が拡大して、安全な空気や水を求めるようになり、環境保護が国のテーマとなっていくという見方を裏付けるものだ。[14]

2点目は、中国のパフォーマンスが、分布から大きく外れているわけではないものの、あまりよくないということだ。中国のスコアは、その所得レベルから期待される値よりも12%低い。中国以外で、期待値よりも実際の数値が10%以上低い国は、インド、トルコ、韓国、米国の4ヵ国だ。

ここから、中国の環境問題を考える枠組みが浮かび上がる。中国の公害問題のある部分は、近年の急速な工業化と相対的な所得の低さを考えると「標準的な」ものと捉えられる。しかし、すべてが標準的なのではなく、相対的には「環境低成績国」であり、中国はその仲間の国々（インド、トルコ、韓国、米国）と共通する特徴を持っている。中国は韓国と同様に「東アジア発展モデル」を採用しており、工業化を強く推進して経済を成長させることに大きく重点を置いている。また、インドや米国と同様に、非常に規模の大きな国である。そのため、このスコアで上位を占める西欧の小規模な国々と比べて、広い国土で国民全体に対し、環境保護を実現すべく調整するのがより困難だ。加えて、米国と同じく、中国も超大国を目指しており、そのため環境問題などの「ソフトな」懸念は差し置いて、大国の基盤となる工業と技術の発展に野心を燃やしがちになる。中国では、法的な制度が弱く市民社会の力も弱いので、環境保護の動きを結集するのが難しいということもあるだろう。

環境・気候問題はどのくらい改善されそうか

こうして考えると、中国は今後も環境面では低成績国にとどまりそうだ。他の国々が利用してきた環境問題の解決の仕組みを見ても、同じ結論に達する。欧州や北米、日本などの富裕国で成功している環境改善プログラムは、次に挙げる特徴のうちいくつかを備えている。

- 厳しい環境法制とその確実な実行。
- 「排出量」の取引など、市場を使った仕組み。
- 集団訴訟など、公害を発生させる企業の法による是正。
- 環境非政府組織（NGO）による活動。
- メディアによる報道。

中国の政治システムの性質を考えると、中国は1番目の方法に大きく依存し、残りの4つはせいぜい少し助けになるくらいだろう。公害問題をメディアで取り上げるのは、ある程度は許容されている。公害に限らず、地方

14　所得と環境保護の関係についての専門的な用語に「環境クズネッツ曲線」がある。このような名前が付いているのは、サイモン・クズネッツの「所得格差は国の開発の初期段階で拡大するが、国が豊かになるにつれ減少する」という理論との類似性によるものだ（格差とクズネッツ曲線について詳しくは第13章を参照）。格差を表すクズネッツ曲線と同様に、環境クズネッツ曲線も経験的な見地から批判されてきた。詳しくは以下を参照のこと。David I. Stern, "The Rise and Fall of the Environmental Kuznets Curve," *World Development* 32, no. 8 (2004): 1419–1439. この文献では、環境クズネッツ曲線による予測よりも早い段階で、多くの開発途上国は環境問題に取り組むようになると論じている。それでも、本書で提示したデータは、1人当たりの所得と環境対策の間には相関関係があることを示唆している。

の役人が隠そうとしている問題を報道機関が明らかにすることを、中央政府は喜ぶ。しかし、北京の当局が十分な情報を得たと考えたら、その時点で報道は弾圧される傾向がある。その典型的なパターンが、2015年3月に見られた。中央電視台【中国の国営放送】のベテラン記者である柴静が、大気汚染について厳しく批判したドキュメンタリー「穹頂之下（ドームの下で）」をインターネットで配信すると、数日間のうちに1億人を超える人々がそれを視聴した。しかし、すぐに検閲が入り、動画はすべてのウェブサイトから削除され、ソーシャルメディア上での議論も遮断された。もっと自由な国であれば、このドキュメンタリーをきっかけに「環境保護と経済成長のバランスをどう取るか」についての大規模かつ長期的な議論が始まったかもしれない。中国では、その議論は初期の段階で抑え込まれた。

同様に、中央政府は環境ＮＧＯの活動や法に訴える行為を厳しく規制し続けている。2014年に大幅な改革が発表されてガイドラインが示され、その中で、認定された環境ＮＧＯに限って、環境汚染企業を環境専門の裁判所に提訴することが認められた。一歩前進ではあるが、提訴できる環境ＮＧＯを中央政府が事前に選定するのである限り、そのインパクトは限定的だ。

当局は排出量取引、特に二酸化炭素の排出量取引に熱意を示している。基本的にはこれは良いことである。米国では、1990年の大気浄化法の改正によって二酸化硫黄（酸性雨の原因となる）の排出量取引が導入され、それがこの物質の排出削減に役立った。しかし、実際には排出権取引制度の導入は難しく、しっかりとした市場インフラと強力な規制当局の監視の目の両方が必要となる。中国がこうした基本的な要件を満たす状態に近づいているかは明らかではない。

トップダウンによる環境問題の改善はうまくいくか

したがって、中国の環境保護活動は、行政によるトップダウンの取り組みに大きく依存することになる。そうした行政による取り組みは、その設計次第で効果が変わってくる。また、おそらくもっと重要なのは、中央政府に環境問題を解決しようとする意志があるかどうかだ。

環境問題の大きさと政府の経済成長へのこだわりを考えると（またエアポカリプスなどの恐ろしい状況が起こっていることを踏まえると）、政府の環境問題への取り組みはどれほど本気なのだろうかと、皮肉な目で見てしまいがちだ。しかし、近年では大気汚染との戦いは進展を見せ、いまでは中央政府の優先事項であることが明言され、近い将来さらに成果を上げていきそうだ。一方で、水と土壌の汚染については、まだそれほど対策が進んでいない。

中国の大気汚染は、圧倒的に石炭を燃やすことから生じている。さまざまな推計があるが、多くは大気汚染につながる排出ガスの少なくとも50%が、石炭の燃焼に由来するとしている。石炭は、発電やセメント、ガラス製造、金属溶錬などに使われている。自動車の排気ガスは原因としてはもっと少なく、おそらく15%から20%程度だ。

これらの汚染原因の分布状況から、いくつか考えられることがある。マイナス面として1つ挙げられるのは、大気汚染を生じさせている業界は政治的に強力で、事業をクリーンにする動きには抵抗するということだ。一方で、問題が比較的集中しているので、対策が立てやすいとも言える。さらに、石炭への依存の低減は、環境保護論者だけが目指していることではなく、中国のエネルギー政策や産業政策を担当する官僚も目標としている。このように双方の利益が合致することから、石炭の利用は抑制され、またよりクリーンになる可能性が高い[15]。

石炭依存の低減とエネルギー効率は、2005年に重要な政策目標となった。政府がこの頃、中国のエネルギー集約度の高い成長モデルは持続不可能ではないかと懸念するようになったためだ。加えて、2次的ではあったが大きな懸念となっていたのが、石炭への過度の依存（当時、一次エネルギーの70％超、発電の80％超）が地域の大気汚染を悪化させること、また、中国はすでに温室効果ガスを大量に排出しているが、さらにそれを増大させて気候変動を引き起こすことだった。そこで中国政府はエネルギー強度削減の目標を定めた。それは1元のＧＤＰを生み出すのに必要なエネルギーの量を、２０１０年までに20％減らすという目標だった。また、石炭への依存を減らすことにも取り組み始め、よりクリーンな天然ガスや水力発電、原子力発電、風力や太陽光などの再生可能エネルギーに、大型の投資を始めた。

こうした政策には大きな効果があった。エネルギー効率改善の中心となったのは「１０００社プログラム」だった。これは、重工業分野の大手企業に、それぞれエネルギー効率の目標を持たせるというもので、数年後にはこの仕組みが大半の省級でも取り入れられた。目標にはわずかに及ばなかったものの、２００５年から10年までの間にエネルギー強度は19％低下した。２０１８年までには、ピークだった２００５年と比較すると42％の低下となり、年率で4.2％の削減が成し遂げられた。一次エネルギーに占める石炭の割合も、２００５年の73％をピークに減少し始め、２０１８年には58％になった。中国の石炭需要はピークを過ぎたと考えられ、今後も減少は続くだろう。[16]

この効果を生み出すのには、経済構造の変化も大きな役割を果たした。工業分野では大量のエネルギーが使われるが、サービス業では同じＧＤＰを創出するのに必要なエネルギーがずっと少ない。２０１３年までは、工業分野は経済においてサービス分野よりも大きな部分を占めていた。しかし、現在ではサービス分野の方が大きくなり、しかも急速な成長を続けている。第6章で述べた住宅建設は、鉄鋼やセメントやガラスなど、生産にエネルギーが必要で大気汚染につながる材料を大量に使用する。この住宅建設は１９９６年から２０１０年の間に3

倍増となったが、これも大きく減少しており、ピークを過ぎたと思われる。

エネルギー強度を低減するもう1つの要素は、段階的なエネルギー価格の改正だ。中国のエネルギー価格は、全体としては特に安いわけではない。産業向けの電力価格は、世界平均をわずかに上回る。ガソリンと軽油の店頭価格は、米国の水準より20％から40％高く、カナダやオーストラリアとほぼ同じだ。電力会社に適用される石炭の契約価格は、２０００年代初めに自由化され始め、２００５年から14年までの間に3倍になった。そして、現在では世界のスポット価格とほぼ同じになっている。[17]

しかし、中国のエネルギー価格が依然として政府によるさまざまな統制を受けており、需要と供給の変化をそのまま反映するものとはなっていないことは事実である。たとえば、電力価格は厳しく規制されており、発電の主な燃料である石炭価格ほどには上昇していない。ガソリンと軽油の価格は、２００９年に開始された価格改革の下、原油価格の変動を短いタイムラグで反映するようになっている。しかし、政府による価格決定の計算式に

15　この節で取り上げている問題やデータに関して、詳しくは以下の文献を参照のこと。Angel Hsu, "The Environmental Horizon: Still Murky," *China Economic Quarterly* (December 2017): 55-60 | Calvin Quek, "Bringing Back the Blue Sky Days," *China Economic Quarterly* (September 2014): 18-25 | Angel Hsu, "A Real War, More Ammo Required," *China Economic Quarterly* (September 2014): 10-17 | Michal Meidan and Rosealea Yao, "King Coal's Long, Slow Decline," *China Economic Quarterly* (March 2015): 28-34. 排出ガスで石炭の影響が大きいことに関して、環境保護団体グリーンピースの北京オフィスは、ＰＭ2.5の45～50％が石炭の燃焼によるもので、15～20％が輸送によるものだと推計する（Quek, "Bringing Back the Blue Sky Days"）。Nielsen and Ho, *Clearing the Air*: 57の研究では、大気汚染による健康被害の4分の1は電力業界が原因となっており、セメント・化学・鉄鋼業界も4分の1の健康被害を生じさせているという。ニールセンとホーはその後の研究で、セメント・れんが・ガラス業界が粒子状物質による汚染の54％を引き起こし、発電と金属溶錬が14％を引き起こしているとした。二酸化硫黄の排出では、発電が主要因（51％）で、セメント・れんが・ガラス業界が11％だという。

16　工業分野のエネルギー効率改善運動については、以下の文献で詳しく評価されている。Jing Ke et al., "China's Industrial Energy Consumption Trends and Impacts of the Top-1000 Enterprises Energy-Saving Program and the Ten Key Energy-Saving Projects," *Energy Policy* 50 (November 2012): 562-569.

17　エネルギー価格のデータについては、以下を参照のこと。*China Energy Databook 9* (Lawrence Berkeley National Laboratory China Energy Group, 2016), https://china.lbl.gov/china-energy-databook.

より、非常に高い原油価格がそのまま消費者に転嫁されることはない。したがって、原油価格が高くても（2010年から14年までのように）、ユーザーが燃費の良い車や工業設備など、エネルギー節約のための投資を行おうというインセンティブは少なくなる。電力需要は石炭の需要を大きく左右するので、大気汚染の改善には電力価格が最も大切である。市場型の電力価格設定に向けての取り組みが2014年に始まったが、完成にはまだ程遠い。

総合的に見ると、大気汚染の削減は大きく進展している。2013年9月には、「エアポカリプス」への対応として、政府は国家的な大気汚染アクションプランを展開し始めた。この計画では、中国北部のスモッグの主な原因であるPM2.5と、より粒子径の大きいPM10の排出に関して、省級ごとに目標値を課した。その後の4年間で、中国のPM2.5のレベルは25％以上減少し、1㎥当たり70㎍超から52㎍に低下した。2017年から19年の冬には、中国北部で建設と重工業の生産を抑える運動も展開され、さらなる削減が実現したとみられる。北京における大気汚染の改善は特に顕著で、PM2.5の濃度は2014年には1㎥当たり89㎍だったが、18年には51㎍まで低下した。二酸化硫黄は、石炭による発電がよりクリーンで効率的なものとなったため、大幅に削減された。ハーバード大学の研究によると、中国が4年間で実現した粒子状物質による汚染の削減は、米国が最初の大気浄化法成立（1970年）から30年かけて実現したものに匹敵するという。[18]

大気汚染対策が比較的成功したことからは、トップダウンによる取り組みの威力と限界の両方が見えてくる。目標とした汚染物質の削減は鮮やか、かつ迅速であり、注目されやすい。しかし、それによって意図しなかった副作用も生じた。PM2.5の削減によって、都会のスモッグの主成分の1つであるオゾンが大きく増加した。[19]加えて、2018年から19年の経済の減速で、中国の環境規制は緩和され、公害のレベルは再び上昇した。大気汚染の改善は、それが政治の優先課題となっていることと、経済が自然に構造転換していくことによってさらに進むと考えられる。しかし、その成果にはムラがあり、楽観的な政府関係者でも、都市の大気が先進国として許容されるレベルになるまでには15年はかかると考えている。また、汚染された河川や湖、土壌の浄化など、他の重要な環境問題への取り組みはほとんど始まっていない。今後しばらく、環境のダメージは大きな問題であり続けるだろう。

18　"China's War on Particulate Air Pollution Is Causing More Severe Ozone Pollution," Harvard John A. Paulson School of Engineering and Applied Science, December 31, 2018.　ＰＭ2.5のデータは、World Bank, World Development Indicators、および中国国家統計局〈ＮＢＳ〉より。

19　Ke Li et al., "Anthropogenic Drivers of 2013–2017 Trends in Summer Surface Ozone in China," *Proceedings of the National Academy of Sciences 116*, no. 2 (January 8, 2019): 422–427, https://www.pnas.org/content/116/2/422.ss

第11章

人口構成と労働市場

「人口ボーナス」とは何か

「人口ボーナス（人口配当）」とは、全人口における被扶養者の割合が大幅に減少すること【逆に言うと、生産年齢人口の割合が増大し、それによって経済成長が後押しされること】を指す。こうした状況は通常、伝統的な農業社会で生じる。そこでは多くの子どもが幼い頃に死亡するので、十分な数の子どもが生き残るよう家族は出生数を増やす必要があり、出生率が高くなる。しかし、衛生状態と医療環境が改善するにつれ、子どもの死亡率は低下する。やがて、家族は生存率の高さに応じて、子どもを産む数を減らす。政府の産児制限政策によって、この傾向が強まることも多い。

こうした展開の結果、人口構造が2段階で変化することになる。最初に、生産年齢【労働力の中心となる15歳以上65歳未満の人口】に相当する人口が急速に増加する。これが起こるのは、子どもの死亡率が減少しているのに、出生率が高いままの時期があるからだ。その後、出生率は低下する。すると、生産年齢の人の数が相対的に多くなり、扶養される子どもの数は減っていく。つまり、「従属人口」（子どもと老人の数）の割合は低下する。

この人口構成は必ずしも速い経済成長を約束するものではないが、プラスには働く。労働者が多く、養うべき人数が相対的に少ないと、家計はより多くの収入を貯蓄に回せるようになる。こうした貯蓄を吸い上げて、インフラや製造業などへの投資に回す仕組みがその国にあれば、好循環ができて、貯蓄の増加が所得の伸びにつながる可能性が高まる。所得が増えるようになれば、国民はお金を稼ぐのに専念し、その間は子どもを産むのを控える。すると、さらに出生率は下がり、貯蓄は増えるという循環が続く。

残念ながら、数十年経つとこのプロセスは逆転し始める。大勢の労働者がいる世代は、やがて大勢の引退者がいる世代となり、国の医療や年金の利用が増えていく。一方で、この集団の次の世代は人口がずっと少ない。したがって、大勢の労働者が少数の被扶養者（主に子ども）を支えるのではなく、少数の労働者が多くの被扶養者（主に老人）を支えなければならなくなる。国の高齢化が進んでいくこのような段階は「人口オーナス期」と呼ばれ、経済成長は鈍化する傾向がある。

人口ボーナスは中国にどんな影響を及ぼしてきたか

中国の東アジアの隣国（日本、韓国、台湾）はほどほどに人口ボーナスの恩恵を受け、これが各国の高度成長期にもプラスに働いた。中国の人口ボーナスはとてつもなく大きく、なおかつ長期間続くものだった。

その理由は、1950年代の終わりから1960年代の初め頃を振り返ってみればわかる。1959年から62年までの約3年間、中国の広い範囲が飢饉に近いような状態に苦しんだ。1958年から59年にかけて行われた、破壊的な経済政策「大躍進運動」の結果である。この運動では多くの農民が農地から引き離され、小規模な製鋼所など、地元の急ごしらえの工場での労働に従事させられた。中国政府が公式に飢饉の発生を認めることはなかったが、人口学者は3000万人から4000万人が死亡したと見ている[1]。

この大惨事の後、出生率が急上昇した。1963年から73年までの10年間、中国はたいへんなベビーブームとなり、人口は6億8000万人から8億8000万人にまで増加した。この人口増の要因としては、以下の点が挙げられる。戦争や災害の後は人口が急速に増えるという自然な傾向、大家族を奨励する政府の政策（人口が多い方が国は強くなるという、毛沢東の信念に基づいたもの）、そして、衛生状況や医療の向上により、乳幼児や子ども、妊婦の死亡率が激減したことなどである。

1970年代初めになると、政府は人口の拡大があまりに急で、食糧や雇用の供給が不十分になるのではないかと心配し始めた。1973年には、政府は「晩婚、出産間隔拡大、少産」運動を開始。遅めに結婚して、子どもを産む間隔を空けることを奨励し、都市部では子どもの数を2人までに、農村部では3人までにするよう促した。[2]

これらの政策や、子どもの死亡率低下の影響を受けて出生率は急減し、1970年代の間に5.8人から2.4人になった。この急激な減少により、同じ人口を維持できる「置換率」の2.1人に近づいたにもかかわらず、政府は1980年に過酷な「一人っ子」政策を開始した。このため、1980年代と90年代には出生率はさらに低下した。

飢饉による多数の死（このため、1980年代には引退者の数が減った）と1960年代の大規模なベビーブーム、そして1970年代に始まった出生率の大幅な低下により、中国では大きく長期的な人口ボーナスが生じた（図

図表 11.1　中国の従属人口比率の推移

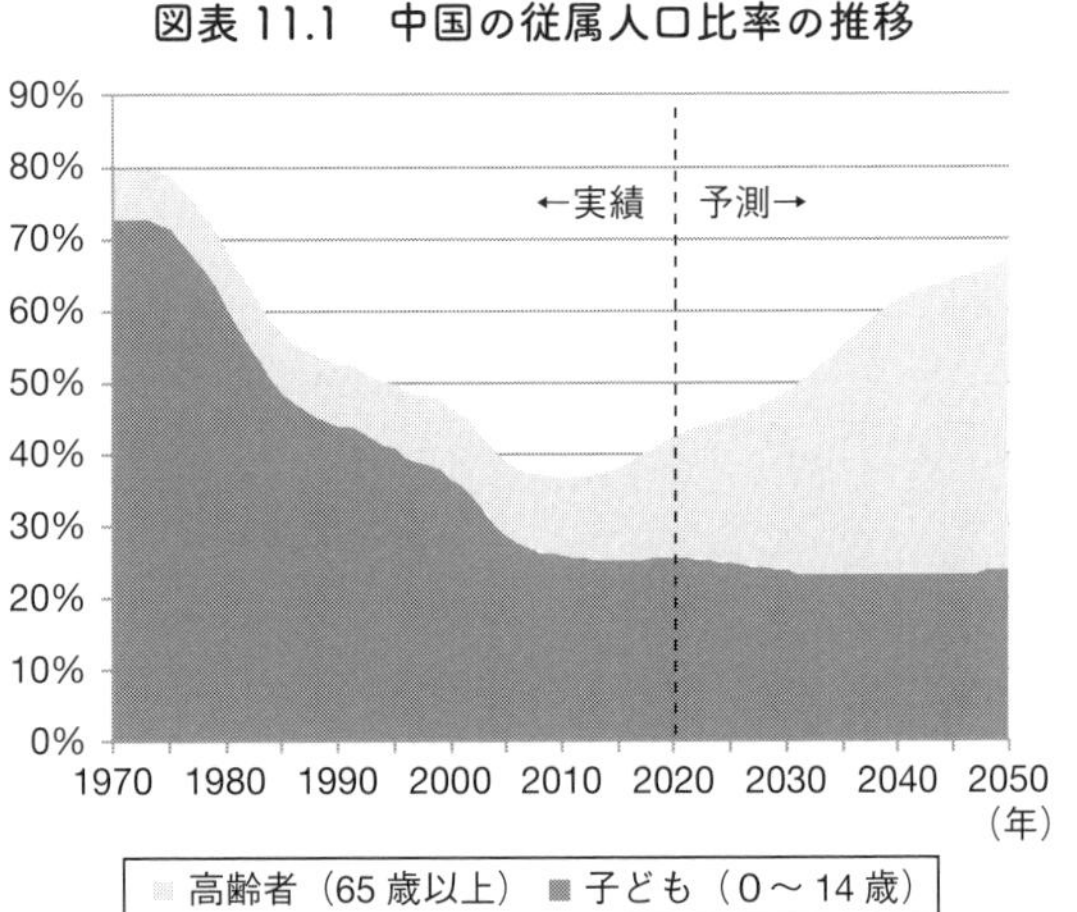

出典：United Nations World Population Prospects.

表11・1参照)。1975年から2010年までの間に、従属人口比率（生産年齢の人口100人に対する、14歳以下と65歳以上の人口の割合）は80%から36%にまで低下。同じ期間に、中国の貯蓄率は国内総生産〈GDP〉の33%から50%を超えるまでに拡大し、実質での年間投資支出の伸び率は平均12%に達した。また、経済は平均で毎年約10%成長した。人口動態と経済成長の関係はまったく単純なものではなく、この人口ボーナスだけが原因となって中国の急速な経済成長が起こったと言うのは間違いだ。しかし、それは明らかに重要な好条件となった。人口ボーナスは急速な経済成長の機会を創造し、1978年に始まった改革が、その機会を現実のものにしたのである。

中国の「人口転換」はどう進むのか

残念ながら、中国はこの人口ボーナスの後に続くプロセスを進み始めており、今後、従属人口比率は上昇していく。

これまでの従属人口比率の低下は、1960年代から70年代に生まれたベビーブーム世代が労働力となっていったことが原因だ。今後数十年間の従属人口比率の上昇は、同じベビーブーム世代が引退していくからに他ならない。2020年の時点では、60歳超の人は中国人の5人に1人よりやや少ないくらいだ。この数字は2030年までには4人に1人となり、50年までには3人に1人となる。そのため、年金や医療、社会サービス

1　Yang Jisheng, *Tombstone: The Untold Story of Mao's Great Famine* (London: Allen Lane, 2012) | Judith Banister, *China's Changing Population* (Stanford, CA: Stanford University Press, 1987).

2　Guo Zhigang, "Family Planning Policy: Too Few By Far," *China Economic Quarterly* (June 2012): 22-26.

の負担は著しく増大する。

2020年には、引退年齢（65歳以上）の人1人に対して生産年齢（ここでは20～64歳）の人が約5人いる計算だが、これが2035年には3人を少し超えるくらい、50年にはわずか2人となる。これは「高齢化社会」として知られる現在の日本とほぼ同じ水準だ。30年より短い期間で、中国は比較的若い社会から、非常に高齢化した社会に転換することになる（図表11・2参照）。

高齢化は労働力と経済成長にどんな影響を与えるか

中国では今後、急速な高齢化が進むことは間違いない。高齢化は経済成長には下向きの圧力を加え、社会保障に関する財政負担を押し上げる。この状況についてよく言われるのは、中国は「豊かになる前に年を取る（未富先老）」リスクがあるということだ。とはいえ、一般に認識されているほどには、人口構成だけで経済成長が決まるわけではない。人口のトレンドは、いったん確立されるとそれを覆すのに何十年もかかるため、大きな制約条件にはなる。しかし、人口構成によって限界が生じても、経済にはうまく立ち回れる余地がたくさんある。

中国が今後10年ほどの間にまず直面する問題は、長年急速に伸びてきた生産年齢の人口が減少し始めるという

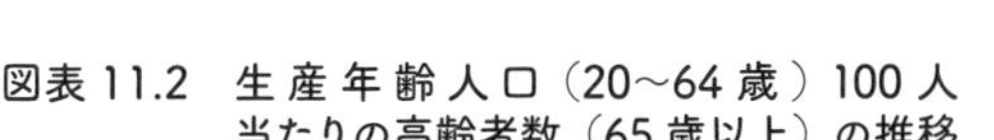
図表11.2　生産年齢人口（20～64歳）100人当たりの高齢者数（65歳以上）の推移

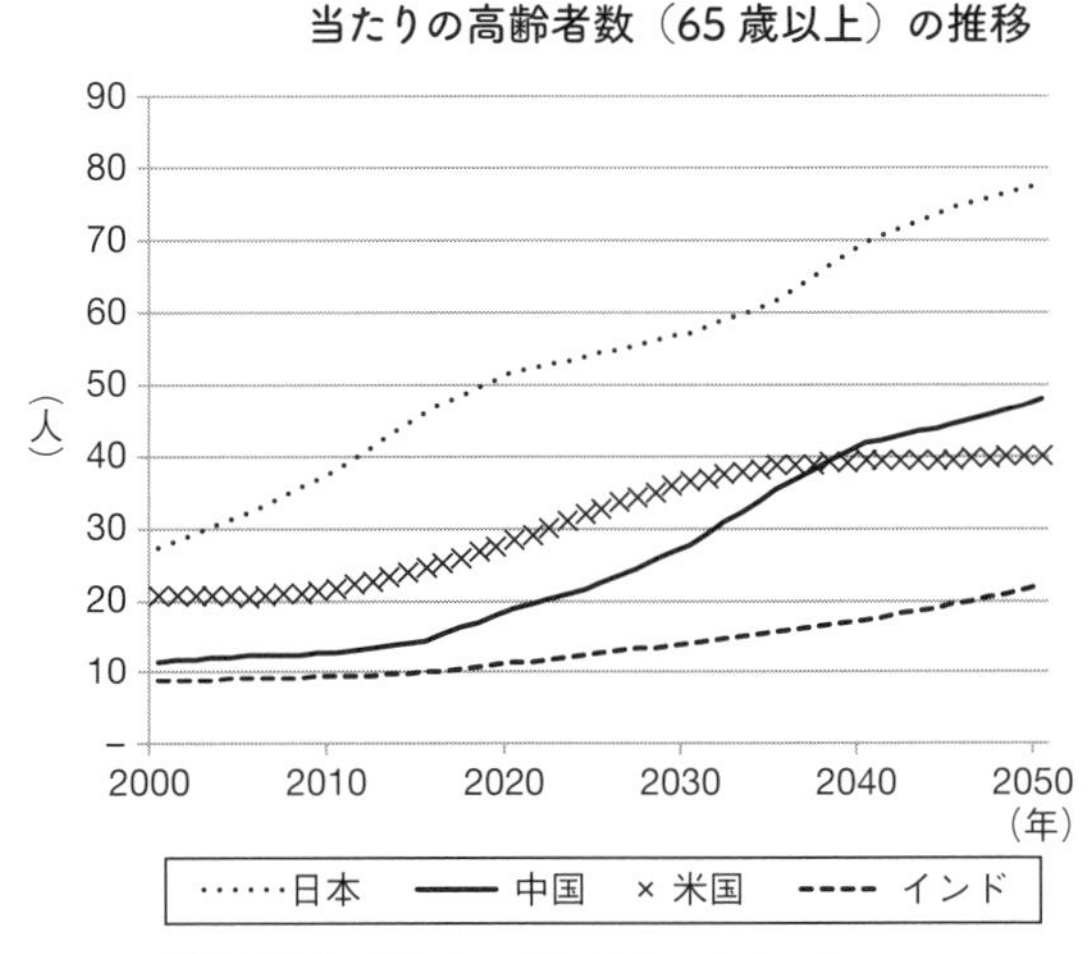

出典：United Nations World Population Prospects.

ことだ。しかし、生産年齢人口は、必ずしも労働力人口と同じではない。労働力人口は、現在働いている人と、積極的に仕事を探している人（完全失業者）から構成される。この「働いている人と積極的に仕事を探している人」が各年代の人口に占める割合を労働力率という。中国の労働力率で特徴的なのは、40代の終わり頃までは労働力率が非常に高いが、その後は急激に減少していくということだ（図表11・3参照）。48歳の都市住民の労働力率は80%だが、50歳になるまでに、この割合は70%に下がる。そして60歳の都市住民では、労働力率はわずか29%だ。この労働力率の低下は、40代と50代の女性で特に顕著に見られる。

ここから導き出せるのは、たとえ生産年齢の人口が減り始めても、中国にはまだ労働力を増やす力があるということだ。それには、特に45歳から65歳の労働力率を引き上げなければならない。この年代は、2030年には生産年齢人口の半分近くを占めるようになる。これを実現する方法はたくさんある。1つは、法定の退職年齢を引き上げることだ。政府機関や国有企業では概して退職年齢が非常に低く、男性で60歳、女性で55歳になっている。別の方法は、教育を受ける機会の拡大だ。従来型の学校教育だけでなく、成人教育や職場内訓練（OJT）を拡大する。労働者がキャリアのさまざまな段階でトレーニングを受けられれば、経済の変化に適応して長く働き続けられる可能性が高まる。また別の方法として、経済の重点を

図表11.3　中国の年齢別労働力率（2015年）

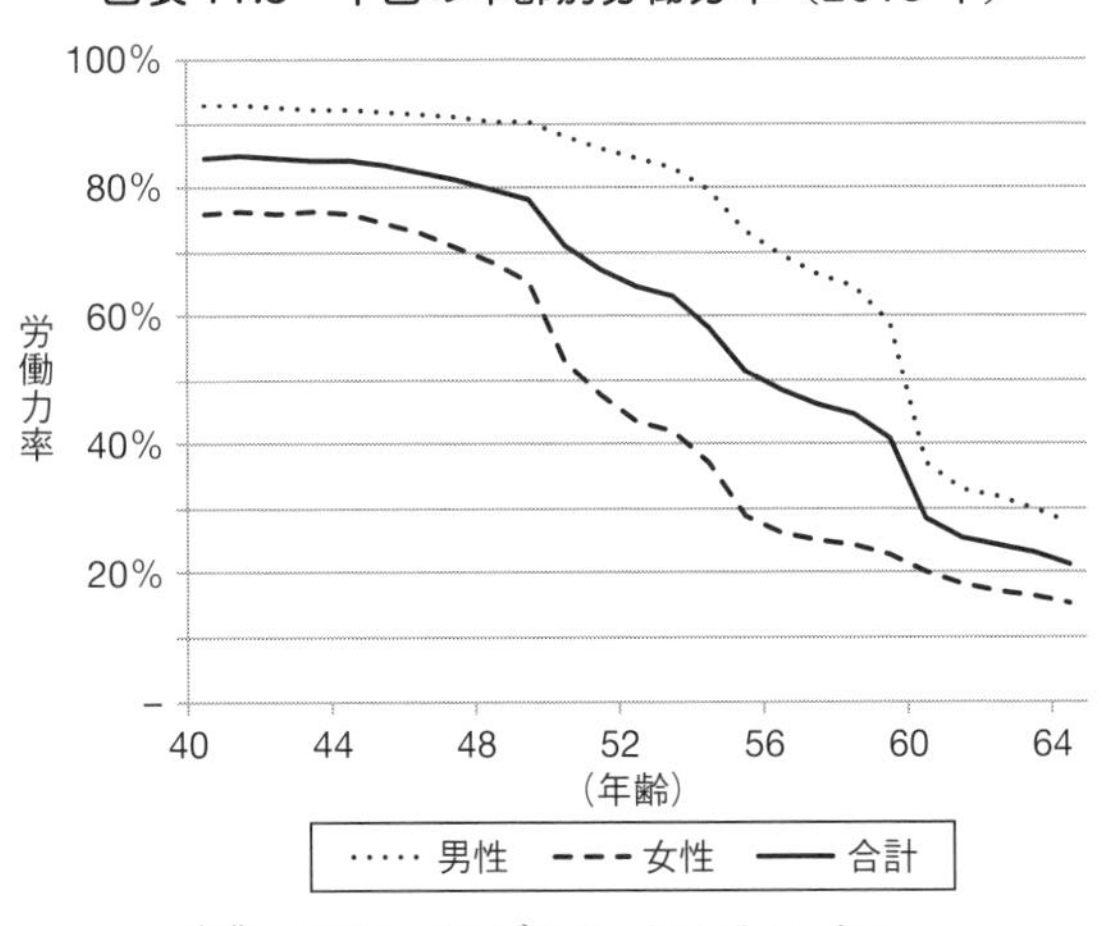

出典：CEIC、ギャブカル・ドラゴノミクス。

工業からサービス業に移すこともプラスとなる。なぜなら、サービス業は工業よりも労働集約的で、あまり体力の要らない仕事も多く、60代でも仕事を続けやすいからだ。

高齢化に関してもう1点考えるべきなのは、労働力の経済へのインパクトは数によっても決まるが、もっと重要なのはその生産性だということだ。生産性の重要性は、次の事実によってわかる——中国の労働力は米国の5倍近くなのに、中国経済はいまだに米国の4分の3の規模しかない。つまり、中国の労働者1人当たりの生産額は、米国の労働者1人当たりの生産額の6分の1に過ぎない。したがって、生産年齢人口の減少による経済への影響を相殺するには、政府は労働への参加を増やすことに加えて、生産性を高めることにも力を入れる必要がある。実際、効率と生産性の向上は、政府の経済改革の中でも重要な目標になっている。この経済改革については第14章で詳しく述べる。[3]

しかし、残念ながらこの点に関しては少々問題もある。先に述べたように、労働力率を高める方法の1つは、工業よりも労働集約的なサービス業に経済の重点をシフトさせることだ。しかし、サービス業の生産性は工業よりも低く、生産性の伸び率も低い（なぜなら、サービス業では人を機械につないで生産性を向上させるようなことはできないからだ）。したがって、経済が否応なくサービス業にシフトしていく中では、生産性の伸びも低くなっていく。ただし、望みがないわけではない。それは、サービス業の中には、生産性を改善しやすい業界もあるということだ。具体的には、運輸や金融、製造関連サービスや医療など、非効率な国有企業が支配している業界である。これらの分野を開放して民間企業との競争を増やせば、サービス業で通常期待できる以上に、生産性が向上できる可能性がある。[4]

一人っ子政策は何のために行われたのか

人口をコントロールする手段として、「一人っ子政策」の重要性は一般に信じられているよりもずっと低かった。中国の出生率が目立って低下し始めたのは１９７０年代で、一人っ子政策が採用される１９８０年より前である。１９８０年代のこの政策の実施状況は混乱しており、波があった。厳格な時には、強制的な中絶や避妊手術が行なわれたことが広く報じられた。一方で、柔軟な時には農村部で出生率が上昇した。１９８０年代後半には、農村部の世帯に関してはより現実的な政策となり（最初の子どもが女の子の場合、2人目を持つことが認められた）、少数民族ではさらに制限が緩和された。一人っ子政策が完璧に実行された場合、1人の子どもしか認められないのは60％の世帯だけであり、出生率はおおよそ1.5となる[5]。したがって、「1.5人っ子政策」と呼ぶのが正しいのかもしれない。この政策は四半世紀にわたって実施された後、２０１３年後半には少し緩和された。そして２０１５年には変更されて、すべての夫婦が2人の子どもを持てるようになった（詳しくは後述）。

一人っ子政策の効果は非常に見えにくい。１９８０年の出生率は2.4だった。１９９０年には置換率の2.1まで下がり、２０００年には1.4になった。それ以降は、1.4から1.5の間で推移している。この出生率の低下のうち、どれほどが政策によるもので、どれほどが農村部から都市への移住などの要因によるものなのか（都市に移住してきた世帯は、農村部にとどまる世帯よりも子どもの数が少ない）、明らかにすることは不可能だ。一人っ子政策のような制約

3　２０１８年の中国の労働力人口は7億７６００万人で、米国は1億６２００万人だった。中国のデータはＣＥＩＣのデータベースから、米国のデータは米労働統計局から。参考：http://data.bls.gov。
4　Wang Feng, "Demographic Transition: Racing towards the Precipice," *China Economic Quarterly* (June 2012): 17–21 | Judith Banister, "Labor Force: No Need to Panic," *China Economic Quarterly* (June 2012): 27–30.
5　Guo, "Family Planning Policy."

がない他のアジア諸国では、ここ数十年で中国よりも速いペースで出生率の低下が起こり、中国と同程度まで出生率が低下している。韓国では、1980年の出生率は2.8だったが、1990年には1.6、2010年には1.2となった。タイでは同じ1980年から2010年までの間に、3.4から1.4まで下がった。[6]

一人っ子政策は改革開放期の主な政策の中で、最悪な政策の1つだったという批判を免れることはできない。導入された時にはすでに不要な政策で、時に残酷で、女性にとっては常に煩わしく屈辱的なものだった。たとえ中絶や不妊手術を強いられることがなかったとしても、女性は毎年、産児制限のための検査を受けさせられた。そして、政策は必要以上に長く継続された。

長く続いた主な理由は、官僚主義的な惰性だ。この政策を実行していた国家計画生育委員会では50万人の職員が働き、600万人のパートタイム従業員も雇っていて、毎年何千万元もの罰金を徴収していた。この雇用と収入を守るためだけに、この政策を続けたいという強いインセンティブが働いた。そして、その業務が大いに必要だと強調するために、同委員会は常に出生率を高めに発表しており、[7]実際の出生率がそれよりもかなり低いことがようやく証明されたのは、2010年の国勢調査の結果が明らかになってからだった。国家計画生育委員会は衛生部の傘下に置かれ、独立の組織ではなくなって、ついに政策は緩和され始めた。

2013年11月に政府は、都市部に住む夫婦のうちどちらかが一人っ子であれば、2人目の子どもを持てると発表した（それ以前は、夫婦の両方が一人っ子でなければ、2人目の子どもは持てなかった）。これは及び腰な改革で、その条件が限定的だったことを考慮しても、政府の期待以下の小さな効果しか生まなかった。2人目の子どもを持つ許可を初年度に申請した夫婦はわずか110万組で、その資格がある1200万組よりはるかに少なく、また政府が期待していた200万組よりも少なかった。2015年11月には政策はさらに緩和され、すべての夫婦が子どもを2人持てるようになった。出生率は2016年に一時的に上昇したが、17年には元に戻ってしまった。

ここまでの状況が示すのは、中国の都市部も、他の東アジア諸国で一般的となっている低い出生率から逃れられないということだ。東アジアの出生率の低さは、子どもを育てる費用の高さ、狭い居住スペース、手ごろな価格で保育サービスを受けることが難しい状況などが要因となっている。中国の出生率の低下には、一人っ子政策はおそらくほとんど寄与していなかったと思われるため、その政策が終了したからといって、中国人がもっと子どもを持とうと考えるようにはならないだろう。家族の出産についての意思決定に政府が関わらなくなることは、個人の自由という観点からは大きな進歩だ。しかし、一人っ子政策の廃止による直接的な経済効果はごくわずかだろう。

中国の労働者はなぜ農村部から都市部に移り始めたのか

改革開放期の労働市場の特徴としては、労働者が農業から都市部の工業やサービス業へ移動し続けたこと、また国有企業から民間企業へ移り続けたことが挙げられる。改革開放期が始まった1978年には、労働者の70％が農村部で農業に従事しており、都市部の労働者のほぼ全員が、国有企業か「集体」所有の企業で働いていた。これが2018年には、農業に従事しているのは労働者全体の26％になり、国有企業や集体企業で働いているのは、都市部の労働者のわずか14％になった。中国の雇用データは整理されておらず不完全だが、これを丁寧に分

6　出生率のデータは、世界銀行の World Development Indicators から。参考：http://data.worldbank.org。一人っ子政策に関する包括的かつ手厳しい批判を含んだ分析には、以下のものがある。Martin King Whyte, Wang Feng, and Yong Cai, "Challenging Myths About China's One-Child Policy," *China Journal* 74 (2015): 144-59.

7　Guo, "Family Planning Policy" 2012."

析した研究者のニコラス・ラーディによると、2011年の時点で、都市部の労働者の3分の2が民間企業で働いていたという。そして、さらに驚くべきことに、1978年以降に新たに生まれた都市部の仕事のうち、95％が民間企業によるものだという。[8]

農業以外の雇用が最初に伸び始めたのは1980年代だった。農村部で小規模な「郷鎮企業」が設立され始めた時だ（第4章を参照）。郷鎮企業による雇用は、農業の規制が緩和された後の1980年代後半に急速に伸びた。1983年から84年の改革で、農民は自分の生産した作物を自由に販売できるようになり、また農業以外の仕事を自由に探せるようになった。郷鎮企業と他の形態の地方企業を合わせた雇用者数は、1978年には2800万人だったが、1985年には7000万人になり、1993年には1億2300万人という驚くほどの数字になった。中国の労働者全体の20％近くに及んだのである。[9]

最初は、相当数の郷鎮企業の雇用が、地方政府の管理下にある「集体」企業におけるものだった。[10] それらの企業の中には、実質的には民間の起業家が運営しているが、当時は民間企業の立場が曖昧だったことから、政府を株主として抱えて政治的な隠れ蓑を身につけていた企業もあった（そのような企業は、「赤い帽子をかぶっている」と表現されていた）。それ以外には、地方政府が支援者となった郷鎮企業があった。地方政府は郷鎮企業に経済成長と財政収入の源を求め、役人は地方政府の簿外の収入を自分の懐に入れたいと考えていた。

こうした複合的な企業が「本当は」民間企業なのか、あるいは国有企業なのかは議論の余地がある。いずれにせよ、新興企業が当時の政治環境で成功するには、起業家的なエネルギーと政治的な支援の両方が必要で、郷鎮企業はそれを提供できる構造だったと言える。しかし今日、郷鎮企業の雇用の大多数は明らかに民間企業によるものである。なぜなら、民間が所有する郷鎮企業の方が、集体が所有する郷鎮企業よりも速く成長し、また、表向きは「集体」あるいは地方政府が所有しているように見えた企業も、「赤い帽子」を投げ捨てたからだ。

国有企業改革は労働市場にどんな影響を与えたか

1980年代後半から90年代初めにかけて雇用が拡大した後、次の大きなターニングポイントが1990年代後半にやって来た。政府が国有企業の大規模な再編に取りかかった頃だ。1995年には、国有企業はまだ都市部の労働者の約60%を雇用していた。しかし、次第に非効率と損失に悩まされるようになり（第7章を参照）、1995年から2005年までの間に、都市部の国有企業の雇用者数は1億1300万人から6400万人へと、5000万人近く減少した。そのうち約3000万人が正式なレイオフによる減少で、主に工業分野で行われた。それ以外の人員減は、早期退職か企業の民営化によるものだった。2005年には、国有企業が都市部の雇用に占める割合は、23%にまで低下。同年までの10年間の国有セクターでの雇用減は、同期間の都市部の平均雇用者数の20%に相当した。[11]

これを別の尺度でも見てみよう。この10年間で中国の国有セクターで失われた仕事は、米国で2008年から10年までの大規模な景気後退の間に失われた仕事（900万人）の5倍以上だった。また、中国の工業分野でレイオフされた3000万人という数は、米国の製造業で1979年から2009年までに失われた仕事（800万人）の約4倍に当たる。[12] ある意味で、中国の国有セクターでの人員削減は、米国で失業率が25%にもなった世界

8　Nicholas Lardy, *Market over Mao: The Rise of Private Business in China* (Washington, DC: Peterson Institute of International Economics, 2014): 214-215.

9　Fang Cai, Albert Park, and Yaohui Zhao, "The Chinese Labor Market in the Reform Era.": 171. (Loren Brandt and Thomas G. Rawski, eds., *China's Great Economic Transformation*〈Cambridge: Cambridge University Press, 2008〉に収録)。

10　Jean C. Oi, *Rural China Takes Off: Institutional Foundations of Economic Reform* (Stanford, CA: Stanford University Press, 1999): 62-66. 通常、集体企業という言葉は、ある企業が市のレベルより下位の行政組織の管理下にある時に用いられる。

11　Cai et al., "The Chinese Labor Market in the Reform Era," 176-177.

大恐慌にも並ぶものだった。

しかし、中国は大恐慌に陥ったのではなかった。大規模なレイオフが行われたこの10年間で、中国の都市部の雇用は合計で9000万人拡大したのである。伸び率にして、50%近いものだった。これには4つの要因がある。1つ目は、政府が製造業の規制をうまく緩和して、国有セクターの縮小によって生じた隙間を、効率的な民間企業が埋められるようにしたこと。2つ目は、貿易の自由化を進めて2001年には世界貿易機関〈WTO〉加盟も果たし、製造業で新しく生まれた企業が、拡大していた世界の需要を開拓できるようになったこと。3つ目は、製造業やその従業員のニーズに応える、新たなサービス業（運輸業やレストランなど）が育ったこと。そして4つ目は、政府のインフラ支出が増え、住宅の私有化により不動産ブームも起こって、建設業における労働需要が急増したことだ。

失業はどのくらい大きな問題なのか。賃金は上昇しているのか

しかし、このように全般的に良好に見える状況の背後には問題も隠れている。まず、このように良い環境から締め出されている人たちが大勢いる。中国には信頼できる失業率のデータがないが、労働問題の研究者によると、1996年には失業率は7%未満だったが、2002年には11%を超えていたという。その後の経済成長の間に失業率は低下し、2008年の世界金融危機の後でさえも比較的低いレベルを維持していた。政府の経済分野別の調査によると、2015年以降、都市部の失業率はおよそ5%とされ、さまざまな研究者はもう少し高いと推計している。つまり、中国は多くの仕事を創出してはいるが、莫大（ばくだい）な生産年齢人口を完全に雇用することは依然として難しい、ということだ。[13]

2つ目の問題は、労働者の供給が大きく膨らんだため、一般的な労働者の賃金が十分に上がらず、所得と資産に深刻な格差が生じたことだ。労働者の供給増は、国有セクターのレイオフに加え、1995年から2005年までの間に生産年齢の人口が2億人近く増えたことが要因となった。

中国の他の問題と同様に、この問題も複雑だ。中国の製造業の賃金は、1990年代と2000年代に他の低所得国に比べると急速に上昇した。たとえば、1994年には中国の工場労働者の年収は500ドルで、タイの工場労働者の4分の1だった。しかし、2008年には中国の工場労働者は年間に3500ドル稼ぐようになり、タイの工場労働者の年収を25%近く上回っていた。これは相当に大幅な上昇だと言える。

しかし、製造業は都市部の雇用のわずか4分の1から3分の1を占めるに過ぎない。残りは大半が建設業やサービス業などで、相対的に賃金が低い。それらの業界の賃金も上昇はしたが、そのスピードは製造業ほどではなかった。加えて、労働者の賃金の上昇スピードは、資本所有者の所得の上昇スピードにはまったく及ばなかった（後述するが、この傾向は2010年以降、労働者にとって好ましい方向に変化していると思われる）。したがって全体とし

12　米国の非農業分野の雇用は、ピークだった2008年1月の1億3840万人から、2010年12月には1億2970万人に減少した。米国の製造業による雇用は、ピークだった1979年の1950万人から、2009年には1150万人に減少した。データは米労働統計局より。

13　公式の「都市部登録失業者」統計は、4%を少し超える水準のまま、長年にわたってほぼ動きがなく、このデータはあまり意味のないデータだという見方が多い。というのも、この統計では移住労働者は除外されており、失業給付を申請していない人も除外されているからだ。2015年以来、政府は都市の失業率の調査を公表しており、そちらはもっと変動が多く、割合も少し高くなっている（2019年の大半で5.2%）。しかし、この調査もすべての業種をカバーしているわけではない。政府のシンクタンクや学者らによる研究では、失業率はさまざまな期間で6～10%程度と推計されている。2009年までの丁寧な学術的推計には、以下のものがある。Shuaizheng Feng, Yingyao Hu, and Robert Moffit, "Long Run Trends in Unemployment and Labor Force Participation in China," *Journal of Comparative Economics*, 45, no. 2 (2017): 304-324. それ以降のデータは、以下を参照。Yang Liu, "The Chinese Labour Market: High Unemployment Coexisting with a Labour Shortage," July 19, 2014, http:// www.voxeu.org/article/china-s-unemployment-and-labour-shortage.

ては、国民所得のうち労働による所得が占める割合が、1995年の54%から2008年には47%に低下し、一方で、企業の利益の割合が増加した。そして、所得格差を測る指標であるジニ係数は、1990年代中頃にはまあまあ普通のレベルの0・32だったが、2010年には0・43という非常に高い水準に達した(格差のこの側面に関しては、第13章で詳しく述べる)。[14]

「ルイスの転換点」とは何か。中国にとってはどんな意味があるか

「ルイスの転換点」は、1979年にノーベル経済学賞を受賞した西インド諸島出身の経済学者、W・アーサー・ルイスの研究に由来する。1950年代に、ルイスは開発途上国の経済についてのシンプルなモデルを考案した。それはさまざまな点から批判を受けてはいるものの、中国のような国家が工業化への道を進んでいく段階を理解するには役に立つモデルだ。[15]

ルイスは、自給自足の農業分野と近代的な工業分野という、2つの分野がある経済を考えた。まず、賃金の高さが魅力となって、農村部から工業分野へと労働力が流出していく。しかし、農業分野の余剰労働力が非常に大きいため、賃金上昇のペースは生産性向上のペースよりも緩やかになる。この1番目の段階では、経済全体では急速な資本の蓄積が起こり、国民所得においては企業の利益の割合が拡大し、労働者の所得の割合が縮小していく。

しかし、ある時点で農村部の余剰な労働力は枯渇し始め、企業は積極的に賃金を上げざるを得なくなる。この2番目の段階では、資本家が労働者を外国から連れてくるか、低賃金の国に投資を行って低い賃金を維持するのでない限り、国民所得は資本家から労働者に再配分されるようになる。こうした1番目の段階から2番目の段階

への移行が、「ルイスの転換点」と呼ばれている。[16]

ルイスのモデルは、この4半世紀の中国経済の発展と労働市場を理解する上で有用だ。1990年代と2000年代初めには、人口ボーナスと国有企業の大規模なレイオフのおかげで、中国にはほぼ無限の労働力があった。この労働力によって、工業生産の大幅な拡大と大量のインフラ建設が可能になった。この経済活動から得られた利益は、賃金の上昇という形で労働者に渡るよりも、利益の増大という形で資本家に渡った部分が大きかった。ただし、前述したように賃金もかなり上昇した。結果としては、GDPに占める投資（企業の利益を原資とする）の割合は拡大し、消費（労働者の賃金が原資となる）の割合は減少した。

しかし、2005年頃から、労働者の供給は頭打ちとなり始めた。それが最初に表れたのが若年労働者（15〜

14　生産年齢人口の増加については、World Bank/DRC 2013: 277, fig. 4.5を参照。中国とタイの賃金水準については、World Bank/ DRC 2013: 349, fig. 5.12を参照。労働による所得が占める割合の低下は、国民経済計算の資金循環勘定のデータより。中国人の研究者、白重恩と銭震杰によると、国民所得のうち世帯所得が占める割合（賃金による所得の他、金融収入も含む）は、1996年の67％から2005年には54％に低下したという。参考：Bai and Qian, "Who Is the Predator, Who the Prey: An Analysis of Changes in the State of China's National Income Distribution," *Social Sciences in China* 30, no. 4 (November 2009): 179–205。中国のジニ係数のさまざまな推計については、第13章で詳しく検討している。どの推計を見ても、1995年から2010年までの間に同係数が大幅に上昇したという点では一致している。ここで引用したデータは、World Bank/DRC 2013: 275、および国家統計局から。

15　中国にとってのルイスの転換点の意味は、中国の労働経済学者蔡昉が2008年に出版した書籍『劉易斯転折点及其政策挑戦（ルイスの転換点とその政策課題）』（社会科学文献出版社）で最初に注目された。政府は当初、この考え方を懐疑的に見ていた。というのも、中国の労働力の供給過剰は永遠に続くものと考えられていたからだ。しかし、蔡の見方は幅広く受け入れられるようになった。英語によるサマリー：Cai Fang, "Approaching a Triumphal Span: How Far Is China towards Its Lewisian Turning Point?" UNU-WIDER Research Paper No. 2008/2009, February 2008, *http://iple.cass.cn/upload/2012/06/d20120606103343081.pdf*

16　W. Arthur Lewis, "Economic Development with Unlimited Supplies of Labour," *Manchester School of Economic and Social Studies* 22 (1954): 139–191. 以下のサイトで閲覧可能：*http://www.globelicsacademy.net/2008/2008_lectures/lewis%20unlimited%20labor%20supply%201954.pdf. 簡単なサマリーと中国にとっての意味合いはWorld Bank/DRC 2014: 89を参照。ルイスの見解はさまざまな批判を受けてきた。たとえば、開発途上国の中には、「無限の労働力」がある段階でも、中国のように名目・実質の賃金が大きく上昇した国があった。しかし、開発途上国経済の成長パターンの説明としては、またそれが豊かな国とどう違うかを説明する上では、ルイスのモデルは示唆に富んでいる。

24歳）の数で、2005年にピークに達し、2010年には減少し始めた。2023年までには、若年労働者の数はピーク時の3分の2程度になる。[17] 生産年齢人口（15～64歳）全体では、2015年に10億人を少し上回ったところでピークを迎え、現在はゆっくりとではあるが減少している。2040年までには9億人を下回り、ピーク時から12％の減少となる見込みだ。

このように、徐々に厳しくなっている労働力の供給は、すでに農村部からの移住のパターンと賃金に影響してきている。2005年に若年労働者の数が伸びなくなるとすぐに、移住労働者に大きく依存している広東の輸出製品工場が、労働力不足を訴え始めた。2010年に若年労働者の数が減り始めると、移住労働者の賃金と、比較的スキルの低い業務の賃金が共に上昇するようになった。今では、これらの賃金の伸びがホワイトカラーの賃金の伸びを上回るようになっている。[18]

こうした傾向は、1990年代後半に中央政府が大学入学者数を劇的に増やすと決めたことによってもさらに強まった。この決定が行われたのは、1つには労働者の質を高めたいという狙いがあったからだが、もっと重要だったのは、若者を労働力にしないことだった。政府は労働力が供給過剰になっていると見ていたからだ。2000年から13年までの間に、第三次教育機関【中等教育に続く、大学および職業教育の総称】の卒業生は年間100万人未満から600万人以上に拡大した。こうした人々は工場労働には興味を持たなかったが、一方で彼ら向けのホワイトカラーの仕事は少なかった。2018年には新卒者の数は750万人となったが、この間に金融や法律、教育など、現代的なサービス業での雇用が大幅に伸びたため、雇用の見通しは改善してきている。

全般的に見て、中国の賃金上昇は非常に急速だった。図表11・4に示す通り、2008年から17年までの間に中国の実質平均賃金は2倍となり、他の国々の上昇ペースをはるかに上回った。人件費の上昇によって中国の輸出品は競争力が落ち、もっと人件費の安いアジアの国々に製造プロセスが移っていくだろうという予測が多数出されたが、中国企業は生産効率の向上とバリューチェーンの川上への進出で、人件費の上昇をうまく吸収した。中国の賃金上昇は純粋に良い出来事だった。生活水準を向上させたにもかかわらず、経済成長の力を弱めることがなかったからだ。[19]

したがって、中国が「ルイスの転換点」に入ったことはほぼ疑いがない。ただし、10年以上にわたって続いており、「点」と言うには長いかもしれない。その結果、企業利益の伸びと比較して賃金の伸びが速いという状況がすでに表れている。それは前出の賃金のデータにも見られるし、GDPに占める投資の割合が横ばいとなり、消費の割合が上昇し始めていることにも見られる。

また別の、より小さな結果として、移住労働者のパターンが変わる可能性も考えられる。若い労働者は仕事がある場所ならどこへでも行く傾向があるが、30歳を過ぎる

図表 11.4　実質賃金の国際比較（2008年＝100）

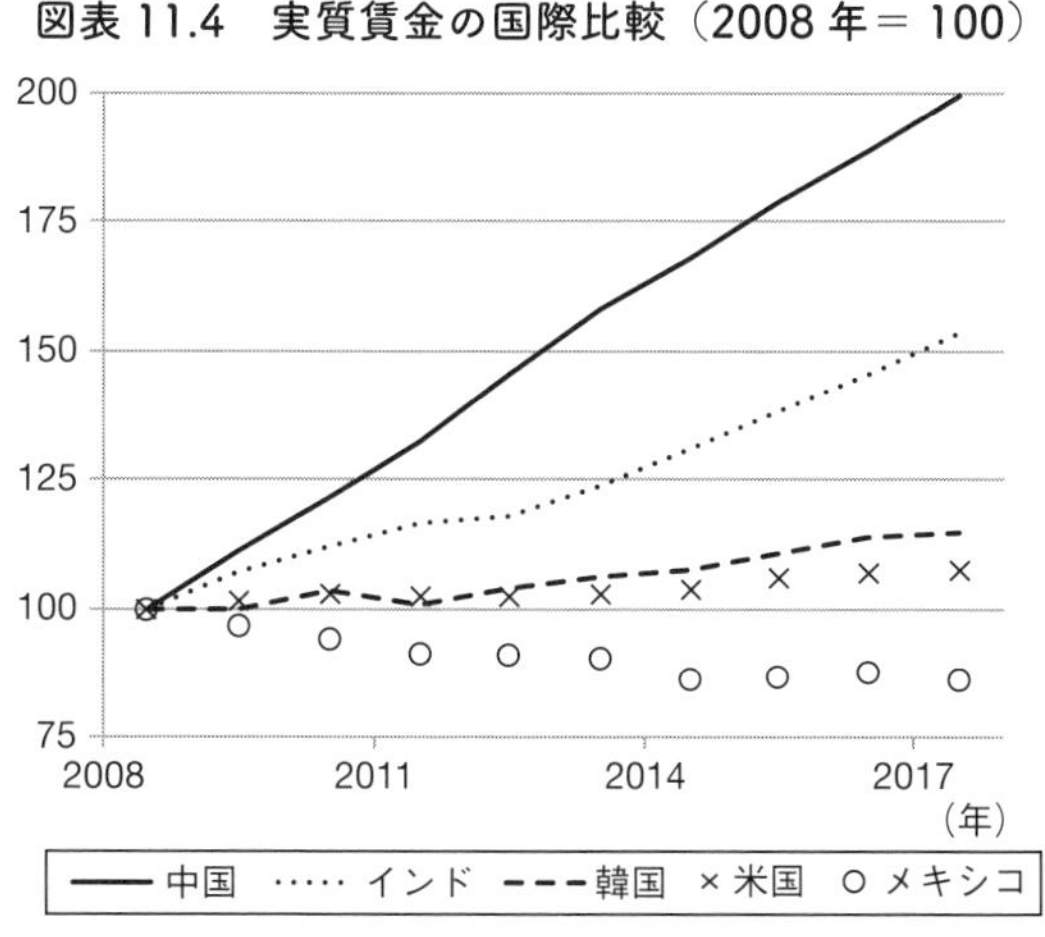

出典：ILO Global Wage Database.

17　具体的には、2010年の2億3000万人から、2023年には35％減少して1億5000万人になる。以下を参照のこと。Arthur Kroeber, "Economic Rebalancing: The End of Surplus Labor," *China Economic Quarterly* (March 2010): 35-46.

18　World Bank/DRC 2014: 180によると、2007年には移住労働者の賃金は都市戸籍保有者の52％だったが、2012年には65％となった。同等の仕事における賃金格差もなくなった。

19　中国企業が賃金の上昇にどう適応していったかについては、以下が優れた議論を展開している。"China's Next Leap In Manufacturing," Boston Consulting Group, December 13, 2018, https://www.bcg.com/en-us/publications/2018/china-next-leap-in-manufacturing.aspx.

と、家族との結びつきが強くなって定住したくなるため、移住への意欲は減少する。ルイスの転換点に入っている結果、新たに移住しようとする若年労働者の数が減り、過去に移住した人を含めた移住労働者の平均年齢は、２０１７年には40歳近くになって、その10年前よりも5歳近く上昇した。また、２０１５年までには、中国の移住労働者の伸びは非常にゆっくりしたものとなった。

あとどのくらいの労働者が農村部から都市部に移るのか

農村部から都市部への移住が起こったことは、中国の過去30年間における重要な出来事だ。１９８２年には、自分の出身県以外の場所で働いていた人は、中国全体でわずか７００万人だけだった。しかし、２０１２年にはこの数字は1億６３００万人になった。それ以外にも、仕事のために自分の出身県内で移住した人たちが９９００万人いる（主に県の農村部から、県の中心部の都市へ移った）。これらを合計すると、移住者の数は2億６２００万人となり、生産年齢人口の4分の1を少し上回る程度になる。この85%が農村地域の出身者だ。

移住労働者についての一般的なイメージは、貧しい内陸部から豊かな沿岸部に移住してきた人たち、というものだ。しかし、このイメージに該当する人々はごく一部である。移住者の約40%が中央部や西部の省で働いており、43%は沿岸部の省の出身だ。また、自分の出身省以外で働いているのは3分の1に過ぎない。中国の大規模な移住は、必ずしも奥地から沿岸部への移住ではない。農村部から都市部に移ってはいるが、多くの場合は近隣の街へ、時には離れた都市へ、より良い賃金を求めての移住である。[20]

この移住のパターンはあとどのくらいの期間続き、また今後どのくらいの人が移住するのか。これらの点に関して正確に答えるのは難しく、推測していくしかない。

大まかに言って、中国の農村部から都市部への移住は4分の3ほどが終了したと考えられる。２０１４年に世界銀行は、中国農村部の過剰労働力（つまり、その人たちがいなくても、現在の農業生産の水準を維持できる労働者の数）は、約1億人と推計した。同行は、今後の農業の生産性向上を考慮に入れ、２０１２年から30年までの間に1億２０００万人から1億３５００万人が農村部から都市部へと移住していきそうだと予想した。つまり、２０１２年以前に移住した人の約半分に相当する人数だ。

近年のデータもこの推計を裏付けている。２０１０年には、都市部で増加した人口、２４００万人のうち、約60％にあたる１３４０万人が農村部からの移住者だった。２０１７年には、都市部の人口増のうち農村部からの移住者は、全体の4分の1に当たる４９０万人だけだった。農村部から都市部への移住は今後も大きな規模で続いていきそうだが、その波はすでにかなりピークを過ぎている。それでも、都市部のトータルでの人口は、２０３０年までに約10億人（中国全体の約70％）に達する見込みだ。[21]

中国の労働環境はどれほど厳しいのか。改善する可能性はあるか

この問いへの答えは、何と比較するかによって大きく変わってくる。中国の労働環境は、豊かな国々と比較すると良くない。しかし、他の開発途上国と比べるとほぼ間違いなく良い。そして、20～30年前の中国と比べると

20　合計の移住者数については、Lardy, *Markets over Mao*: 17を参照。移住労働者の出身地の内訳については、World Bank/DRC 2014: 98, table 1.4、および figure 1.11 を参照。

21　農村部の余剰労働力の推計は、World Bank/DRC 2014: 100 を参照のこと。移住者の合計と最終的な都市部の人口の推計は、World Bank/DRC 2014: 114 を参照。

絶対的に良くなっている。

中国人の労働事情が概して厳しいものであることは間違いない。多くの工場では長時間労働や強制的な残業が当たり前になっており、工場や炭鉱などの危険な現場の安全基準は、西側に比べてはるかに低い。そして、雇用者は従業員の解雇や給与の削減、その他の恣意（しい）的な処罰をかなり自由に行うことができる。労働者側の救済手段はほとんどなく、独立の労働組合を組織することもできない（中国共産党が組織する全国的な労働組合は１つあるが、労働者の権利向上のために活動することはほとんどなく、経営側の代理人として動くことが多い）。

しかし、他の開発途上国でよく見られる、ある種の残酷な労働が中国にはそれほど存在しないことも事実である。また、政府もいくつかの分野では、労働者の保護を強めようと努力している。たとえば、児童労働はインドなど南アジアの国々では依然として一般的だが、中国では義務教育がほぼ全国的に15歳まで課されているため、問題としては小さなものになっている[22]。また、炭鉱での死亡者数は１９９７年には７０００人という恐ろしい数字だったが、１９９０年代終盤に炭鉱の安全を推進するための運動が開始され、２０１３年には１０００人まで低下した。また、労働契約法が２００８年に施行され、従業員を理由もなく解雇することは一般的にはより困難になり、産前産後休暇や疾病治療のための休暇、早期の契約終了による補償などについて、より労働者に有利な基準が設けられた。

市場の力も労働者に味方している。２００５年までのように労働力が非常に豊富だと、雇用者側は好き勝手にしがちになる。しかし、過去10年ほどで労働市場がどんどん引き締まってきたために、労働者の交渉力が大幅に高まった。これが最初に、そして最も目立って表れたのが賃金の上昇だ。労働者はこの強くなった立場を利用して、賃金の上昇だけでなく、より良い労働環境と公正な扱いを求めるようになっている。

つまり、強制労働所のような環境で奴隷のように働くといった中国の労働者のイメージは、単なるイメージでしかないということだ。その上、暗に中国の労働者の力を否定しているという点で、かなり見下したイメージでもある。中国の労働者はみずから意思決定をして、見返りの大きい仕事を求めて自給自足的な農業を離れるだけでなく、悪い雇用者から離れてより良い雇用者の下に転職もする。[23]中国人の現在の労働状況とその改善の動きは、日本や韓国、台湾がかつて経験したものと同様だ。人間的な労働環境をすべての職場で確立するのは、中国では莫大な労働者がいるので時間はかかるだろう。しかし、その方向に向かって進歩はしている。

22　米国では1938年まで児童労働は合法だった。この時点での米国は、いくつかの指標で見ると今日の中国より豊かだった。今日でも、児童労働に関する連邦の規制は農業には適用されていない。

23　中国の移住労働者の生活と苦労について、以下の書籍が克明に記している。Leslie Chang, *Factory Girls: From Village to City in a Changing China* (New York: Spiegel & Grau, 2008). 邦訳：『現代中国女工哀史』(栗原泉訳、白水社、2010年)。以下では、中国の労使関係については、中国の多くの労働問題に関して、詳しい情報に基づいた見解を読むことができる。*China Labor Bulletin*, www.clb.org.hk. 米国と中国の労使関係については、2019年のドキュメンタリー・フィルム、*American Factory* が興味深い視点を提供してくれる。この作品はジュリア・リッチハート(Julia Reichert)とステファン・ボグナート(Stephen Bognart)が監督したもので、世界有数の自動車ガラスメーカー、福耀玻璃工業集団による米オハイオ州の工場の買収を記録している。米国人の同僚にガラス製造を教えるため連れて来られた中国人労働者たちは、非常に長い時間働く。彼らは高い技術を持ち、自分たちの仕事に誇りを持ち、米国人の同僚が労働組合を結成しようとすることに共感しない。

第12章

興隆する消費者経済

中国の成長は「不均衡」なのか。それは重大な問題なのか

1980年から数年前までの中国経済は投資主導であった。基幹産業や輸出用製品の工場、インフラ、住宅などへの投資が成長を牽引していた。国内総生産〈GDP〉の内訳を「支出」の面から見てみると、投資（専門的には「総固定資本形成」）の割合が徐々に上がり、一方で個人消費の割合は徐々に下がっていった。[1]

1981年には、投資が経済の28％を占め、個人消費が53％を占めていた。しかしその30年後、投資の割合は45％まで上昇し、主要国で記録された数値の中で最も高いものとなった。一方で、個人消費は36％に低下した。[2]

こうした投資の増加と個人消費の減少の大半が、2000年から10年までの間に起こった。2010年以降は、経済の構造変化と政府の政策により、経済における投資の割合はいくぶん下がり、消費の割合が少しずつ増加している。しかし全体的に見る

図表12.1　消費と投資の対GDP比

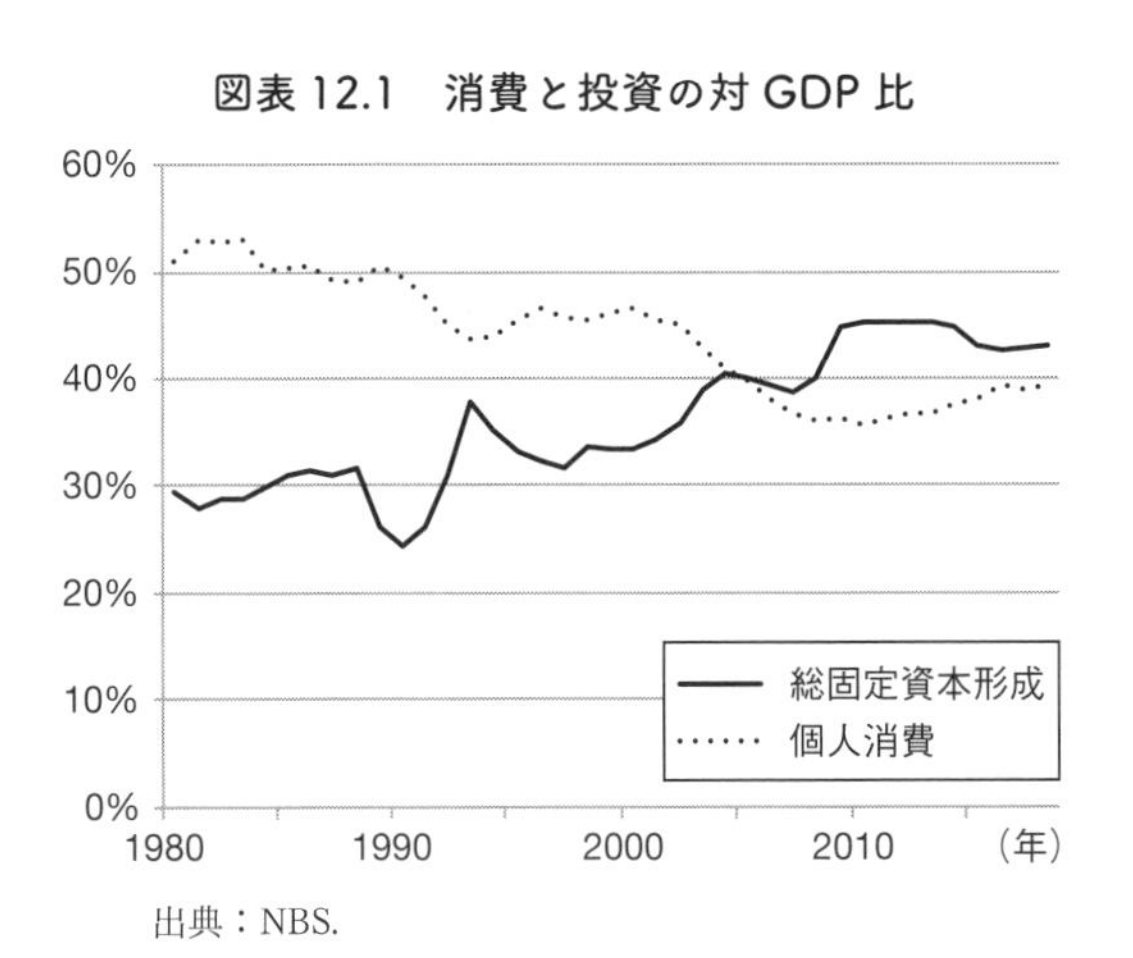

出典：NBS.

と、中国の消費支出はその経済規模からすると非常に低い（図表12・1参照）。

このデータは多くの混乱を招いた。議論の中には、中国の経済モデルはどこかがおかしいとするものがあった。なぜなら、消費よりも投資の方が速く伸びており、成長が「不均衡」だからだ。また別の見解では、中国の個人消費は非常に弱いので、政府は消費活性化のための政策を取るべきだと論じるものもあった。

こうした見方にも正しい部分はあるが、そのまま受け入れるべきではない。最初の「不均衡な成長は本質的に望ましくない」という説は、第二次世界大戦後の東アジアの経験に反するものだ（中国はその成長モデルをかなりの部分真似してきた）。東アジア諸国は日本も韓国も台湾もみな豊かになったが、その過程で、投資の伸びが消費の伸びを上回る「不均衡な」期間を経てきた。両者の伸び率が異なったため、そうした期間ではGDPにおける投資の割合は大幅に増え、消費の割合は自然に落ちたのである。[3]

こうなった理由はとてもシンプルだ。農業が主体の経済から、工業が主体の経済に移行する際、その国は大量の固定資本を導入しなければならない。工場やインフラ、近代的な住宅などだ。この導入のプロセスで、投資支

1　GDPの「支出」による内訳は、総固定資本形成（投資）、個人消費、政府支出、純輸出から構成される。GDPの内訳を示す方法はあと2つある。「生産」の面から見た内訳は、農業、工業、建設業、サービス業の付加価値から構成され、「所得」の面から見た内訳は、賃金、企業の利潤、政府の税収で構成される。経済学者や政府統計が最もよく用いるのが支出の面からのアプローチだ。中国はこの点で他の国とは異なっており、GDPを主に生産の面から報告し、支出面のデータはあまり詳細ではない。

2　GDPの残る19％は、政府支出と純輸出、在庫品増加からなる。在庫品増加は投資の一部として計算される場合もある。本書では、投資に在庫品を含めない狭い定義を用いている。というのも、1980年から96年まで、在庫品は異常なほど大きな割合を占めていたからだ（平均7％）。これは主に、莫大（ばくだい）な数の非効率な国有企業が、誰も買わないような製品をつくっていたためだ。これらの在庫品は1995年から2005年までの国有企業改革で清算された。2000年以降は、在庫品はGDPの2％程度が平均値となっている。在庫品を投資に含めると、1980年代の投資水準が高く見え過ぎることになり、改革の最初の20年間で意味のある投資が徐々に増えていった様子が見えにくくなる。在庫品を投資に含めた場合、投資がGDPに占める割合は、2011年がピークで48％、それ以降は低下して、2018年は45％だった。

出は急速に拡大する。また、労働者が低賃金の農業の仕事から、より高賃金の工業の仕事へと移るにつれて、個人の所得や支出も伸びていく。ただし、しばらくの間は、その伸びは投資の猛烈な勢いには及ばない。それでも、いったん「導入」の段階が終わると、投資支出の勢いは落ち、個人消費が経済を引っ張るようになる。そして、GDPにおける個人消費の割合が増え始める。言い換えると、「不均衡な」成長は、国が低所得国から高所得国に移行する上で自然なステップなのだ。

中国の「不均衡な」成長は消費者にとって良くないものだったか

「不均衡」で資本集約的な成長の期間は、必ずしも消費者にとって悪いものではない。それを説明するために簡単な例を示そう。

1人当たりGDPが1000ドルの貧しい国を想像してみよう。この国では国民所得の80%（平均で800ドル）が、農民による作物の販売から生じている。国民のほぼすべてが農民であり、彼らは稼いだお金のうちの8分の7を、洋服や他の生活必需品など、自分では作れないものを購入するために使う。したがって、この国では各人が年間700ドルを使うことになり、GDPに占める個人消費の割合は70%になる。

続いて、この国が工業化を推進すると仮定しよう。この期間には、資本家が工場やインフラを建設し、農民は都市部の高賃金の仕事に移り始める。この期間が終わる頃には、国民所得の約半分は資本家に渡るようになる。資本家はそうして得た利益の大部分を新しい工場に再投資する。したがって、国民所得のうち勤労者の所得が占める割合は80%から50%に低下する。加えて、勤労者は稼いだお金の3分の1を貯金する。なぜなら、彼らは都市の高価な住宅を買わねばならず、病気やケガに備える必要もあり、老後のための蓄えも必要だからだ。その結果、GDPに占める個人消費の割合は、70%から33%へと半分に減少する。しかし、１人当たりGDPは１万ドルに増えている。

では、このプロセスを経た後で、平均的な人は生活が向上しているだろうか。比率だけを見たら、悪化しているように見える。勤労者の所得が国民所得に占める割合は、80%から50%へと30ポイント低下した。平均的な消費者は、以前は稼いだお金の8分の7を使えたのに、いまでは3分の2しか使わない。その結果、GDPに占める消費の割合は約半分になった。

しかし、平均的な消費者が使うお金の額を見てみると、生活が大幅に向上したことが明らかになる。以前の農業経済では、消費者は1年に７００ドルを使っていた。しかし、工業化された経済では、年間の平均支出額は３３５０ドル、つまり5倍近い増加となったのだ。[4] GDPに占める個人消費の割合が半分に下がったのは、GDPが10倍になったことにより、個人消費が小さく見えるようになっただけだ。言い換えると、はるかに大きくなったパイの中で、消費者の一切れは（比率としては）小さくなった。所得のパイがそれほどまでに大きくなったのは、集中的な投資（「不均衡な成長」）が賃金の高い製造業で新たな仕事を数多くつくりだしたからだ。

この架空の事例は、実際に中国で起こったことをよく表している。１９９５年から２０１７年までの間に、１人当たりの平均個人消費は、実質のインフレ調整済みドル換算値で6倍になった。年平均９%近い成長だ。この

3　この比較については、以下の文献を参照のこと。Arthur Kroeber, "China's Consumption Paradox: Causes and Consequences," *Eurasian Geography and Economics* 52, no. 3 (2011): 330-346. 日本における個人消費の割合は、１９５５年から70年の間に14ポイント低下した（66%から52%へ）。台湾では１９７４年から86年までの間に9ポイント（62%から53%へ）、韓国では１９６７年から88年の間に30ポイント（80%から50%へ）という大幅な減少となった。こうした状況を考えると、中国で１９８９年から２０１０年までに16ポイント（51%から35%へ）減少したことは、決して異常とは言えない。

4　１人当たりGDPが１万ドルで、その50%（GDPに占める個人消費の割合）に67%（勤労者の所得のうち、貯蓄ではなく消費に回される割合）を掛けた。

数値は、中国の次に成長が速かった大国（インドとインドネシア）の倍以上で、富裕国や中南米の中所得国が経験したよりもはるかに大きい。こうした個人消費の爆発的な拡大がありながらも、その間に個人消費が経済に占める割合は15ポイントも下がり、個人の貯蓄率は25％から39％に上昇した。中国の「不均衡な」経済における消費者の購買力は、より「均衡した」経済におけるそれよりも、ずっと速く拡大したのである（図表12・2を参照）。

こうした中国人消費者の新たな購買力は、具体的な例からも見て取れる。2つの例を示そう。まず、中国は2010年に世界最大の乗用車市場となった。2017年には、年間販売台数は約2500万台になり、これは米国の販売台数より約60％多い。次に、中国の消費者はどんどん国外でお金を使うようになっている。中国人の海外旅行回数は、2012年にドイツを抜いて世界最大となった。そして、2018年には年間1億5500万回と、10年前の4倍となった。中国人旅行者が国外で使うお金は2770億ドルで、これは10年前の約5倍だ。[5]

だからといって、集中的な投資を行うことだけが国が豊かになる道筋ではないし、すべての投資が良い影響をもたらすわけでもない。1980年以前の中国やソ連の歴史を見てみると、投資集約的な経済が、活気のある個人消費につながらない場合があることがわかる。ソ連や当時の中国は、鉄鋼や石油化学などの重工業を中心に投資を行って、意図的に消費財の生産を抑制した。また、持続的な賃金上昇に必要な生産性の向上を実現できず、

図表 12.2　1人当たり個人消費の国際比較（1995年＝100）

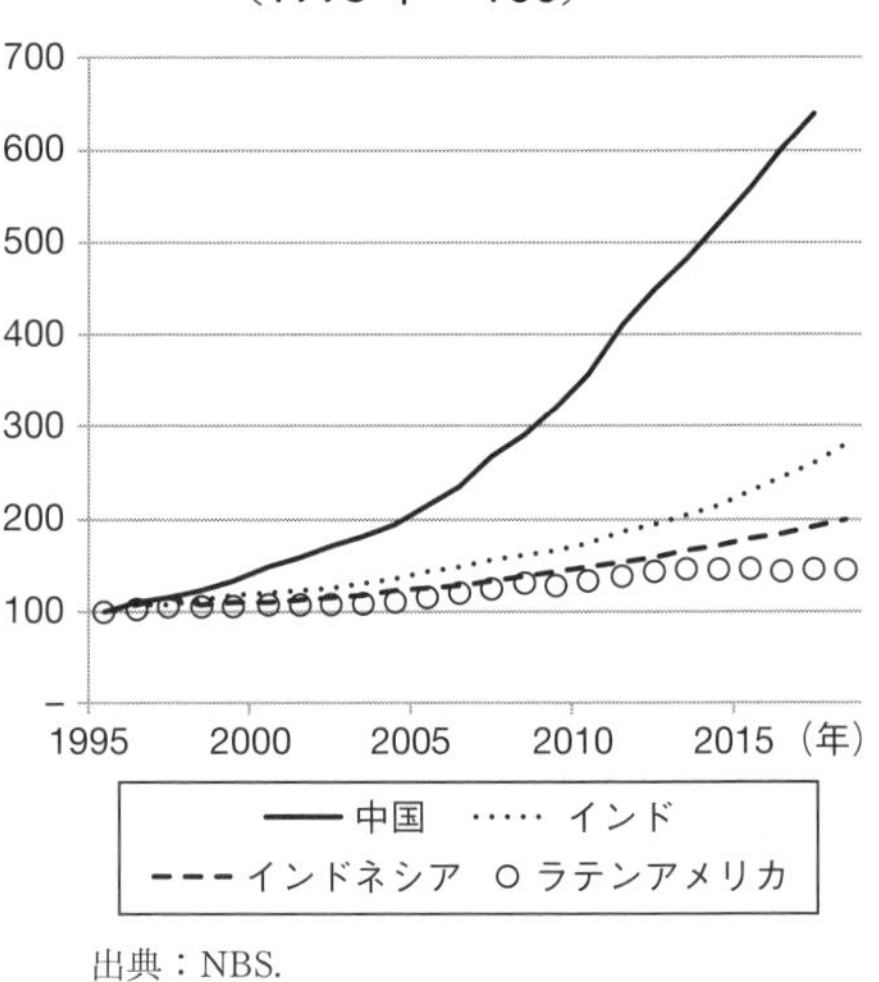

出典：NBS.

そのため、投資が個人消費に結びつかなかった。

また、個人消費が大きく伸びたからといって、今日の中国の状況に問題がないわけではない。問題は大いにある。ＧＤＰに占める投資の割合は非常に高く、東アジアの国としてもかなり高い。また、投資からのリターンも２００８年以降下がっている。そして無駄に投資が行われた証拠は、ゴーストタウンや空っぽのショッピングモール、国内では消費し切れない量の鉄鋼やセメント、ガラスなどを生産し続ける工場など、至るところで見られる。おそらくもっと重要な点は、中国の成長における資本集約的な段階が、日本や韓国、台湾に比べてはるかに大きな所得格差を生み出したことだろう。中国がつくってきた社会は、東アジアモデルと比べるとかなり経済的に非効率で、かなり不公平な社会となっている。

投資を主体とした成長段階が終わりに近づいていることは明らかだ。これからの中国経済は個人消費が主導し、また、もっと厳選されたリターンの大きな投資がリードするものとならなければならない。こうした投資主導から消費者主導への「リバランス」については、第14章でさらに検討する。ここでは、中国の個人消費が実際に何年にもわたって急速に伸びたことを把握しておけば十分である。「リバランス」は政策的な観点から言えば、すでに好調である個人消費の拡大にはそれほど関係がない。それよりも、投資の効率化や生産性の向上、投資から得られた利益が適切に課税され、社会的便益に適切に再配分されることが重要だ。

5　自動車のデータは、ＮＢＳ／ＣＥＩＣより。旅行のデータは、個人旅行と出張を区別するのが難しく、支出を追跡するのが困難なため、どの国であっても扱いが難しい。中国からの海外旅行者の数は、ここで引用した中国の公式の数字の方が、国連世界観光機関〈ＵＮＷＴＯ〉の数字よりも正確だと思われる。ＵＮＷＴＯの数字は中国の公式数字より大きく、明らかにビジネスと公務の出張者を含んでいる。中国の国際収支統計は、旅行支出のアプローチを何度か改定しており、現在の数字はまあまあ信頼できると思われる。参考：Ernan Cui, "What Is Happening with the Tourism Numbers?" Gavekal Dragonomics research note, April 13, 2017.

中国経済では個人消費の割合が低いのはなぜか

この問いには残念ながら明確な答えがない。公式なデータによると、2013年の個人消費はGDPのわずか36%だった。世界の主な国々ではGDPの50%から65%程度だ。[6] ここまで論じてきたように、中国の数字が低いのは消費が弱いからではない。反対に、消費は非常に強い。この数字が主に示しているのは、中国の投資の伸びが異常に大きいということだ。個人消費も過去25年間で急速に伸びたが、投資支出はそれよりも速く伸びた。

いくつか別の要因もある。1つは、個人消費にはほぼ確実に統計から漏れている部分があることだ。これは中国の統計システムの歪みを反映している。経済政策の当局が主に関心を持っているのは投資と工業の発展なので、投資と工業に関するデータは詳細で正確だ。しかし、個人消費と賃金、サービスに関するデータはずっと質が低く、ほぼ間違いなく多くの活動を記録し損なっている。中国の消費データでは、住宅サービスが本当の価値より低く示されており、輸送やレジャーに関してもかなりの部分が統計から漏れていることが、次第に明らかになってきている。[7]

これらの分野に関する修正を行うと、個人消費の割合は40%から45%の間となる。これでも低いが、公式の値ほど悲惨なものではなくなる。中国人エコノミストの中には、それほど強い証拠はないものの、真の個人消費の割合は45%から50%、あるいは、中国の発展段階として一般的な範囲の下限くらいのレベルだと言う人もいる。[8]

もう1つ、アナリストらが通常は見逃しているポイントがある。それは、中国の個人消費は経済改革が始まった時点ですでに異常に低く、それがいまだに影響しているということだ。日本が最も投資集約的な段階を迎えた時（1955年）、個人消費の割合はGDPの66%だった。また、台湾では同じ数字が62%、韓国では71%だった。大規模な投資が10年以上続いた後、個人消費の割合は50%台の前半まで落ち、その後徐々に回復していった。しかし、中国では1980年代の改革プロセスの最初の段階で、個人消費は50%をやっと上回る程度だった。おそらく、これは計画経済の構造を反映したものだ。計画経済の期間は国が重工業に大規模な投資を行うため、消費は意図的に抑制された。この経済構造は徐々に姿を消していったが、その頃の習慣は残っている。たとえば、都市部で職場から現物支給という形で報酬を受ける（春節に食品が贈られる、会社が費用を全額負担して旅行に行く）などだ。こうしたことも、真の個人消費は公式の統計で示されるよりも高いという考え方の根拠となる。

6　米国の個人消費の割合は68%で、これは他国よりもかなり高い数値である。この点は指摘しておく必要がある。なぜなら、米国を中心に考えるエコノミストは、米国の経済構造が普通ではないにもかかわらず、それを普通のものとして提示することが多いからだ。世界の平均値は58%。中国にとってより意味のある比較対象は、近隣の東アジア諸国、つまり韓国、台湾、日本だ。それぞれ、個人消費の割合は48%、54%、56%となっている（データは、世界銀行のWorld Development Indicators, https://databank.worldbank.org 台湾のデータはＣＥＩＣより）。

7　経済学用語でいう「住宅サービスHousing services」とは住宅支出の一部で、住む場所を持つための「サービス」の消費を意味し、不動産投資とはまったく異なる。住宅を賃借する人の場合は、単純に賃料がそれに当たる。住宅購入者の場合は計算がもっと複雑だ。なぜなら、不動産ローンの支払いには、住宅サービスに当たる部分と住宅資産の購入の両方が含まれているからだ。統計作成者は通常、所有者が使っている住宅の「帰属家賃」を平均的な賃料に基づいて計算し、サービス部分の支出として考える。中国のように賃貸市場が比較的小さな市場ではデータが少なく、これを行うのは難しい。

8　Nicholas Lardy, *Sustaining China's Economic Growth after the Global Financial Crisis* (Washington, DC: Peterson Institute of International Economics, 2012), Appendix Aを見ると、住宅サービスに関して適切に集計すれば、個人消費は3～4ポイント増えることが示唆される。また、Thomas Gatley ("China's Missing Consumption," Gavekal Dragonomics research note, July 2013) によると、公式なデータでは住宅サービスだけでなく、他の個人向けのサービスや、驚くべきことに自動車、携帯電話の販売までもが、すべてを捉え切れていないという。上海の研究者、朱天(Zhu Tian)と張軍(Zhang Jun)によると、上記のような製品・サービスのほか、医療、教育などで記録されていない支出があるため、個人消費の割合は10～15ポイント上方修正されるべきだという。参考：Stephen Green, "China Is Not Really That Imbalanced," Standard Chartered Bank research note, September 24, 2013。

中国の「中間層」はどんな人たちか

ここまで中国における消費について、GDPの1つの構成要素として、マクロ経済学に基づいた抽象的な議論をしてきた。一方で、ビジネスパーソン、あるいは一般の人々が中国の消費について話す場合、都市の中間層の消費をイメージしていることが多い。中国人の約半分は今でも農村部に住み、農業に関連した仕事をする。もちろん彼らは基本的な生活必需品をたくさん購入している。しかし所得は低く、農村部世帯の平均的な所得は、都市部の下から10%に当たる層と同程度だ。したがって、いわゆる「現代経済」の個人消費、つまりブランド品や交通、レジャー、ファイナンス、教育、医療サービスなどへの消費の大半は、都市部の世帯によって行われている。

こうした都市部で消費を行う人々は何人ぐらいいて、いくらぐらい使うのだろうか。それを考える前に、「中間層」という言葉をもう少し明確にしておこう。この言葉は国の所得分布の中間にいる人々を意味するが、通常はもっと曖昧な使われ方をしている。つまりは、現代の都市経済の主流となっている人々に典型的な、いくつかの特徴を備えた人々のグループを指す場合が多い。彼らは生活のために仕事をし、住宅や乗用車、テレビやコンピュータ、エアコンなどの耐久消費財を購入できる所得を得ている。また、教育にかなりの投資をすることが多く、子どもたちが工場ではなく、ホワイトカラーの仕事に就けることを願う。そして、不動産を持っている場合が多いので、財産権が守られるよう注意を払う。

中国にもこのような人々は大勢いるが、中国の「中間層」は先進国の「中間層」とは2つの点で異なるということに注意する必要がある。第一に、中国の中間層は社会の中間にいる人々ではなく、社会の大多数でもない。次項で、中間層は多めに見積もって人口の40%を少し下回る程度であり、中国の所得分布の上位3分の1程度だという推計を示す。つまり、中国で中間層のライフスタイルを享受できるのはエリートであり、米国や欧州には多数存在する「ミドルクラス」の人々とは異なる。これは政治的に重要な意味を持つ。つまり、中国の中間層は特権的な少数派で、現在のシステムから不均衡に恩恵を受けており、したがって、政治的な変化を求めるような人々にはなりにくいということだ。

第二に、中国で中間層に分類されるために必要な所得は、米国や西欧、日本で必要となる所得と比べるとずっと低い。したがって、中国の中間層の規模を考える場合にも、その購買力は先進諸国の中間層よりも低いことを覚えておく必要がある。

「中間層」の規模はどのくらいか

消費財メーカーをクライアントに持つコンサルティング会社であれば、中国の中間層の規模を推計しているだろうが、その推計結果は会社によってまったく異なるだろう。[9] 前述したように「中間層」は曖昧な概念なのでさまざまな定義の仕方ができ、そのため推計結果が変わってくる。これを念頭に置いた上で、中国の「現代の消費階級」とでも呼ぶべき人たちがどのくらいいるか、推計してみよう。

9　たとえば、以下を参照のこと。Dominc Barton, Yougang Shen, and Amy Jin, "Mapping China's Middle Class," *McKinsey Quarterly* (June 2013) | Michael Silverstein et al., *The $10 Trillion Prize: Captivating the Newly Affluent in China and India* (Cambridge, MA: Harvard Business Review Press, 2012)、邦訳：『世界を動かす消費者たち』(市井・津坂監訳、ダイヤモンド社、２０１４年)。さまざまな推計についてまとめたものとしては、以下が優れている。"How Well-off Is China's Middle Class?" China Power Project, Center for Strategic and International Studies, https://chinapower.csis.org/china-middle-class. 丁寧に学術的な議論を展開し、都市部と農村部の所得の伸びについてパターンを分析して、本章と同様の結論に達したものとしては以下がある。Bjorn Gustaffson, Terry Sicular, and Xiuna Wang, "China's Emerging Global Middle Class," *Centre for Human Capital and Productivity Working Paper Series* 2017-14, August 2017.

世界銀行は中間層を、どの国であっても「1日に10ドルから100ドルを消費財やサービスに使う人々」と定義している。世界銀行はこの定義を用いて、2010年には中国に1億5700万人の中間層がいたと計算した。これは人口の約11%に当たる規模だ。2000年にはわずか2%だったので大きく拡大しているが、ブラジルや韓国が現在の中国と同程度の発展段階にあった頃と比べると、この数字は相当に小さい。[10] 経済成長率をもとに、2010年以降のこの数字を推計すると、2020年にはおおよそ2倍の3億人から3億2000万人、つまり中国の全人口の4分の1にいくぶん足りないくらいが、世界銀行の定義による中間層になっていると思われる。

所得の「閾値」を基準にした推計もできる。つまり、人々が重要なカテゴリーの製品やサービスを購入し始める所得を基準とする方法だ。世帯の所得が少なくとも年間8000ドルあると、安物のブランドまがいの品ではなく、ブランドネームの付いた製品を買い始める。所得が1万3000ドルになると、自動車を買い始める。自動車と住宅の購入には強い相関関係があるので、この所得レベルは住宅を所有するレベルでもある。2万ドルになると、現代的なサービスの中心的な購入者となる。具体的には、医療、教育、旅行、レジャー、金融サービスなどだ。そして3万ドルを超えると、すでに購入している商品やサービスを、より高価で高級なものにグレード

図表 12.3　2018 年時点の中国の「中間層」の推計

所得層	人数（億人）	人口シェア
上位富裕層	1.26	9%
富裕層	1.96	14%
世界水準での中間層	**3.22**	**23%**
既存消費者層	1.97	14%
中国水準での中間層	**5.19**	**37%**
新興消費者層	2.55	18%
上記消費者層計	**7.74**	**56%**
低所得層	**6.13**	**44%**

上位富裕層：世帯所得が 3 万 3000 ドル以上
富裕層：同 2 万～ 3 万 2000 ドル
既存消費者層：同 1 万 3000 ～ 2 万ドル
新興消費者層：同 8000 ～ 1 万 3000 ドル
低所得層：同 8000 ドル未満

出典：Cui, Gatley and Batson 2016 を加工。

アップする傾向が見られる。[11]

ここから、中国の消費者をいくつかの層に分けることができる（図表12・3参照）。いちばん上の層は「富裕層」（世帯所得2万ドル以上）で、「世界水準での中間層」と考えて差し支えない層だ。このグループには約3億2000万人が属するが、もちろんその中には「中間層」ではなく、どんな定義をもってしても「金持ち」である人たちも多数含まれている。その下の層、つまり、おそらくは住宅を所有していて、自動車の購入を少なくとも検討はできる人たち（世帯所得1万3000ドル以上）は約2億人いる。このグループを含めると、純粋に中国的な意味での中間層（およびそれ以上）の人たちは約5億2000万人となり、人口の37％に当たる。さらにその下の2億5000万人ほどは、生活必需品以外の消費財を活発に購入できる所得（8000ドル以上）がある人たちだ。これらをすべて合わせた約7億7500万人の中国人、つまり人口の56％が「現代の消費階級」に属すると言える。

この数字は実に大きな数字で、なぜグローバルな消費者製品ブランドが中国市場を目指すのかの説明となる。また、アリババやテンセントなど、中国からも消費者向け巨大企業が誕生している理由ともなる。しかし、「世界水準での中間層」であっても、その平均的な購買力は米国や他の先進国に比べるとかなり低い。中国の公式データである「家計消費支出」は2018年には約5兆5000億ドルだったが、米国でこれに

10　World Bank/DRC 2014: 104-5. 世界銀行の定義は2005年の購買力平価で見た値である。世界銀行によると、中国の都市部では20％が中間層に属するが、農村部ではわずか3％だけだという。

11　これらの閾値は次の文献から。Michael Silverstein et al., *The $10 Trillion Prize: Captivating the Newly Affluent in China and India* (Cambridge, MA: Harvard Business Review Press, 2012). 次の文献でも同様の手法が用いられている。Thomas Gatley, "Accelerating into Affluence," *China Economic Quarterly*, March 2013. 上位富裕層を世帯所得3万3000ドルとしたのは、マッキンゼーの高所得消費者に関する調査に基づく。中国の世帯の平均人数は3人なので、これらの数字を1人当たりに直すには3で割る必要がある。つまり、1万3000ドルの世帯所得がある家は、1人当たりの所得は4333ドルである。

相当する「個人消費支出」は14兆ドルだった。仮に、中国の「世界水準での中間層」、3億2000万人が、家計消費支出の80％を担っていると仮定しても、このグループの1人当たり消費支出は、アメリカ全人口平均の消費支出のわずか3分の1ほどである。

中国の消費者は何を買っているか

過去数十年間で、中国の都市部の消費者の間には、購買トレンドの波がいくつか訪れた。1980年代のまだ所得がかなり低かった時代には、人々が購入したのは自転車や扇風機、基本的な家具のセットなどだった。1990年代になると、洗濯機やエアコンといった値段の張る家電製品などを買うようになり、1990年代の終わり頃には、中国は世界で最も急速に成長している携帯電話市場となった。2000年代前半には自動車の販売が大幅に伸び、住宅ブームにより家具・インテリア、電気製品などの大きな新市場ができた。2010年以降は、金融サービスや海外旅行、映画鑑賞など、サービスや経験的消費への需要が高まり、また、より高価な商品へのグレードアップも起こっている。たとえば、自動車では価格が低めのセダンよりも、価格が高めのSUV（新型多目的スポーツ車）の方がずっと伸びが大きくなっている。今では、中国の「富裕な」消費者（世帯所得2万ドル以上、全体の23％の人たち）が購入する商品は、韓国や台湾などの一般的な世帯が購入する物とよく似ている。

こうしたブームの変化の背景には、図表12・4に示した世帯所得の動きがある。この図は、図表12・3（前頁）に示した消費者層ごとの4つの閾値を、その年に超えた世帯数だ。なぜこれが重要かというと、消費者が新たな商品を購入するようになるパターンは非連続的だからだ。ある所得の閾値以下では、誰も商品Xを買わない。しかし、いったん所得がその閾値を超えると、誰もが競うように商品Xを買う。この傾向から、多くの消費者向け製品やサービスがたどるS字カーブが生じる。つまり、売上が少なめの期間の後、爆発的な成長の期間があり、続いて、安定的で需要の大きな時期が来る。

具体的に言うと、家電製品や携帯電話のブームは、「新興消費者層」の急速な拡大によるものだった。2000年から02年の間、毎年平均500万人が新たにこの層に加わり、2008年には1700万人が新興消費者層に加わった。その後の自動車や金融サービスなどの需要の波は、より上の所得層の急増によるものだ。

しかし、すでに明らかなのは、これらの波のほとんどが今や過去のものとなっていることだ。今後、GDPの成長が緩やかになるだろうという予測はすでに現実化し始めており、そのため、各層の世帯の数はすでに安定している、あるいは2020年代前半には安定するだろう。すなわち、大きな括りでの商品カテゴリーの大半では、ターボ全開の、2ケタの成長率の時代は終わったということである。自動車市場では、それがすでに非常にはっきりと見えている。2005年から16年までは、中国の乗用車市場は「この世の不思議」とも言えるもので、年率18％で成長し、400万台から

図表12.4　各所得層に新たに加わった世帯の数

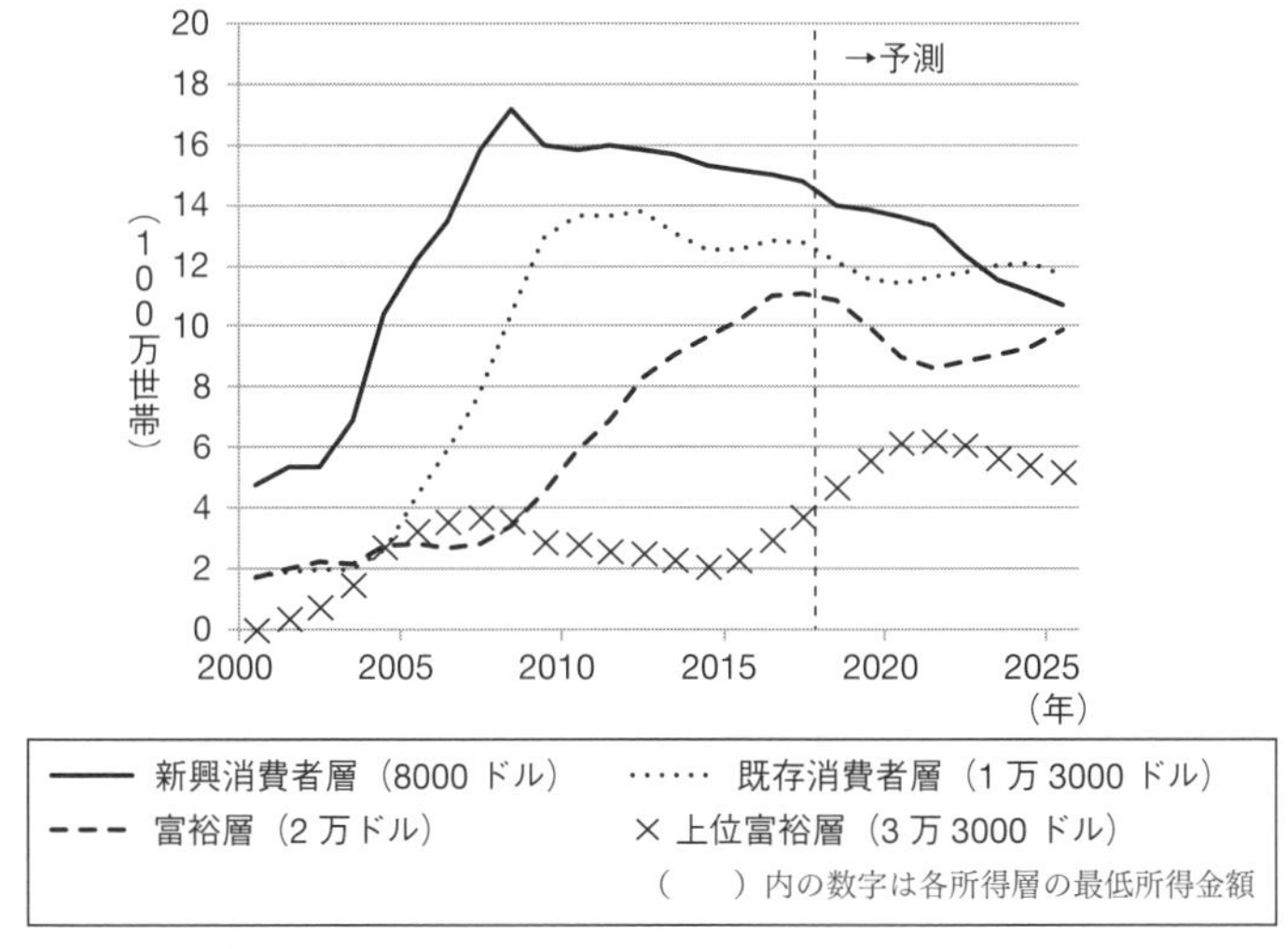

出典：ギャブカル・ドラゴノミクス調べ。

2400万台まで拡大した。しかし、2017年には成長率は鈍化し、2018年には史上初めての減少（マイナス4％）を記録した。これには、自動車税の変更や排気ガス基準の厳格化、その他の政策変更が影響しているため、自動車販売は再び増加する可能性が高い。しかし、そうなったとしても、年間の成長率は2～3％にとどまると見られる。[12]

この見込みは必ずしも悪いばかりのものではない。図表12・5に示すように、中間層の世帯の総数はまだ何年かは増え続け、増加部分の大半が年間所得2万ドル以上の「富裕層」に集中する見込みだ。したがって、消費者製品やサービスの需要は幅広く拡大し続け、価格が高めのプレミアム・ブランドの需要は力強いかもしれない。しかし、自動車と同様に、ほとんどのカテゴリーで需要の拡大は過去に比べてずっと低くなるだろう。したがって企業は、販売する商品の量を伸ばすことから、より高い価格と利益を消費者1人ひとりからどう獲得していくかに焦点を移すことになるはずだ。

このパターンは、過去10年で非常に大きく伸びたEコマースでも明らかになっている。中国では、より開発の進んだ国と比較して、小売業においてオンライン・ショッピングの占める割合が大きい。たとえば、2019年

図表 12.5　所得水準別世帯数

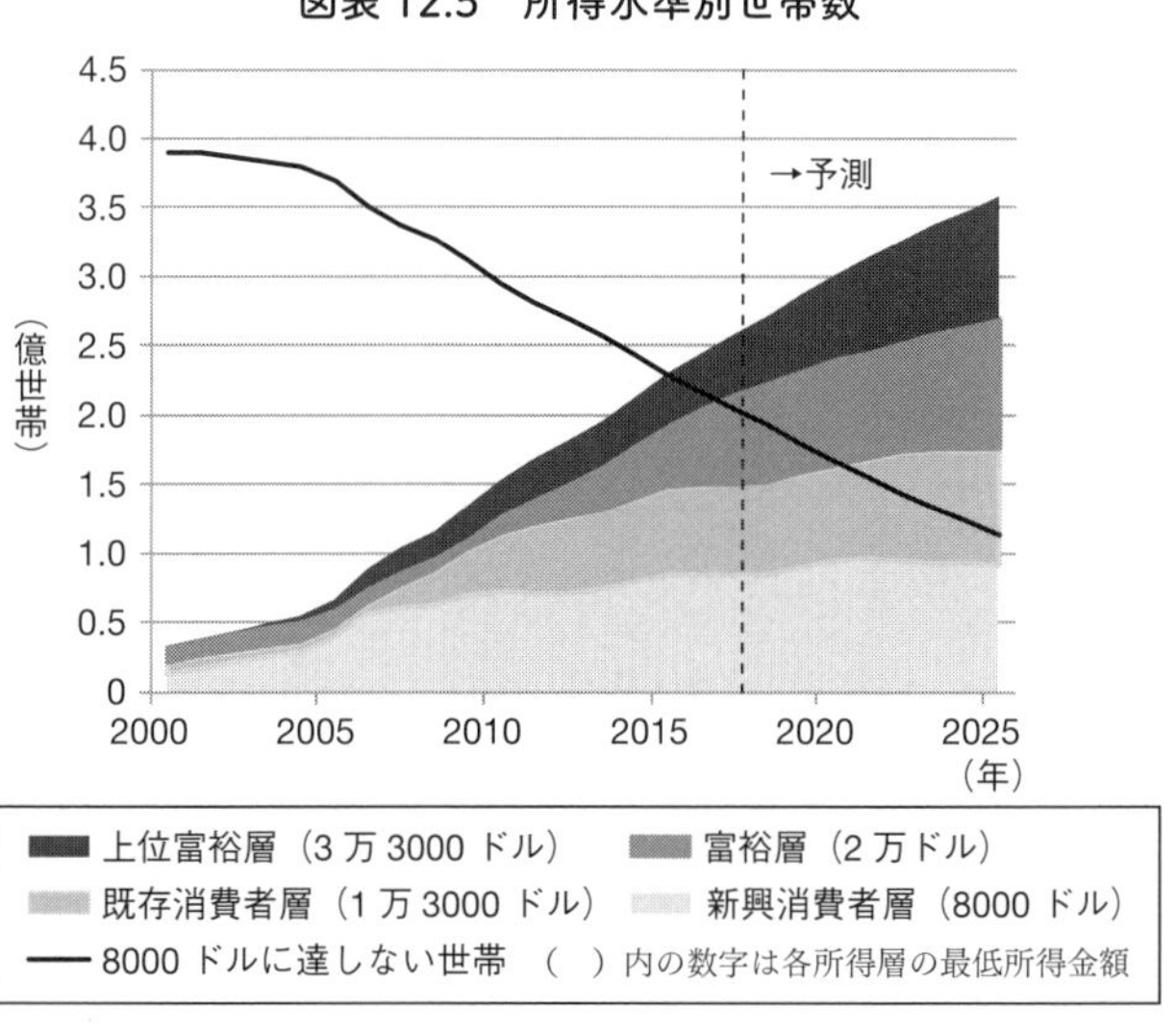

出典：ギャブカル・ドラゴノミクス調べ。

には米国は11％だったが、中国では20％だった。その要因としては、先進国で発達した、効率的な大型店や現代的なチェーン店の仕組みが発達する時間がなかったこと、また、急速にスマートフォンが普及したため、オンライン小売業者が莫大な消費者人口にアクセスしやすかったことが挙げられる。

もう1つの要因は、低賃金の労働力が豊富であるため、配達を担う人員を大量に雇えることだ。彼らは電動自転車やバイクに乗って町中を走り回り、オンラインでの注文後、たいていの商品を1日か2日のうちに届ける。この市場の成長の可能性は、中国最大のEコマース企業、アリババの2014年のIPOに反映されており、同社は2300億ドル超と評価された。アマゾンの売上高はアリババの10倍以上だが、アリババのこの時価総額はアマゾンよりも大幅に高かった。

アリババやそのライバル企業は、今でも年間の売上高成長率が20％から30％となっている。しかし、以前の50％を超えるような成長率からは低下しており、おそらく今後もさらに下がっていくだろう。今では中国のEコマース企業は、顧客1人当たりの売上高を伸ばす戦略の構築により時間を使うようになっている（顧客数はやがて伸びなくなるため）。また、自社のインターネット上のプラットフォームをどう実店舗とつなげていくかも検討している。

Eコマースの台頭以外で、中国の消費行動の変化で最大と言えるのは、サービス消費の急増だ。これは、マクロ経済的な意味では、オンライン・ショッピングよりも重要である。前述したように、サービス消費は世帯の年間所得が2万ドルを超えると急速に伸び始める。そのような世帯ではすでにモノに対するニーズは満たされていて、追加的な部分により多くの所得を使う。たとえば、旅行やレジャー、子どもたち（あるいは自分自身）に対す

12　乗用車販売に影響する要因の1つとしては、交通渋滞と公害の抑制のため、北京と上海の例にならって、ナンバープレートの発行数を厳しく制限する都市が増えていることが挙げられる。

る教育、より高価な医療、両親のための医療や退職後のサービス、銀行預金よりも高いリターンが得られる金融サービスなどだ。GDPに占めるサービスの割合は、2010年には43%だったが、2018年には52%となった。サービス業界は工業や建設といった、過去に成長を牽引してきた業界よりも大きな伸びを示している。

中国の「セーフティネット」はどのくらい整備されているか

中国の消費についての議論では、社会の「セーフティネット」の相対的な欠如に注目するものが多い。セーフティネットとは、健康保険や失業保険、年金などに関する公的なプログラムだ。よく聞かれるのは、「中国の個人消費が比較的に弱いのは、人々が『予防的な貯蓄』に励み、医療や教育、老後にかかる費用のため、所得の多くを貯蓄に回しているからだ」という見方である。この見方の裏付けとしては、世帯の貯蓄率が1990年代後半には可処分所得の20%未満だったのが、2012年には約30%に上昇していることが挙げられる（それ以降、貯蓄率はわずかに減少した）[13]。したがって、個人消費を強くするには、社会保障制度の改善が重要な条件となってくるという。

この説には説得力があるように聞こえる。1990年代後半まで、都市労働者のセーフティネットは国有企業を通じて提供され、雇用や住宅、医療、年金、従業員やその子どもの教育などが供与されていた。しかし、このシステムは、1995年から2005年にかけての国有企業改革で廃止され、当初はこれに代わるものもなかった。したがって、都市部の世帯は自分で住宅を買わねばならず、医療費や教育費も自分で負担するようになった。農村部の世帯は違う形で苦労した。従来は、農村部でのセーフティネットは一家の農地だった。何もかもが駄目になっても、自給自足の生活は営むことができたからだ。この部分は変わらなかったが、農村部で国が実施していた医療制度が、１９９０年代にひどく荒廃していった。

政府のこうした社会保障支出の削減と同時に起こったのが、世帯の貯蓄率の上昇と、ＧＤＰに占める消費の割合の低下だった。したがって、社会保障支出の低下が消費の弱さにつながったのであり、セーフティネットの強化により個人消費は拡大すると結論付けるのは自然である。しかし、注意深く見てみると、この議論には多くの問題があることがわかる。

まず、世帯の消費が伸び始めたのは、ちょうど旧来のセーフティネットが崩壊した頃だ。２００１年には、１人当たり消費支出のトレンド成長率は年率7.3％だった。その後、２００８年には10％に上昇した。この頃には、新たな社会保障プログラムが立ち上がっていたものの、まだ十分な資金が確保されていなかった。２０１３年には、世帯の貯蓄率が上昇を続けていたが、消費支出のトレンド成長率は10・6％になった。２０１７年の時点では、一定のセーフティネットが整備され、貯蓄率も減少したが、消費支出のトレンド成長率は7.4％に減少した。[14]１９９０年代終盤から２０１０年代の初め頃までの消費支出の拡大は、「予防的貯蓄」の説とはあまりうまく合

13　中国の世帯の貯蓄率については、残念ながら2つの大きく異なる統計がある。本章で引用したのは、政府が四半期ごとに実施する世帯所得と支出についての調査。もう1つは「資金循環統計」で、ＧＤＰの計算の一環として、経済部門間の資金の動きを測定するものだ。資金循環統計では、貯蓄率は家計調査よりも10ポイントほど高くなるが、トレンドはだいたい同じだ。資金循環統計のデータでは、世帯の貯蓄率は２００２年が可処分所得の27％で、２０１０年には39％まで上昇し、その後は低下して２０１６年には36％となった。どちらの統計にもプラス面とマイナス面がある。しかし、次の2つの結果は共通している。（1）世帯の貯蓄率は２０１０年までは急激に上昇し、それ以降はゆっくりと低下。（2）中国世帯の貯蓄率は、国際的な水準からすると非常に高い。ＯＥＣＤ諸国の多くでは世帯の貯蓄率が0～10％で、貯蓄率が例外的に高い国でも20％を下回る。参考：Kate Stratford and Arianna Cowling, "Chinese Household Income and Savings," *Reserve Bank of Australia Bulletin* (September 2016): 31-40。中国とＯＥＣＤの世帯貯蓄率の比較は、以下を参照のこと。https://data.oecd.org/hha/household-savings.htm.

14　ここで示した数字は、1人当たり実質消費支出（ドル、購買力平価で換算）の年間成長率の5年移動平均値である。図表12・2で使用した世界銀行のデータを元に計算した。

致しない。一方で、本章の最初の方で述べた説明とは一致する。すなわち、迅速な工業化によって所得が大きく伸び、消費者がより多くの所得を貯蓄に回すようになっても、消費者は毎年、より多くのお金を使えるようになるという見方である。

もう1つ興味深いポイントは、社会保障プログラムは、少なくとも初期の段階では個人所得にとってプラスではなく、マイナスとなる可能性が高いということだ。なぜなら、新しいプログラムはまず資金を確保しなければならず、その資金が雇用者や従業員から徴収されることとなり、しかも従業員の負担が不平等に重い。制度が確立してうまく回転するようになれば、その時点の労働者は初期の労働者が拠出した資金から恩恵を受ける。しかし、最初の世代の労働者はそのような恩恵を受けられない。加えて、医療と年金制度から最大の恩恵を受けるのは、引退した高齢者だ。今日の中国では、1人の引退者を生産年齢の5人で支えている。つまり、社会保障の基金にお金を払い込んでいる人の方が、お金を引き出している人よりも多い。これは長期的に見れば明らかに良いことだが、短期的に個人消費にどう影響してくるのか、見極めるのは難しい[15]。

まとめると、社会のセーフティネットが消費行動に及ぼす影響は、あったとしてもわずかなものに過ぎないと考えられる。特に、世帯がその制度から受ける恩恵よりも多くのお金を払い込んでいる間はそうだと言える。それよりも重要なのは所得の成長率だ。もし個人の所得が大きく成長していれば、セーフティネットが穴だらけでも個人消費は伸びる。2012年から17年まで、社会支出が増加したにもかかわらず世帯消費の伸びが減速したことは、この期間に全体的なGDPの伸びが鈍化したことでほぼ説明が可能だ。GDPの減速が世帯所得の成長の足を引っ張ったのである。社会のセーフティネットは公正で公平な社会の要素としては重要だが、セーフティネットは消費政策とはならない。

政府はどんなセーフティネットをつくろうとしているのか

胡錦濤政権の実績として意義が大きいものの1つは、国有企業を基盤とした福祉制度に代えて、総合的な社会保障制度を国全体に確立したことだろう。胡錦濤政権は、仕事が見つからない貧しい人が基本的な生活を送れるよう、最低所得を保障するプログラムを拡張し、加えて、都市部と農村部でそれぞれに全国的な健康保険制度を確立した。また、法的に義務化されている9年間の教育の授業料、および諸費用を無料化し、さらには、基本的な年金を大幅に拡充、大規模な住宅援助プログラムも低所得の都市住民向けに開始した。

最低生活保障制度は1999年に開始された。レイオフされた国有企業の労働者が貧困に陥るのを防ぐためだ。この制度は2007年に拡張されて、農村部の貧しい家族も対象となった。現在では都市部人口の3%、農村部人口の8%がこの制度から給付を受けている。総合的な医療保険は2009年から展開され始めた。都市部には2つの保険制度がある（1つはフォーマル・セクターの労働者向けの強制保険で、主に従業員と雇用主が資金を供出する。もう1つはインフォーマル・セクター【法人化、あるいは登記されていない小規模の事業】の労働者向けの任意保険で、こちらは政府の助成金への依存度が高い）。そして、農村部には医療保険制度が1つある。2018年の時点では、都市部でも農村部でも96%の世帯が政府の医療保険に加入している。ただし、給付金の水準は、増えてはいるものの依然として貧弱だ。政府の年金制度には、同じ2018年の時点で都市部と農村部の住民の68%が加入しており、加入率は2003年の4倍となった。しかし、年金の給付も、たいていの場合は非常に基本的な部分にとどまっている。

---

15 Chong-en Bai and Zhenjie Qian, "Who is the Predator, Who the Prey: An Analysis of Changes in the State of China's National Income Distribution," *Social Sciences in China 30*, no. 4 (November 2009): 179–205.

もう1つ重要な動きとして挙げられるのが、2010年の「保障性住宅」プログラムの確立だ。これは、都市部の低所得者が入手できる住宅を増やすことを目的に始められた。

2005年から18年までの間に、政府が医療、教育、社会保障に支出した金額は、GDPの5%から8.5%までに拡大した。政府予算で見ると、全体の28%から34%への拡大だ。これに保障性住宅向けの助成金を加えると、この割合はさらに大きくなるだろう。[16]

これらのプログラムの成果は大きいが、まだやるべきことがあるのは明白だ。まず、年金と健康保険の給付水準を大幅に引き上げる必要がある。さらに重要な問題は、ほとんどの社会保障プログラムで、都市部人口の3分の1を占める移住労働者の加入が進んでいないという点だ。これらの不利な労働者を社会保障制度の対象とし、さらに給付増加のための資金を手当てするのはとても困難だろう。特に難しいのは、給付金を意味あるものとするため、その水準を高めなければならないこと、しかし同時に、高齢化が進む30～40年後に、持ちこたえられないほどの財政負担となる水準までは引き上げないことだ。その頃には、少数の労働者で多くの引退者を支えなければならなくなる。それでも、過去30年間の経済成長の結果として生じた、大きな金銭的・社会的格差を解消しようとするのであれば、この社会保障プログラムのパズルを解くことが不可欠だといえる。

消費を促進するために、政府はどんな政策を取るべきか

先に述べたように、個人消費は何年も力強く伸び続けており、政府がそれを伸ばそうと必死になる必要はない。また、社会のセーフティネットも、他の目的のためには重要ではあるが、少なくとも短期的には個人消費への影響はあまりなさそうだ。では、経済をもっと消費者にとって好ましいものにするため、政府は何もする必要

がないのだろうか。まったくそんなことはない。活気のある消費者経済を生み出すために、政府が政策を実施すべき分野は大きく分けて2つある。

1つは、所得の分布に関連した分野だ。個人消費が経済の中で占める割合が低いのは、消費者がお金を使いたがらないからではなく、国民所得の中で勤労者の所得が占める割合が相対的に小さいからだ。個人消費を促進する最も良い方法は、その所得を増やすことである。

資本集約的な工業化の時代において、2000年代初め以来、国民所得のうち企業所得が占める割合が増えていった。企業が投資から大きな利益を得て、その利益の大半を再投資し、生産能力をさらに拡大してきたからだ。このトレンドを覆して、国民所得に占める勤労者所得の割合を高めることを、経済政策の目標の1つとすべきだ。

これを実現する方法はいくつかある。1つは、環境税や資源税の増税である。企業は、環境へのダメージや資源の枯渇といった「外部性」のコストを無視することによって利益を得てきたが、そのような利益は増税によって減少する。また、資本コストを政府の政策ではなく市場が決めるようにすれば、それによっても重工業分野（特に国有企業）のコストは増える。

そうなれば、企業はより効率的に投資をする必要が生じ、あまりリターンが期待できない投資は見送るようにもなるだろう。そして、利益を常に新たな投資に使うのではなく、利益の一部を配当の増加という形で株主に還元し始める可能性がある。そうなれば、そのお金は消費に活用できる。さらには、競争を促すことも企業利益の減少につながる。消費者は価格の低下という形で恩恵を受け、その分を他に使えるようになる。

16　社会保障問題については、World Bank/DRC 2014: 198–214で優れた議論を読むことができる。また、以下の文献も参照のこと。Thomas Gatley and Andrew Batson, "China's Welfare State: Mission Accomplished?" Gavekal Dragonomics research note, March 19, 2013.

政府による政策が有効であろうと思われる2つ目の分野は、工業重視をやめ、サービス業の発展を促すことだ。工業からサービス業へのシフトによって、所得が企業よりも個人に流れるようになる。というのも、サービス業は工業に比べて多くの人を雇い、使用する資本は少ないからだ。したがって、サービス企業の収入の多くが、賃金として労働者のポケットに入ることになる。

こうした方策のかなりの部分が、少なくとも理屈の上では政策に組み込まれてきた。第12次5ヵ年計画（2011～15年）では、国民所得における勤労者の所得の割合を引き上げ、サービス業が工業に代わって、経済生産の主な原動力となるようにするという目標が掲げられた。2013年の3中全会で示された政策の下、習近平政権は資源税の引き上げや、市場主導による資本コストの決定、競争の拡大などに向けて動いている。もう1つ良い傾向として挙げられるのが、人口構成の変化だ。第11章で述べたように、若年労働者が急速に減ってきており、雇用者側は大幅に賃金を上げざるを得なくなっている。このように、いくつもの市場的・政策的な要因が組み合わさって、国民所得における個人所得の割合が増える方向に動いている。これは今後の消費者市場に良い影響をもたらすはずである。

しかし、残念ながら障害も多い。工業や投資が偏重されるのは、財政システムの中に組み込まれたインセンティブが要因となっている。したがって、中央政府が複雑な財政改革をどれだけ実行できるかによって、結果は変わってくる。国有企業や民間企業、そしてあらゆるレベルの政府の役人が、現在のシステムからかなりの利益を得ており、必要な改革にも執拗（しつよう）に抵抗する。次の第13章と第14章では、現在の成長モデルのコストをより詳細に検討し、それを変えるために政府は何をすべきかを考えていく。

第13章 格差と腐敗

ここまで、本書ではどちらかといえば中国のプラスの側面を描いてきた。プラスの側面とはすなわち、中国が40年もの間、急速な成長を維持し続けたこと、国民の多くがその恩恵を受けたこと、そして、政治と経済のシステムは、常に変化している状況にまあまあうまく適応してきたことだ。

しかし、中国が経験してきたような急速な変化のプロセスでは、大きな社会的ストレスが生じるのは常に避けられない。本章では、相互に関連する2つの問題を取り上げる。この2つを解決せずに放置すれば、政治と経済の秩序が崩れていく恐れがある。2つの問題とは格差と汚職である。

中国の所得格差はどの程度ひどいのか

中国自身も、世界銀行などの国際機関もよく言及するように、1980年代以降の経済成長により、中国では何億人もが貧困から抜け出した。これは素晴らしい成果である。しかし、経済成長の成果は非常に不平等に配分された。今では、所得や資産に関するどんな指標を取ってみても、中国は地球上で最も格差の大きな社会の1つとなっている。そしてもっと重要な点は、中国は過去数十年において最も急速に格差が広がった国であるということだ。

所得の格差を測る標準的な指標に、ジニ係数がある。ジニ係数はイタリア人の経済学者、コラド・ジニが

1912年に開発したもので、0が完全な平等を表し、1はすべての所得を1人の人間がコントロールしていることを示す。現実には、多くの国のジニ係数は0.2から0.6の間にある。社会福祉システムが高度に発達した富裕国（北欧諸国など）は数値が低く、一方で、農業や鉱業の生産物を主体とした経済で、富が一部に集中しがちな国（アフリカや中南米など）では、高い数値になる傾向がある。中所得から高所得の民主主義国が集まっている経済協力開発機構〈OECD〉加盟国では、ジニ係数の中間値は0・31である。[1]

中国のジニ係数の推計値はさまざまだが、どれも2つの点については分析が一致している。1つは、中国の所得格差は非常に大きいということ。もう1つは、少なくとも2008年までは、その格差が大きく拡大したということだ。中国の所得格差は、主要な開発途上国のいくつかよりは小さいが、すべての先進国との比較ではかなり大きい。さらには、中国が真似をしてきた東アジアの近隣諸国・地域（日本、韓国、台湾）よりも格差が大きいということも重要な点だ。加えて、1980年の時点では所得格差は小さかったが、改革開放期の少なくとも最初の30年で急速に拡大した。[2]

これを踏まえて、格差についてもう少し詳しく見てみよう。図表13・1と図表13・2は、世界の所得格差に関す

図表13.1　所得格差の国際比較——税引き後かつ社会保障給付含む（1990〜2017年）

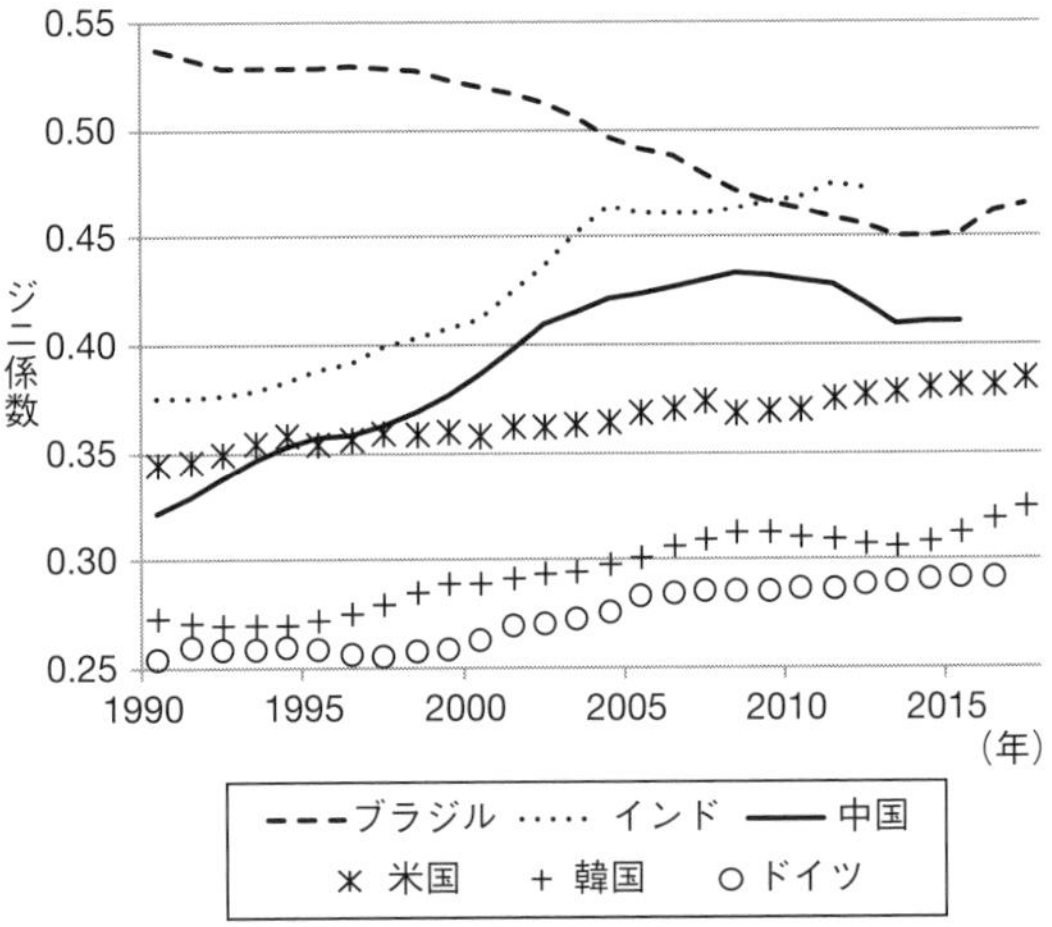

出典：Standardized World Income Inequality Database, version 8.1.

る最も包括的なデータベースを用いて作成したものだ。最初の図は、6ヵ国の可処分所得を基準としたジニ係数を示している。可処分所得とはつまるところ、税金をすべて支払い、社会福祉給付をすべて受け取った後の所得の合計である（これがジニ係数を計算する際の標準となる所得である）。この図を見ると、中国の格差は1990年から2010年の間に急速に拡大し、ピーク時には0・43を超えていたことがわかる。中国の所得格差は、米国やドイツ、韓国などの先進国と比べると、はるかに大きいことは明らかだ。

　しかし、この図からはこれ以外に見えてくる点もある。1つ目は、所得格差の拡大が、この期間、世

図表13.2　中国と米国の一次分配／二次分配での格差比較（1980～2017年）

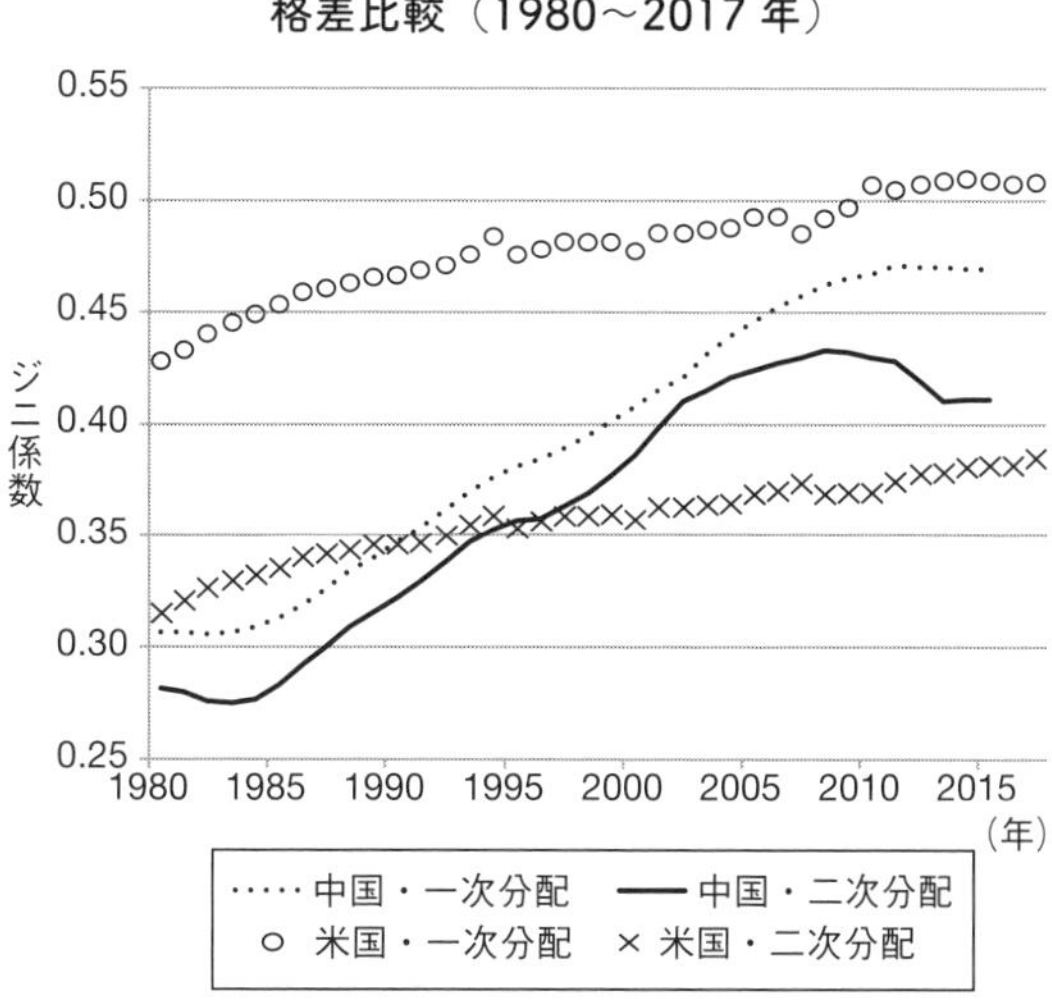

出典：Standardized World Income Inequality Database, version 8.1.

1　https://data.oecd.org/inequality/income-inequality.htm.

2　ジニ係数の値がばらつくのは、所得格差を正確に算出するには、その国の国民全員の正確な所得を把握する必要があるからだ。実際には、所得調査の結果が用いられる。中国のジニ係数の民間による計算結果をまとめたものに、以下の文献がある。Yu Xie and Xiang Zhou, "Income Inequality in Today's China," *Proceedings of the National Academy of Sciences*, February 20, 2014, http://www.pnas.org/cgi/doi/10.1073/pnas.1403158111. 中国に見られる大きな格差と、他の東アジア諸国における比較的小さな格差を比較した文献には以下のものがある。Martin King Whyte, "Soaring Income Gaps: China in Comparative Perspective," *Daedalus* 143, no. 2 (Spring 2014): 39–52. ジニ係数の他、格差を測る他の指標、たとえばタリ指標（Theil index）などについて論じたものに、Thomas Piketty, *Capital in the Twenty-First Century* (Cambridge, MA: Harvard University Press, 2014): 266–269. 邦訳：『21世紀の資本』（山形浩生他訳、みすず書房、2014年）がある。

界的に起こっていたということである（ブラジルは例外だ。同国では極度に所得格差が大きかったが、ポピュリスト的なルーラ・ダ・シルバ大統領の下で、2000年代にいくぶん縮小した）。2つ目は、中国の所得格差は大きいものの、ブラジルとインドという2つの開発途上の大国と比べれば、まだ小さいということだ。3つ目は、2010年以降、格差が少し縮小し始めたことである。この3つ目の点は他の研究でも示されている。

図表13・2はさらに興味深い。この図では、米国と中国だけを取り上げ、税金と社会福祉給付を考慮したものと考慮しないものの両方のグラフを示している。この図からわかるのは、一次所得分配（税引き前・給付前）では、米国の方が中国よりも格差がずっと大きいということである。ジニ係数は0.5を超えている。しかし、税と給付を考慮すると、米国の方が中国よりもずっと格差は小さくなる。

米国の政治家は「社会主義者」のレッテルを拒否するが、実は米国は非常に累進的な税制と幅広い社会福祉プログラムを持ち、それによって非常に不平等な所得分配の痛みを和らげている。これに対して中国は、「共産主義」の看板を掲げる党によって統治されているにもかかわらず、社会のセーフティネットと税制の力は非常に弱く、所得を富裕層から貧困層に移転する働きはほとんどない。

図表13・2からは、もう1つはっきりわかる点がある。それは、中国の2010年以降の所得格差の縮小は、大半が社会給付の拡大によって実現されたものであり、一次所得分配における格差の縮小が主要因ではないということだ。これは驚くべきことではない。2005年以来、所得格差の縮小と、失業保険や最低生活保障、年金、健康保険などの社会プログラムの質的向上が、国の政策のテーマの1つとなっている。これらの政策の結果はなかなか表れなかったが、今では目に見えるようになっている。これに対して、2011年から始まった5ヵ年計画で推進されるべきとされていた、一次所得分配の格差の改善は、まだあまり効果が出ていないようだ。[3]

所得格差の原因は何か

格差がどこから生じているかを理解するには、まず、格差の全容を理解する必要がある。ジニ係数は計算が比較的容易なためよく引用されるが、ジニ係数が測定するのは個々人の所得における格差だけだ。したがってジニ係数では資産の格差は捉えられないが、中国ではおそらく、所得の格差よりも資産の格差の方が激しい。ある信頼できる推計によると、中国の上位10％の世帯は、所得では全体の57％を手にしているが、資産では全体の85％を持っているという。[4]

加えて、格差の一部は、個人ではなく属する集団に関係している。具体的には、都市部と農村部の所得のギャップ、外国からの投資と輸出で潤った沿岸部の省と、取り残された内陸部の省との乖離などだ。

格差をどう定義したとしても、その根源は大きく2つのカテゴリーに分けられる。1つ目は、格差の拡大はある部分、国が急速な経済発展で農業から工業にシフトする過程で自然に生じてくる結果であるということだ。これは中国だけでなく、どの国でも見られる。

その理由について、経済学者のサイモン・クズネッツが1955年に概略を示し、その後、開発経済学者らが研究を進めた。それは次のような内容だ。経済開発の初期の段階では、運の良いわずかな人だけが近代経済にア

3　図表13・1と13・2のデータは、Standardized World Income Inequality Database (SWIID), version 8.1, https://dataverse.harvard.edu/dataset.xhtml?persistentId=doi:10.7910/DVN/LM4OWF. より。中国の公式のジニ係数は、給付前の、より格差が大きい方の数値に一致することに注意する必要がある。多くの国では、ジニ係数は課税後、給付後の数値を発表しているので、この違いは重要だ。世界の所得格差の長期的なトレンドを、体系的に見ようとした初期の研究に以下のものがある。Christoph Lakner and Branko Milanovic, "Global Income Distribution: From the Fall of the Berlin Wall to the Great Recession," World Bank Policy Research Working Paper 6719, December 2013.

4　World Bank/DRC 2014: 16. ２０１９年の時点では、米国人口の上位10％が、同国の資産の64％を支配していた。参考：Alexandre Tanzi and Michael Sasso, "Richest 1 percent of Americans Close to Surpassing Wealth of Middle Class," Bloomberg News, November 9, 2019.

クセスできる。資本を持っているか、近代的な分野で仕事ができるスキルを持っている人たちだ。彼らの所得は大きく拡大していくが、伝統的な農業分野に残された人々の所得は増えない。開発が進むと、もっと多くの人々が近代的な経済に移っていき、格差は緩和の方向に進む[5]――。中国の大きな格差の背景にも、このプロセスがあることはほぼ間違いない。特に、2010年以前の都市部と農村部の所得格差の拡大と、沿岸部と内陸部の資産の大きな格差は、このプロセスが関係している。

2つ目は中国に特有の要因だ。これらがあったために、中国における格差は他の急成長した東アジア諸国に比べてずっと大きなものとなった（特に、日本・韓国・台湾では、あまり格差を生まずに工業化を成し遂げた）。中国特有の問題の中でも、特に大きいのが農村部と都市部の間で財産権の仕組みが異なり、そのために資本へのアクセスも不平等になったという点だ。都市部の世帯は、1998年から2003年までの住宅私有化の期間に、巨額の資産移転による恩恵を受けた（第6章参照）。これとは対照的に、農民は市場価格以下で地方政府に土地を供出させられることも多かった。加えて、中国ではキャピタルゲインに対する課税が少額で、その徴収も一貫性を欠いている。

所得格差が縮小する可能性はあるか

前述したように、ジニ係数で測定される所得格差は2010年にピークを打ち、それ以降は少し下がってきたようだ。これは属する集団別の所得のデータにも表れている。2000年代初期には、下位40％にいる人たちの所得の伸びは、上位20％の人たちよりずっと小さかった。2007年には伸びは同じくらいになり、2010年になると低所得の人々の方が所得の伸びが大きくなった。

この変化には、経済の自然な変化が影響している。特に大きいのが人口構成の変化だ。若い移住労働者が少なくなり始めたため、企業は彼らに高めの賃金を提示しなければならなくなった。一方で、大学卒業者数が急速に増えたため、企業のマネジメントや金融、テクノロジーなど、賃金の高い仕事を求める若者の数が増加した。大卒者は２０００年には年間１００万人だったが、今日では７００万人を超えている。その結果、２００９年以降、ブルーカラーが主体の産業（建設、製造、小売り、農業）では、ホワイトカラーが主体の産業よりも賃金が大きく伸びるようになった。

この傾向は、２００９年から10年にかけての政府による大規模なインフラ建設プログラムによって強まった。このプログラムにより数百万もの新しい建設業の雇用が創造されたからだ。[6] ただし、こうした進捗（しんちょく）は好ましいが、あまり大きな進展だとは言えない。労働力の供給が厳しくなれば賃金の格差は改善されるが、資産所有の偏りは改善されず、また資本の所有から生じる格差は改善されない。

政府の政策も格差の改善に貢献している。第12次5ヵ年計画（２０１１～15年）において初めて、所得の分配をより平等にする必要があることが示された。この計画では、資本集約的な産業への投資のインセンティブを減らし、労働集約的なサービス業の成長を促進する政策が掲げられた。他の条件は同じだとすると、この方針によって投資による所得の伸びは鈍くなり、一般的な中国人の賃金の伸びは高くなるはずだ。しかし、図表13・2で示

5　Simon Kuznets, "Economic Growth and Income Inequality," *American Economic Review* 45, no. 1 (1955): 1-28, https://www.aeaweb.org/aer/top20/45.1.1-28.pdf. 多くの研究者がクズネッツの仮説に異議を唱えている。所得の格差について多くの国で行った調査の結果が、クズネッツの仮説を裏付けていないからだ。ホワイト(Whyte, 2014) の研究 "Soaring Income Gaps" がその例である。クズネッツの洞察を擁護している研究には次のものがあり、筆者は説得力があると思う。James K. Galbraith, *Inequality and Instability: A Study of the World Economy Just before the Great Crisis* (Oxford: Oxford University Press, 2012).

6　Andrew Batson and Thomas Gatley, "Inequality Is Improving, Discontent Is Not," Gavekal Dragonomics research note, November 4, 2013.

したように、ジニ係数の低下の大半は一次所得の改善によって生じているのではなく、むしろ、社会給付の増加や税金の累進化によって生じている。

2005年以来、中央政府はゆっくりと、だが着実に、包括的なセーフティネットの構築に取り組んできた。たとえば、失業保険、最低生活保障、全国的な健康保険、都市部と農村部の年金などである。2020年までに、これらのプログラムはほぼ国民全体をカバーするようになった。だが、公的な健康保険と年金に関しては、数十年後、国民の高齢化が進んだ段階で、これらの仕組みにどのくらいのコストがかかるのか政府が憂慮しているため、給付水準は低いままにとどまっている。

税制からも多少の効果が出ているかもしれない。2019年1月の個人所得税の減税は、高所得者よりも低所得者と中所得者の減税が大きくなるよう設計された。中国の世帯の約4分の3が課税所得の下限を下回ることから、個人所得税を課税されていない。

しかし、全体として見ると、政府は個人間の所得格差の縮小よりも、都市部と農村部の所得格差の縮小を狙った政策の方により力を注いでいる。農村部の所得向上のためのプログラムには、次のようなものがある。農民に穀類の生産を求める規則を緩和し、もっと利益の稼げる作物を育てられるようにする。農業生産に関する税金および納付金を削減し、やがて廃止する。農村から市場への道路の建設を後押しし、豊かな都市部の消費者に農民が作物を販売できるようにする。食品加工事業への投資を拡大するなどである。沿岸部と内陸部の格差に対処するためには、中央政府はインフラ開発プログラムを打ち出した。最初は西部、続いて東北部の古い工業地帯、最後に中央部の省がその対象となった。

これらのプログラムすべてが効率の観点から批判にさらされたが、政府が対処しようとした2種類の格差の抑制、あるいは格差の縮小には貢献した。2004年までに、農村部の消費は都市部の水準に迫り始め、都市部と農村部の所得格差は２００９年に縮小し始めた。[7] ２００５年の時点では、省の都市部の賃金が、国全体の平均賃金の上下10％以内に入っていたのはわずか6省だけだった。それ以外の、主に沿岸部の数省では平均よりもはるかに高く、内陸部の多数の省では平均よりもはるかに低かった。

こうした省の間の賃金の格差が、２０１１年までには縮まった。半分の省の都市賃金が国の平均賃金の上下10％以内に入るようになり、北京や天津、上海など、沿岸部の巨大都市だけが平均賃金の10％を上回る状態となった。[8] 省ごとの格差に関する指標の多くが２０１６年までは縮小を続けた。しかし、それ以降は改善が鈍化している。これは当然のことだと言える。なぜなら、沿岸部の省が新しいテクノロジー関連の産業から恩恵を受けており、一方で、内陸部の省は石炭や鉄鋼など、衰退に向かう一方の昔ながらの重工業に依存しているからだ。[9] 格差の問題は実際に縮小に向かっている。しかし、中国の格差の水準を東アジアの先進国と同程度まで大幅に縮小するには、はるかに積極的な政策が必要になるだろう。特に、政府は資本所得に対する課税を拡大して徴収するべきであり、また、少数の役人や実業家らが握っている莫大（ばくだい）な資産を縮小する必要がある。言い換えると、汚職の問題を解決しなければならない。

中国の汚職問題はどのくらいひどいのか

汚職は改革開放期の間じゅう、ずっと風土病のように蔓延してきた。ただし、そのやり方は変化してきた。

7　World Bank/DRC 2014: 105.
8　Andrew Batson, "The Rise of the Middling," Gavekal Dragonomics research note, October 10, 2012.
9　Andrew Batson, "The Equality Engine Is Stalling," Gavekal Dragonomics research note, October 13, 2016.

1980年代、汚職を生み出す根源となったのは二重価格制度だ。工場は一定量の製品を、計画で決められた低い価格で売らなければならなかった。しかし、余った生産物は自由市場でもっと高い値段で売ることができた。この状況を利用し、役人は自らの影響力を使って低価格で製品を買い、市場で高価格で販売したのだ。この種の汚職に対する怒りが、1989年の天安門事件の要因の1つとなった。

その後の価格改革で二重価格は解消された。わずかな戦略的商品を除いて、ほぼすべてのものが市場価格で販売されるようになり、二重価格を利用した汚職も消えていった。しかし、1990年代には、密輸が汚職の大きな源になった。密輸で利益を上げられたのは、当時の中国には高い関税や非関税障壁があり、そのため多くの品物の値段が世界市場より高かったからだ。1992年には、中国の関税は加重平均で32%であり、人気のある商品（自動車など）では100%以上になるものもあった。加えて、輸入品の半分以上に非関税の規制があり、輸入が妨げられていた[10]。

1990年代中頃までに密輸は巨大なビジネスになり、毎年、巨額の取引が行われた。この影響はマクロ経済の指標にも表れた。1988年の外貨準備高は、わずか50億ドルしか伸びなかったが、貿易黒字額と外国からの直接投資による外貨の流入額は、それぞれ450億ドルほどあり、その差は800億ドル以上と、GDPの8%近くに上る額となった。この800億ドルのほとんどが、密輸品の買い付けや、資本逃避のために国外に流出していた。その後、汚職の源としての密輸は消えていった。1つには、中国南部の大規模な密輸組織に対して厳しい取り締まりが行われたからだが、もっと大きな要因となったのは、1990年代後半と2000年代前半に、非関税障壁の撤廃や関税の引き下げが進んだことだ。そのため、密輸をする価値もなくなったのである。

21世紀の最初の10年では、都市部で建設ブームが起こる中、土地取引やインフラ・プロジェクトから賄賂を手にする機会が豊富にあった。地方政府が土地の供給を取り仕切っていたため、役人は良い土地を特定の業者に売ることによって賄賂を受け取ることができた。また、どの建設ブームでも見られるように、役人はインフラの契約から当たり前のようにリベートを受け取った。その頃の建設ブームは史上最大のもので、汚職の規模も同様に前代未聞のものとなり、政府高官ともなると何億ドルをも裏金として隠し持っていることも多かった。建設関連の汚職が急増したのは、２００９年から10年にかけてだと思われる。その頃、政府が経済刺激策を導入し、その大半がインフラ支出に使われたからだ。[11]

もちろん、他にも無数の汚職の手段がある。たとえば、新しい事業を開始したり、大きな投資プロジェクトを実施したりするのには多数の免許や認可が必要だが、それを提供する見返りに、役人は賄賂を受け取る。また、多くの地域で、役人の任命や昇進はお金で買うことができる。そして、関連する制度の頂点にいるエリートは、大手企業の新規株式公開〈ＩＰＯ〉で比較的クリーンに、かつ簡単に金持ちになれる。ＩＰＯを計画している企業の経営陣は、ややこしいＩＰＯ認可プロセスのスピードアップのために、あるいは、他の目的を果たす影響力を手に入れるために、株式公開前に割安な価格で、あるいは無料で、高官やその家族に株式を譲渡する。すると、高官は市場で株式の取引が始まった後、巨額の利益を手にすることができる。[12]

汚職により暴利を貪（むさぼ）る行為は、政治システムの頂点にまで及んでいる。政府が汚職の事実を認めた最大の事例は、周永康のものだ。彼は２００７年から12年まで政治局常務委員で、治安関連の要職も務めた。２０１４年

10　Barry Naughton, *The Chinese Economy: Adaptation and Growth* (Cambridge, MA: MIT Press, 2007): 384-385.

11　中国鉄道業界における汚職を鮮明に描いた記事に、以下のものがある。Evan Osnos, "Boss Rail," *The New Yorker*, October 22, 2012, http://www.newyorker.com/magazine/2012/10/22/boss-rail.

12　十分に立証された例としては、２００７年の中国平安保険のＩＰＯがある。この時、温家宝首相の親族が巨額の利益を手にした。David Barboza, "Lobbying, a Windfall, and a Leader's Family," *New York Times*, November 25, 2012. https://www.nytimes.com/2012/11/25/business/chinese-insurers-regulatory-win-benefits-a-leaders-family.html.

に、周永康は公式に汚職の取り調べを受け、党から除名された。警察は、彼とその家族および事業の関係者の資産、145億ドルを差し押さえたと発表した。この金額は、上海の「胡潤百富」が毎年発表している中国の億万長者ランキングで7位に相当するものだ。また、外国メディアは、元首相である温家宝の直系の親族が多大な資産（ニューヨーク・タイムズによると30億ドル）を所有していると報じ、現在の党総書記である習近平も同様に大きな資産を持つ（ブルームバーグ・ニュースによると、香港の不動産で5500万ドル、企業への投資で20億ドル）と報じている。党や政府で汚職に手を染めていない人は誰もいないという見方が一般的だが、それはおそらく正しい[13]。

なぜ汚職で経済成長が止まらないのか

汚職の規模と広まり具合や、少なくとも2013年に習近平が国家主席に就任して大規模な反腐敗運動を始めるまでは、汚職が明らかに拡大していたことを考えると、なぜ現在まで中国が破綻していないのかと問いたくなる。信頼できる調査によると、汚職と経済成長の間には強い逆相関関係があるという。つまり、汚職が多ければ多いほど、経済成長率は下がるということだ。また、近代においては、独裁者が自分の国から富を奪い、莫大な資産を築いて、やがては政権が崩壊した例が数多くある。ハイチ共和国のデュバリエ父子、ザイール【現在のコンゴ民主共和国】のモブツ・セセ・セコ、フィリピンのマルコス、インドネシアのスハルトらだ。中国は信じ難いほど腐敗しているが、同時に30年以上も年率10％程度の経済成長を続け、政治体制はとても安定している。なぜ、このようなことが可能なのか。

悲観的な研究者はよく、「時間の問題だ」[14]という。制御できないほどの汚職が原因となって、やがては政治が崩壊するか、経済が硬直化すると主張する。しかし、いくら時間が経過しても、そうした予測は実現していない。明らかに、何か理由があるのだ。汚職がありながら成長を続けてこられた背景としては、3つの要因が考えられる。

1つには、改革開放期の大半で、汚職は基本的には、強力な経済効果を生み出した改革の副作用のようなものだった。改革による利益が汚職による略奪を上回っている限り、全体としてのシステムは持続できる。特に1980年代と90年代は、ある種の（すべてではない）汚職は、ただの略奪というよりも合理的な経済行為だったと見ることもできる。最もわかりやすい事例は、1980年代に行われた計画価格と市場価格のサヤ取り売買と、1990年代の密輸だ。二重価格制度の下で、当局は多くの商品の計画価格を維持しようとしたが、それは価格が適正であるとか、経済的に効率が良いという理由ではなかった。ただ単に、一度に昔の計画経済の価格制度を廃止してしまうのは、政治的に都合が悪かったからだ。その結果として生じたのが、一部の商品の不足であり、慢性的な高インフレだった。計画価格の商品を市場に流した役人たちは、その商品の需要が大きく、供給が足りていないという市場のシグナルに反応したのだ。価格が自由化されると、この種の汚職は消えていった。

13　中国の富裕者のリスト：*http://www.hurun.net/EN/HuList.aspx。温家宝の親族の資産については、以下を参照のこと。David Barboza, "Billions Amassed in the Shadows by the Family of China's Premier," *New York Times*, October 26, 2012. 習近平の親族や他の指導者たちの資産については、以下を参照。"Xi Jinping Millionaire Relations Reveal Fortunes of Elite," *Bloomberg News*, June 29, 2012｜"Heirs of Mao's Comrades Rise as New Capitalist Nobility," *Bloomberg News*, December 27, 2012. 周永康の資産については莫大な金額であったことは確認されておらず、資産は警察が差し押さえたと考えられている。そして、中国にははるか昔から、汚名を負った高官の金銭的・性的な不祥事についてはそれを誇張するという伝統がある。周永康が実際に裁判にかけられた時には、わずか11万8000ドルの賄賂を受け取った罪に問われた。検察は彼の親族が3億ドルの資産を蓄えたと主張した。http://www.wsj.com/articles/chinas-former-securitychief-zhou-yongkang-sentenced-to-life-in-prison-1434018450.15.

14　こうした見方がよく表れている研究には、Minxin Pei, *China's Crony Capitalism: The Dynamics of Regime Decay* (Cambridge, MA: Harvard University Press, 2016) がある。この本はペイの前著、*China's Trapped Transition: The Limits of Developmental Autocracy* (Cambridge, MA: Harvard University Press, 2006) からさらに議論を発展させたものである。

密輸はある意味でもっとクリーンなものだった。もちろん、密輸には単なる犯罪もある。たとえば、福建省の起業家、頼昌星がその一例だ。彼は何十人もの役人に賄賂を払って、関税を払うことなく原油や高級車を手に入れた。[15] しかし、1990年代の中国の密輸のかなりの部分は、輸入関税を減らそうとする民間企業の努力とも捉えられる。1990年代後半の広東省では、企業が中国で販売する製品や部品、素材などを、次のようなプロセスで日常的に香港を通じて輸入していた。最初に、外国からの商品を香港の取次人で「転換者」と呼ばれる人に売る。1~2週間後、その同じ商品を、別の取次人が広東省の企業に売却する。価格は転換者が購入した価格より15~20%ほど高くなる。このプロセスの途中で税関の職員に賄賂が支払われていることは誰もが知っているが、誰も問うことはせず、この手法はほぼ合法的なものと考えられていた。この種の取引で実質的に行われていたのは、輸入関税を非経済的な税率（通常40%~70%）から、商業的に利益の出る割合にまで減らすことだった。

2つ目の要因は、中国の指導部が改革への支持を集めるために、役人にある程度の汚職を認めたということだ。二重価格による汚職と同様に、この手法も関税率が理にかなった水準まで低下すると消えていった。

改革開放期の初めの頃に役人としてのポジションに就いていた人たちは、共産党のイデオロギーに従うことでその地位を獲得した人たちだった。したがって、彼らは事業活動を推進するという新たな役割を、必ずしもよく知っていたわけではなかった。新しい市場経済からの成果の一部を彼らに与えて、ある意味で直接市場経済に関わらせることで、役人が市場改革に取り組むインセンティブとした。

3つ目の要因は、こうした汚職の黙認は無限に行われたのではないということだ。1980年代から、中国共産党は汚職に対して継続的に、また時には厳しく取り締まってきた。検察当局が記録した「経済犯罪」の数は、1980年には1万件以下だったが、天安門事件後の1989年には8万件近くになった。その後、起訴件数は年間5万件以上で推移したが、1990年代後半になってその数は減少し始めた。減少の理由として考えられるのは、二重価格制と高い関税の廃止で大規模な汚職がなくなったこと、また民間による経済活動が合法化されたので、民間企業を存続させるためだけに賄賂を要求しにくくなったことだ。

起訴件数は、世界金融危機が起こった2008年までの10年間で、年間平均3万件程度だった。しかし同時に、政府高官の起訴は増え続け、彼らに対する懲罰も重くなった。

研究によると、汚職を行った役人のうち起訴されるのは多くても10人に1人だが、起訴されるとほぼ確実に有罪となり、厳しく罰せられる。10年以上の懲役刑や死刑すら科されることがあり、2008年までの10年間では700件が死刑を宣告された。ここでポイントとなるのは、網羅的に取り締まりが行われたことではなく、取り締まりが汚職をある程度抑制し、いわば急速に成長する経済という宿主を殺すことなく寄生できる範囲に収められたということだ。[16]

汚職と大きな経済成長が両立する理由についてのここまでの説明は、改革期の最初の四半世紀ほどに関しては妥当なものだ。しかし、建設事業から生じる汚職が蔓延するようになった2005年以降は、説得力が薄れていく。近年の汚職は、概して利益のある改革プロセスの副産物というより、純粋に略奪的なものになっている。過去10年間で主に腐敗を生み出してきた源は、インフラ・プロジェクトからのピンハネ（経済的には有用だったかもしれないが、「経済改革」の一部とは見なせない）、および、市場価値よりはるかに安い値段で農民から奪い取った土地（農民の財産権の不十分さを利用したもの）の2つだ。さらに、その搾取の規模は莫大で、数億ドルに及ぶことも普通

15　この事件が鮮明に書かれている文献には、以下のものがある。Oliver August, *Inside the Red Mansion: On the Trail of China's Most Wanted Man* (New York: Houghton Mifflin Harcourt, 2007).

16　改革期の汚職についての優れた文献で、筆者も大いに参考にしたのが以下の書籍である。Andrew Wedeman, *Double Paradox: Rapid Growth and Rising Corruption in China* (Ithaca, NY: Cornell University Press, 2012).

になった。胡錦濤時代の終わりには、中国のエリートの多くが、経済改革は暗礁に乗り上げており、汚職は制御不可能で、中国は混乱に陥るのではないかと恐れ始めた。

習近平の反腐敗運動は真の解決策となっているか

習近平が胡錦濤の後を受けて中国共産党の総書記になり（2012年11月）、続いて国家主席と中央軍事委員会主席に就任すると（2013年3月）、習近平はすぐに大規模な反腐敗運動を開始した。そして、「トラもハエも叩く」、つまり違反者は大物も小物も捕らえることに努力を惜しまないと宣言した。この運動は、党政治局常務委員で、党中央規律検査委員会書記であった王岐山が率い、習近平政権の第一期が終わる2017年まで全力で続けられた。2018年に王岐山が副主席に昇進した後もこの運動は継続され、何らかの形で罰せられた政府の役人は推計で150万人、そのうち、副部長以上の役職は少なくとも120人にのぼった[17]。省と機関のほぼすべてが影響を受け、党の歴史において、最も長期間に及ぶ、最も厳しい反腐敗運動となっている。

この運動に関して最も問われているのが、この運動が真剣に腐敗を撲滅するためのものなのか、あるいは過去に行われた他の反腐敗運動と同じように、現在の指導者の敵をつぶすための魔女狩りなのか、ということだ。習近平の心を読むことはできないので確かなことは言えないが、この運動には少なくとも3つの側面があると考えられる。まず、ある部分、ライバルの政治的ネットワークを破壊する目的があったことは、特に初期ではほぼ疑いがない。「トラ」に相当する主要なターゲットには、公安部のトップだった周永康がいた。彼は公安部を権力の基盤とし、ほぼ思いのままにしていた。また、元党総書記の江沢民と深い関係があった2人の高官や、胡錦濤の個人秘書として力のあった令計画もトラにあたるターゲットとなった。

しかし、反腐敗運動の幅の広さと期間の長さを考えると、また同時に行われた取り組み、たとえば党内のイデオロギーに関する運動や、メディアや学術界の取り締まりなどを考えると、反腐敗の動きはもっと大きな統治戦略の一部だと思われる。事実、反腐敗運動の目標を記した党の文書ではまさにそれが表れており、反腐敗運動は党の統治力を向上させるための幅広い取り組みの一環であると記されている。[18]

この目標は2018年3月に公式化された。全国人民代表大会での憲法および法改正によって、規律と反腐敗のための専門機関、国家監察委員会が設立されたのである。この委員会の業務には、単に腐敗の根絶だけでなく、政府のあらゆるレベルの役人を、中央政府の政策に従わせることも含まれる。[19] ここから明らかになるのは、反腐敗運動は習近平の敵に対する戦いであるだけではなく、また、少数の悪人を退治するための短期的な「厳打」【犯罪取り締まりのための厳しいキャンペーン】でもなく、1980年代から続いている暗黙の「政治－経済取引」を終わらせるための取り組みであるということだ。ここで言う「政治－経済取引」とは、役人が経済成長を優先するよう仕向けるため、その対価として腐敗に比較的寛容な態度を取ることを指す。この「政治－経済取引」は、大きな経済的リターンをもたらしたものの、その結果として起こった汚職はやがて中国共産党の正当性を脅

17　Yuen Yuen Ang, "China's Corrupt Meritocracy," *Project Syndicate*, October 4, 2019, https://www.project-syndicate.org/commentary/china-corrupt-meritocracy-by-yuen-yuen-ang-2019-10.

18　「国の統治システムを進化させ、統治能力を近代化し、『2つの百年』目標（後述）を達成し、また、中国国民とチャイナ・ドリーム（中国夢）の大いなる復活を果たすために……党自体が党を厳しく監督し、クリーンな統治と反腐敗の戦いを深める必要がある」（2つの百年目標：中国共産党の設立百周年に当たる2021年までに、「適度に豊かな社会（小康社会）」を実現。また、中華人民共和国の建国百周年に当たる2049年までに、豊かで力強くかつ民主的で、文明化され調和のとれた社会主義国となるための開発を完了する）。「腐敗の処罰および予防体系を確立するための2013～2017年規定」より。*http://news.xinhuanet.com/politics/2013-12/25/c_118708522.htm（中国語）。この曖昧かつ大げさな文章は、中国共産党指導部の意図を読み解くには、中国人であっても特別な能力が必要だということを改めて思い起こさせる。

19　Yanmei Xie, "Beyond Anti-Corruption," Gavekal Dragonomics research note, March 20, 2018.

かすようになった。この正当性の危機に対して、習近平はトップダウンの中央集権的な政治支配を強めることで対応しようとしている。このやり方が、中国ほど大きく多様な国で持続可能なのかは、まだ見えてこない。

格差の拡大と汚職が社会の混乱につながっていないのはなぜか

ここまでで述べてきた所得格差の急速な拡大や、役人による汚職の蔓延があることから、所得の低い人たちが豊かな人たちや役人に対して、「成長による利益をかすめ取った」と怒りを抱き、社会で多くの混乱が生じているのではないかと考える人もいるだろう。特に中国では、平等という共産党のイデオロギーが、改革開放期前の30年以上にわたって厳格に守られていたからなおさらのはずだ。

しかし、手に入る証拠を見る限り、中国で不満が煮えたぎっているようには思われない。少なくとも、他の複雑で巨大な社会を持つ国以上に不満があることは示されていない。

確かに、多くの反対運動は見受けられる。公安部は2006年に、その前年に8万7000件の「群体性事件」【民衆が集団で行う抗議活動】があったと発表した。それ以降、まとまったデータは発表されていないが、中国の公式メディアによる時折の報道で、群体性事件や「秩序の混乱」の数が大きく増えていることが示されている。こうした統計に含まれる事件のほとんどが、地方の不満から生じた規模の小さなものである可能性が高い[20]。

また、アンケート調査からは、中国市民は自分の運命に対して特に大きな不満は感じておらず、自身の経済面での見通しについてはおおむね肯定的に考えていることがわかる。ハーバード大学の社会学者、マーティン・ホワイトが2004年と2009年に実施した詳細な調査では、不平等に対する懸念は強まっているものの、「不公正な分配に対する中国社会の怒りのマグマは、2009年には明らかに休止状態にある」と結論付けた。

ピュー・リサーチ・センターによる調査「グローバル・アティテュード・アンド・トレンド」では、少なくとも2016年の調査（現時点での最新調査）までは、80％を上回る中国人が、国の経済状況に満足しており、子どもたちの未来の経済状況はもっと良くなるだろうと答えた。[21]

格差の拡大がなぜ明らかな不満の表明につながっていないのか、その答えとして1つ考えられるのは、平均所得が格差の拡大以上に大きく伸び、格差はその副産物の1つでしかなかったということだ。つまり、過去40年間、すべての人の所得が上昇し、たいていの人は自分の所得が上がったことに注目して、自分よりさらに上がった人がいることにはそれほど注意を払わなかったと考えられる。

たとえば、格差が最も広がった1988年から2008年までの間、中国の1人当たり所得は229％という驚くほどの上昇となった。世界平均が24％だったので、その約10倍の上昇で、インド（34％）や他のアジアの開発途上国（68％）をも大きく上回った。[22] 加えて、社会サービスが徐々に改善していったため、人々は所得だけでなく生活の質全般が向上したと捉えた可能性が高い。[23]

---

20 「群体性事件」についての議論が沸き起こったのは、2006年に中国公安部が発表したデータで、群体性事件の数が1990年代には2万件以下だったのが、2005年には8万7000件に上昇したことが示されたからだ。それ以降は、政府は体系的なデータを発表しておらず、既存のデータの分析が可能になるような定義や内訳なども発表されていない。この問題については以下の文献が参考になる。Austin Strange, "Mass Incidents in Central China: Causes, Historical Factors and Implications for the PAP," *The Monitor* 17, no. 2 (Summer 2012), *http://web.wm.edu/so/monitor/issues/17-2/3-strange.pdf. より最近の議論には以下のものがある。"Why Protests Are So Common In China," *The Economist*, October 4, 2018, https://www.economist.com/china/2018/10/04/why-protests-are-so-common-in-china.

21 Martin Whyte and Dong-Kyun Im, "Is the Social Volcano Still Dormant? Trends in Chinese Attitudes toward Inequality," *Social Science Research* 48 (2014): 62-76, http://scholar.harvard.edu/files/martinwhyte/files/pdf_0.pdf | Martin Whyte, *Myth of the Social Volcano* (Stanford, CA: Stanford University Press, 2010). ピュー・リサーチ・センターのデータは以下を参照。http://www.pewglobal.org/database. このデータは、中国の大手独立系の世論調査会社 Horizon Research がまとめたものである。

22 "Global Income Distribution."

多くの中国人にとっては、自身のチャンスが大きく高まったことが、一般的な格差の拡大よりも重要だったのだろう。要するに中国人は、改革開放期の初めに鄧小平が言った「一部の人、一部の地域が先に豊かになれ」というモットー（いわゆる「先富論」）を受け入れた可能性がある。この心理は北欧や日本など、平等主義の強い国では異質に感じられるだろう。しかし、それほど平等主義ではない米国の価値観とは、あまり違わない。米国では、自分の人生を高めるために大きく開かれたチャンスがある分、経済的な不平等が生じることは当たり前だと、多くの人々が考えている。

もちろん、本当は人々はもっと抵抗を示したいのだが、中国の権威主義的な政治制度により、あらゆる抗議行動はそれが広がる前に叩きつぶされるという可能性も考えられる。この見方にも、間違いなく真実の部分がある。中国には巧みに構成されている国家治安組織があり、あらゆる種類の騒動を取り締まろうと目を光らせている。その予算規模は軍隊にも匹敵するほどだ。[24] しかし、この考え方自体に無理がある。抑圧ばかりに頼り、その根本にある原因に対処しない政権が長く続くことはない。また、中国の経済面での持続的な成功や、１９８９年以降、３代の指導者にわたる政治的な安定、そして各種のアンケートで全般に前向きな見方が示されていることは、恐怖のあまり怒りを抑え込み服従させられている民衆、という単純な像とは一致しない。

詳細な調査から浮かび上がってくるのは、中国共産党の正当性は、単に経済成長や政治的弾圧だけからではなく、非常に多くの要因から生じているということだ。２０１０年と２０１４年に、権威ある北京大学の社会科学チームと米国人の学者、ブルース・ディクソンが実施した調査では、都市部の中国人の大半が、中国共産党が社会的安定と公共の利益を実現していることを高く評価した。政府の役人がトップから末端まで腐敗しているという認識は広く共有されていたものの、そのこと自体が政権全体への強い不満に結びついてはいないようだった。驚いたことに、「中央政府の官僚はほぼ全員が腐敗している」という文章に同意した人たちのうち、70%もの人が共産党による支配を支持した。その理由はいくつか考えられる。たとえば、腐敗の蔓延は歴史的に中国の統治につきもので、人々は単純にそれが現実だと受け止めている。特に、自分に有利な方向にものごとを動かせる自信があるときは、人々はそう思うかもしれない。また、中国の人々は、中央政府の官僚よりも、地元の役人に対して批判的な傾向がある。したがって、多くの場合、腐敗に対する批判は政治制度全体に関するものではなく、地域の特定の問題に関連している。

理由はどうあれ、中国共産党がすぐに正当性を失うような危機に直面する可能性は、ほとんど見当たらない。[25]

23　アジア開発銀行の social protection indicator (SPI) は、社会保障と社会福祉に関するすべての支出を「社会保護」として1つの指標で表そうとする試みであるが、そこで中国はなかなか良いスコアを出している。２０１２年と15年を測定した2つのＳＰＩで示されたのは、中国のＧＤＰ比での社会保護は、南アジアや東南アジアのどの国よりも高いということだった。また、中国よりもずっと豊かな韓国と比較しても、それほど後れをとってはいなかった。また、２０１５年の中国の社会的保護への支出は合計で８３５０億ドルであり、国内の治安維持に使われる額の数倍であることも指摘しておきたい。*The Social Protection Indicator: Assessing Results for Asia* (Asian Development Bank, 2016) | *The Social Protection Indicator for Asia: Assessing Progress* (Asian Development Bank, July 2019).

24　２０１０年以来、中国国内の治安維持の予算は、国や地方などあらゆるレベルの政府予算を合わせた合計額が、軍事予算を超えている。近年では両者の差が広がっており、その一因には新疆での厳しい弾圧がある。２０１８～19年には、１００万人ものウイグル人が捕らえられ、収容所に拘束された。２０１８年の治安維持費は1兆３８００億元で、公式な軍事費（1兆１２００億元）よりも22％多かった。ただし、米国と同じように、中国の合計での軍事支出はほぼ確実に公式の軍事予算を上回る。したがって、（一部の報道が主張するように）国内の治安維持費が真の国家防衛予算を上回ることはないかもしれない。参考：Josh Chin, “China Spends More on Domestic Security as Xi's Powers Grow,” *Wall Street Journal*, March 6, 2018。なお、第8章で述べたように、社会福祉や地域開発プロジェクトなどを含む「社会管理」の支出は、治安維持費の約5倍である。

25　Bruce J. Dickson, *The Dictator's Dilemma: The Chinese Communist Party's Strategy for Survival* (New York: Oxford University Press, 2016). 同書の4～6章ではさまざまな興味深い調査データが示されており、その中には、都市部の中国人の過半数が、「中国は高いレベルの民主主義を実現している」と考えているという、驚くべき結果も見られる。

第14章 成長モデルを変える

なぜ中国は成長モデルを変える必要があるのか

1979年に改革開放が始まって以来、中国経済は世界の中でも優れた成功例となってきた。しかし、この数十年間のどの時点においても、その成功が簡単に成し遂げられたわけではない。経済の奇跡の陰には、中国の多数の労働者や起業家による粘り強い努力と創造力があり、政策当局者による効果的なマネジメントがあった。しかも、3~4年経つと状況が変わるような、安定しない環境でそれが行われたのである。そして、今日の中国は、これまで克服してきた課題に比べてずっと大きな課題に直面している。それは、資源の投入による成長モデルから、資源の効率的な活用による成長モデルに移行していくことだ。別の言い方をすると、中国は過去30年間で現代の経済に必要なインフラなどの資産を築いてきたが、これからはその資産からどれだけのリターンを生み出せるかが重要となるのである。

それができるかどうかは、今後に大きな影響を及ぼす。2019年末には、中国のGDPの成長率は6%にまで低下した。1980年から2012年まで維持してきた年平均10%の成長と比較すると、かなり低い数字だ。そして、今後は成長率がさらに低下することはほぼ間違いない。この成長率の低下は、自然な成熟のプロセスでもある。どの国の経済も、永遠に10%の成長を続けていくことはできない。日本や韓国、台湾の先例を見ると、適切な政策を組み合わせれば、2020年代になっても5%程度の成長を維持することは可能かもしれず、そうなれば、今や14兆ドル規模となった経済としては大きな成果である。しかし、適切な政策が実施されなければ、中国の奇跡は終わりを迎え、中国は非生産的な資本と多額の負債、不可避の人口減少という泥沼の中で身動きがとれなくなる可能性も現実味を帯びてくる。

中国の成長モデルはどのように変わる必要があるか

これまでの章で見てきたように、1979年以降、中国は国が支配する計画経済から、市場や民間企業が重要な役割を果たす、ダイナミックな混合経済へと転換してきた。ある視点から見るとこの転換は複雑で、金融や財政、企業や統治、法制度などを繰り返し改革していく必要があり、また、これらの改革によって生じた予想外の結果にも、柔軟に対応する必要があった。しかし、別の視点から見ると、すべてに非常に単純な共通点があった。つまり、資源を次々に投入していったことである。

資源を次々に投入していく任務は、より多くの資本を積み上げていくということを意味する。中国には常に豊富な労働力があり、改革開放期の最初の段階でも、低所得国の水準からみると労働者は比較的健康で、教育水準も高かった。したがって、彼らには高い生産性を生み出す可能性があった。しかし、その可能性を解き放つためには、労働者を生産性の低い農業の仕事から解放し、あらゆる種類の資本と組み合わせる必要があった。たとえば、工業技術や現代のマネジメント技術、そしてさまざまなインフラだ。インフラとは具体的には、現代の事業を動かすのに必要なネットワーク（電気・通信）、世界市場へのリンク（港・空港）、労働者が仕事のある場所に移動するための手段、そして国内市場どうしを結ぶ手段（道路・鉄道・住宅）などである。

つまり、1980年以来、中国にとって唯一最大の仕事だったのは資本ストック、すなわち、設備や建物、他の物的資本の合計の価値を増やすことだった。米国などの先進国は通常、ＧＤＰの３倍強の資本ストックを持っている（ただし先進国も、投資が少なくて済むサービスやハイテクへと経済が移行する中で、ＧＤＰに対する資本ストックの比率は低下する傾向がある。ドイツは１９８０年から２０１５年までの間に、この比率が3倍から2倍へと低下した）。１９８０年代初期の中国など、貧しい国では資本ストックはＧＤＰの1.5倍、あるいはそれ以下の場合もある。したがって、貧しい国から豊かな国へと転換したければ、資本ストックを豊かな国の水準まで引き上げることが最も重要な仕事となる。

ここから３つの結論が導き出せる。１つ目は簡単な算数で、ＧＤＰに対する資本ストックの割合を引き上げるには、長期間にわたってＧＤＰの成長を上回る勢いで資本への投資を増加させなければならないということだ。簡単な例を挙げよう。ある国の資本ストックがＧＤＰの1.5倍だったとする。これを30年間で、ＧＤＰの３倍までに引き上げると考える。経済が年率６％の勢いで伸びているとすると、この目標を達成するためには資本ストックを毎年8.5％成長させなければならない。ＧＤＰの成長率の３分の１以上を上乗せした速さである。さらに、この国の資本が年率５％の割合で減価していくとすると、この国の投資比率（つまり、ＧＤＰの何％を新たな資本に投じていく必要があるか）は、30年の間に、19％から37％へとほぼ倍にしなくてはならない。

この例は明らかに単純化した例だが、第二次世界大戦後に東アジア諸国が経験した状況をよく表している。東アジア諸国は何十年にもわたり、工業やインフラ、住宅に集中的に投資を行い、資本ストックを築いてきた。そのため、投資比率は20％台から30％台の後半にまで上昇した。このプロセスの最後には、日本、韓国、台湾の３ヵ国・地域は、少なくとも高中所得国となり、世帯の生活水準が米国平均の２分の１を超えた。中国の場合は、１９８０年から２０１２年の間に、投資比率が28％から45％へと極めて高い水準まで上昇した。資本ストックもＧＤＰの1.6倍から2.5倍に増加した（図表14・1を参照。投資比率に関しては、図表12・1〈254頁〉も参照のこと）。逆に言うと、高所得国のグループへの移行を続けられなかった国（たとえば、ブラジル、インド、タイなど）の重要な特徴は、資本投資を十分に高い水準で伸ばし続けられなかったことだ。[1]

２つ目は、この資本形成の少なくとも初期の段階では、資本活用の効率は意味がないとは言わないが、あまり重要ではないということだ。ただし、新しい資本プロジェクトも、生産性の面で当然のことながら、基本的な基準は満たす必要がある。たとえば、道につながっていない橋をつくったら単なるお金の無駄だし、輸出用スニーカーの工場を港から何千キロも離れた場所に作ったら、これも同様に無駄が大きい。さらに、資本投資はその国の経済発展の段階におおむね合ったものであるべきで、また十分に機能している市場にアクセスできなければならない。そうすることで、企業が需要のないものを製造せず、またインフラによって新しい生産的な事業が創造されるようになる。

図表 14.1　資本ストックの GDP 比（不変価格、1970～2015 年）

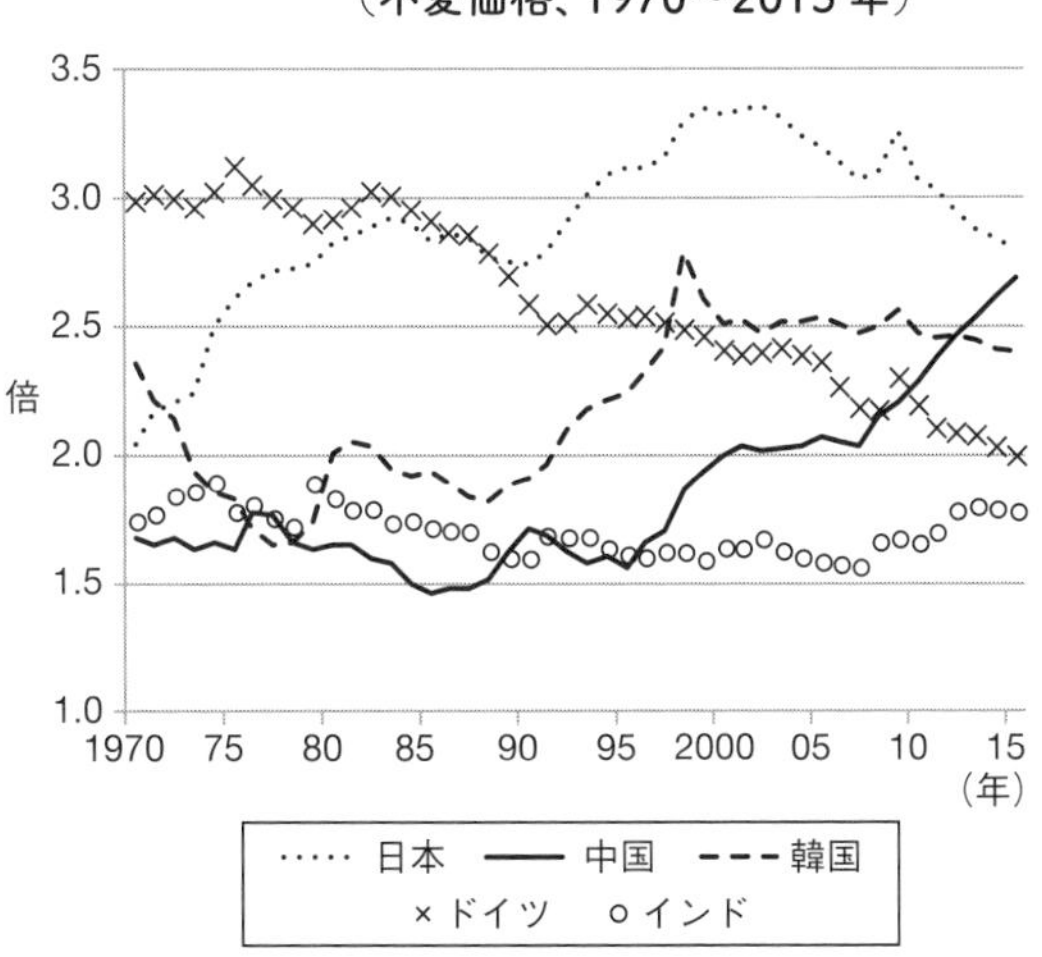

出典：IMF Investment and capital stock dataset.
【不変価格とは価格変動を相殺した実質価格のこと】

1　中国の資本ストックに関しては、さまざまな推計があるが、資本ストックの計算は、データ不足によって困難な場合がある。図表14・1に示した資本ストックの数字は、IMF Investment and Capital Stock Dataset (www.imf.org/external/np/fad/publicinvestment/data/data122216.xlsx) から。このデータベースは、国際的に比較可能な資本ストックの長期間のデータを提示している点が優れている。

こうしたことを実行できるかどうかが、間違った資本形成と効果的な資本形成の違いを生み出す。中国では過去30年間は効果的な資本形成を行ってきた。ただし、それ以前の毛沢東主義の時代には、誤った資本形成がなされた。資本ストックへの投資は行われたのだが、製鉄所を過剰に建設し、その一方で、農場と市場を結ぶ道路や消費財工場の建設は不十分だった。

しかし、基本的には、貧しい国にとってより重要なのは、適切な資本をできる限り多く形成することであって、個々のプロジェクトのリターンを最大化することではない。ただし、いくつか条件はある。それは、市場が機能していること、まずまずの労働力を備えていること、統治水準も悪くないこと、そして企業にとって投資環境が予測可能になるような経済政策があることだ。こうした条件の下であれば、新しい資本投資はかなり早い段階で大きなリターンを生む。スタート地点が非常に低いため、インフラと新技術によって生産性が劇的に向上するからだ。これはつまり、第1章で述べた「後発性の利益」である。多くの新しい資本を加えることによる効果は、いくつかのプロジェクトが途中で失敗することによる損失を、はるかに上回るのだ。

しかし、仮にこの資本集約的な成長段階を完璧に進められたとしても、やがては有効期限がやって来る。これが3つ目のポイントだ。どこかの段階で、国の資本ストックは豊かな国の水準に到達する。すると、単に資本を増やすだけではほとんど効果が得られなくなる。企業は効果的に事業ができる設備を持っている。労働者の生産性はすでに高くなっており、新しい機械を使わせるだけでは生産量が2倍、3倍になることはない。また、その国に必要な道路や鉄道、港や発電所は建設済みだ。こうなると、単純に資本を追加するだけでは力強い経済成長は実現できなくなる。

成長を実現するには、1つの資本が生産できる量を増やしていかなければならない。つまり、資本活用の効率を高めるのである。このような転換によって、経済の成長率は緩やかになる。なぜなら、それまでは成長の源が

「新しい資本の追加」と「生産性」の2つだったのに、それが1つ（生産性）だけになるからだ。

図表14・1をもう一度見てみると、中国にとってのこの議論の意味を理解することができる。2015年（確実なデータがある最後の年）までは、中国のGDPに対する資本ストックの比率は2.7倍と、どんな基準から見てもかなり高い水準だった。2015年から20年にかけても投資集約的な成長を続けたことから、この数字はさらに高くなっているはずだ。この莫大な投資が、良いリターンを上げているとはまず考えられない。実際、資本の生産性が低下していることは、多くの指標に表れている。

改革開放期の高い成長率の要因は、2つにまとめることができる。①資源を投入し、国の資本ストックを大幅に増加させた。②これらの資源の管理主体を徐々に国有企業から民間企業に移した。それによって、多少の投資は無駄になることがあったとしても、資源の利用効率は長期間の平均で見れば徐々に改善していった。しかし、もう中国は非常に多くの資本を形成してしまっており、資源投入の時代は終わりに近づいている。これからの成長は資本の追加よりも、効率の向上を中心にして実現しなければならない。

中国の成長が「不均衡」とはどういう意味か

中国の今日の経済問題を、多くのアナリストは「不均衡」という言葉で表現する。彼らによると、過去において中国は、成長の源を投資と工業と輸出に頼り過ぎ、消費は軽視してきた。豊かな国々では、消費が最終需要の60%から70%を占めるのに、中国では近年40%を下回る。したがって、中国がやるべきことは、投資・消費・輸出といったさまざまな成長の源の間に、より良い「バランス」を実現することだという。これを実施するには、通常は投資の割合を減らし、消費支出を増やすことになる。

「不均衡」という概念を使って、中国の状況を表せる部分もあるが、もっと子細に見ていく必要がある。

第一に、第12章でも述べたように、貧しい農業国から豊かな工業国へと急速に成長しようとする国にとって、投資に重点を置いた「不均衡」な成長の期間が存在することは、完全に正常である。むしろ、「不均衡」なポイントまで達したことは成功の印であり、失敗の印ではない。しかし、資本ストックについて述べた議論で明らかにしたように、今も中国が資本支出に大きく依存していることは問題であり、早期に修正する必要がある。

第二に、「不均衡」は複数の側面に存在しており、時に、1つの不均衡を修正すると、他の不均衡が拡大することがある。したがって、不均衡が本質的に悪いものだという考え方にしがみつくのではなく、不均衡は非効率や資源の不適切な配分、持続不可能な製造パターンといった経済問題が存在する手掛かりとして捉えるべきだ。

中国経済はさまざまな点で「不均衡」であると表現されてきた。過剰な投資と不十分な消費、過剰な工業生産と不十分なサービス産業、輸出への過度の依存と不十分な国内需要、(株式ではなく)借り入れに過度に依存した成長資金、国有企業への過度の依存と不十分な民間セクターの活用——。政策当局者は、2006年頃からこうした問題に取り組んできたが、その熱意も成果もさまざまだった。

政策展開と自然な経済の変化が組み合わさって、輸出への依存は大幅に減り、経済産出量に占めるサービスの割合は大きく増加し、また、消費の経済成長への寄与はわずかながら増加した。借り入れによる資金調達と資本形成による成長への依存は(大きな困難を伴いながら)ある程度は削減されたが、負債の水準は高いままであり、資本の生産性は急激に低下している。習近平政権になる前の35年間は、経済における国の役割は縮小傾向にあったが、同政権下ではその流れは押しとどめられ、いくつかの経済指標では国有企業の割合が拡大している。国有企業は民間企業に比べて、借り入れをより多く活用し、リターンの低いプロジェクトに投資しがちで、消費需要をあまり刺激しない。したがって、現在の成長モデルの欠点を修正し、2020年代において中国が持続可能な成長を続けるためには、国有企業の役割を制約することを重要なポイントとしなければならない。

中国経済の不均衡は2000年代初期にはどう進展したのか

中国の成長が危険なほど「不均衡」であるという見方は、2000年代前半に広がり始めた。この頃、GDPに占める貿易黒字と投資の割合の両方が急増し始めていた。1994年から2004年まで、中国は安定的に貿易黒字を計上しており、その額はGDPの2%程度だった。輸出は急成長していたが、輸入も原材料と資本財の両方で伸びており、経済全体との比較で見た貿易収支はまあまあ安定していた。

2005年以降、貿易黒字は膨張し始め、ピークとなった2007年にはGDP比9%近くに達した。この年、より広範囲の統計である経常収支（モノの取引だけでなく、サービスの取引や国際投資からの収益を含む）の黒字はGDPの10%となった。大国としては極度に高い数字である。貿易赤字であることがよく知られている米国では、経常赤字は通常はGDPの1%から2%で、ピークは世界金融危機の直前の6%だった。

同様に、中国のGDPに占める投資の割合は、2002年までの10年間は32%から36%の間での変動だったが、中国が製造業やインフラ、住宅などに大規模な投資を始めると急拡大した。2008年までには、投資はGDPの約40%となり、日本や韓国、台湾で、最も資本集約的だった時期を上回った。

これは、資本集約的な成長段階で自然に迎えたピークだった面もあるが、中国の経済状況と政治環境の特殊性によって増幅された部分もある。2000年代初期に投資が異常なほど急増したのは、住宅の私有化によって、それまで抑え込まれていた都市部住宅の需要が突然に解き放たれたためだ。製造業と輸出が急成長したのは、1990年代の終わりから2000年代の始め頃の、外国企業による生産設備への投資が成果を上げ始めたことが要因だ。特に、中国が2001年にWTOに加盟し、世界の貿易システムに全面的に参加してからはそれが顕著となった。また、2002年から07年までの期間の大半で、政策当局者は金利とエネルギー価格を、市場メカニズムで決まるものよりも低く抑え（これによって投資コストが抑えられた）、自国通貨が実質ベースで割安になっていくのを許容した（これによって輸出が拡大した）。

中国の指導者たちはこうした問題を認識し始め、少しずつ対応をとり始めた。人民元は2005年以降、上昇が容認されるようになり、2006年に採用されたエネルギー効率の目標は、ある意味で、投資コストの上昇を狙ったものだった。これらの取り組みは非常に慎重で、輸出と投資の伸びを抑える効果はほとんどなかった。温家宝首相はこの事実を認識し、2007年の政府活動報告で、中国経済は「不均衡、不安定、不調和、持続不可能」だと表現した。しかし、これらの問題に中国政府がどう取り組んでいたとしても、その計画は2008年の出来事で吹き飛ばされていただろう。

2008年の世界金融危機はどんな影響を及ぼしたか

2008年9月に始まった世界金融危機では、中国の閉鎖的な金融システム自体は直接の影響を受けなかったものの、国としては大きな影響を受けた。特に影響が及んだのが輸出だ。貿易金融が枯渇し、世界経済が弱体化すると、中国の輸出品に対する需要がその後1年間で20％低下した。輸出額の減少としては中国史上最大だった。雇用へのインパクトはすぐに表れた。輸出品中心の工場で働いていた2300万人の労働者が2009年2月の春節休暇の前にレイオフされ、休暇の後も戻ってこないように言われた。中国はこの状況に対応するために、インフラ開発を中心とした経済刺激策を4兆元（当時の為替レートで約5900億ドル）、GDP比で12％の規模で実施すると発表した。その後2年間で実際に行われた刺激策は、11兆元近くになったと思われる。[2] この頃は、世界のすべての政府が経済刺激策を導入していたが、中国の刺激策は絶対額でも、経済規模との比較でも最大のものだった。

経済刺激策の直接の目的として発表されたのは、少なくとも8%の経済成長率を保つことだった。この成長率は中国の指導部が、満足のいく雇用の伸びを確保するために必要だと考えた数字だ。この点において中国は成功した。2009年から11年まで、GDPの成長率は平均で9.5%を超えたのである。

より深く見ると、経済刺激策やそれに続く政策手段は、経済政策の変化を反映していた。中国の輸出はピーク時にはGDPの35%に相当する額（日本の3倍）となっており、経常黒字額はGDPの10%だった（主要国の中では飛び抜けて大きい）。中国の指導部は、この異常に大きな輸出産業は強みというより弱点になると考えた。輸出に大きく依存すると、貿易相手国に問題が起こった場合、自国も影響を受けることになるからだ。中国の政策当局者は、将来の経済成長は輸出ではなく国内需要からもたらされるべきだと判断した。この点においても中国は成功した。経常黒字額は2007年の10%から、2013年は2%を下回るレベルに低下した。2018年には、中国は引き続きGDPの3%という大幅な貿易黒字を計上してはいたものの、経常黒字額はGDPの約1%となった（次頁図表14・2参照）。

国内需要は、言うまでもなく主に2つの要素から構成されている。投資支出と個人消費だ。短期的には、中国の消費者が突如多くのお金を使うようになるとは考えにくい。特に、輸出の落ち込みによって仕事を失った人が

2　この11兆元という経済刺激策についての大きめの推計値は、以下の文献からを採用した。Victor Shih, "Local Govenment Debt: Big Rock Candy Mountain," *China Economic Quarterly* (June 2010): 26-32. この数字は仮説的な「平常時」と比べた融資の増加分を計算したものである。11兆元は2009年から10年までのGDP合計の15%である。

大勢いる時ではなおさらだ。全般的な傾向として、消費パターンの変化は非常にゆっくりと表れる。したがって、国内需要を刺激するために中国指導部は彼らが唯一できることを実施した。つまり、インフラへの政府支出と住宅への民間支出を通じて、投資を押し上げたのだ。その結果、投資支出は２００８年にはＧＤＰの40％だったのが、10年には46％という驚くべき数字となり、しかも、この水準はその後４年間維持された（消費について述べた第12章の図表12・1〈254頁〉参照）。言い換えると、中国は国内の「不均衡」（投資比率の高さ）を拡大することによって、国外の「不均衡」（貿易黒字）を是正したのだ。その後、無駄な投資を減らそうとする断固たる取り組みが何年も続けられたが、２０１９年の時点では、依然として投資比率はＧＤＰの43％という非常に高い数字のままだ。

世界金融危機から生まれたもう１つの帰結は、人民元を国際通貨にするという決定だった。この決定の背後には次のような理由があった。①中国の政策当局者たちは、「世界金融危機が起こったのは、米国政府が主要国際通貨としてのドルのポジションを悪用したことが一因である」と考えた。②また、「貿易でドルに頼り過ぎていると、２００８年後半のように、ドル中心の貿易金融

図表 14.2　経常収支の内訳（4 半期移動累計）

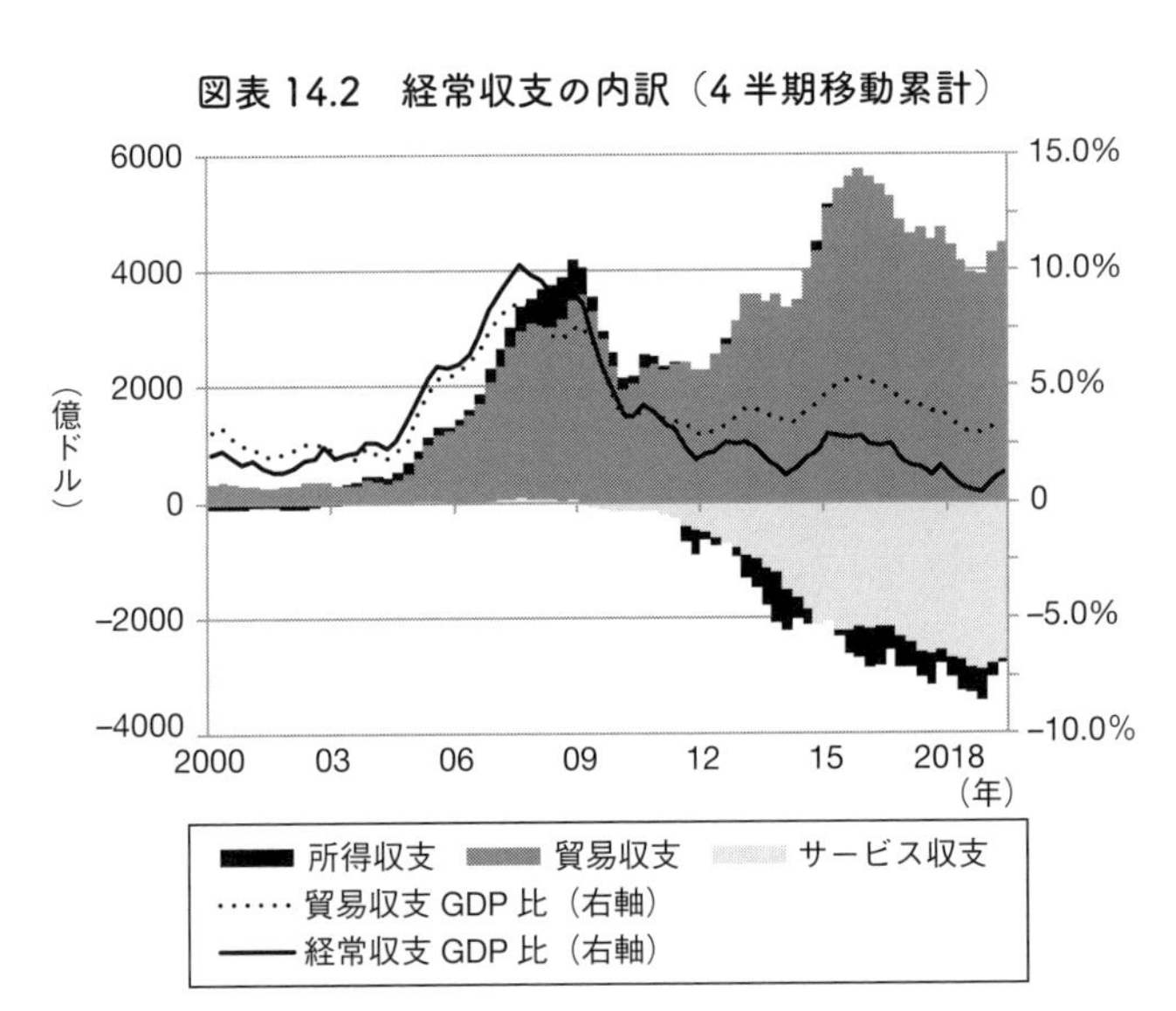

出典：国家外貨管理局。

が枯渇したときに中国が被害を受けやすくなる」とも懸念した（詳しくは第9章を参照）。

なぜ生産性の向上が減速しているのか

この経済刺激策により、中国は世界金融危機を他の主要国よりも良い状態で乗り越えられた。しかし、経済を人為的に押し上げたことにより、根本にある構造的な課題が覆い隠されることにもなった。その課題とは、経済成長の「資源投入」の段階が終焉（しゅうえん）を迎えており、「効率」の段階に移るために大きな改革が必要となっていたことだ。

胡錦濤政権の最後の3年間（2010～12年）には、構造改革はほとんど実現されなかった。これは、政権が問題を発見できなかったためというより、具体策を実施する意思がなかったためだ。第12次5ヵ年計画（2011～15年）で掲げられた多くの目標には、従来の成長源が使い尽くされ、新しい成長源を開拓する必要があるとの理解が表れていた。特に、この5ヵ年計画では、経済に占める消費の割合を高める意向が示され、この狙いを実現するために、国民所得のより大きな部分が、（主に投資を行う）企業や政府から、（所得を使う可能性が高い）個人に流れるようにすることも提示された。

しかし、政府はこれらの目標を実現するための具体的な政策を打ち出せなかった。経済の構造的問題に取り組むことができず、一方でGDPの成長率が下がるのも恐れて、政府は企業や地方政府に莫大（ばくだい）な借金が積み上がっていくのを容認した。借金は投資プロジェクトの資金となった。そのお金が使われている間はGDPの成長率は下支えされたが、その投資リターンは低く、したがって将来の成長への貢献度もとても低かった。金融危機後の5年間で、投資効率を表すすべての指標が激しく落ち込んだ。経済協力開発機構〈OECD〉の2015年のレポートによると、平均の資本収益率は2000年から06年までの間に10%から17%へと大きく上昇したが、2014年には9%に下がっていた。限界資本係数（GDPを1ドル成長させるのに新たな投資が何ドル必要かを測る指標）は、改革期が始まってから2007年まではほぼ一貫して3ドルから4ドルの間で安定していた。しかし、世界金融危機の後、この数値は上昇し始め、2017年には6ドル近くになった。[3]

こうした状況は、生産性が成長に貢献しなくなってきたことを物語る。OECDの報告によると、2000年から07年までは、経済成長は資本形成と生産性の向上の両方から等しく生じていた。これは、ここまでで述べてきたこととほぼ一致している。つまり、改革期の最初の30年間の成長は、国が資金を投入できたことと、経済を少しずつ民間の手に移して生産性を上げられたことの2つが等しく貢献して実現されたということだ。

しかし、OECDによると2008年から12年までは、平均で4分の3の経済成長は資本形成によって成し遂げられ、4分の1かそれ以下が、生産性の伸びによるものだった。2012年には、生産性の貢献度は、GDPの伸びのわずか6分の1だけとなった。[4] この減少は、第7章で説明した企業の状況によっても説明できるだろう。2008年以降、国有企業の収益力は大きく低下した。しかし、業績が悪化したにもかかわらず、国有企業

図表 14.3　GDP に占めるサービスと工業・建設の割合

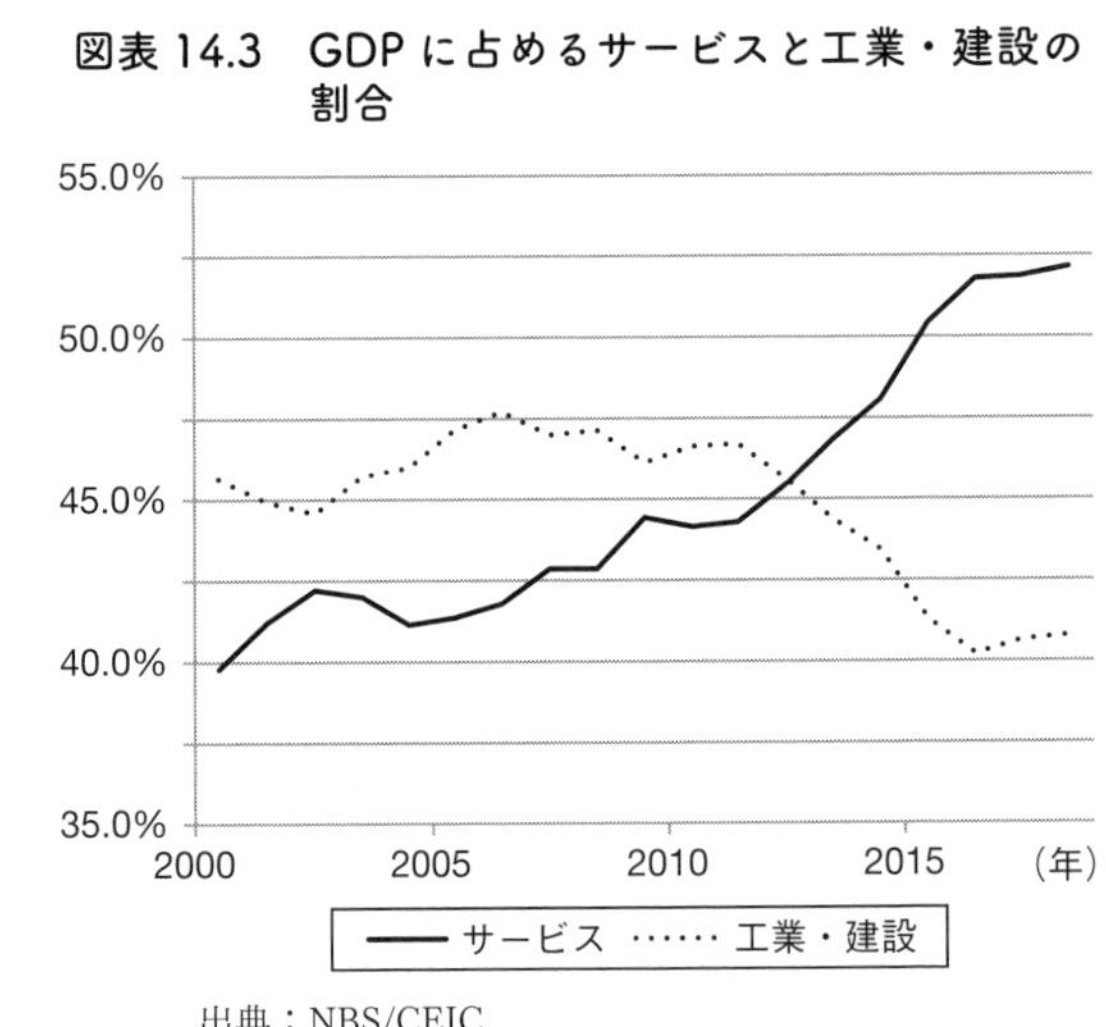

出典：NBS/CEIC.

には政治的なコネがあったため、経済の中で不合理に大きな位置を占め続けたのだ。

資本の生産性を表す指標はどうしても専門的なものになるが、中国の生産性の問題がもっとはっきり見えてくる指標がある。それは負債である。より正確に言うならば、経済の規模に対する負債の水準だ。GDPに対する負債の割合は、一般的に「レバレッジ」と呼ばれる。図表14・4が示すように、家計（個人）・非金融企業・政府による負債は、世界金融危機までの数年間はGDPの140％から150％近辺の水準で安定的に推移していた。しかし、金融危機の後には負債比率は2年間で40ポイント上昇し、短期間安定した後、2017年にはGDPの255％に達した。その後、急成長していたシャドーバンキングに歯止めをかける取り組みが決然と実施され、この比率も安定した（第9章参照）。

図表14.4　非金融セクターの負債（GDP比）

注：2005年以前は、シャドーバンキングの融資推計は含まれていない。
出典：NBS/CEIC、財政部、Wind。

3　OECD, *Economic Survey of China 2015*: 26, fig. 12. 2017年の資本－産出比率【資本ストックと生産高あるいは所得の比率】については、OECD, *Economic Survey of China, 2019*: 44, fig. 19c を参照のこと。中国の資本の生産性が世界金融危機以降において低下しているという総論は、多くの証拠によって裏付けられている。しかし、その低下の程度と現在の資本の生産性については大きく意見が分かれている。中国の民間企業の多くが、国内企業も外国企業も大きな利益を上げ続けていることから、中国の資本の生産性は、多くの問題がありながらもかなり高いのではないかと議論することもできる。より楽観的な見方は、以下を参照のこと。Ya Tang, Jianguo Xu, and Xun Zhang, "China's Investment and Rate of Return on Capital Revisited," *Journal of Asian Economics* 49 (2017): 12-25.

4　OECD, *Economic Survey of China 2015*: 26, fig. 12.

これが意味することは非常にシンプルだ。負債の大半は、生産に関わる投資の資金として借り入れられ、この投資のリターンが合理的な水準であれば、負債とGDPはほぼ同じ割合で伸びていき、両者の比率は安定した状態を維持する。第9章でも述べたように、対GDP比の負債率の上昇は、次の2つのうちどちらかが起こっていたことを意味する。1つ目の可能性は、金融システムが高度化し、家計と企業が継続的に、より多くの借り入れができるようになったこと。米国で1960年から2000年までに起こったのがこの状況で、クレジットカードや住宅ローンなど、消費者向け金融が拡大した。2つ目の可能性は、プロジェクトの資金としてより多くを借り入れるようになったものの、そのリターンがどんどん下がっていったことだ。中国の金融システムが近年高度化してきたことは確かだが、2008年以降に拡大した負債の大半は、地方政府や国有企業が借り入れたもので、それが生産性の低いプロジェクトの資金となったこともかなり確実である。

このプロセスを永遠に続けていくことができないのは明らかだ。どこかの時点で投資のリターンが非常に低くなり、負債が返済できなくなる。その時点に達すると、次の2つのうちどちらかが起こるだろう。金融危機か（多くの債務不履行が起こり、銀行の財務が傷つくため）、あるいは経済がリセッションに陥るかだ（特別な対応により借り手が債務不履行を免れたとしても、多くの資金が、経済に利益をもたらさないプロジェクトに縛り付けられてしまう）。

どんな指標を見ても、結論ははっきりしている。つまり、2008年以降、中国の経済は生産性が落ちており、負債への依存が高まっているということだ。この状況は胡錦濤政権後半の、効果のないマクロ経済政策が一因となっている。しかし、もっと重要なのは、これが本章の冒頭で強調した事実を反映しているということだ。つまり、中国が資本の形成により急速に成長できた時期は終わり、またその資本が自動的に高いリターンを生み出すと安心していられた時期は終わったのである。政策当局者は、新しい資本の追加よりも、資本の有効活用が成長の源となる経済を育てることに集中しなければならない。

習近平はどのように経済を運営してきたか

習近平は２０１２年11月から13年3月の間に権力を掌握し、ただちに、経済のみならず中国社会全体の統治を刷新し始めた。この広範にわたる統治戦略が及ぼす影響については、第15章で詳しく分析する。経済運営においては、習近平は胡錦濤－温家宝時代のどこか場当たり的なスタイルとは異なり、厳しく統制するトップダウンの手法を素早く確立した。この手法の狙いも、それまでの30年間とは異なっているように思われる。仮に狙いがそれほど異なっていなかったとしても、重点は変化している。

第3章で述べたように、中国共産党は長年、２つの目標を掲げてきた。１つ目は、常に第一目標でもあるが、政治権力の独占を維持することである。そして２つ目が、経済成長を最大化することだ。この２つの目標をこの順番で掲げていることにおいては、習近平は彼以前の指導者である胡錦濤、江沢民、鄧小平と何ら変わりない。しかし、習近平とこの3人との違いは、3人の政権では、経済成長の維持が、それ以外の意思決定の前提となり、制約となる傾向があったことだ。これは鄧小平が唱えた「発展こそが硬い道理である（発展才是硬道理）」という原則にも見ることができる。この原則の下、政策の決定においては「望ましいレベルの経済成長を達成するためには、どう統治のシステムを調整し、それを中国共産党の独占的な位置づけと一貫させるためにはどうすればよいか」が問われた。

しかし、習近平の場合、統治こそが常に中心にある。習近平が政権を握って以来、彼の最優先の目標はより強力な統治システムをつくることで、そこでは、党が政府と市民社会の両方の活動を指示する。したがって、習近平政権における問いは「統治のシステムが強固になり、よりトップダウンになっていくことを前提として、望ましいレベルの経済成長を実現するためには、どう経済政策を調整しなければならないか」である。[5]

習近平政権での経済運営では、4つの要素が特徴的だ。1つ目は2013年の「3中全会の決定」で、そこでは経済改革の優先事項が多数挙げられた。2つ目は、2015年に発表された産業政策の「中国製造2025」だ。これは工業分野の向上を目指す野心的な計画である。3つ目は2015年終盤に始まった、「供給側構造改革」で、鉄鋼や石炭などの工業セクターで過剰な生産能力を削減しようとする取り組みだ。4つ目は2016年の終わり頃に始まった金融リスク削減の取り組みで、これは増え続けるレバレッジをコントロールし、過剰なシャドーバンキングを削減することを目指している。

3中全会の決定とは何か

習近平による経済政策の優先事項が最初に示されたのは、2013年11月の中国共産党第18期中央委員会第3回全体会議（3中全会）の「決定」においてであった。[6] この「決定」には経済改革の60の目標が盛り込まれ、発表当時には多くの人が、このプログラムは野心的で、かつ基本的には市場志向のプログラムだと考えた。つまり、鄧小平時代からの改革の伝統に準じたものと考えたのである。

実際には、この「決定」には2つの大きな方向性があった。1つ目は、市場が資源配分において「決定的」な役割を果たすとされたことだ。それまでの党の文書では市場は単に「重要な」役割を持つとされていただけだった。具体的な政策項目として挙げられたのは、残っている価格統制の廃止、民間による投資の役割の拡大、保護されている市場の規制緩和などだ。

しかし、2つ目の方向性として、国有セクターが経済において「主導的役割」を堅持するという、従来と変わらない方針も示された。当初は、中国内外のアナリストは1つ目の方向性に注目し、「決定」は基本的には市場志向の改革を求めるものであり、国有セクターの役割は、保守派勢力の機嫌を取るために言及されたものと見なした。

実際には、2つの方向性には同等の重みがあり、両者が組み合わさっている意味を理解する必要がある。一見すると、この2つの方向性は真っ向から対立する。市場が本当に決定的な役割を持つのであれば、国有企業が主導的になることは保証されず、国有企業は市場で民間企業に負けるかもしれない。反対に、国有企業が主導的な役割を保証されるのであれば、市場の働きは時に抑圧されなければならず、したがって「決定的」ではあり得ない。安直な見方をすれば、「決定」も政治文書であり、多様な立場の人たちを満足させるために、一貫性は気にせずにさまざまな内容を盛り込んだとも考えられる。

しかし、3中全会以降の経済運営のパターンから見えてくるのは、国有セクターと市場の力を実際に合体させようという政府の意図である。政府のビジョンは、特に国有企業の統制を通じて、国が確実に指揮権を握り、その一方で市場のツールを効率の向上に活用しようというものだ。具体的には、政府は価格決定において市場の役割が拡大する改革は進めるが、国の資産を民間の支配に移すことを認めるような改革は避けるだろう。中国経済の最大の問題の1つが、国有資産の生産性が非常に低いことであることを考えると、この改革プログラムが長期

5　米国のコメンテーターの中には、習近平以前の中国は西側の規範と市場手法に（ゆっくりとではあるが）「収束」しつつあったと言う人たちがいた。彼らは、習近平政権の政策の特徴は、中国を「反収束」の方向に移行させるものだと言う。私はこうしたコメントは習近平以前に中国が「収束」しつつあった度合いを誇張しており、習近平政権下での政策転換を正しく表していないと考える。参考：Daniel H. Rosen, "A Post-Engagement US-China Relationship?" https://rhg.com/research/post-engagement-us-china-relationship/, Rhodium Group, January 19, 2018。

6　党の規定によると、1期（5年間）に開かれる中央委員会の全体会議【合計7回】のうち、第1回全体会議（1中全会）では新しい最高指導部などを選出する。数ヵ月後に開かれる2中全会では、他の人事関連の問題を話し合う。1中全会から約1年後の3中全会は、新しい指導部が政策の概要を発表する場となっている。

にわたって高成長を続けるのに必要な力となるかは疑わしい。

「中国製造2025」とは何か

2015年6月、中国政府は工業政策「中国製造2025」を発表した。これは中国製造業の生産能力と、技術集約的な産業の発展に関する計画を示したものだ。第5章で詳しく述べた通り、これは決して新しいプログラムではなく、技術集約的な産業を促進しようという数十年にわたる取り組みの上に築かれたものである。

ある意味では、中国製造2025は、本書で先に指摘した課題にはっきりと対応しようとしたものだ。すなわち、成長を促すために、従来のように資本財の活用に頼るのではなく、技術の向上に依存する成長モデルに移行して、生産性を高めるという課題である。しかし、中国製造2025が持つ2つの特徴によって、貿易相手国との争いの火種となってしまった。

特徴の1つ目は、中国企業に関して、市場シェア目標（中国国内と国外市場の両方）を明示したことだ。それによって、このプログラムの基本的な目的が、外国企業よりも中国企業を優先することであるように見えることとなった。2つ目は、見るからに資金の豊富な「政府引導ファンド」を立ち上げて、優先される国内企業に膨大な補助金を提供するチャネルとしたことだ。このプログラムに対する批判は非常に強く、特に、2017年から19年にかけて、米国のトランプ政権で貿易摩擦が強まった期間に批判が大きくなった。そのため、中国政府は「中国製造2025」という名称をお蔵入りさせて、政府機関やメディアにその名称を使わないよう指示した。しかし、政策の基本的な枠組みはそのまま残された。

中国製造2025という取り組みから指摘できることが2点ある。第一に、習近平の下での基本的な経済政策の方針が、「国家資本主義」であることがより確実になったということだ。つまり、経済的資産は主に企業が利潤追求のためにコントロールするものの、国がさまざまな方法で大きく介入し、優先する産業に投資の流れを向けるということだ。中国スタイルの「国家資本主義」と西側スタイルの「市場資本主義」の間の境目は非常に曖昧だが（どこの政府も、優先する産業を伸ばす、あるいは守るために、さまざまな方法で介入している）、中国政府の経済への介入は先進工業国に比較すると、規模がはるかに大きい上に、その性質が異なり、制約は少ないと言える。

第二に、中国がその技術力を高めようとする中で、富裕国からは強力な競争相手と見られることがますます増えてくる。それらの国々は、以前は中国を魅力的な市場として見るか、あるいは、便利な低コストの製造拠点として見ていた。たとえ、中国が西側諸国と同じ方法で技術力の向上を追求していたとしても、技術的に優れた中国企業が台頭すれば、業界の既存のリーダー企業には脅威と映るだろう。したがって、先進国の企業やそうした企業を代表する政府には、中国が不公正な手段を用いていると訴える政治的なインセンティブが常に存在することになる。

これら2つの要因、すなわち、中国の政治経済のあり方と先進工業国のそれとの間に大きな溝があること、そして、中国がそれらの国々に対して（単に補完的な役割を果たすだけでなく）どんどん競争力を高めていることが、2017年以来の米国との貿易摩擦の背景にある。この点については、第15章で詳しく述べる。加えて、この2つの点が問いかけるのは、世界の貿易と投資のシステムが中国ほどの規模のプレイヤーを受け入れられるのか、あるいはどのように受け入れるのかということだ。しかも、その経済システムを構築した国々と、中国の経済システムが大きく異なるという状況も背景として存在する。

供給側構造改革とは何か

2015年までには、それまでの10年以上の間に重工業が大きく拡大したことによって生産能力が大幅に過剰になっていることを、政策当局者が憂慮するようになった。特に鉄鋼と石炭では、年間の生産量がそれぞれ8億トンと38億トンとなり、共に世界の生産量の約半分を占めるようになった。

この過剰な生産能力は、さまざまなマイナスの影響を及ぼした。生産過剰によって、石炭や鉄鋼自体の価格が急落しただけでなく、それらの業界に供給される設備の価格も下がった。顧客に合わせて生産能力を拡大していたためだ。生産者物価指数、すなわち、企業が材料や設備などのために支払う価格の指標は、2012年初めにマイナス(デフレ)となり、その結果、中国の重工業全体が、デフレの泥沼に飲み込まれる危険にさらされた。利益は減少し、返済できない巨額の負債も抱えていた。

過剰な重工業生産は環境にも悪い影響を及ぼした。というのも、それらの業界はその規模に見合う以上のPM2.5と二酸化炭素を排出していたからだ。事業から直接排出するとともに、石炭を燃料とする火力発電による電気を大量に消費することで、間接的にも排出していた。2013年1月に「エアポカリプス」が発生すると、中国北部の分厚いスモッグへの対策を求める声が強まり、重工業生産の規制がそのための重要な手段となった。

さらには、他国の鉄鋼メーカーや金属製品のメーカーが、中国の過剰生産によって世界的に価格が下がって事業が厳しくなったことから、怒りを強めていった。

これらの問題に対する解決策が「供給側構造改革」のプログラムだった。その主な目的は、重工業製品の生産能力と供給を抑え、それによって価格決定力を強化し、残った企業の収益力を高めて、悪質なデフレのスパイラルを止めることだった。[7] 早くも2015年の終盤には効果が出始めた。鉄鋼業界の主要顧客である住宅産業で大きな都市住宅のブームが起きたにもかかわらず、2016年には鉄鋼の生産量はほとんど増えず、2017年もわずかに増えただけだった。石炭の生産量も（すでに2013年がピークとなっていたが）、2016年には小規模な炭鉱を多数閉鎖したことが影響し、9％の減少となった。生産者物価指数も2016年にはプラスとなり、2017年には7％のインフレとなって、工業界の利益も回復した。[8]

しかし、供給側構造改革は、2018年には他の経済目標と衝突するようになった。特に、金融引き締めや米国との貿易摩擦がある中で、GDPの成長率が6％を超えなければならないという政治的なニーズとぶつかった。持続的な成長を生み出すもととなる住宅とインフラの建設は、重工業製品の需要を高める。2018年には粗鋼生産量が前年比12％増となり、2019年の最初の9ヵ月で、さらに8％増加した。

供給側構造改革が当初成功したことと他の目標を優先するため最終的に棚上げしたことには、習近平時代のトップダウンによる国家管理型の経済政策のメリットと限界の両方が表れている。短期間で目覚ましい結果を出すこともできる。しかし、効率と生産性が主導する経済に、長期的かつ構造的な移行ができるかどうかは、かなり不透明である。

7　このプログラムの名前は、外国のアナリストの間に少し混乱を引き起こした。というのも、「供給側構造改革」という名前は、1980年代の米国のロナルド・レーガンと英国のマーガレット・サッチャーの市場志向の規制緩和に使われた名前だからだ。中国の「供給側構造改革」は規制緩和や市場志向とは何ら関係がない。逆に、政府が市場に介入し、行き過ぎを是正しようとする強引な施策で、市場資本主義的政策ではなく国家資本主義的政策である。

8　供給側構造改革の具体的な中身と、その実行の難しさと混乱については詳しくは、バリー・ノートンの以下の3つの文献が参考になる。"Supply-Side Structural Reform: Policy-makers Look for a Way Out," *China Leadership Monitor* 49 (Winter 2016)｜"Two Trains Running: Supply-Side Reform, SOE Reform and the Authoritative Personage," *China Leadership Monitor* 50 (Summer 2016)｜"Supply-Side Structural Reform at Mid-year: Compliance, Initiative, and Unintended Consequences," *China Leadership Monitor* 51 (Fall 2016).

金融リスク削減の取り組みにはどんな効果があったか

習近平政権では、金融リスクの管理は常に課題であり続けてきた。第9章で述べたように、中国の世界金融危機への対応は、借り入れた資金で膨大な経済刺激策を導入することだった。それは成功したものの、中国は「レバレッジ」、すなわちGDPに対する負債の割合が上昇し続けるという状況に陥った。同時に、裕福な中流階級の台頭によって新たな金融商品への需要が高まり、それによって集められた資金が「シャドーバンキング」を通じて、企業や地方政府に貸し付けられた。融資が増加したため、金融セクターのストレスと危機のリスクは高まったが、一方で、この負債に関して厳しい措置を取ると、経済成長に非常に大きなダメージが生じる可能性もあった。したがって、政府は常に金融リスクの削減と経済成長の支援という2つの目標の間で、バランスをとらなければならなかった。

習近平が2013年3月に権力を掌握した時、同政権はコントロールを失った金融セクターも引き継いだ。融資額は年率23%の勢いで伸びており、その前年の伸び率、16%をさらに上回っていた。[9]

その後2年間、政権は金融政策を引き締め、融資の伸びは13%まで下がった。当初は経済成長への影響はほとんどなかったが、2015年になると産業界は急激に減速し、デフレが起こり始めた。政策当局者は、工業製品の供給を絞っていた供給側構造改革に対し、金融政策の緩和で助け船を出した。それによって特に住宅ローンの利用が容易になったため、住宅の需要が急拡大した。2016年初め頃には、融資額は再び18%の伸びを示し、その増加分の大半がシャドーバンキングで供給された。

2016年末までには、政府は経済の安定に自信を持ったが、シャドーバンキングの増大によるリスクを警戒し始めた（第9章を参照）。そこで、ノンバンクによる融資に対し、総合的な規制の強化を開始した。これによって、シャドーバンキングによる融資はかなり削減され、銀行が再び中心的な融資の担い手となり、融資の伸びも2018年の後半には10%を下回るようになった。特筆すべきは、2019年に政府が経済成長の鈍化に対応して金融を緩和した際、シャドーバンキングの規制は継続したことだ。

この2013年からの金融リスク管理策とともに、幅広い財政改革も進められた。具体的には、地方政府の支出の透明化を求める新予算法の導入、土地を元手としたこれまでの資金調達の段階的な廃止、および、それに代わるものとして、地方政府による歳入担保債の発行の推進、そして、地方政府の財政がより持続的になるよう、また、地方の官僚がインフラ建設ではなくサービスや消費支出、生産性向上のための技術への投資を促進するよう、収入と支出の割り当ての見直しなどが行われた。これらの改革は、地方政府の負債の伸びを抑え、地方政府の活動を精査するのに役立った。ただし、もっと多くの狙いに照らして、どれほどの進捗があったかは議論の余地がある。

中国の成長モデルは変化しているのか

習近平政権の経済政策をまとめてみよう。それは、国内のバラバラで御しにくいエネルギーを集約しようとする断固たる取り組みである。そして、そのエネルギーを用いて自立的で技術的に優れた、国際市場で高い競争力

9　中国の融資の統計は混乱しており、融資の伸びを示す適切な公式の指標はない。中国人民銀行の「社会融資規模」（AFRE、あるいは「社会融資総量〈TSF〉」とも呼ばれる）は、株式市場への上場による資金調達を含んでいるため問題がある。株式による資金調達は融資ではない。加えて、シャドーバンキングも一部含まれている。ここで示した数字は、ギャブカル・ドラゴノミクスの同僚たちが用いている最も広義の融資の指標で、ここには企業と家計へのすべての融資（シャドーバンキングも含む）、および地方政府による債券発行が含まれている。成長率は融資残高全体の前年対比の数値である。

を持ちながら国内需要に基盤を置き、財政的な無駄を絞り出した経済を築こうとしている。また、この政権は国家資本主義のシステムの創造も目指している。そのシステムでは、市場が資源配分を取り仕切ることが全般的には認められているが、大きな変動を防ぐ必要がある場合や経済構造の長期的なビジョンに沿わない状況が市場に生じた場合には、政府が介入する権利を留保している。

加えて、中国は国有企業を直接所有し、重要な金融機関もほぼすべてが国の保有であることから、国が経済に並外れた影響力を及ぼしている。中国の国有企業の産出量はおおよそ3分の1を占めるほどだ（どの主要国と比べてもはるかに大きな割合である）。先に挙げた習近平政権の経済運営の特徴に欠けているものとして特筆すべきは、国有企業改革だ。習近平政権では、官僚のエネルギーの多くが国有企業の問題に投じられていることから、これを特徴として挙げないのは不公平かもしれない。しかし、そうした官僚の努力も、国有企業の「改革」というより「組織再編」と表現するのがより正確なものである。

これまでのところ、1995年から2005年に行われた大規模な国有企業改革のような、国有企業の民営化や閉鎖は目立つ形では行われていない。また、国有企業を純粋な営利企業に変えようという計画も、静かに棚上げされた。たとえば、シンガポールのテマセク・ホールディングスをモデルとし、国有企業を1つの金融管理機関の傘下において、政治の影響を減らして、純粋に金銭的リターンを追求する企業に変えるなどの計画である。盛んに宣伝された「混合所有」の計画、つまり、国有企業に民間の株主を導入するという計画も、勢いを失った。この計画は、業績の悪い国有企業において、株式を保有する国の機関を多様化することで資本構成を変えるという手法に姿を変えた。

このような政策の組み合わせで、中国経済は2020年代も持続的な成長を維持できるのだろうか。GDPの成長率は、習近平政権の間に徐々に低下し、2013年には8％だったが、2019年には6％となり、この先もさらに低下する可能性が高い。これは主に、経済成長が長期に及んでいるためである。しかし問題は、2020年代の大半において、成長率のトレンドが5%近辺となるのか、あるいは現在の低下傾向が続いて、2～3%、あるいはそれ以下になるのかということだ。後者の場合、中国レベルの所得の国にとっては、経済停滞とあまり変わらない。これまで論じてきたように、5%近辺の成長を達成するには、資本の蓄積による成長ではなく、効率と生産性の改善による成長に大きく転換する必要がある。

経済成長にプラスとなる要素を見てみると、本章の最初で述べたように、中国は従来の工業・投資中心の経済からゆっくりと脱し、サービス・消費中心の経済へと移行している。輸出への依存度もいくぶん低下してきた。消費者の所得と支出も、経済全体の伸びをわずかに上回る水準で伸びている。

また、過去10年間の特筆すべき出来事として、アリババやテンセントなどの民間企業が主導して、インターネットを基盤とする活気ある消費者経済が台頭したことが挙げられる。加えて、金融リスク削減の取り組みによって、ある程度の代償を伴ったものの、レバレッジの伸びが抑えられるようになったと見られる。さらには、レバレッジをこれ以上は高めないという方針は、今やマクロ経済政策における恒久的な制約条件となったようだ。これらのトレンドが継続するのであれば、2020年代初期の中国経済は、5%前後の成長率に「ソフトランディング」できるだろう【2020～22年の経済成長率は、順に2.3%、8.4%、3.0%となった】。

しかし、あまりプラスとはならない要素もある。その中で最大のものは、習近平政権が経済において、大規模な国有セクターを維持することに固執していることだ。国有企業の資本利益率が民間企業に比べてはるかに低い状態が続いていることから、国有企業に投下されている資本は間違いなく配分先として不適切であり、国全体の効率と生産性を引き下げている。国有企業の改革、あるいは民営化の明らかな兆候が見られるまで、また、国有企業が独占している業界が民間企業に門戸を開いて活気ある競争を受け入れるまで、資本の生産性は低いままで、経済成長率の低下は続き、またレバレッジは上昇を続け、中国が新たな成長モデルにスムーズに移行できるのか、疑問が残ることになる。

政治改革を行わずに経済改革は実現できるか

中国は活力のある市場志向の経済と、権威主義的な政治システムとを両立させようとしているが、西側の研究者たちや中国国内の多数の論者は、この組み合わせは持続できないと主張してきた。彼らは、いずれ中国は政治システムをもっと開放的な代議制に変える必要があり、そうしなければ経済成長は止まると論じている。[10]

この議論には根拠となる先例がある。19世紀の欧州では、工業化と都市部の中流階級の台頭により、貴族社会の破壊と代議制の政府の形成が進んだ。アジアでは、第二次世界大戦後に、韓国と台湾が権威主義的政権の下で大きな経済成長を成し遂げたが、中間層が成長して自分たちの声を政治に反映させることを望み、１９８０年代後半から１９９０年代前半に民主主義への移行を果たした。また、ポーランド、ハンガリー、チェコなど、ポスト共産主義国の中で最も成功した国々は、資本主義と自由民主主義を受け入れている。

そして、２０１８年に１人当たり国民総所得〈ＧＮＩ〉が世界平均を超えていた58ヵ国は、7ヵ国を除いて少なくとも名目上はすべて民主主義国である。つまり、その国のトップを選ぶ選挙が定期的に実施され、成人全員が参政権を持つ。例外の7ヵ国（ブルネイ、サウジアラビアほか中東の首長国など）は、どの国も人口が少なく、経済は石油とガスの輸出に依存している、権威主義的な少数独裁国家の典型例だ。主要国の中で、どんな意味でも民主主義であると言い難いのは、中国以外ではロシアだけだ。

したがって、中国共産党の望みである、中国を経済大国にし、なおかつ共産党による政治的な独裁も維持するという2つの願いは両立しそうになく、やがてどちらかの目標は諦めざるを得なくなるだろうと予想されている。[11]

しかし、こうした予想はこれまでのところ当たってはいない。習近平のトップダウンによる改革プログラムは、「レーニン主義的資本主義」のようなものを目指している。つまり、経済が市場の効率性によってさらに発展することを目指し、一方で党の権力は弱められるのではなく、強化されることを狙っている。この戦略は、少なくとも今後数年間は有効だと考えられ、それにはいくつか理由がある。

第一に、比較的多くの国民が、依然として黙って支配に従っている。中国は巨大な国で、多くの国民はそれぞれに不平等や腐敗、公害や土地の搾取など、多くの不満を持っている。しかし、それらの不満は急速に成長している国では自然なものである。また、第13章で見たように、調査によると中国人の大多数は国の方向性に満足しており、不満の多くは政治システム全体ではなく、地方の役人の権力濫用に向けられている。

第二に、中国共産党は単純に国民からの異議を押しつぶしているのではなく、不満の背景にある原因を解決しようと、実際に努力している。習近平のさまざまな改革プログラムの中身が本当に実行されたならば、社会不安の大きな原因になっている問題のいくつかを解決する可能性がある。たとえば、反腐敗運動により、地方の役人の略奪的な行為を抑え込める可能性がある。工業の効率向上と税制の見直しにより、公害をまき散らす工場が閉鎖されるかもしれないし、残った工場にとっても、公害防止装置の導入がより費用対効果の高い戦略になるかも

10　たとえば、以下の文献でそうした議論が見られる。Minxin Pei, *China's Trapped Transition* (Cambridge, MA: Harvard University Press, 2006)／Will Hutton, *The Writing on the Wall* (Washington, DC: Free Press, 2006).

11　世界銀行のデータベース、World Bank's World Development Indicators によると、2018年の世界平均のGNIは、1万1100ドルだった。中国のGNIは9470ドルで、まだ平均より低いが、おそらく数年のうちに平均を追い越すだろう。ロシアのGNIは1万230ドルだ。

しれない。こうした習近平の改革プログラムがもし成功したならば、一部のエリートだけでなく幅広い国民にメリットをもたらす困難な改革を、中国共産党は実行できると示すことができ、党の正当性は高まるだろう（ただし、ここまでの予測に仮定が多いことは確かだ）。

第三に、通常はより開かれた政治システムを支持する階層の人たちが、中国ではそれほど明確には変化を求めていない。一般的には都市の中間層が、開かれた政治を最も強く要求すると考えられている。しかし、中国では、この層が急速に拡大してはいるもののまだ少数派で、全体で3億人から3億5000万人、つまり全人口の4分の1以下である。また、この層は相対的に、経済改革で過度の恩恵を受けてきた。特に都市部住宅の私有化では、価値の高い資産を非課税で手にした。加えて、大学入学者の定員制度は歪んでいて、都市住民に有利になっている。

より明確な代議制をとっている政治システムであれば、貧しい農村部の利益の方が、この層の利益より優先されるだろう。なぜなら、中国では貧しい農村部の人口は都市の中間層の2倍だからだ。中国共産党が生活水準の向上や（経済的な向上だけでなく、環境面での向上も含めて）、機会の拡大、まあまあ確実な財産権などの形で良い状況を提供し続ける限り、都市の中間層が政治変革を求めてデモをするようなことはないと考えられる。

第四に、この議論のそもそもの前提、つまり、中国の経済が劇的に変化した一方で、政治システムは変わっていないという前提を見直さなければならない。この前提は正しいとは言えない。2020年の統治システムは、1979年のそれとは大きく異なっている。当時は、中国は文字通り無法地帯だった。毛沢東は法律や裁判所を使わず、命令によって支配することを好んだ。そして、役人たちの多くは、支配者に従う以外のことはできなかった。新たな支配者が確実に権力を握るための唯一の手段は、前任者が死亡することだった。

その後の35年間で、中国は包括的な法と規制の体系を確立し、それにより、（常に公平であるとは限らないものの）

大部分においては合理的かつ予測可能な方法で、国を統治できるようになった。官僚が昇進するには何らかの能力を示す必要があり、官僚機構の上部にいる人は非常に優れた専門的なスキルを持っている。1993年以降、中国共産党は3回続けて、生存している指導者から別の指導者へ平和的に権力を移譲した。こうした実績は、西側が理想とする代議制民主主義や、中国が理想とする徳による政治（徳治主義）には及ばないかもしれないが、統治システムが大きく改善されたことを示している。

したがって、習近平の「レーニン主義的資本主義」戦略は、市場経済と権威主義的な政治システムという中国独自の組み合わせを、2020年代も十分に維持し続けられる可能性がある。しかし、この戦略に代償が伴わないかと言えば、まったくそんなことはない。明らかに犠牲となっているのは、イノベーションと創造力だ。中国の指導者たちは頻繁に、中国はもっとイノベーションを起こせる社会になるべきだと口にする。しかし、人々が自分の意見を表明する権利や、情報を共有すること、社会問題を解決するために独自に組織をつくること、権威に立ち向かうこと、国外の志を同じくする人々と自由に協働することなどを国が厳格に規制している限り、中国で創造力の花が開くと考えることは不可能だ。短期的には、イノベーションの欠如が経済を抑え込むことはないだろう。工業の効率化やサービス業の規制緩和など、まだ成長を絞り出せる部分は豊富に残っているからだ。しかし、中国社会が高齢化し豊かになっていく中で、活気のある状態を維持したいならば、最終的にはもっとオープンでかつ被害妄想に囚われない政治システムが必要になってくるはずだ。

第15章 中国と世界：対立は不可避なのか

本書の大半では、壮大な国家発展のストーリーとして、中国という国について考えてきた。しかし、中国の台頭は国際的な観点からも大きな意味を持つ。特に、2013年以降、習近平が強引な外交スタンスを取るようになり、2016年にドナルド・トランプが米大統領に選ばれ、米国が中国に対立的な姿勢を取るようになってからは、より一層、国際的な側面が重要になった。中国は世界でその力をますます誇示するようになり、米中2つの超大国の対抗意識は強まっている。そこから、次の2つの問いが浮かんでくる。第一に、民主主義工業国が構築した世界のシステムは、政治制度や価値観が大きく異なる中国を受け入れることができるのか。第二に、米中の対抗意識の果てに何が待っているのか。

最終章となる本章では、この2つの問いに答えるための枠組みを提供する。

現代世界の政治・経済秩序はどのような性質か

世界における中国のポジションについて検討する前に、「世界」、つまり政治と経済の全体的なシステムがどうなっているのかを考えてみたい。1945年以降、政治・経済のシステムは米国を中心に築かれた。その頃、米国は圧倒的な軍事力を持ち、世界の技術のリーダーで、世界最大の経済規模を誇っていた。破壊的な第二次世界大戦が終わった時、いくつかの推計によると、米国経済は世界経済の半分を占めるほどの規模だった。その比類のない立場により、米国は数々の国際機関の設立で中心的な役割を果たした。たとえば、国連、世界銀行、国際通貨基金〈ＩＭＦ〉、経済協力開発機構〈ＯＥＣＤ〉、関税および貿易に関する一般協定〈ＧＡＴＴ、後に世界貿易機関：ＷＴＯ〉などである。これらの組織が、国際政治や貿易、投資などに関するルールを決めてきた。加えて、Ｇ７〈先進７ヵ国〉など、それほど公式ではない組織を通じても、米国のリーダーは他の重要かつ友好的な国々のリーダーと、意見を交換し行動を調整することができた。

米国はこうした多国間の民政の仕組みを、軍事同盟で補強した。同盟はカナダから西欧諸国、そして日本、韓国、オーストラリアなど、アジア主要国にまで及んだ。英国が第二次世界大戦以前の2世紀にわたり行っていたように、海軍を世界的に展開し、45ヵ国、５００ヵ所以上に及ぶ軍事施設のネットワークも築いた。[1]

このシステムの最後の要素となったのが金融だ。国際的な経済と貿易の仕組みが、米ドルを中心として築かれたのである。ドルは、固定相場制のブレトンウッズ体制で基軸通貨となり、この体制は第二次世界大戦終了後から、１９７１年に米大統領のリチャード・ニクソンが金とドルの交換を停止するまで続いた。その後、為替は自由変動相場制に移行したが、それ以降もドルは中心的な国際通貨となっている。各国の中央銀行の外貨準備は平均で60％程度が米ドルであり、国際貿易のおよそ3分の2がドルで行われている。また、国際的に取引されているコモディティ（石油、鉄鉱石、小麦、大豆など）のほとんどがドルで取引価格が示されている。

この国際通貨を発行している米国のメリットは、自国の通貨で制約なくすべての輸入品を買え、外国人から借り入れができるということだ（米国以外の国々は、少なくとも時折は、ドルを中心とした外国の通貨を使って、輸入品を買ったり借り入れをしたりしなければならない）。したがって米国は、他の国々のように、自国の通貨下落によって負債が

1　U.S. Department of Defense, Base Structure Report, Fiscal Year 2018 Baseline (http://www.acq.osd.mil/eie/Downloads/BSI/Base%20Structure%20Report%20FY18.pdf) を参照。

どうしようもない額に膨らむという心配をしないで済む。米国は他の国々よりも安全に借り入れができるので、たとえば大規模な軍隊など、値の張る贅沢品を買う資金を、他の国々が追いつけない規模で調達できる。[2]

こうした米国を中心としたシステムを、その支持者は「ルールに基づいた国際秩序」と表現し、批判する人々は「米国の覇権」と表現する。このシステムは強力でレジリエントだ。唯一の強力なライバルだったソ連（1991年に崩壊）を中心とした共産圏よりも長く機能し、戦後の固定相場制の崩壊後も生き残った。また、石油輸出国機構〈OPEC〉が1970年代に石油価格を吊り上げた時も生き抜いた。さらには、1970年代に日本やドイツが経済大国として台頭し、最近では中国やインドなどが伸びてくる中で、世界経済における米国のポジションが相対的に縮小しても持ちこたえている。なお、米国の世界経済における国内総生産〈GDP〉のシェアは、現在24％に減少している。

中国経済がもし世界最大になったら、その時には何が起こるか

現在の世界経済システムがこれから直面し得る課題の1つは、米国経済が世界最大でなくなる可能性だ。米国は1870年代に、英国を追い越して世界第一位の座に就いた。しかし、今後20年間のどこかの時点で、中国が米国を追い越して世界最大の経済となる可能性が、決して確実ではないが存在する。[3]

ただし、これがいつ起こるのか予測するのは簡単ではなく、近年の状況を見ると、こうした予測には注意が必要であることがわかる。たとえば、2008年の世界金融危機の後、中国が2桁成長を続け、米国が低成長と悲観主義から抜け出せずにいた頃、その当時の両国の成長率を基に予測を行うと、2020年までに中国がナンバーワンになる可能性が示された。

実際は、中国はまだまだナンバーワンには程遠い。2019年には、米国の経済規模は中国より50%大きく、米国のモノとサービスの生産額（GDP）が21兆ドルだったのに対して、中国は14兆ドルだった。[4] もし、両国が現在の名目GDP成長率（米国は4%、中国は7%）を維持するならば、中国経済は2033年にようやく世界最大となる。もし中国の成長率が2020年代後半に、人口構成や他の要因によって大きく低下したら（それは十分あり得る）、中国が米国に追いつく年はさらに後になる。あるいは、追いつけないかもしれない。たとえ追いつけた

2　言い換えると、米国の巨額の負債は、適切に管理されている限りは強みであり、弱みではないということだ。2世紀以上前にアレクサンダー・ハミルトンがこのことに気付き、1790年に「公的債務に関する第一報告書」の中で、恒久的な債務の創造を提唱した。http://www.milestonedocuments.com/documents/view/alexander-hamiltons-first-report-on-publiccredit/. ドルの独自のポジションは、フランスのシャルル・ド・ゴール政権で財務大臣だったヴァレリー・ジスカール・デスタンが「法外な特権」であるとして非難した。米ニクソン政権の財務長官だったジョン・コナリーは、欧州の財務相らに対してその特権を自慢し、「ドルは私たちにとっては自国通貨であり、あなたたちにとっては問題だ」と言った。世界の準備通貨としてのドルの役割については、以下の文献に詳しく記されている。Barry Eichengreen, *Exorbitant Privilege: The Rise and Fall of the Dollar and the Future of the International Monetary System* (New York: Oxford University Press, 2011). また簡単なサマリーは、以下を参照のこと。Arthur Kroeber, "Debt, Innovation and the Durable Dollar," *China Economic Quarterly* (December 2008): 50-55.

3　厳密に言うならば、欧州連合〈EU〉が世界最大の経済単位である。しかし、世界の政治や経済のパワーについて議論する際には、この事実はあまり意味がない。EUでは労働者や資本の移動は自由とされているが、その加盟国の間では統治システムも別々なら財政や金融の仕組みも別々で、ユーロ以外の通貨が使われている場合もある（言語が異なるのは言うまでもない）。政治的にも軍事的にも、欧州勢力の展開力は、このような不統一により大きく蝕まれている。また、「欧州」全体としての地政学的な影響力も、欧州最強国であるドイツと比べると、おそらくは低いものである。

4　2014年、ある世界銀行の研究を、記者たちが記事の見出しにしようと飛びついた。購買力平価で計算すれば、中国経済はすでに世界最大だというのである。しかし、この結論は真面目に受け取られるべきではない。購買力平価は経済学者が使う専門的なツールで、賃金水準が違う国の間で、非貿易財の価格差を説明する場合に用いられる。しかし、経済全体の規模を比較する上では役に立たない。経済の規模に関して重要なのは、国際的な購買力であり、国内における購買力ではないからだ。したがって、軍事アナリストが中国の軍事支出を購買力平価で調整し、膨らますのも詐術的である。その数字からわかるのは、中国が自国の兵士に、米国の兵士と同額の賃金を払ったら軍事費をいくら使うことになるかということだけである。以下の文献を参照のこと。George J. Gilboy and Eric Heginbotham, *Chinese and Indian Strategic Behavior: Growing Power and Alarm* (Cambridge: Cambridge University Press, 2012).

としても、トップにとどまるのに必要な、急速な成長を維持できるかはまったく確実ではない。第11章で示したように、中国の人口は２０２０年代後半に減少し始め、２０５０年までには中国社会は今の日本と同じくらいに高齢化する。米国はまだ若年層が伸びており、中国よりも人口構成が若くなると予想される。[5]

しかしここでは、10年後に中国が米国を追い抜いて、世界最大の経済になったと仮定してみよう。それは何を意味するのだろうか。

簡単に答えるならば、「それほどの意味はない」。中国の人口は米国の人口の4倍以上だ。したがって、いつか中国のＧＤＰが米国より大きくなったとしても、まったく不思議ではない。それでも、中国が米国を追い抜いて世界最大の経済になる時、人口1人当たりのＧＤＰは、理論的には米国の4分の1に過ぎない（人口が4倍であるため）。したがって、中国経済は米国経済よりも大きくはなるが、米国より貧しい経済でもある。この経済規模が国際的な影響力にどう転換されるかは、技術力と政治的なポジション次第だ。

歴史を見ると、最大の経済国が常に最も重要な国とは限らなかったことがわかる。１８００年には中国経済は世界最大だった。しかし、世界への影響力においては、英国をはじめとした欧州諸国にはるかに劣っていた。技術的な進化の速度で、中国は欧州に大きく遅れていたからだ。19世紀に決定的な要因となったのは、欧州の技術力の高さであり、ＧＤＰで見た欧州経済の規模ではなかった。

一方で米国経済は、１８７０年代半ばに世界最大となり、その時点ですでに新技術の開発をリードしていた。しかし、米国が世界で最も重要な国として台頭したのは、その70年後の第二次世界大戦後である。それまでは依然として英国が大きな影響力を発揮していた。巨大な大英帝国と貿易網の支配、英ポンドの独占的な地位、国際金融の中心地としてのロンドン、そして米国の政策に強い孤立主義の傾向があったことなどから、英国が影響力を持っていた。

したがって、中国の今後の世界への影響力について考えるには、その経済規模よりも、これまでに示された影響力や、指導部が現在の地政学的な世界秩序を修正、あるいは塗り替えようとする欲望、そして技術面での能力について検討する必要がある。

中国の経済の強さは国際的な影響力に変換されるか

中国は明らかに、自国の急成長する経済力を世界での政治的影響力を高めるために活用している。この展開が米国や欧州を悩ます理由は、中国が第二次世界大戦後に台頭した2つの経済大国（ドイツと日本）とは異なり、米国の同盟体制に属しておらず、政治的に独立した国で、独自の軍事力も供えているからだ。しかし、今のところ中国が獲得している政治的影響力は、その経済力から期待できるものよりいくぶん小さい。中国経済は米国の3分の2だが、多くの点で米国が世界をリードし、影響力も中国よりずっと大きい。

その理由の1つは、1990年代初めに鄧小平が提唱したスローガン「韜光養晦（とうこうようかい）」の下、中国が意図的に抑制した外交政策をとってきたことにある。このスローガンは、「身を隠して時を待て」という意味である。[6] この方針から実際に導かれる外交政策は、可能な限り数多くの国と安定的でまあまあ誠実な関係を築き、国際的な分野で挑発的な行為も、リーダーシップも取らないというものだ。改革初期の重要な目標の1つは、世界の国々が台

5　中国の長期的な成長に関して、悲観的な文献には以下のものがある。Lant Pritchett and Lawrence H. Summers, "Asiaphoria Meets Regression to the Mean," NBER Working Paper 20573, October 2014 (http://www.nber.org/papers/w20573). もっと楽観的な見方は、以下を参照のこと。Dwight H. Perkins and Thomas G. Rawski, "Forecasting China's Economic Growth to 2025." (Loren Brandt and Thomas G. Rawski, eds., *China's Great Economic Transformation* 〈Cambridge: Cambridge University Press, 2008: 829-886.〉に収録) | Dwight Perkins, "Understanding the Slowing Growth Rate of the People's Republic of China," *Asian Development Review* 32, no. 1 (2015): 1-30.

湾との外交関係を途絶し、中華人民共和国を認めるようにすることだった。この戦略は成功した。１９７０年代後半の時点ではほぼ外交的に孤立していた中国が、２０００年までには世界のほぼすべての国と有益な関係を構築し、台湾を承認する国はほんのわずかになったのである。

２０００年代初めには、中国の外交政策は積極化した。政府は企業に対して「走出去（外に出ること）」と海外投資を奨励した。その目的の1つは、国内での資本集約的な成長に必要な天然資源、たとえば石油や鉄鉱石、銅などへのアクセスを確保することだった。最初は緩やかだった外国への投資も、２００７年以降は急拡大し始め、２０１５年以降は年平均１５００億ドルに達している。この年間投資額は米国（年間約３０００億ドル）に次いで世界第2位だ（図表15・1参照）。

これらの数字はインパクトがあるが、大局的な観点から見る必要がある。第一に、中国の対外直接投資額は対ＧＤＰ比で11%と、15%の米国を下回る。したがって、中国はその規模との比較では、米国ほど積極的に外国に投資をしていないということになる。第二に、数年間、爆発的な伸びを見せた後、中国による対外直接投資は横ばいとなり、米国を上回る様子はまったくない。第三に、米国は外国に長年にわたって投資をしてきたので、外国投資の累積額は米国の方がずっと大きい。中国が約１兆９０００億ドルであるのに対し、米国は約6兆ドルだ。第四に、外国の株式や債券の保有といった、資産運

図表 15.1　米中の対外直接投資額

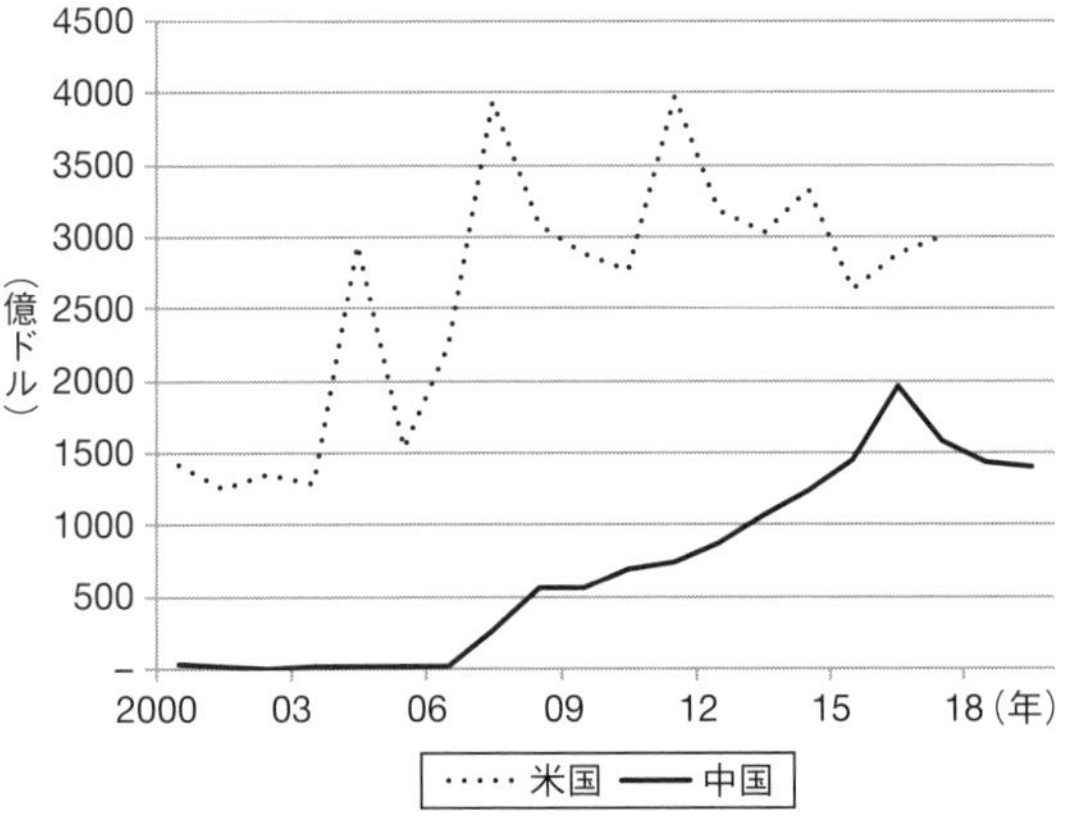

出典：UNCTAD.

用（ポートフォリオ）投資はわずかである。２０１８年では、対ＧＤＰ比４％の５０００億ドルで、これに対して米国は対ＧＤＰ比１００％の20兆ドルだ。仮に、国際的な投資額を、外国への影響力を測るシンプルな指標として用いるならば、中国は絶対額においても経済規模との比較においても、明らかに米国に後れを取っている。[7]

投資の他に、国が国際的に経済的な影響力を行使するチャネルは2つある。それは貿易と融資だ。１つ注目すべき展開は、中国を第1位の貿易相手国とする国が増えていることである。２０１０年から15年までの間に、その数は26ヵ国から41ヵ国に拡大し、一方で、米国を第1位の貿易相手国とする国は、同じ期間に35ヵ国から29ヵ国に減少した（図表15・2参照）。

豊かな国々にとっては、中国は低コストの消費者向け製品、特に電子機器の

図15.2　貿易相手国として中国／米国が第一位である国の数

	中国		米国	
	2010年	2015年	2010年	2015年
輸入元として	26	46	33	23
輸出先として	18	19	37	38
輸出入合計で	26	41	35	29

出典：WTO.

6　このフレーズに込められている意味については、まだ議論が定まらない。一般的には「チャンスが来るのを待つ」、あるいは「挫折から回復するのに時間をかける」という意味だ。西側の軍事アナリストは前者の意味で捉えることが多く、中国の研究者たちは後者の意味で捉えることが多い。鄧小平がこのフレーズを広めたのが、中国が貧しく、弱く、外交的に孤立した時期であったことを考えると、中国側の解釈の方が説得力があるように思われる。北京大学教授で国際関係を研究する査道炯（Zha Daojiong）によると、このフレーズは文字通り「体が弱っている人は、それを絶望の原因としてはいけない」という意味だという（個人的な会話から）。

7　「直接投資」には、企業による子会社への投資やインフラ投資などと、他社への10％以上の投資の2種類がある。「資産運用（ポートフォリオ）投資」は、株式や債券への投資で10％を下回るものをいう。中国の対外直接投資は、２０１５年と16年に急増した。企業や個人が通貨切り下げの前に、資金を国外に移したためだ。それ以降、資本規制が厳しくなり、まっとうな目的があっても資金を中国から外に送金するのが難しくなった。中国では長期間、ポートフォリオ投資による資金の流出を厳しく規制しており、これはすぐには変わりそうもない。参考：Rose Cunningham, Eden Hatzvi, and Kun Mo, "The Size and Destination of China's Portfolio Flows," Bank of Canada Discussion Paper 2018-11 (2018).

重要なサプライヤーだ。また、産業機器や航空機などの資本財や半導体などの部品を購入する大口の買い手でもある。コモディティを産出する国々にとっては、中国は、原油や鉄鉱石、銅などの金属、大豆、パーム油、砂糖などを購入する重要な顧客である。

総じて言えば、中国が国際貿易を拡大しているのは有益なことである。しかし、それは同時に深刻な課題をつくり出してもいる。豊かな国々では、中国が低コストの製造業者としての力を強めると、自国の高賃金の製造業を維持するのが難しくなる。また、コモディティを産出する発展途上国は、自国の産物に対する中国の需要が拡大することで大きな利益を上げてきたが、中国の「建設ブーム」による成長が終わる日に備える必要がある。小規模な国々にとっては、中国の市場と向き合うことは、中国からの圧力と向き合うことでもある。中国はこれまでに何度も、外交的軋轢のある国々の企業に対して市場へのアクセスを遮断し、譲歩を引き出すための手段として活用してきた。[8]

中国の貿易に関して考える際には、2つ注意すべき点がある。第一に、図表15・2（前頁）をよく見るとわかるように、貿易関係における中国の影響力拡大のほぼすべてが、そのサプライヤーとしての重要性から生じており、市場としての重要性から生じているのではないことだ。2010年から15年までに、その国において中国が第一位の輸入元となっている国は2倍近くになった。しかし、中国を第一位の輸出先とする国の数はほとんど変わっていない。これに対して、米国を第一位の輸出先とする国は中国の2倍ある。ここに反映されているのは、中国が輸入している製品は、コモディティや資本財など限られたカテゴリーに集中しており、幅広い消費者向け製品の輸入に関しては、市場が比較的閉ざされているということだ。

加えて、多くの最終製品に関して中国が国内のサプライチェーンを強化する中で、輸入されている部品や資本財の需要も低下する可能性がある。つまり、中国は米国ほどには、他国の輸出品の主な市場としての影響力を持っていないのである。[9] しかし、この点は強調しすぎてはいけない。中国は実際、外国企業の製品輸出先として、大きく、かつ急成長する市場である。ただし、製品を中国に輸出するよりも、中国国内の工場で製品を生産する方が中国市場へのアクセスは大きい。たとえば、2017年に米国企業とそのグループ会社は、中国で5440億ドルの売上を記録した。同年の米国企業による中国への輸出が1870億ドルだったので、その3倍近くである。

注意すべき点の2つ目は、中国からの輸入品に対する各国の依存度は、実際は、中国に存在する多国籍企業が製造する製品への依存度であるということだ。第5章で述べたように、中国による輸出の40％超が外資系企業によるものである。

すなわち、中国が多くの国々と貿易関係を拡大し、市場としての重要性を増していることは重要な出来事であり、政治的な影響力の源ともなり得る。しかし、こうした貿易関係は複雑な相互依存の関係を反映したものであり、中国がその市場規模ゆえに自由に力を行使できるといった、単純な力学の下にあるわけではない。

中国の経済力による影響の最後のベクトルは、特に開発途上国への資金の貸し手としての重要性だ。中国による国際的な貸し付けの規模を測るのは難しい。1つには、中国は国際的な債務のデータベースに部分的にしか参

8　有名な例は、米国のミサイル防衛システムを韓国政府が導入すると決めたことに対し、中国が報復して韓国企業のロッテに制裁を科したことである。参考：Celine Ge, "China's Online Boycott Puts Lotte in Cross Hairs Amid THAAD Row," *South China Morning Post*, March 6, 2017. ロッテへの制裁は2年後に解除された。このケースでは、中国が圧力をかけたことで何を得たのか明確ではないが、その後、韓国政府が中国政府の気に障るような行動をとりにくくなる可能性がある。中国との経済的関係のメリットを失う恐れは、フィリピン大統領、ロドリゴ・ドゥテルテの2016年の判断にも影響したようだ。この時ドゥテルテは、南シナ海での中国の領有権の主張を国際仲裁裁判所が否定する認定をしたにもかかわらず、それを無視することにした。

9　Brad Setser, "President Xi, Still the Deglobalizer in Chief," Council on Foreign Relations, https://www.cfr.org/blog/president-xi-still-deglobalizer-chief, June 25, 2019.

加していないからだ。もう1つの理由は、中国による開発途上国への融資の多くには中国の政策銀行や商業銀行が関係しており、それらの銀行は直接に途上国の政府や企業に貸すのではなく、中国のエンジニアリング会社や建設会社に対してプロジェクト融資をしているからだ。一部のケースでは、これらの融資は最終的には途上国の政府によって保証される。あるいは、（資源の採掘プロジェクトの場合には）原油や鉱物などの資源の出荷によって裏付けられる。したがって、これらの融資もプロジェクト実施国政府の実際の債務、あるいは偶発債務【現在は債務ではないが、将来、一定の条件が揃うと発生する債務】に相当する可能性がある。しかし、中国の銀行から中国企業への融資は、国際的な負債のデータには表れてこない。

諸外国に対する中国の貸し手としての役割は、2000年代初期以降、劇的に高まった。ただし、この役割がどのくらい大きく、どのくらい問題をはらんでいるのかはあまり明確ではない。IMFによる2016年の研究によると、59の低所得国の対外債務のうち、平均して11％を少し上回る程度が中国への債務だ。その10年前はほぼゼロだったので大きく拡大はしているが、IMFや世界銀行といった国際機関（42％）や他の国々（43％）による融資に比べるとまだまだ小さい。[10]

これらの国々への新規融資で見ると、中国が最も規模が大きいが、融資残高合計で見ると、中国は大口貸付国の1つに過ぎない。もっと不安を感じる報告としては、西側諸国のエコノミストらによる2019年の研究がある。その研究は公式な統計に表れない中国の隠れた融資を明らかにしようとしたもので、それによると、中国から融資を受けている国々の上位50ヵ国では、対外債務のうち約40％が中国からの借り入れだという。[11] この推計に関して指摘できるのは、外国で事業をしている中国企業への中国の政策銀行による貸し付けは、おそらくはその国の負債として計算すべきではないということだ。しかし、今や多くの発展途上国が、さまざまな形で中国からの融資に大きく依存している。

では、果たしてこれは問題なのだろうか。問題だとすると、どれほど大きな問題なのか。国際的な貸し手としての中国の台頭は、いくつかの疑念を引き起こした。中国が発展途上国に融資を開始した当初によく心配されていたのが、中国の融資によって腐敗や無駄が生じるのではないかということだ。なぜなら、中国は非常に低い利子で融資し、世界銀行などであれば課すであろう統治や環境のサステナビリティに関する条件も課さないと考えられたからだ。その後の研究によって、中国の融資の大半は利益の出る条件か、それに近い条件で実施されていることがわかった。また、多くの場合、（前述したように）プロジェクト融資は他国の政府に対してではなく、中国のエンジニアリング企業に対して提供されている。それはある部分、不正流用のリスクを小さくするためであった。

こうした状況を受けて、批判の形も変わった。新たな批判は、中国による融資は貧しい国々を「債務の罠【返済に行き詰まった債務国が債権国へインフラの権益の譲渡などをさせられること】」に陥れる危険があるというものだ。加えて、地元の企業や政府に直接は融資をしないということは、中国による融資はそれ以外からの融資に比べて、その国の経済や国際収支にとってのメリットが少ないという批判もあった。さらには、一部のアナリストはほとんど証拠もなしに、中国は意図的に、相手国が返済できる以上の融資をし、担保になっている資産を差し押さえようとしていると主張した。[12]

国債融資における中国の急速な台頭は、実際に問題も起こす。しかし、ここに挙げたような批判はエビデンスに基づいたものというより、「中国の行動は本質的に有害で、疑いを持つべきものだ」という思い込みによるも

10 "Macroeonomic Developments and Prospects in Low-Income Developing Countries-2018," IMF policy paper, February 15, 2018, Table 4: 51.
11 Sebastian Horn, Carmen Reinhart, and Christoph Trebesch, "China's Overseas Lending," Kiel Institute for the World Economy Working Paper 2132 (June 2019).

のであると思われる。中国が国際的な貸し手としてより大きな役割を担うようになったのは、その経済成長から生じる自然な結果である。加えて、中国の融資に関連する問題の多くは、中国の金融機関が国外への融資に十分な経験を積んでいないことや、借り手国の管理の失敗に起因している。これらの問題はインフラ・プログラムの「一帯一路」（詳しくは後述）での過度に壮大な野望によって悪化した。なお、一帯一路は、今は勢いが落ちてきている。

いくつかのケースでは、中国による融資に、地元政府との汚職が絡んだこともあった。[13]また、中国が石炭による発電所やダムに熱心に資金を提供することで、環境への深刻な懸念も生じている。さらには、発展途上国の全般的な債務の増加も懸念されている。これには中国が大きな影響を及ぼしているが、すべてが中国の責任というわけではない。

中国の対外融資に関する最も大きな問題は、おそらくは透明性の欠如であろう。中国は国際的な債務のデータベースに十分には参加しておらず、そのため、貧しい国々が実際にどの程度、負債のサステナビリティの問題を抱えているのかが見えにくくなっている。

習近平は中国の国際的な位置づけをどう変えたのか

中国の対外政策がはっきりと積極的な方向に舵を切ったのは、2013年に習近平が権力を掌握してからだ。習近平は過去の「身を隠す」アプローチを、少なくとも3つの点で決然と投げ捨てた。

第一に、南シナ海での領有権をより強く主張しており、ベトナムやフィリピン、他の近隣諸国と争っている。そして中国は、さまざまな浅瀬や岩礁に人工島を建設し、そこを軍事施設として使っている。これに関連した展開としては、東シナ海での防空識別圏の設定がある。この防空識別圏は、日本が主張する領空と重なっている。

第二に、習近平は「軍民融合」の政策を進めている。これは基本的には、米国の「軍産複合体」の概念を真似たもので、ここには中国軍の能力を高めて、国境を超えて勢力を誇示したいという欲求が見える。[14] 第三に、習近平は「一帯一路」構想を立ち上げた。これは、拡大している国外のエンジニアリング・プロジェクトへの投資を公式化し、「インフラ外交」とも呼べるプログラムに転換するものである。

こうした変化は多くの不安や批判を呼び起こす。大きな経済力を持った権威主義で非自由主義の大国による強引なスタンスが、長期的にどんな影響を及ぼすのか、特に、中国周辺の小規模な国が懸念するのはもっともである。しかし、もっと全体的な視点でも見てみる必要がある。

中国政府が地域的・世界的な影響力の拡大を求めるのは、中国経済の台頭による自然な結果である。中国の影響力の追求は不安に感じられる。しかし中国は、同国が莫大な利益を得ている、オープンな国際貿易や投資のシ

12　「債務の罠」と思われている例で最も有名なものは、中国が出資したスリランカのハンバントタ港だ。参考：Maria Abi-Habib, "How China Got Sri Lanka to Cough Up a Port," *New York Times*, June 25, 2018。しかし、その後の調査によって、この件はむしろ、スリランカ政府の汚職と不適切な管理により大きな原因があるということ、また、債務不履行の場合、中国がとる通常の対応は資産の取得ではなく債務の繰り延べであることがわかった。参考：Umesh Moramudali, "Is Sri Lanka Really a Victim of China's 'Debt Trap'?" *The Diplomat*, May 14, 2019｜Agatha Kratz, Allen Feng, and Logan Wright, "New Data on the 'Debt Trap' Question,"Rhodium Group, https://rhg.com/research/new-data-on-the-debt-trap-question/, April 29, 2019｜Roland Rajah, Alexandre Dayant, and Jonathan Prkye, "Ocean of Debt: Belt and Road and Debt Diplomacy in the Pacific," Lowy Institute, October 21, 2019.

13　甚だしい例の1つは、鉄道とパイプラインの権益と引き換えに、スキャンダルに悩まされていたマレーシアの1MBDファンドの救済を申し出たことだ。参考：Tom Wright and Bradley Hope, "China Offered to Bail Out Troubled Malaysian Fund in Return for Deals," *Wall Street Journal*, January 7, 2019.

14　軍民融合の詳細な分析には以下のものがある。"Open Arms: Evaluating Global Exposure to China's Defense-Industrial Base," C4ADS.org, October 18, 2019｜Elsa Kania, "In Military-Civil Fusion, China Is Learning Lessons from the United States and Starting to Innovate," https://thestrategybridge.org/the-bridge/2019/8/27/in-military-civil-fusion-china-is-learning-lessons-from-the-united-states-and-starting-to-innovate, *The Strategy Bridge*, August 27, 2019.

ステムに参加し続ける必要があり、その事実によって制約も受ける。また、今日の影響力の追求は、中国が1960年代や70年代に世界の反乱や革命を積極的に支援していた頃の破壊的な外交政策と比較すると、雲泥の差がある。

加えて、中国が影響力を拡大しようとする動きは、大部分がアジアの近隣諸国に限られており、しかも大きな成功は収めておらず、かなりの抵抗を受けている。日本と韓国は米国の軍事同盟の強力なメンバーで、台湾も正式なメンバーではないが事実上はそうである。東南アジアで最も弱い国々（カンボジアとラオス）では中国の影響力は拡大しているが、他の国々では抵抗を受けている。ベトナムは北の大きな隣国に何世紀にもわたり恨みを抱いており、日本との結びつきの強化や日本からの投資の拡大に努力している。ミャンマーは先の軍事政権の下では北京と非常に密接な関係を持っていたが、中国の属国になることへの恐れが1つの要因となって政治と経済の劇的な自由化が進んだ。それが2011年の軍事政権の崩壊につながって、西側との結びつきが強まった【執筆当時。2023年3月現在は、2021年2月の国軍クーデターにより軍政下にある】。

カザフスタンやトルクメニスタンなどの中央アジア諸国は、天然資源を開拓し輸送のインフラを改善する上で、中国からの投資を歓迎している。しかし、彼らは従来からのパトロンであるロシアを中国と張り合わせることで、自国の独立を保とうと努力している。近年では、オーストラリアにおいて、政治家への影響力を手に入れようとする中国の動きに、警戒感が強まっている。しかし、オーストラリアは政治献金の規制の強化や、反スパイ法などによって、この脅威に対抗している。[15]

1980年以降、中国はインドと同様に、国境を越えて軍隊を派遣しようとはしていない。毛沢東の時代と比べると大幅にそうした意向は弱まっている。[16] 中国の他国への介入は、そのほとんどが影響力を手に入れようとするもので、軍事行動や政府の転覆を狙うといったものではなく、米国が過去125年間にとった動きほど強力なものではない。米国は国際問題において軍事介入を繰り返してきた。影響を受けた国は、第二次世界大戦以前では、フィリピン、キューバ、パナマ、ニカラグア、冷戦終結後ではアフガニスタン、イラク、旧ユーゴスラビア、リビアなどだ。ある推計によると、冷戦の間に米国が他国の政権交代を試みた回数は、72回にのぼるという[17]。

また、米国と欧州はこれまで何年も、中国が世界の問題でもっと積極的な役割を果たすよう求めてきた[18]。習近平の動きには、明らかに政治的な支配力の強化を狙ったものもあるが、一方で、こうした欧米の「良き地球市民たれ」という呼びかけに応えたと解釈できるものもある。２０１４年11月に北京で行われたオバマ米大統領との会談では、気候変動と戦うための国際的な協定を、米国と共に協力して実現すると約束した。これはその5年前と比較すると大きな変化だ。その時コペンハーゲンで開かれた気候変動に関する重要な会議では、米国と中国の対立が主因となって、合意形成に失敗した。そして、中国が近隣諸国でインフラ投資の陣頭指揮を取ろうとする動きは、多くは自国の利益のためではあるが、国際的な「公共の利益」のために資金を提供しようという、まっとうな努力の側面もある。

15　Damien Cave, "Australia's China Challenge," *New York Times*, May 20, 2019.

16　中国の１９８０年以前とそれ以降の状況の比較、および中国とインドの比較については、Gilboy and Heginbotham, *Chinese and Indian Strategic Behavior* で見ることができる。この研究によると中国の軍事支出（公式の防衛予算以外も含めたもの）は、政府予算に占める割合で見ても、対GDP比で見ても常にインドより低く（pp.117-119）、国際問題における軍隊の利用の頻度も、１９８０年以降、インドと中国ではほぼ同じだ（pp.76-79）。中国経済はインドよりはるかに大きいので、絶対的な支出額はインドを上回る。しかし、中国の政府支出に占める軍事費の割合が異常に大きいという議論には裏付けがない。

17　Lindsey A. O'Rourke, "The U.S. Tried to Change Other Countries' Governments 72 Times during the Cold War," *Washington Post*, December 23, 2016.

18　この点で象徴的だったのは、２００５年の米国の国務副長官ロバート・ゼーリックによるスピーチで、中国は世界秩序の中で「責任あるステークホルダー」になるべきだと示唆した。*http://www.ncuscr.org/files/2005Gala_RobertZoellick_Whither_China1.pdf.

中国の指導部が自国の経済的な強みを、アジアや世界における影響力の拡大に変換しようとしていることは、ほぼ疑いがない。この努力は自然なものである一方、政治的な課題と経済的効果の可能性の両方を生み出してきた。今後、中国は既存の地域勢力、すなわち中央アジアにおいてはロシア、東南アジアにおいては日本との比較において、相対的に影響力を増していくだろう。また、中国はアジアにおける米国の影響力をいくぶん弱めるかもしれない。中国がこれに成功するかどうかは、中国自体の動きよりも、米国がアジアにおける強固な同盟体制を強めようとするのか、あるいはトランプ政権で時に見られたように、弱まるままにしておくのかによって変わってくると思われる。

「一帯一路」構想とは何か

2000年代の初め頃から、中国の建設会社とエンジニアリング会社は徐々に国外での事業を拡大し、中国国内のインフラ建設で蓄積したノウハウを活かして、世界の道路や鉄道、ダム、電力、電気通信などのプロジェクト、特に発展途上国のプロジェクトに入札するようになった。国外の建設プロジェクトからの売上は、2000年にはほぼゼロだったが、2012年には1200億ドルに達した。

2013年9月には、習近平政権が「一帯一路」のプログラム（One Belt, One Road Program）を正式に発表した（後に英語名称は Belt and Road Initiative に変更された）。このプログラムでは、中国と世界とをつなぐインフラ・ネットワークを築くという、政府としての正式な目標が設定された。

「一帯」は、中国西部から中央アジア、最終的には欧州までを結ぶ、「新シルクロード」の数々の陸上輸送インフラ・プロジェクトを指す。「一路」は「海上シルクロード」プログラムで、中国南西部とインド洋、中東、アフリカを結ぶ、鉄道、道路、港の整備プロジェクトだ。これらのプロジェクトの資金を確保するため、習近平は自国の予算を使って「シルクロード基金」をつくることを承認した。また、さらに大がかりな、多くの国々が参加するアジアインフラ投資銀行〈ＡＩＩＢ〉の設立も決めた。実際には、中国の国際的なエンジニアリング・プロジェクトの資金は、国の政策銀行（国家開発銀行と中国輸出入銀行）、および国が管理する商業銀行が提供している。

この「インフラ外交」の背後には、いくつもの動機がある。まず、中国が米軍にあまり邪魔されることなく、エネルギーや他の天然資源を確保できるルートの建設だ。また、経済活動が行われる新たな回廊地帯と、豊かな欧州市場への道筋をつくり、それによって、内陸部の中国中部や西部の経済発展を促進することも狙いの1つだ。そして、建設プロジェクト自体が、国内市場の停滞に直面している中国のエンジニアリング会社や資材供給業者らに事業を提供する。さらには、発展途上国でとても必要とされていたインフラ建設を支援することは、中国が政治的な影響力を拡大する手段ともなる。[19]

一帯一路構想は、中国がグローバルな政治経済勢力として、同時に、国際的な「公共財」の提供者として成長していることを示す好例である。中国の公式な立場は、一帯一路はインフラの格差を埋め、世界の貿易と投資の流れを拡大し、貧しい国々での開発を刺激する、「親切な」取り組みであるというものだ。この表現にもある程度の真実はある。一方で、一帯一路はその大部分が、中国が世界での政治的な影響力を高めることを狙った策略

19　アジアにおける中国の野心と、インフラ外交について知る上で参考になるのは、Tom Miller, *China's Asian Dream: Empire Building along the New Silk Road* (London: Zed Books, 2017). 邦訳：『中国の「一帯一路」構想の真相』（田口未和訳、原書房、２０１８年）。アジア開発銀行、新開発銀行、シルクロード基金の融資能力の詳細については、Arthur Kroeber, "Financing China's Global Dreams," *China Economic Quarterly* (November 2015): 27-36 を参照のこと。ベルリンの Mercator Institute for China Studies, "MERICS Belt and Road Tracker," https://www.merics.org/en/bri-tracker では、定期的に情報がアップデートされており、分析も有用である。

だ、という批判もあり、それにも大いに真実が含まれている。米国は第二次世界大戦後にその地位を固めようと、マーシャルプランや世界銀行、IMF、後にWTOとなる貿易の枠組みなどを通じて、経済的利益を共有するコミュニティを創設した。それと同じように中国政府も、実際の交通や物流の改善を通じて、経済的利益を共有するコミュニティを確立し、さらに、それに伴って中国の政治的影響力が高まることを望んでもいる。

一帯一路の場合も、他の非常に多くの事例と同様、単純に中国の影響力の拡大を示すものととらえるのは誤りだ。一帯一路の立ち上げを宣言する習近平の演説の後、中国の外国での建設収入は数年間急速に伸び、2017年の1700億ドルがピークとなった。その結果、中国の対外融資（その多くがインフラ・プロジェクトに紐づけられている）は2倍以上となり、2018年末時点で7100億ドルとなった。しかし、建設プロジェクトからの収入は2018年には横ばいとなり、2019年には減少し始めた。対外融資も2019年には伸びが止まった。

その原因としては、政治的な反発を受けたこと、いくつかのプロジェクトでの財政面での失敗、魅力的な新規プロジェクトの発見が困難であることなどが挙げられる。中国は今後も、世界のインフラ建設やその資金提供で重要な役割を果たし続けるだろう。しかし、その役割の拡大は、プロジェクトを（資金的、環境的、政治的に）より持続可能にする必要性があることや、多くの国が中国の支援への過度の依存に懸念を持っていることによって制約を受けていると考えられる。[20]

中国は技術における世界的リーダーの座にどのくらい近づいているのか

中国が過去30年間で急速に技術を発展させたことは間違いない。「中国製造2025」をはじめとした工業の改善計画を通じて、中国は技術的な進歩を加速するために何百億ドルをも投じてきた。

しかし、「進歩」と「リーダーシップ」は別である。グローバルな技術のバリューチェーンにおいて「中国が」どんな位置を占めているかを分析することは困難だ。というのも、中国国内における技術集約的な生産のうち、非常に大きな部分を外資系企業が担っており、また、中国で生産される多くの業界の最終製品は、高付加価値の輸入部品に大きく依存しているからである。中国のテクノロジー企業は国内市場の支配を強めているが、外国市場ではそれほど成功していない。

中国の技術力の端的な指標となるのがスマートフォンだ。世界のスマートフォンの大半が中国で製造されている。国内市場では、2018年には85％（数量ベース）を国内企業が占めていた。中国企業の低価格のスマートフォンは、発展途上国では一般的に使われているが、先進国では大きなシェアを占めてはいない。

中国のトップメーカーである華為（ファーウェイ）技術は、今ではアップル、サムスンと並んで世界のスマートフォンの3大メーカーの1つとなっており、裕福な国々でも競争力を保っている。しかし、2019年5月に華為技術は米国の輸出管理法上のブラックリストに掲載され、米国のテクノロジー企業は同社に重要な部品を供給できなくなった。したがって、華為技術が今後市場シェアを維持できるかは大いに疑問が持たれている。華為技術は別のサプライヤーを探し、必要なハードウェアの大半のサプライヤーを見つけた。しかし、それらのサプライヤーも、米国の機器を使っているサプライチェーンに依存している。もし米国が、米国で設計された機器を使って華為技術向けの部品を製造することを禁じたら、同社は今の形で生き延びることができないかもしれない【2020年11月、華為技術はその低価格スマートフォンを中心とした事業部門である栄耀（オナー）を売却した】。

加えて、スマートフォン技術ではアップルが世界的なリーダーとして認識されている。世界のスマートフォン

20　Tom Miller, "The Belt and Road Slims Down," Gavekal Dragonomics research note, October 8, 2019.

販売から生まれた利益のうち、アップルがかなりの部分を得ていていることも、同社のリーダー的地位の証明となっている。２０１８年には利益の62％をアップルが、17％をサムスン、８％を華為技術が手にした。[21]アップルは同社のスマートフォン、ｉＰｈｏｎｅの大半を中国で製造しているが、組み立ては台湾の富士康科技集団（フォックスコン）が担っている。一方で、ｉＰｈｏｎｅの卸売価格に占める、中国の部品のシェアは比較的少ないものの、急速に上昇している。２００９年の最初のｉＰｈｏｎｅでは４％だったが、２０１８年のｉＰｈｏｎｅＸでは25％になっている。[22]

このように、スマートフォンという製品からは、中国の技術に関してさまざまな解釈ができる。少なくともこの製品分野では中国は急速な進歩を遂げており、完成品のメーカーとしても、部品のメーカーとしても重要なポジションを占めている。しかし中国メーカーの成功は、国際的な市場（特に富裕国）での成功というより保護された国内市場での成功であり、依然として輸入された部品やソフトウェアに大きく依存している。したがって、「リーダーである」とはまず言えない。

スマートフォン以外にも視点を広げてみよう。マッキンゼー・グローバル・インスティテュートが技術集約的な81のバリューチェーンを調べたところ、中国企業の能力は分野によってさまざまであることが示された。太陽光パネルや高速鉄道など、いくつかの分野では、中国メーカーがバリューチェーンの大半、あるいはすべてを占めていた。風力タービンや電気自動車、農業機械などでは、中国の組立企業が国内市場を独占していたが、外国製の部品や材料に大きく依存していた。非常に複雑な製品分野、たとえば半導体や民間航空機などでは、中国企業は後塵を拝し、世界のバリューチェーンで重要な位置を占めてはいなかった。[23]

戦略国際問題研究所〈ＣＳＩＳ〉の調査も、中国のイノベーションへの集中的な投資の成果はまちまちであるとし、同国の全体的なイノベーションのレベルは、発展途上国の大半よりははるかに高いが、大半の先進国に比べるとかなり遅れているとした。[24]

もちろん、これらの評価は調査時点のものであり、中国のポジションは今後向上していくだろう。そうであるならば、今後の中国の技術の発展を可能にする要因や、制約する要因を理解する必要がある。

まず、基本として押さえておきたいのは、重要なのは結局のところ、インプット（投入）ではなくアウトプット（産出）だということだ。メディアによる報道や政策研究では、簡単に入手できるインプットのデータに飛びつきがちだ。たとえば、研究開発費や、政府の産業政策基金によって提供される金額などである。そして、これらの資金が等しい結果を生み出すと見なす。

しかし、中国のこれまでの成果はそれが事実ではないことを示している。産業政策への大幅な支出は、時には太陽光パネルや風力タービンなどのように、チャンピオン企業を生み出す。一方で、半導体や航空機のように、非常に貧弱な成果しか上がらない時もある。さらには、自動車のように、活気ある業界の成長に貢献はしたものの、リターンの多くが外資系企業に吸収されてしまう場合もある。

もう1つ間違いがちなのが、中国における技術的な進歩のすべてが、国の過度の介入の結果であると見なすことだ。実際、たいていはその逆である。中国経済で最も活気があり革新的な分野の1つがインターネットで、国はその基本的なインフラの構築で重要な役割を果たした。しかしインターネットで成功した企業は、Eコマース

21 https://www.statista.com/statistics/780367/global-mobile-handset-profit-share-by-vendor.

22 Yuqing Xing, "How the iPhone Widens the US Trade Deficit with China: The Case of the iPhone X," GRIPS Discussion Paper 19-21 (October 2019), National Graduate Institute for Policy Studies, Tokyo. 以下のウェブサイトで読むことができる。https://voxeu.org/article/how-iphone-widens-us-trade-deficit-china-0.

23 Jonathan Woetzel et al., *China and the World: Inside the Dynamics of a Changing Relationship,* McKinsey Global Institute (July 2019), Exhibit E5: 11.

24 Scott Kennedy, *The Fat Tech Dragon: Benchmarking China's Innovation Drive,* Center for Strategic and International Studies, August 2017.

大手のアリババ、ゲームとメッセージサービスのテンセントなど多数あるが、そのすべてが起業家精神あふれる民間企業だ。これらの企業は、中国政府の保護主義によって米国の大手インターネット企業の進出が阻まれ、少し助けられたところもあった。だがそれよりも、熾烈な自由市場の競争の中で、自社のイノベーション・スキルを磨いたという部分が大きい[25]。

中国の技術面の今後を予測する方法を、マッキンゼー・グローバル・インスティテュートが示している。それによると、国がテクノロジーのバリューチェーンを上がっていくには、次の4つが必要だという。大規模な投資、大きな市場へのアクセス、技術とノウハウを獲得する仕組み、競争とイノベーションを促進する効果的なシステムの4つである[26]。中国は明らかに大規模な投資をする力を持っており、政府と民間の資金を使える。また、消費者が豊かになり、洗練されつつある大規模な市場もある。さらには、外国企業が中国で広範に製造を行っていることから、中国は国外で開発された技術やノウハウにもアクセスが可能だ。

しかし、競争とイノベーションのエコシステムは、向上はしているものの欠陥がある。一部の市場、特にインターネットと電子機器製造の市場は競争が激しいが、それ以外の市場は、政府による助成金や介入、外国企業との競争が制限される政策によって歪められている。基礎研究の資金は豊富だが、その配分のされ方は北米や欧州、日本などよりもずっと腐敗しており、政治色が強い。一部の分野では、国が情報の流れを権威主義的に統制していることから、イノベーションの速度が遅くなっている。

まとめると、中国は過去20年間で技術的に大いなる進歩を遂げ、中国のテクノロジー企業は、国内市場においてはリーダーとしてのポジションを確保することが増えている。中国企業が、中国国内の国際的な製造チェーン上で占める付加価値も増えている。大きく成功した中国のテクノロジー企業は、もはや単なる模倣者ではなく、独立したイノベーターである。数社の中国企業は自国市場から離れて、純粋に国際的なリーダーとしてのポジションを確立した。その代表が華為技術だ。同社は5Gのモバイル技術の世界的な先導者として認識されている。しかし、世界をリードするテクノロジー企業の数では、中国は今日の米国や、1970年代から80年代の日本と比べるとはるかに少ない。また、中国のイノベーションで、他の国々で幅広く採用されているものや真似されているものはほとんど存在しない。

中国が急速な技術の進歩に遅れないためには、国際的な市場や製造チェーンと高いレベルで融合し続け、イノベーションのエコシステムを向上させていく必要がある。しかし、第5章の最後で述べたように、中国がこれを実行していく力は、国が技術面での自律と情報管理にこだわることで損なわれている。中国が自律を追求するということは、他に優れた外国製品があっても、自国の製品があるならば、それが次善のものでも国が支援するということだ。これによって作り出されるのは、国内向けにまあまあの製品をつくる方が、外国の最先端を目指してさらに努力をするよりも利益が稼げるような環境だ。また、情報管理によって、大規模なイノベーションに不可欠な、分野や国境を越えた情報共有やコラボレーションが阻害される。このような状況でも、技術の進歩はもちろん可能だ。しかし、技術的なリーダーの座につくことは可能とは言えない。

25　この点を強く主張しているのが、Kai-fu Lee, *AI Superpowers: China, Silicon Valley and the New World Order* (Boston: Houghton Mifflin, 2018) である。邦訳：『AI世界秩序：米中が支配する「雇用なき未来」』(上野元美訳、日本経済新聞出版、2020年)。著者の李開復は中国の人工知能に関する能力を楽観視しすぎる傾向があるが、彼が指摘する、中国のイノベーションのエコシステムとシリコンバレーのものとの違いについては、真剣に受け止める価値がある。

26　Woetzel et al., *China and the World*. 12.

中国は自分たちのルールと組織で、世界のシステムをつくり直そうとしているのか

中国は世界のガバナンスシステムにおける、献身的で大きなステークホルダーだ。東アジアモデルの国々（日本、韓国、台湾）や、他の発展途上の大国（ブラジル、インド、ロシア）よりも、外国からの投資と国際競争に対してはるかに大きく門戸を開放した。また、ほぼすべての国際的な経済合意や会議に参加し、米国を含む他の経済大国と同程度には、そうした合意に従って行動している。中国は、米国が参加を拒否しているいくつかの取り決め、たとえば国際海洋法条約〈UNCLOS〉などにも参加している。

中国がこうした行動をとっている理由はシンプルだ。国際秩序に加わることで、莫大な経済的メリットを得ることができるからだ。すなわち、これまでに述べてきたように、中国が技術面で進歩を続けるには世界経済と統合する必要があるので、そのシステムの主な機能を維持することは、中国にとっても大きな利益となる。

同時に、国際的な制度のルールの決め方について、中国はもっと発言権を持ちたいと考えており、国際的な制度が中国のニーズを満たさない場合に備えて、新たな枠組みを設立してもいる。その思いは理解できるものの、大きな問題もはらむ。戦後の国際秩序は工業化された民主主義国によって構築され、それらの国々は自由主義的な政治制度と、市場資本主義経済を備え、国家による資産所有のレベルは比較的低い。そのようなグループが、非自由主義的で権威主義の政治制度（習近平政権では、権威主義の度合いがむしろ強まっている）と、国家資本主義経済を備えた大国を受け入れるのは簡単なことではない。中国では経済活動の大きな部分が、国内外を問わず、国に直接所有され管理されているという状況もある。したがって、既存の主要国は、中国が世界のルールの決め方について影響力を拡大しようとすることに一定の拒否反応を示し、中国が新たな国際機関を設立した時には警告を発してきた。

中国が主導する新たな機関としては、たとえば、「上海協力機構〈SCO〉」がある。これは、2001年に設立された政治や安全保障に関するグループで、中国、ロシア、中央アジアのいくつかの共和国などが参加している。また、東南アジア諸国連合〈ASEAN〉との自由貿易協定もあり、そこからはより広範な自由貿易協定の「東アジア地域包括的経済連携〈RCEP〉」も誕生した。国際開発金融機関も2つ設立しており、1つが新開発銀行（当初はBRICS銀行と呼ばれ、ブラジル、ロシア、インド、南アフリカが他の創設メンバーとして参加）、もう1つがアジアインフラ投資銀行〈AIIB〉だ。

こうした取り組みの影響力はまだ限られている。AIIBは、一帯一路構想を補完し、国際的なインフラ・プロジェクトの資金源を拡大するため、2015年末に立ち上げられた。中国はアジアや欧州の経済大国をはじめとした何十もの国々に、AIIBに創設メンバーとして参加するよう呼びかけた。一方で、米国政府は同盟国の多く、特にオーストラリアと韓国には参加しないように要請した。しかし、最終的には、欧州やアジアにおける米国の同盟国を含む、約60ヵ国が参加することになった。

ふたを開けてみると、AIIBはむしろ一般的な国際開発金融機関であり、そのガバナンスと融資の基準は世界銀行やアジア開発銀行〈ADB〉によく似せたものだった。開業後2年間（2017年から18年）の投融資額は50億ドルと、世界銀行（年間の投融資額は300億ドル超）だけでなく、アジア開発銀行や、アフリカや中南米の他の国際開発金融機関の投融資額よりもはるかに少なかった。

RCEPは、中国とASEAN諸国とのやや限定的な自由貿易協定から誕生した。日本やインド、韓国、オーストラリア、ニュージーランドも加盟交渉に加わった【後にインドは離脱】。中国は積極的に交渉に参加しているものの、協定への最初の動きは中国ではなく、ASEANから始まった。加えて、提案されている協定は、加盟国は多いものの、対象とする分野が「環太平洋パートナーシップ〈TPP〉協定」よりはるかに狭い。米国はアジア太平洋地域の11ヵ国とTPPに関する交渉をしていたが、2017年初めに離脱した。

RCEPは主に物品の貿易を自由化する一方で、多くの例外を設けている。これに対してTPPは、投資や助成金、国有企業、知的財産権などに関して、高水準のルールも設けている。2019年終盤の時点ではRCEPの交渉は行き詰まっている。インドが加盟に消極的で、インドが加盟しない場合、中国の影響力が強くなりすぎることを恐れて、日本も加盟に後ろ向きになっているためだ【その後、2020年11月に15ヵ国が署名し、2022年11月現在、中国や日本を含む12ヵ国で発効ずみ】。たとえ、RCEPが発効しても、地域や世界の貿易のパターンに大きな変化が起こる可能性は低い。

なぜ米国の対中政策は変化したのか

これまでに述べてきたように、中国は経済成長によって、過去に比べてはるかに大きな政治的影響力を世界に及ぼせるようになった。さらに習近平の下では、中国は自国の利益と価値観をより強力に主張するようにもなっている。

しかし、中国が世界の「ゲームのルール」を変える力は制約されている。というのも、中国経済が国際的な貿易と投資のフローに依存し、それによって技術開発を支えているからである。もう1つの制約となっているのが、中国以外のアジアの多くの国々が、米国と正式な同盟関係や安全保障上の取り決めを結んでおり、それを手放しそうにないことだ。中国が一帯一路構想を通じて世界のインフラをつくり直そうとする試みも、建設能力の面での制約や、政治的な抵抗にぶつかっている。したがって、中国の政治的な力は明らかに拡大しているものの、中国が世界のGDPの15%を占める世界第二位の経済大国であることや、世界最大の貿易国であることを考えると、影響力はむしろ小さいと言える。

そうであっても、中国の政治的・経済的地位の上昇によって米国政府では警戒感が高まり、中国に対するスタンスは劇的に変わった。世界秩序における今後の中国の役割を占うには、まず、米国がなぜ対中政策を変更すると決めたのかを理解し、それがどんな影響を及ぼす可能性があるのかを理解する必要がある。

30年近く米国政府は中国共産党政権を承認しなかったが、１９７９年、米国は中華人民共和国との国交を正常化した。米国側からすると、中国と国交を樹立した当初の理由は、ソ連との冷戦の間、中国をソ連への対抗勢力としたかったことだ。中国は１９６０年には同じ共産党政権であったソ連と対立するようになり、やはりソ連に対抗する勢力を探していた。鄧小平が１９７８年に実権を握ると、経済開発を支援してくれるパートナーも必要になった。

この全体として意欲的な両国の関係が最初に試されたのは、１９８９年の天安門事件とその弾圧だった。これに対して米国は経済制裁を課した。１９９１年にはソ連も崩壊し、政治とイデオロギーの仕組みが大きく異なる、普通なら考えにくい2大国間のパートナーシップの理由も消え去り、１９９０年代を通して摩擦が続いた。米国法の下では、中国の貿易における「最恵国待遇」は、中国の人権の状況が容認できる範囲にあるとホワイトハウスが承認するか否かで、毎年、更新されるかどうかが決められた[27]。

それでも、この間に「建設的関与」と言われる政策的なスタンスが、米国政府内で具体化した。この政策の考え方は、中国を敵として扱わず、中国の経済成長を促進し、中国にグローバルな経済機関への参加を促すことが米国の利益となるというものだった。

この政策を採用した経済的根拠はシンプルだ。すなわち、中国は米国企業にとって巨大な市場になる可能性があるということだ。しかし、安全保障面での根拠はそれほど単純ではない。時々言われるように、「経済成長と世界のシステムとの統合によって、中国は確実に自由民主主義に変わっていくだろう」という考え方に基づくものではなかったのである。むしろ、中国の政治システムが民主主義の工業国とは離れたものであり続けるだろうという前提の下、経済的な統合を進めれば、①中国も「世界経済のルール」に従って行動せざるを得なくなる、②軍事的対立のコストが高まり、それによって米中摩擦が軍事的対立にエスカレートするリスクが低減されるという計算があった。この政策の大きな成果の1つが、15年間の厳しい交渉の末に実現した2001年12月の中国のWTO加盟だ。この「建設的関与」の概念は、2016年にドナルド・トランプが米大統領に選ばれるまで、米中関係の基本的な枠組みとなった。[28]

トランプ政権はより敵対的なスタンスをとり、中国を公式に「戦略的競争相手国」と認定した。[29] 加えて、2018年初頭には貿易戦争を仕掛け、2019年後半までに中国から米国への輸入品、約3750億ドル相当に対して10％から25％の特殊関税【不公正な貿易などを理由とした追加関税。なお3750億ドルという額は研究により多少異なる】を課した。2018年の8月には、議会は重要な技術の輸出規制を強化する法案を通過させたが、その主なターゲットは中国だった。中国は報復措置として、1000億ドル相当の米国からの輸入品に関税を課し、また、多くの農産物、特に大豆の輸入を規制した。

貿易戦争と、中国に「戦略的競争相手国」のレッテルを貼る政策は、関係はしているが別々の政策だ。貿易戦争はトランプによって個人的に進められた。トランプは長年、経済政策においてナショナリストであり、管理貿易を支持してきた。貿易戦争では中国が中心的なターゲットだったが、決して唯一のターゲットではなかった。輸入品の鉄鋼やアルミにも大幅な追加関税が課せられ、そのターゲットとなったのはカナダやブラジル、日本、ドイツなど、米国と同盟関係や連携関係にある国だった。トランプはまた関税を脅しに使って、カナダやメキシコとの長年にわたる自由貿易協定を交渉し直した。

「戦略的競争相手国」というストーリーは、国家安全保障会議〈NSC〉の官僚たちによって主に推進された。トランプもこれに同調はしたものの、このアプローチを積極的に進めることには、ほとんど関心を示さなかった。ワシントンの政界では、戦略的競争相手国という考え方は、条件付きの場合も多かったが、幅広い支持を獲得した。貿易戦争への支持はそれよりも少なかった。

「建設的関与」からより敵対的なスタンスに移行した理由はいくつかある。理由の1つはシンプルに、中国が

27　「最恵国待遇」という言葉は、誤解を引き起こしやすい。この言葉からは、特権を与えるかのような印象を受けるが、実際は、すべての国を平等に扱うということである。WTOとその前身のGATT（関税および貿易に関する一般協定）では、最恵国待遇が意味するのは、「ある国が1つの国に貿易特恵（たとえば低い関税など）を与えたら、同じ待遇をすべての加盟国に提供しなければならない」ということだ。したがって、各加盟国はすべて「最恵国」として同じ扱いを受け、平等に扱われる。中国がWTOに加わっていない時は、通常の（最恵国の）条件で米国と貿易を続けられるかどうかは、毎年の人権状況の承認次第だった。最恵国待遇が特権を与えるものではなく、通常の貿易関係を指すものであることを明確にするため、政治的な議論の中では「最恵国待遇」ではなく「恒久通常貿易関係（permanent normal trade relations）」という言葉が使われるようになった。中国がWTOに加盟すると、自動的に他のすべての加盟国と同様の最恵国待遇を手にした。参考：https://www.investopedia.com/terms/m/mostfavorednation.asp。

28　建設的関与政策が「失敗」したかどうかに関しては、この政策が中国の民主化を推進するためのものだったという誤った前提をもとに、多くの議論がなされている。その1つが、James Mann, *The China Fantasy* (New York: Viking, 2007) である。この本は、中国が強力な経済国となり、同時に権威主義も強めている中で、西側諸国はどう対応すべきかと問い、その点で先進的である。しかし、この本の後に出された多くの文献と同様に、Mann はこの政策の狙いを単純化し過ぎている。この問題を学術的に扱った、優れた文献としては以下の2つが挙げられる。Alastair Iain Johnston, "The Failures of the 'Failure of Engagement' with China," *The Washington Quarterly* 42, no. 2 (Summer 2019): 99–114｜Harry Harding, "Has U.S. China Policy Failed?" *The Washington Quarterly* 38, no. 3 (Fall 2015): 95–122.

29　「戦略的競争相手国」とほぼ同じ概念が、２０１７年後半から18年前半にかけて発表された重要な戦略文書のいくつかで使われている。National Security Strategy (National Security Council, December 2017, https://trumpwhitehouse.archives.gov/wp-content/uploads/2017/12/NSS-Final-12-18-2017-0905.pdf)｜2018 National Defense Strategy: Sharpening the Military's Competitive Edge (Department of Defense, January 2018, https://dod.defense.gov/Portals/1/Documents/pubs/2018-National-Defense-Strategy-Summary.pdf)｜2018 TradePolicy Agenda (United States Trade Representative, January 2018, https://ustr.gov/about-us/policy-offices/press-office/reports-and-publications/2018/2018-trade-policy-agenda-and-2017). なお、基本的な考え方は新しいものではない。２００１年にジョージ・W・ブッシュ政権は中国を「戦略的競争相手国」と呼ぶかどうか検討した。しかし、9月11日の同時多発テロの後にその案を放棄した。「テロとの戦い」に中国の協力が不可欠だと考えられたためだ。

以前よりも巨大かつ強力になり、世界最大の経済大国としての米国を追い越す方向に向かっており、加えて、経済面、技術面、軍事面でも米国と競合しそうだったからだ。また別の理由は、2013年以降、習近平政権で中国の政策が変化したことだ。たとえば、「中国製造2025」は、高付加価値の技術集約的な多くの分野で、米国の競合企業に打ち勝てるよう、中国企業に補助金を給付する取り組みのように思われた。また、「軍民融合」のプログラムは、民間セクターのどんな技術的な進歩も、中国の軍事力強化に変換しようとする努力として映った。南シナ海での人工島の造設は、アジアの海での中心勢力である米国を追い出そうとする、中国の意図を反映していると考えられた。さらには、「一帯一路」は、中国の地政学的な影響力を全世界で築こうとする取り組みと見なされた。加えて、中国の政治システムが、米国やその同盟国の民主主義的規範にいずれは近づくかもしれないという望みも薄くなった。習近平への権力の集約が進み、政治手法がどんどん権威主義的になり、そして、社会のあらゆる側面で中国共産党の役割が拡大しているためだ。

これらの安全保障上の懸念は、トランプの当選に影響した経済面での不満とうまくかみ合った。製造業における中国の台頭は、総合的には米国経済にメリットをもたらしていた。というのも、それによって米国企業がコストを削減して効率を高めることができ、消費財と生産財の両方で幅広く価格が下がったからだ。しかし、これらのメリットは、米国製造業において雇用の減少が加速するという犠牲を伴い、失業は中西部の古くからの工業地帯に集中した。米国の政治制度も、低賃金国(特に中国だがそれだけではない)との競争やオートメーションの犠牲になった労働者をうまく守ることができなかった。マクロ経済学的な結果として重要な点は、中国の台頭により生じたメリットが資本の所有者に不均衡に流れ、労働者の所得が減少する一方で、国民所得に占める資本の所有者の所得の割合が増加したことだ。

多くの地域社会が取り残されているという意識、そして、中国の成長は公正な競争の結果ではなく、WTOのルールに関して「ズルをした」から生じたのだという感覚によって、トランプの唱道する保護主義的でナショナリスト的な経済政策への支持が急拡大した。エリート層で高まった懸念としては、製造能力を米国から中国に移管すると、米国の経済成長が鈍化するだけでなく、国の防衛に必要な製品をつくる能力も低下するというものがあった。[30]

米国政治の中枢にいる人たちは、中国に対して今後数十年、どんなスタンスをとるのが適切なのかを活発に議論している。この議論は、米中関係が複雑であることと、それに関わる利益の性質のため、まとまるまでにまだ何年かかかりそうだ。それでも、大幅に単純化すると、この議論は次の3つの大きな視点を互いに戦わせているととらえられるだろう。

1つ目の視点は、国家の安全保障を中心とした見方だ。すなわち、中国の台頭は、米国の世界的なリーダーシップ、および、アジアにおける米国の安全保障上の利害に、少なくとも深刻な課題を突き付けるものであり、米国主導の国際秩序が危機に陥ることさえあるかもしれない、という見解だ。この見解に組み合わされるのは、経済的ナショナリズムの視点で、米国の繁栄は略奪的な中国によって脅かされており、両国の相互依存関係は縮

30　米国製造業の生産と雇用に対する中国の影響に関しては、以下を参照のこと。David H. Autor, David Dorn, and Gordon H. Hanson, "The China Syndrome: Local Labor Market Effects of Import Competition in the United States," *American Economic Review* 103, no. 6 (2013): 2121-2168｜Autor, Dorn and Hanson, "The China Shock: Learning from Labor Market Adjustment to Large Changes in Trade," NBER Working Paper 21906 (January 2016)｜David H. Autor, "Trade and Labor Markets: Lessons from China's Rise," IZA World of Labor (February 2018). 所得に占める労働者の割合に関しては、以下を参照。Michael W. L. Elsby, Bart Hobin, and Aysegul Sahin, "The Decline of the U.S. Labor Share," Brookings Papers on Economic Activity, Fall 2013｜Avraham Ebenstein, Ann Harrison, and Margaret McMillan, "Why Are American Workers Getting Poorer? China, Trade and Offshoring," NBER Working Paper 21027, March 2015 (http://www.nber.org/papers/w21027). 中国がWTOにもたらした問題について、丁寧に論じている文献には以下がある。Mark Wu, "The 'China Inc.' Challenge to Global Trade Governance," *Harvard International Law Journal* (Spring 2016), 57: 261-324.

小すべきであるという考え方だ。

2つ目の視点は経済学とビジネスに根差したもので、米中の経済的な相互依存関係は、商業的にも安全保障的にもメリットがあるという見方だ。この見解では次のように考える。中国の巨大で急成長する市場は、米国企業の将来的な成長の源として重要である。また、米国企業が世界の技術の最先端に居続けられるかどうかは、中国市場に参加し、そこで得られる利益と人材、製造効率を活用できるかにかかっている。米国企業と中国の関わり合いの範囲はすでに莫大なものであり、それを元に戻す、あるいは縮小しようとすると、米国経済に大きな損失が生じかねない。2015年以来、中国は米国の貿易額全体の16%ほどを占め、これは1980年代の日本と同程度、ソ連やその後継諸国との比較でははるかに大きい。しかも、米国企業は中国の国内市場で大きな存在となっており、約7万社が中国に何らかの事業拠点を設け、中国で5440億ドルを売り上げている。その額は米国の対中輸出額の3倍以上である（図表15・3および図表15・4参照）[31]。

3つ目の視点は、非自由主義化を強める中国の政治システムに目を向けたものだ。これは価値観をベースにした見解で、この見方によると、中国国内では権威主義と抑圧的な政治が強化され、世論に影響を及ぼす取り組みが進められて、国外では中国共産党への批判を封じようとしている。それによって、米国の中核的な価値観のみ

図表 15.3　米国の貿易（輸出＋輸入）に各国が占める割合

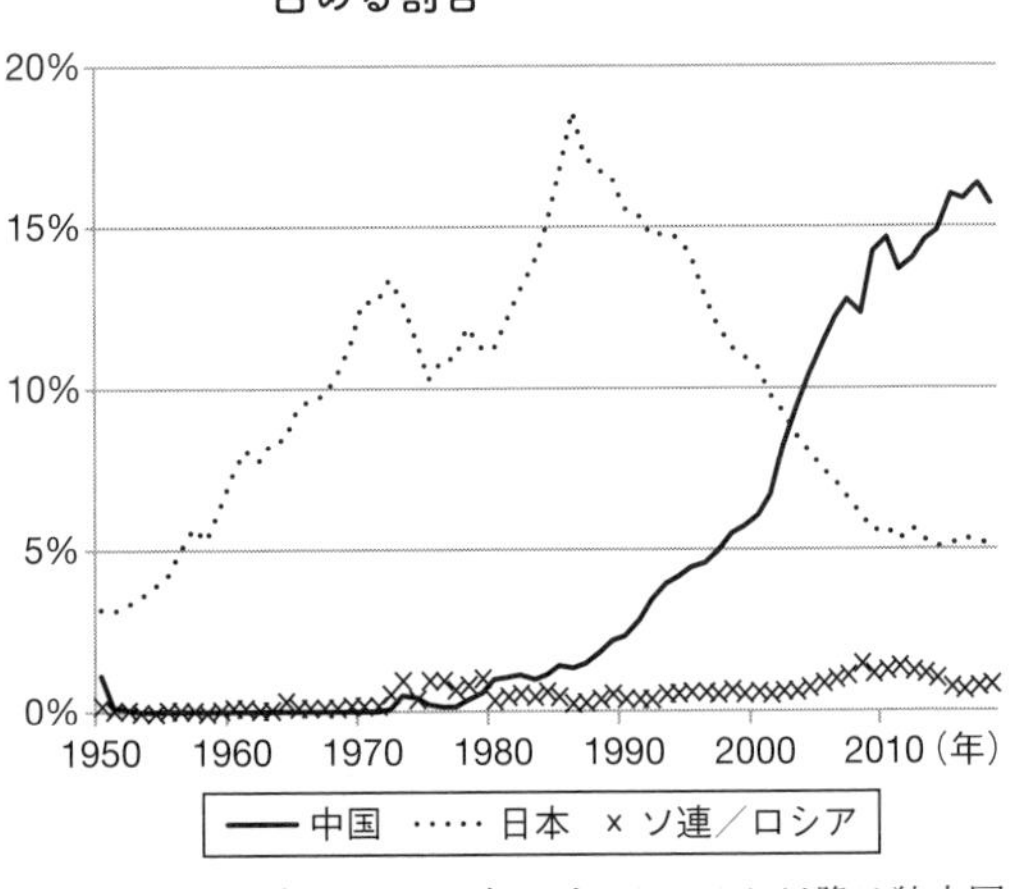

原注：1991年まではソ連のデータ、それ以降は独立国家共同体（CIS）のデータ。

出典：US Census Bureau.

ならず、自由主義的な世界秩序全般にも深刻な脅威となると考える。

中国に対する米国の新たな戦略は、安全保障と、経済、価値観への関心の3つを、少なくともある程度ずつは組み込むものでなくてはならない。そのような政策を立案するのは、簡単なことではないだろう。今後数年間の米国の対中政策は、2016年以前のものと比べると、協力とコラボレーションよりも、競争と対立に焦点を当てたものとなりそうだ。しかし、冷戦時代の対ソ連政策のような完全な封じ込め政策を始めようとする行為は、経済への視点によって和らげられるだろう。その視点からは、経済での継続的な相互依存関係は、米国のビジネスに利益をもたらすだけでなく、長期的な安全保障の面でもメリットがあると論じることができる。なぜなら、そうした関係によって、中国が世界の経済秩序を根本から変えようとする力に制約がかかり、軍事衝突のコストが上がるからだ。[32]

図15.4　米国企業による対中輸出と中国国内での売上

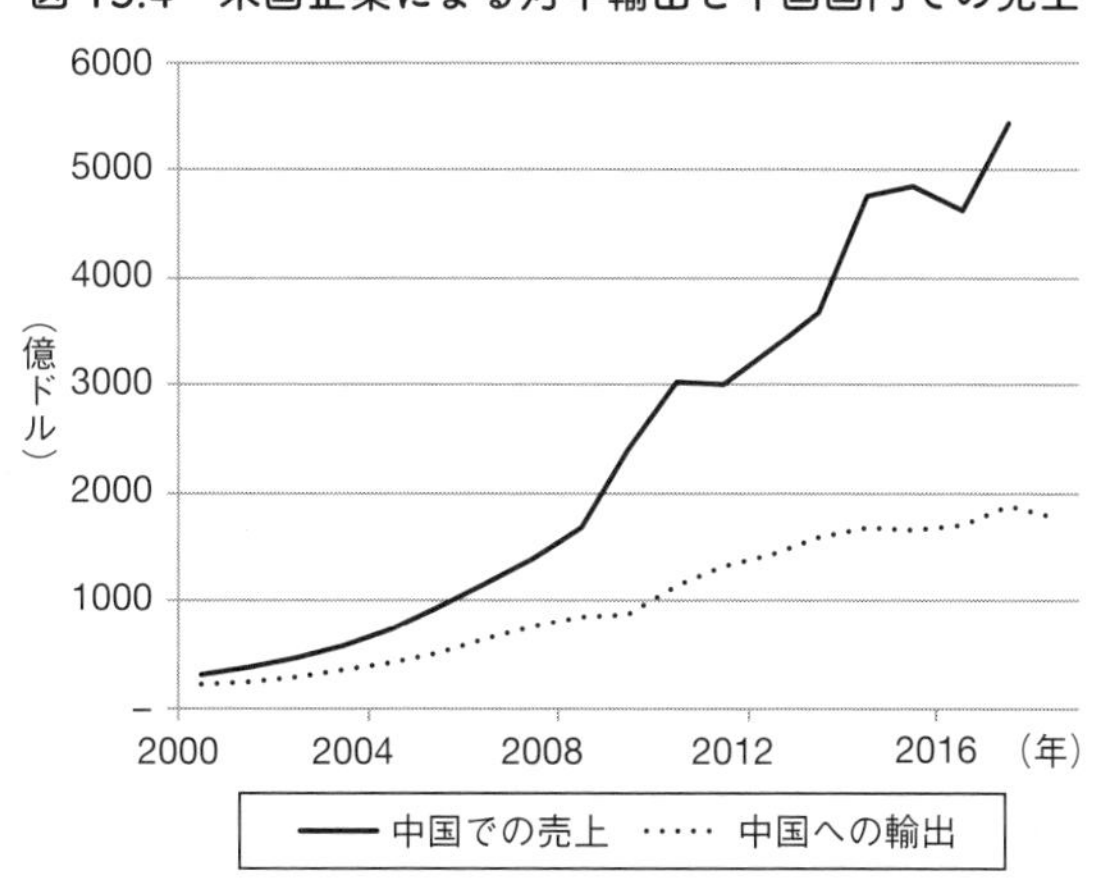

出典：Bureau of Economic Analysis.

31　データは米商務省の経済分析局より。https://www.bea.gov/data/intl-trade-investment/activities-us-multinational-enterprises-mnes.

世界秩序における中国の今後の役割は何か

最後に、中国の台頭が世界秩序とその中心勢力である米国に対して、どんな規模と性質の課題を突き付けるのか、評価してみたい。

「現実主義者」の外交史家は、ある大国から別の大国への力の移行は簡単には進んだことがなく、やがて中国と米国は政治的、あるいは軍事的に対立する運命にあると見る。メディアに登場する評論家たちは、中国が何か行動を起こすたびに、それが「西から東への力の移行」の証しであると騒ぎ立てる。[33] 米国で軍産複合体を支持する人たちは、中国のかすかな動きもすべて脅威と捉え、予算の大幅増を正当化する。国際的な世論調査では、中国が米国に代わって世界をリードする国となる、あるいはすでにそうなっているとの見方が多くの国で過半数を占め、米国では中国に対する敵意が急上昇していると考える人も過半数に達する。[34]

中国の台頭は厄介で大きな事実であり、重要な戦略的問いを数多く投げかける。今後何年かのうちに、米中の対抗意識が深刻な対立を生み出すリスクも大きく、かつそのリスクは高まっている。一方で、中国の台頭に対して、世界の仕組みが平和的に対処できると考えられる理由もある。

本章の冒頭で示した、世界のシステムについての議論を思い出してもらいたい。世界のシステムは複雑で、何層にもなっており、頑丈で、すでにいくつもの試練をくぐり抜けてきた。世界のシステムは米国の経済規模や技術力だけに依拠しているのではなく、数々の複雑な国際機関や、知識と金融のネットワーク、軍事同盟にも支えられている。第二次世界大戦後、70年以上の時間をかけて、前世紀の厚みのある基盤の上に築かれてきて、その過程で欧米において現代産業資本主義の出現を経験した。また、柔軟で反応のよい自由主義的な政治制度も生まれ、英国が開発し米国が引き継いで発展させた、グローバルな商業帝国を運営する政治的手腕も確立してきた。

この世界のシステムの広さと深さ、そして強さは、中国と米国の1対1での比較の意味を弱める。中国の経済規模はどこかの時点で米国を超えるかもしれない。しかし、それでも中国の今後の経済成長は、中国がどれだけ世界のシステムに融合できるかに大きく左右される。中国が占める位置が大きくなれば、世界のシステムをどう動かすべきかについて、発言権は当然ながら増すだろう。しかし、世界のシステムの既存のメンバー、すなわち、米国のみならず欧州や日本などの工業資本主義国が共通のビジョンを守り続ければ、そのシステムの根幹にある、深く根付いた原則を中国が変える力は制約されるだろう。

この共通のビジョンは今後も持ちこたえられるのか、疑問を持つのはもっともだ。トランプが米大統領となってから、この秩序へのコミットメントが問われるようになった。トランプが大統領に就任してまず取り組んだことの1つが、ＴＰＰからの離脱だった。ＴＰＰは、中国を除くアジア太平洋の主要国を網羅する経済協定で、過

32　中国が好戦的な態度を強めていることから、米国は冷戦時の対ソ戦略に似た「封じ込め戦略」の修正版をもって対処すべきだと議論したのが、Robert Blackwill and Ashley Tellis, "Revising U.S. Grand Strategy Toward China," Council on Foreign Relations Special Report No. 72, March 2015。これに対する説得力のある反論は、Jeffrey A. Bader, "Changing China Policy: Are We in Search of Enemies?" Brookings Institution, June 2015で見られる。これら2つの見方をより具体的に述べたのが、前者では、Aaron L. Friedberg, *A Contest for Supremacy: China, America and the Struggle for Mastery in Asia* (New York: W. W. Norton, 2011)、後者では、Thomas J. Christensen, *The China Challenge: Shaping the Choices of a Rising Power* (New York: W.W. Norton, 2015) である。中国に対する新たな冷戦の議論に歯切れの良い議論で冷や水をかけたのが、以下である。Fareed Zakaria, "The New China Scare: Why America Shouldn't Panic about Its Latest Challenger," https://www.foreignaffairs.com/articles/china/2019-12-06/new-china-scare, *Foreign Affairs*, December 6, 2019.

33　たとえば、以下を参照のこと。Gideon Rachman, *Easternization: Asia's Rise and America's Decline from Obama to Trump and Beyond* (New York: Other Press, 2017). 邦訳：『イースタニゼーション』(小坂恵理訳、日経ＢＰマーケティング、２０１９年)。米中という超大国の衝突について、最も大げさに書かれた文献としては以下がある。Graham Allison, *Destined For War: Can America and China Escape Thucydides's Trap?* (New York: Houghton Mifflin Harcourt, 2017). 邦訳：『米中戦争前夜』(藤原朝子訳、ダイヤモンド社、２０１７年)。

34　Pew Global Attitudes and Trends Survey (2017), https://www.pewresearch.org/global/2017/07/13/more-name-u-s-than-china-as-worlds-leading-economic-power/. または次を参照。Pew (2020), https://www.pewresearch.org/global/2020/04/21/u-s-views-of-china-increasingly-negative-amid-coronavirus-outbreak/.

去には共和党政権と民主党政権の両方から支持されてきた。TPPの戦略目的は強力な経済圏をつくることであり、条約では、貿易や投資、知的財産、助成金や国有企業の制限などに関するルールが、米国の基準に従って書かれている。すると中国は選択を迫られることになる。TPPへの参加を申請し、経済的な利益は得るが、自国の制度をより西側の基準に合わせるという犠牲を払うか。あるいは、TPPに参加せず、自国の制度はそのままに保つものの大きな経済的コストを払うか。経済の専門家と防衛の専門家の両方が揃って評価したのが、TPPは中国の挑戦から米国主導の秩序を守る、重要な防御手段になるだろうということだった。オバマ政権の国防長官だったアシュトン・カーターがこう言ったことがよく知られている。「TPP法案を通過させることは、私にとってもう一隻の航空母艦と同じくらい重要だ」[35]【中国は2021年9月に、台湾とほぼ同時に加盟を申請している】。

TPPからの離脱に加えて、トランプは貿易戦争も仕掛け、安全保障をもっともらしい理由として高率の関税を課した。その対象は中国製品だけでなく、日本やEU、メキシコ、ブラジルなど、同盟国や友好国からの輸入品にも及んだ。トランプは北大西洋条約機構〈NATO〉の存在意義を疑問視し、一方的な「アメリカ第一主義」を広く推進して、同盟国や国際機関を軽視した。トランプや後任の大統領の誰かが、戦後の世界のシステムを本当に破壊し、個々の国民国家が競い合う時代に戻したら、中国の立場は大幅に強化され、米国の力は大幅に弱まるだろう。しかし、現在のところ、世界のシステムには大きな圧力がかかっているものの、まだひび割れてはいない。

同様に、中国が別のシステムを創り出す力については、過大評価すべきでない。果たして、その基盤となるものがあるだろうか。中国は技術力で急速に進歩しているが、まだ世界のリーダーではないため、技術的なリーダーシップは発揮できない。また、北朝鮮を除き同盟国がなく、今後も同盟国をつくれるとは考えにくいため、軍事的な同盟構造も基盤になり得ない。地域の連合も難しい。なぜなら、すべての近隣諸国は多かれ少なかれ中国に不信感を抱いており、中国の影響を抑えるためのリスクヘッジや、バランスを取る政策に余念がないからだ。基盤になり得るものがもしあるとするならば、それは「中国が見出した統治と経済管理の手法が他国よりも効果的なので、中国は国際的に正当であり精神的なリーダーとなれるはずだ」という主張であろう。

中国の台頭によって引き起こされる深い不安の1つは、力強い経済と権威主義的な政治システムは矛盾すると考えられていることから生まれる。長年、この組み合わせは持続不可能で、やがて中国は自由民主主義を受け入れざるを得なくなるという議論がなされてきた。そして長年、この見方は外れてきた。米国のエリートは米国のやり方の正しさを一神教のように信じ込んでおり、他のやり方には基本的に欠陥があると考えている。したがって、特に米国では、中国が経済成長と抑圧的な政治の組み合わせが可能であると示すことへの懸念がある。それが実現すると、自由市場の資本主義と代議制民主主義の組み合わせという、米国やその同盟国が好む道筋からそれて、中国のやり方に引き付けられる国が出てくるリスクが生じるからだ。

中国の統治システムは、西側の民主主義とは大きく異なる原則の上に成り立っている。中国共産党は、効果的な統治と厳しい抑圧の組み合わせを優先し、政治的正当性の基準としての選挙を拒否している。このような考え方は、中国の王朝の正当性の根拠となってきた「天命」の考え方とほぼ同じだ。1500年間にわたり、中国の官僚制度と王朝は、秩序立って領土を管理することによってその支配を正当化してきた。具体的には、道路や運河、灌漑システム、堤防などを維持し、経済活動が活発でうまく制御されるようにし、社会的な安定性を維持していた。こうした秩序が乱れることは、支配権が失われることを意味した。中国共産党の主張も基本的にはこれと同じだ。

35　Helene Cooper, "U.S. Defense Secretary Supports Trade Deal With Asia," *New York Times*, April 6, 2015.

この社会契約は中国本土の漢民族が主体の地域では通用しているが、少数民族の地域には存在しない。これが痛ましいほどに明らかになったのが2018年、新疆ウイグル自治区での異常な弾圧が世界に知れ渡った時だ。新疆ウイグル自治区は中国西部の広大な地域で、先住民族はチュルク語系の言語を話すウイグル人だ。表向きはテロへの対応としながら、中国政府は100万人ものウイグル人を検挙して「再教育キャンプ」に入れ、同地域を監視カメラと警察の検問所で覆い尽くした。この弾圧は同様の手法をチベットでも展開した高官によって進められた。[36] 世界はこの状況に憤った。

同様に、中国共産党の社会契約は、中国経済とそれ以外の世界との重要な接点である香港にも適用されない。2019年6月、100万人以上の香港人がデモに参加した。そのデモは、香港人の容疑者を中国本土に引き渡すことを可能にする法案に反対するものだった。なお、香港には英国が築いた土台の上に、優れた独立の法体系がある。その後、数ヵ月にわたって、デモは次第に暴力的になって香港は混乱し、香港の多くの人たちは不満をあらわにした。それは実際の生活状況への不満と、中国政府の介入が増えることによって、市民生活の自由がむしばまれそうであることへの不満だった。[37]

これらの出来事が明確に示したのは、中国と西側諸国との価値観の隔たりであり、習近平政権が無情で抑圧的な手法を積極的に使おうとすることである。これによって、中国が世界のシステムの中で平和的に行動することができるのか、当然ながら不安が高まった。また、中国が国境の外で、西側の自由主義的な価値観と直接対立する行動をとることへの懸念も高まっている。具体的には、他国にいる中国国民を拉致し、犯罪、あるいは政治的容疑で裁判にかける。また、国連の人権委員会に対して、中国や他の権威主義国での人権侵害に対する批判を抑えるよう働きかける。政治的・学術的な講演にひそかに影響を及ぼそうとするなどである。[38]

巨大化し力を増している中国、その価値観が米国主導の国際秩序の価値観とは大きく異なる中国に対応するのは、困難な課題である。これに立ち向かうには、まず、中国はどこかに去ることはなく、この課題は永遠のものであることを認識する必要がある。中国は負債や経済構造の転換、高齢化などの問題を抱えていながらも、まだ数年はほぼ間違いなく、巨大で比較的高成長の経済であり続けるだろう。この軌道は、国内問題によっても、米国からの経済的圧力によっても、変わることはなさそうだ。

同様に、中国の価値観の体系も、西側諸国とは違って最近発明された脆弱なものではなく、中国の統治の歴史に深く根付いているものだ。また、１９８０年以来の経済的成功によって、多くの中国人が正当性を確認しているものである。中国の統治システムには多くの欠陥があるが、全般的には有効であることが示されている。また、中国共産党の一党支配はそのまま保ちながら、状況に応じて大幅に変化させてもいる。最も重要なことは、外国人は中国のやり方を変えることはできない、ということだ。それは、米国にとっての外国人が、米国のシステムの課題と思われることを変えられないのと同様だ。たとえば、選挙運動への大口寄付者が政治を左右していること、変わらない人種差別、エネルギーや他の資源の過剰な消費、死刑制度などを、外国人は変えることがで

---

36 Austin Ramzy and Chris Buckley, "'Absolutely No Mercy': Leaked Files Expose How China Organized Mass Detentions of Muslims" *New York Times*, November 16, 2019 を参照。

37 Martin Purbrick, "A Report of the 2019 Hong Kong Protests," *Asian Affairs*, 50, no. 4 (2019): 465–487 を参照。

38 これらの懸念のうち最も重要なのは、中国が西側諸国での言論（政治的なものと学術的なものの両方）に「高圧的で、密かな、腐敗した」手段を使って影響を及ぼそうと、大がかりな取り組みをしているという認識である。この点から、中国のやり方を最も包括的に告発しているものとしては、*Chinese Influence and American Interests: Promoting Constructive Vigilance* (Stanford, CA: Hoover Institution, 2018) がある。しかし、この報告書は、そうした中国の活動による脅威を実際以上に誇張しているとして批判されてきた（この報告書のワーキンググループ参加者で、中国研究者として名高いスーザン・シャークも異議を唱えている）。シャークはクリントン政権時には国務次官補代理を務め、習近平の攻撃的な外交政策とそれに対する米国の反応の両方について、以下で有益な評論を展開している。"Overreach and Overreaction: The Crisis in US-China Relations" (podcast; https://cscc.sas.upenn.edu/podcasts/2019/02/07/ep-9-overreach-and-overreaction-crisis-us-china-relations-susan-shirk), University of Pennsylvania, Center for the Study of Contemporary China, February 7, 2019.

きない。

頑ななまでに非自由主義的な政治制度と、世界のシステムの価値観や自由主義的な規範との違いがあるため、中国を今以上に世界のシステムに融合させるのは困難だろう。しかし、それは不可能ではない。世界のシステムは過去にも、自由民主主義ではないさまざまな政権を受け入れてきた。加えて、中国企業や中国政府の世界との関わりのすべてが、既存の米国主導のシステムの中で行われるべきだとする理由はない。世界は広くニーズも多様で、資金源やアイデアの多様化は促進されるべきだ。さらに試行を重ねて初めて、中国モデルのどの部分が輸出可能かを判断することができる（ただし、輸出可能な部分はわずかだと思われ、その根拠も多分にある）。さらには、中国の企業や機関が国外での活動を増やしていくにつれ、彼らは国際的な規範や手法を受け入れざるを得なくなる。中国主導の国際機関は、既存の世界のシステムと競合する、あるいはそれを補完するかもしれないが、現在のシステムと置き換わるにはまだ十分でないだろう。

中国が米国に隷属する存在で満足することは決してない。一方で、長期的に見ても、米国の優位を覆す力は持っていないだろう。中国の今後の人口構成や経済の展望が不透明なこと、米国経済には未開拓の大きな可能性があること、そして言うまでもなく、米国主導の世界秩序が頑丈で、豊かであることから、中国が米国から技術的・文化的・政治的リーダーの座を奪う可能性も低くなる。ただし、この前提条件として、米国が賢明に行動して自国の強みを強化する必要があるが、この点には今、懸念が持たれている。

中国は1980年以降のリーダーたちの下で、現実主義と慎重さを示してきた。習近平は以前の政権より押しの強い政策をとり、それらの政策の開始からわずか5年のうちに、重大な政治的、経済的、財政的制約にぶつかっている。したがって、習近平や今後の中国のリーダーが、方針をもっと現実的な方向に戻す可能性も否定することはできない。

中国がより多くの威信と影響力を持つような場を、それが可能な範囲では作り出すことも不可能ではない。しかし、世界の政治経済のシステムの中核は、米国主導のシステムであり続けるだろう。なお「封じ込め」戦略は、不安定で停滞していたソ連に対しては最終的には有効であった。しかし、活気があり順応性があることが証明されている中国に、効果を発揮する可能性は低い。

世界には、米国と中国の両方の体制が存在し得る余地がある。ただしそのためには、両国の人々が、平和的な共存が、追求するに値する目標だと納得する必要がある。

もっと学びたい人のために

ここでは、各章で取り上げたトピックをさらに掘り下げたい人のために、重要性が極めて高く、なおかつわかりやすい文献を各章ごとに紹介する。本文の脚注でも、各章の内容に関連して参考になる文献を紹介している。本書は専門家でない人を主な読者対象としているが、原文は英語であるため、本項と脚注で取り上げる文献は英語で書かれたものが中心となる【邦訳があるものは合わせて記載した】。中国語が読める人は、本項で紹介する書籍や論文の参考文献の中に、中国語の学術的な文献や一次資料など、多くの資料を見つけることができるだろう。また、本書で引用したChina Economic Quarterly（チャイナ・エコノミック・クォータリー）、あるいはGavekal Dragonomics research service（ギャブカル・ドラゴノミクス・リサーチサービス）の文献は、以下のウェブサイトで読むことができる。http://www.china-economy-book.com.

中国の全体像

中国の改革開放期の経済開発や、中国が現在直面している課題について詳しくは、以下の4冊を参考にするとよいだろう。

Barry Naughton, *The Chinese Economy: Adaptation and Growth* (Cambridge, MA: MIT Press, 2018). 同書は２００７年に出版された第一版の改訂版である。

世界有数の中国研究者らによる優れた論文集。

Loren Brandt and Thomas G. Rawski, (eds.), *China's Great Economic Transformation* (Cambridge: Cambridge University Press, 2008).

次の2つの報告書も重要である。共に、世界銀行と中国有数のシンクタンクである国務院発展研究センター（ＤＲＣ）が共同で作成した。

China 2030: Building a Modern, Harmonious and Creative Society (2013, http://documents.worldbank.org/curated/en/2013/03/17494829/).

Urban China: Toward Efficient, Inclusive and Sustainable Urbanization (2014, http://www.worldbank.org/en/country/china/publication/urban-china-toward-efficient-inclusive-sustainable-urbanization).

右記の2つとも、現代中国経済に関する優れた研究を集約した非常に価値のある報告書で、本書でも数多く引用している。「もっと学びたい人のために」と脚注では、「China 2030」を「World Bank/DRC 2013」と表記し、「Urban China」を「World Bank/DRC 2014」と表記している。また、両報告書のアップデートが世界銀行の次の文献に一部収録されている。

China: Systematic Country Diagnostic (2018, http://documents.worldbank.org/curated/en/147231519162198351/China-Systematic-Country-Diagnostic-towards-a-more-inclusive-and-sustainable-development).

第1章：中国が重要な理由

第15章で紹介している文献を参照のこと。

第2章：中国の人口と地理、歴史

現代中国史の標準的なテキスト。
Jonathan Spence, *The Search for Modern China*, 3rd ed. (New York: W. W. Norton, 2012).

１８００年までの中国王朝の歴史が描かれた、右記の *The Search for Modern China* と同様の大著。
F. W. Mote, *Imperial China 900–1800* (Cambridge, MA: Harvard University Press, 1999).

短めで、より手軽に読める中国史。
Valerie Hansen, *The Open Empire: A History of China to 1800*, 2nd ed. (New York: W. W. Norton, 2015).

信頼できる前近代中国の経済史。
Richard von Glahn, *The Economic History of China: From Antiquity to the Nineteenth Century* (Cambridge: Cambridge University Press, 2016).

過去２０００年の中国のＧＤＰが推計されている。
Angus Maddison, *The World Economy* (Paris: OECD, 2007)

１８００年代頃の中国経済の地位について、いまだ議論を呼んでいる見方を示す。
Kenneth Pomeranz, *The Great Divergence: China, Europe and the Making of the Modern World Economy* (Princeton, NJ: Princeton University Press, 2001). 邦訳：『大分岐―中国、ヨーロッパ、そして近代世界経済の形成』(川北稔監訳、名古屋大学出版会、２０１５年)。

「屈辱の世紀」の幕開けとなった、アヘン戦争の歴史に関する優れた書籍。
Stephen R. Platt, *Imperial Twilight: The Opium War and the End of China's Last Golden Age* (New York: Alfred A. Knopf, 2018).

右記の著者であるプラットは、この文献で、アヘン戦争に続く太平天国の乱の衝撃を描いた。
Stephen R. Platt, *Autumn in the Heavenly Kingdom: China, The West and the Epic Story of the Taiping Civil War* (New York: Vintage, 2012).

以下の文献では、アヘン貿易についてフィクションでありながらも詳しい調査に基づいて描かれ、また、中国における製造業のプロセスの基盤についても興味深い洞察が見られる。
Amitav Ghosh, *River of Smoke* (New York: Farrar, Straus, & Giroux, 2011).

第3章：中国経済の政治とのかかわり

中国の統治システムに関する、わかりやすく新しい入門書。
Sebastian Heilmann (ed.), *China's Political System* (Lanham, MD: Rowman and Littlefield, 2017).

少し古いが、有用な議論が行われている。
Kenneth Lieberthal, *Governing China: From Revolution Thnough Reform*, 2nd ed. (New York: W. W. Norton, 2003).

フィナンシャル・タイムズ元北京支局長による、中国共産党に関する必読の入門書。
Richard McGregor, *The Party: The Secret World of China's Communist Rulers* (New York: Penguin Books, 2011). 邦訳：『中国共産党　支配者たちの秘密の世界』(小谷まさ代訳、草思社、２０１１年)。

より学術的ではあるが読みやすく、特にソ連崩壊の教訓についての記述が優れている。
David Shambaugh, *China's Communist Party: Atrophy and Adaptation* (Berkeley: University of California Press, 2009).

中国共産党の人事システムに関する必読書。
Frank N. Pieke, *The Good Communist: Elite Training and State Building in Today's China* (Cambridge: Cambridge University Press, 2009).

中国の改革開放期の基礎が築かれた１９８０年代という重要な時期について、党の視点を豊富に提供している。
Ezra Vogel, *Deng Xiaoping and the Transformation of China* (Belknap Press, 2013). 邦訳：『現代中国の父　鄧小平（上・下）』(益尾知佐子・杉本孝訳、日本経済新聞出版社、２０１３年)。

中央政府と地方政府の緊張関係について、難解だが刺激的な分析を提供している。
Pierre Landry, *Decentralized Authoritarianism in China: The Communist Party's Control of Local Elites in the Post-Mao Era* (Cambridge: Cambridge University Press, 2008).

東アジア諸国の開発についてわかりやすくまとめ、中国の開発戦略をそれと比較している。
Joe Studwell, *How Asia Works: Success and Failure in the World's Most Dynamic Region* (New York: Grove Press, 2013).

右記と同様のテーマで、学術的な分析として著名なものには、以下の3冊がある。
Robert Wade, *Governing the Market: Economic Theory and the Role of Government in East Asian Industrialization* (Princeton, NJ: Princeton University Press, 2003). 邦訳：『東アジア資本主義の政治経済学　輸出立国と市場誘動政策』(長尾伸一他訳、同文舘出版、２０００年〈１９９０年版の原著の翻訳〉) | Alice Amsden, *Asia's Next Giant: South Korea and Late Industrialization* (New York: Oxford University Press, 1992) | Chalmers Johnston, *MITI and the Japanese Miracle: The Growth of Industrial Policy*, 1925–75 (Cambridge, MA: MIT Press, 1982). 邦訳：『通産省と日本の奇跡』(佐々田博教訳、勁草書房、２０１８年)。

改革開放期の主要なテーマをすべてカバーしているコンパクトなサマリー。
Ross Garnaut, Ligang Song, and Fang Cai (eds.), *China's 40 Years of Reform and Development, 1978–2018* (Canberra: Australian National University Press, 2018).

１９８０年代と90年代の改革解放の議論、および、外国の考え方の影響について生き生きとした、興味を掻き立てる説明をしている。
Julian Gewirtz, *Unlikely Partners: Chinese Reformers, Western Economists, and the Making of Global China* (Cambridge, MA: Harvard University Press, 2017).

筆者は、中国を「東アジア発展モデルとポスト共産主義移行経済の組み合わせ」として捉えるべきだと考えているが、こうした考え方に近い学術論文を集成した書籍。
Barry Naughton and Kellee S. Tsai, (eds.), *State Capitalism, Institutional Adaptation, and the Chinese Miracle* (Cambridge: Cambridge University

Press, 2015).

特に、最初の章の Tsai and Naughton, "State Capitalism and the Chinese Economic Miracle": 1–24. が典型的だ。

第4章：農業と土地と農村部の経済

中国の農業開発についてうまくまとめられている文献。
Jikun Huang, Keijiro Otsuka, and Scott Rozelle, "Agriculture in China's Development: Past Disappointments, Recent Successes, and Future Challenges," (Brandt and Rawski, eds., *China's Great Economic Transformation*, 467–505 に収録)。

地方政府の庇護の下、農村部でどのように産業が発展したかを説明。
Jean C. Oi, *Rural China Takes Off: Institutional Foundations of Economic Reform* (Benkeley: University of California Press, 1999).

土地問題については、World Bank/DRC 2014 で包括的に取り上げられている。

第5章：産業と輸出とテクノロジー

改革開放期の初期に行われた産業改革について解説。
Barry Naughton, *Growing Out of the Plan: Chinese Economic Reform, 1978–1993* (Cambridge: Cambridge University Press, 1996).

右記の書籍より詳細で、もっと長い期間を対象とした説明は、以下の文献で読むことができる。
The Chinese Economy: Adaptation and Growth.【先の「中国の全体像」の項を参照】。

輸入代替モデルから輸出主導型モデルへの移行につながる改革についての、簡潔な説明。
Nicholas Lardy, *Foreign Trade and Economic Reform in China, 1978–1991* (Cambridge: Cambridge University Press, 1993).

ＷＴＯ〈世界貿易機関〉加盟前夜の中国の貿易について。
Lardy, *Integrating China into the Global Economy* (Washington, DC: Brookings Institution, 2001).

「中国製造２０２５」についての優れた論考。
Jost Wüebbeke et al, "Made in China 2025: The Making of a High-Tech Superpower and Consequences for Industrial Companies," Mercator Institute for China Studies, December 2016. https://www.merics.org/en/papers-on-china/made-china-2025.

第6章：都市化とインフラ

World Bank/DRC 2014 では都市化の問題を幅広く取り上げており、英語や中国語で書かれた学術的な参考文献も多数挙げられている。
右記以外で、中国の都市化について詳しく書かれている文献としては以下のものがある。
OECD Urban Policy Reviews: China 2015 (Paris: OECD Publishing, 2015).

中国の都市化の推進について、筆者の同僚がその様子を生き生きと描いた一般向けの書籍。

Tom Miller, *China's Urban Billion: The Story behind the Biggest Migration in Human History* (London: Zed books, Asian Arguments, 2012).

第7章：企業システム

ニコラス・ラーディは次の書籍で、改革開放期において民間セクターが安定的に進歩し続け、こうした民間セクターの成長が中国の急速な経済成長に大きく貢献したという見方を提示している。
Nicholas Lardy, *Markets over Mao: The Rise of Private Business in China* (Washington, DC: Peterson Institute of International Economics, 2014).

しかし、この後のラーディの著書、*The State Strikes Back: The End of Economic Reform in China?* (Washington, DC: Peterson Institute of International Economics, 2019) の中で、近年は民間セクターの発展が鈍っており、むしろ後退しているケースもあると述べている。

次の書籍はラーディの主張とは反対に、１９８０年代には民間セクターを比較的自由にする実験が行われたが、１９９０年代と２０００年代には国が主導する経済モデルが中心となったと主張している。
Yasheng Huang, *Capitalism with Chinese Characteristics: Entrepreneurship and the State* (Cambridge: Cambridge University Press, 2008).

この論文も、国の役割の過小評価に対する反論となっている。
Tsai and Naughton 2015 (第3章の文献として紹介)。

国有の企業集団の構造に関する本書での説明は、主にこの文献を参考にしている。
Li-Wen Lin and Curtis J. Milhaupt "We Are the (National) Champions: Understanding the Mechanisms of State Capitalism in China," *Stanford Law Review* 65 (April 2013) 697–759.

この文献も参照されたい。
Curtis J. Milhaupt and Wentong Zheng, "Beyond Ownership: State Capitalism and the Chinese Firm," *Georgetown Law Journal*, 103: 665–722.

第8章：財政システム

財政問題に関する優れた調査の中で、最新のもの。
Philippe Wingender, *Intergovernmental Fiscal Reform in China*, IMF Working Paper WP/18/88, April 2018.

少し古いが、中国の財政システムの概要についてわかりやすくまとめられている（編者の楼継偉は１９９４年の税制改革の担当者の一人で、２０１３年から16年まで財政部部長を務めた)。
Lou Jiwei (ed.), *Public Finance in China: Reform and Growth for a Harmonious Society* (Washington DC: World Bank, 2008).

財政問題に関して優れた議論が収められている。
World Bank/DRC 2014: 54–62 and 371–446.

財政システムとそれに関するガバナンスの問題について幅広く取り上げている。
OECD Urban Policy Reviews: China 2015: 159–228.

中央政府から地方政府への資金の交付について、専門的な説明が行われている。

Xiao Wang and Richard Herd, "The System of Revenue Sharing and Fiscal Transfers in China," OECD Economics Department Working Papers, No. 1030 (Paris: OECD Publishing, 2013).

中央政府と地方政府のガバナンスの問題について、インドと中国を比較した読みやすい文献。巨大な国の効率的な運営に関する問題は、中国だけに存在するのではないことがわかる。

William Antholis, *Inside Out, India and China: Local Politics Go Global* (Washington DC: Brookings Institution, 2013).

第9章：金融システム

中国の金融問題の権威と言えるのがニコラス・ラーディだ。彼は1990年代後半以降、この不透明なシステムの謎を解き明かすのに相当の時間を費やしてきた。中国の金融について深く理解するには、ラーディによる以下の3冊が参考になる。

（1）改革開放期の最初の20年間における銀行システムの展開と、それが1990年代後半の中国の銀行の実質的な経営破綻にどう結びついたかを解説。

China's Unfinished Economic Revolution (Washington, DC: Brookings Institution, 1998).

（2）金融抑圧の仕組みを分析し、金利自由化が将来の成長のカギだと述べる。

Sustaining China's Economic Growth after the Global Financial Crisis (Washington, DC: Peterson Institute of International Economics, 2012).

（3）銀行融資の大多数がいまでは民間セクター向けのものになっていると主張。

Markets over Mao（第7章の文献として紹介）。

中国の資本市場に関し、元銀行員2人が、少々理屈っぽくはあるが、非常に詳しい情報をもとに論じる。

Carl Walter and Fraser Howie, *Red Capitalism: The Fragile Financial Foundation of China's Extraordinary Rise* (Hoboken, NJ: John Wiley, 2012).

第10章：エネルギーと環境

中国のエネルギー・システムについて理解する基盤となるのが、マーク・レヴィンが率いる米国ローレンス・バークレー国立研究所の中国エネルギー・グループ（CEG）による研究である。CEGは、中国のエネルギー利用の構成のモニタリングと、今後のエネルギー消費および温室効果ガスの排出に関するモデリングに関して、素晴らしい実績を上げている。同グループによる重要な文献には、9版となった以下のデータブックがあり、無料でダウンロードできる。ここには、中国におけるエネルギーの生産、消費、価格について、時系列の豊富なデータが収められている。

China Energy Program (https://international.lbl.gov/china-energy-program).

このデータブックの要約。

Key Energy Statistics 2016 (https://eta-publications.lbl.gov/publications/key-china-energy-statistics-2016).

CEGは中国のエネルギー・システムのほぼすべての面について、数百本もの論文を発表しており、以下のサイトで読むことができる。

https://international.lbl.gov/china-energy-program.

中国におけるエネルギーの生産と利用の構成、および、将来的なトレンドの見込みについての概論。

Reinventing Fire: China: A Roadmap for China's Revolution in Energy Consumption and Production to 2050 (National Development and Reform

Commission, Lawrence Berkeley National Laboratory, Rocky Mountain Institute and Energy Foundation China, 2016).

学術的な概論。
Philip Andrews-Speed, *The Governance of Energy in China: Transition to a Low-Carbon Economy* (London: Palgrave Macmillan, 2012).

国際的なエネルギー・データがまとめられた、有用な資料2点。
BP Statistical Review of World Energy | Enerdata Global Energy Statistical Yearbook 2019 (https://yearbook.enerdata.net/).

中国の環境問題に関して全体的にまとめられている文献には、以下の3冊がある。
Elizabeth Economy, *The River Runs Black: The Environmental Challenge to China's Future*, 2nd ed. (Ithaca, NY: Cornell University Press, 2010) | Ma Jun, *China's Water Crisis* (Hong Kong: Pacific Century Press, 2004) | Jonathan Watts, *When a Billion Chinese Jump: How China Will Save Mankind- Or Destroy It* (New York: Scribner, 2010).

イェール大学の環境パフォーマンス指数は、あらゆる種類の環境悪化について、国際的に比較できる優れたデータを提供している。
The Yale Environmental Performance Index (http://epi.yale.edu/).

温室効果ガス排出についての包括的なデータは、ワールド・リソーシズ・インスティテュートが運営する以下のデータベースで見られる。
ClimateWatch database (https://www.climatewatchdata.org).

第11章：人口構成と労働市場

中国の人口問題に関してよく知られている文献。近年の展開についてはカバーされていないが、１９５８年から61年までの大飢饉による死者数の拡大とその後のベビーブーム、最終的には一人っ子政策となった１９７０年代と80年代の人口抑制政策について、信頼できる説明が行われている。
Judith Banister, *China's Changing Population* (Stanford CA: Stanford University Press, 1987).

粘り強く勇敢な中国人ジャーナリストによる、大飢饉についての詳細な記述。
Yang Jisheng, *Tombstone: The Untold Story of Mao's Great Famine* (New York: Farrar, Straus & Giroux, 2012). 邦訳：『毛沢東大躍進秘録』(伊藤正解説、田口佐紀子・多田麻美訳、文藝春秋２０１２年)。

労働市場と人口構成、教育問題、および、それらが経済成長に与える影響についての優れた、今後を見据えた概説。
Hongbin Li, Prashant Loyalka, Scott Rozelle, and Binzhen Wu, "Human Capital and China's Future Growth," *Journal of Economic Perspectives* (Winter 2017): 1-26.

労働市場に関する、右記より前に書かれた優れた議論。
Fang Cai, Albert Park, and Yaohui Zhao, "The Chinese Labor Market in the Reform Era," (次の書籍に収録：Brandt and Rawski, *China's Great Economic Transformation*, 167-214.)

「ルイスの転換点」の考え方は、この論文から生まれた。
W. Arthur Lewis, "Economic Development with Unlimited Supplies of Labour," *Manchester School of Economic and Social Studies* 22 (1954): 139-191, (http://www.globelicsacademy.net/2008/2008_lectures/lewis%20unlimited%20labor%20supply%201954.pdf).

「ルイスの転換点」のサマリーと、中国にとっての意味が、World Bank/DRC 2014, 89にまとめられている。開発途上国の成長と、それが富裕国とどう違うかについて理解したい人は、この論文は必読である。

第12章：興隆する消費者経済

中国の消費者経済についての学術的な研究はまだあまり進んでおらず、今後に期待される。そのため、筆者は企業などが行った調査を参考にした。たとえば、ギャブカル・ドラゴノミクスの同僚が実施した調査などで、それらは http://www.china-economy-book.com で見ることができる。

中国の中間層の規模や「中所得国の罠」、社会のセーフティネットの構築に関しては、World Bank/DRC 2014: 104-105 and 198-214で優れた説明が行われている。

第13章：社会契約

「格差は急速な工業化が進む間に自然に表れ、経済が成熟すると縮小する」という見解を提示している論考。以下のウェブサイトで閲覧できる。
Simon Kuznets, "Economic Growth and Income Inequality," *The American Economic Review* 45, no. 1 (1955): 1-28.
https://www.aeaweb.org/aer/top20/45.1.1-28.pdf.

中国の格差の問題については、World Bank/DRC 2014が詳しく論じている。国際的に比較できる格差のデータは、次を参照のこと。
The Standardized World Income Inequality Database (SWIID), version 8.1,
https://dataverse.harvard.edu/dataset.xhtml?persistentId=doi:10.7910/DVN/LM4OWF.

腐敗の問題については、筆者は次の文献を全般的に参考にした。
Andrew Wedeman, *Double Paradox: Rapid Growth and Rising Corruption in China* (Ithaca, NY: Cornell University Press, 2012).

腐敗の蔓延が経済成長の妨げとなり、政治システムを弱体化させるという見方は、以下の文献が最もよく示している。
Minxin Pei, *China's Crony Capitalism: The Dynamics of Regime Decay* (Cambridge, MA: Harvard University Press, 2016).

右記の書籍は、ペイのこの著書の改訂版である。
Minxin Pei, *China's Trapped Transition: The Limits of Developmental Autocracy* (Cambridge, MA: Harvard University Press, 2006).

第14章：成長モデルを変える

２００８年の世界金融危機以来、中国は「リバランスする必要がある」、あるいは「成長モデルを変えるべきだ」といった議論が多数見られるが、その中でも特に以下の２つの研究が優れている。１つは、World Bank/DRC 2013で、これは今後20年間の包括的な改革のアジェンダとして企画された。もう１つはＯＥＣＤ〈経済協力開発機構〉によるEconomic Survey of China 2015である。これは現在の中国の課題を詳細かつ綿密に評価し、それを解決するために必要な改革について述べており、以下のウェブサイトで閲覧できる。http://www.oecd.org/eco/surveys/economic-survey-china.htm.

第15章：中国と世界：対立は不可避なのか

世界における中国の立場と、それにどう対処するのが適切かについては、過去10年くらいの間に数えきれないほどの文献が公刊された。それらの文献は、次の2つの変化に触発されたものだった。1つは、習近平がより積極的な外交政策を採用したこと、特に、２０１３年に「一帯一路」を始めたこと。もう1つは、米国のトランプ政権が２０１７年以降、中国に対してより敵対的なスタンスを取るようになったことだ。ここでは、主なテーマごとに、学び始めるにあたって適切な書籍を紹介していく。

ここで紹介する文献の大半が英語で書かれており、西側の視点を反映したものであるので、まずは、中国の視点を反映した2冊の書籍を紹介しておくのも意味があるだろう。1冊目は、中国で最も著名な国際関係の研究者である閻学通が著した書籍で、ここには中国のエリートが、世界における中国の立場をどう見ているかがよく表れている。

Yan Xuetong, *Ancient Chinese Thought: Modern Chinese Power* (Princeton, NJ: Princeton University Press, 2011).

2冊目は、米国人と中国人の見方をうまく組み合わせて示したものである。

Nina Hachigian (ed.), *Debating China: The US-China Relationship in Ten Conversations* (New York: Oxford University Press, 2014).

次の文献は、中国経済が世界とどう関わっているかについて全体像を示している。

Jonathan Woetzel et al., *China and the World: Inside the Dynamics of a Changing Relationship*, McKinsey Global Institute (July 2019).

中国の技術面での力について、バランスの取れた見方をしている。

Scott Kennedy, *The Fat Tech Dragon: Benchmarking China's Innovation Drive* (Washington, DC: Center for Strategic and International Studies, 2017).

右記の書籍に比べると、バランスは取れていないが刺激的な見解を示し、中国のインターネットの発展について優れたサマリーとなっている。著者の李開復は、２００６年から10年まで、グーグルの中国オフィスの責任者を務めた。

Kai-fu Lee, *AI Superpowers: China, Silicon Valley and the New World Order* (Boston: Houghton Mifflin, 2018). 邦訳：『ＡＩ世界秩序』（上野元美訳、日本経済新聞出版、２０２０年）

米国による輸出と投資の管理強化につながった、米国防省の論文。

Michael Brown and Pavneet Singh, *China's Technology Transfer Strategy: How Chinese Investments in Emerging Technology Enable a Strategic Competitor to Access the Crown Jewels of U.S. Innovation* (Defense Innovation Unit Experimental, 2018).

貿易に関しては、中国からの輸入品による米労働市場への影響について、ＭＩＴ教授のデイヴィッド・Ｈ・オーターを中心とした一連の研究がある。

David H. Autor, David Dorn, and Gordon H. Hanson, "The China Syndrome: Local Labor Market Effects of Import Competition in the United States," National Bureau of Economic Research (NBER) Working Paper 18054 (May 2012) | Autor, Dorn, and Hanson, "The China Shock: Learning from Labor Market Adjustment to Large Changes in Trade," NBER Working Paper 21906 (January 2016) | David H. Autor, "Trade and Labor Markets: Lessons from China's Rise," IZA World of Labor (February 2018).

中国がＷＴＯに投げかける問題についての丁寧な議論。

Mark Wu, "The 'China Inc.' Challenge to Global Trade Governance," *Harvard International Law Journal* (Spring 2016), 57: 261-324.

国際機関における中国の立場をより包括的に分析している。
Scott Kennedy (ed.), *Global Governance and China* (New York: Routledge, 2017).

一帯一路構想について学び始めるのに適した研究としては、ブルッキングス研究所の研究者、デイヴィッド・ダラーによるものがある。彼は世界銀行事務所の責任者として、また、米財務省の特使として北京に駐在していた。以下の2つの文献が特に参考になる。
Amar Bhattacharya, David Dollar et al., "China's Belt and Road: The New Geopolitics of Global Infrastructure Development," Brookings Institution (April 2019) | David Dollar, "China's Engagement with Africa: From Natural Resources to Human Resources" (Washington, DC: Brookings Institution, July 13, 2016).

中国のアフリカへの関与のプラス面とマイナス面について、洞察力のある考察をしている書籍。著者はまた、「中国は単なる新帝国主義の侵略者であり、天然資源の発掘と独裁者の支援を狙っている」という誇張された説を巧みに修正してもいる。
Deborah Brautigam, *The Dragon's Gift: The Real Story of China in Africa* (New York: Oxford University Press, 2011).

中国の軍事能力と軍事的意図に関して、冷静な分析がなされている書籍2冊。
George J. Gilboy and Eric Heginbotham, *Chinese and Indian Strategic Behavior: Growing Power and Alarm* (Cambridge: Cambridge University Press, 2012) | M. Taylor Fravel, *Active Defense: China's Military Strategy since 1949* (Princeton, NJ: Princeton University Press, 2019).

最後に、米中関係の適切なあり方に関し繰り広げられている、混沌とした議論を理解するために、まず読むべき非常に有意義な論文として、次のものが挙げられる。この論文では、すべての立場における主な議論と前提を明快に示している。
Aaron L. Friedberg, "The Future of US-China Relations: Is Conflict Inevitable?" *International Security* 30, no. 2 (Autumn 2005): 7-45.

米国は中国に対してもっと敵対的な政策をとる必要がある、という意見の中で、主要な2つの文献。
Aaron L. Friedberg, *A Contest for Supremacy: China, America, and the Struggle for Masteny in Asia* (New York: W. W. Norton, 2011). 邦訳：『支配への競争』(佐橋亮監訳、日本評論社、２０１３年) | Robert Blackwill and Ashley Tellis, "Revising U.S. Grand Strategy Toward China," Council on Foreign Masteny in Relations, Council Special Report No. 72, March 2015.

この2点よりも、もっと抑制されたアプローチがとられている文献2冊。
Thomas J. Christensen, *The China Challenge: Shaping the Choices of a Rising Power* (New York: W. W. Norton, 2015) | Jeffrey A. Bader, "Changing China Policy: Are We in Search of Enemies?" (New York: Brookings Institution, June 2015).

習近平の強引な手法と、米国による反撃の両方を痛烈に批判している文献。
Susan Shirk, "Overreach and Overreaction: The Crisis In US-China Relations" (podcast; https://cscc.sas.upenn.edu/podcasts/2019/02/07/ep-9-overreach-and-overreaction-crisis-us-china-relations-susan-shirk), University of Pennsylvania: Center for the Study of Contemporary China (February 7, 2019).

な行

は行

ま行・や行・ら行

た行

さ行

索　引

太字のページ数はその事項をテーマにした項を示す。

解説

巨大で複雑な中国を理解するファクトが数多く盛り込まれ
その背後のロジックを読み取っていくための良書

双日総合研究所チーフエコノミスト　吉崎達彦

コロナ禍以降、特に習近平体制の3期目が始まって以降の中国経済を語ることは、きわめて難しいことになってしまった。

何よりこの3年間というもの、中国大陸とは人の行き来も途絶えがちで、鮮度の高い情報が乏しくなっている。さらにパンデミックや地政学的な諸問題のせいもあって、中国という存在そのものに対する忌避感も強まっているようだ。例えば商社の社内で「これからの中国経済」を議論していても、「習近平体制をどう捉えるか」をめぐって不毛な堂々巡りに陥ることがある。中国ビジネスで長いキャリアを持つ人たちも、心なしか元気がないように見受けられる。

ただし、ありのままの中国を知る必要性は、以前にも増して高まっている。もはやかつてのように、「上から目線」で中国経済を語ることができた時代ではない。生活水準が向上し、SNSで密度の高い情報を共有する14億人の市場はこれからどう動くのか。習近平体制の下で政治体制はどのように変化し、世界に対してどんな形で影響力を及ぼそうとしているのか。あるいはハイテクやエネルギー、宇宙開発といった先端分野で、中国は今どれくらいのレベルに達しているのか。そしてこれから先、われわれは経済安全保障の問題も含めて、この巨大な隣国とどう付き合っていけば良いのか。

そんなタイミングで、『チャイナ・エコノミー』第2版が出たことはまことにありがたいことである。第1版が出たのは、２０１８年2月のことであったから、もう5年も前のことになる。それまで中国経済について学ぶために、ずいぶん遠回りを余儀なくされた世代の一人としては、「もっと早くこの本に出会いたかった！」と痛感したものである。それくらい『チャイナ・エコノミー』は包括的に中国経済を描いていて、文字通り「痒い所に手が届く」本であった。特に改革・開放路線が始まった１９７９年からの歴史的な経緯を、詳しく説き起こしてくれている点が貴重であった。

白桃書房さんのご厚意により、その年の秋に来日中だった著者のアーサー・クローバー氏にお会いしたときのことも忘れがたい。クローバー氏は、長く北京で暮らす練達のチャイナウォッチャーであり、中国情報を英語で発信している。彼が創設した中国経済の調査サービス「ギャブカル・ドラゴノミクス」(GAVEKAL DRAGONOMICS) のニューズレターは、当社（双日総研）でも以前から購読している。

当日は、日本を代表するチャイナウォッチャーである津上俊哉氏に応援を頼み、秋葉原でクローバー氏にインタビューした。その日のクローバー氏は、「今は中国よりも、むしろ米国の政策の方が理解しにくい」と語り、ときのドナルド・トランプ政権の対中政策に関するユニークな分析を披露してくれた。幸いにも、東洋経済オンラインに掲載されたインタビュー内容は、今もネット上で読むことができるので、ＵＲＬをご紹介しておこう。[1] 内容的にはやや古くなっているけれども、米中対立の構造について斬新な視点を提供してくれるはずである。

1　https://toyokeizai.net/articles/-/247019　〝米中新冷戦〟は「中国優勢」なのかもしれない～在北京20年のアメリカ人中国専門家に聞く

およそ中国経済について書かれた本は、「シャドーバンクというものがありまして…」などと現時点の話で始まり、読者の興味を「点」で喚起することに終始して、おどろおどろしい予言で終わることが少なくない。その点、『チャイナ・エコノミー』は、歴史という「線」や地理という「面」に広げて中国を語ってくれている。農業と工業、都市と農村、国有企業と民間企業、財政と金融、エネルギーと環境、人口と労働力、消費と投資、そして格差と腐敗まで、取り上げられている領域は広い。

今回の第2版は、「コロナ直前」である2019年末までの情勢を網羅している。残念ながら、2020年のコロナ感染の急拡大について、あるいはコロナ以降の中国に直接触れている部分は少ない。ただし、これまでのトレンドを確認することは、「これからの中国」を把握するための重要な第一歩となる。読者はこの第2版を読み込むことで、コロナ後の「チャイナ・ウォッチング」の手がかりを得ることができるだろう。

第2版の第1章から第3章は、初版の第1章「中国の政治と経済」を拡大している。ほぼ書き下ろしに近く、最先端の内容を扱っている。

評者（吉崎）にとって、第1版を読んだ際にもっとも強く印象に残ったのは、「中国は中央集権のように見えて地方分権」「独裁制のように見えて官僚国家（集団指導制）」という指摘であった。中国経済の改革開放路線とは「石を探りながら川を渡る」プロセスであり、だからこそ長期にわたる成功が可能であったのだとクローバー氏は語る。

例えばわれわれは、中国の改革開放といえば、もっぱら鄧小平という偉大な指導者が実現したものと考えがちである。しかし、鄧小平は国内問題全体をマネジメントしてはいたが、経済問題に関しては鄧小平と保守派の陳雲の影響力は同じくらいであったという。「鄧小平時代の経済改革の展開は、冒険的な鄧小平と、石橋を叩いて渡る陳雲との間でバランスを取ったものと考えるのが、最も良い見方だろう」（p.46）。

かかる漸進的なアプローチによって、中国経済は持続的な成功を続けてきた。1979年に中国の1人当たり国民所得は200ドルに満たず、これは世界平均の10分の1以下であった。それが40年後の2018年には9400ドル、ほぼ世界平均の84％となっている。貧困を削減した、というだけでも中国の成功が持つ意味は大きいのである。

しかるに現在の習近平体制は、地方分権から中央集権へ、官僚制から独裁制へと転換を図っているように見える。それは中国の改革をさらに進めるため、あるいは急激な技術発展の時代に中国共産党を対応させるためでもあるが、単なる権力闘争と自己保身によるところも大きいのではないか。その結果、これまでの中国経済の成功を否定してしまうのではないのか――これは多くの読者が共有する疑問ではないかと思う。

クローバー氏は、「中国共産党の強みはまだ維持されている」と判断している。集団指導体制はまだ力を持っていて、習近平が単純にやりたいことは何でもできるわけではない。分権化体制も健在であり、引き続き地方での実験から生まれる経済の活力や企業活動からの恩恵を受けるだろうという。

ただしその反面、経済アドバイザーである劉鶴が、中央による統制の必要性を強調するために編み出した「トップレベル・デザイン」というフレーズが多用されるようになっているとのこと。果たして中国共産党は、このまま経済の成長と権力の維持という2つの目標を達成できるのか。さらに注意深く見守る必要がありそうだ。

『チャイナ・エコノミー』第2版の第4章から第13章は、第1版の章立てをほぼ踏襲している。とはいえ、大胆に書き換えられている部分があり、図表なども新たに加えられているので、第1版を読んだ読者にも通読を勧めたい。「えっ、中国ってそうだったのか？」というポイントがたくさん見つかるはずである。以下は個人的に

「刺さった」指摘だ。それぞれに簡単なコメントをつけておく。

＊「胡錦濤時代は改革が進まず『失われた10年』だった」という見方は、都市部のエリートによる場合が多く、この間に農村改革は進んだ。２０００年代には農業生産が増加に転じ、貧困の削減にも大きく役立った。（第4章　農業と土地と農村部の経済）

――中国情報はどうしても都市部に偏るので、農村に関するかかる指摘は有益である。21世紀の中国社会が概ね安定を維持してきたのは、農村の状況改善によるところが大きかったのであろう。

＊中国の税制は、企業に対する付加価値税（増値税）が中心であり、個人所得税や固定資産税にはほとんど依存していない。「代表なくして課税なし」と言われる通り、政治活動の種を取り除いているのであろう。（第8章　財政システム）

――企業に対しても法人税ではなく、付加価値税で徴税しているのはその方がごまかしにくいからであるという。税金にはその国の政治の在り方がよく表れるが、中国の税制はつくづく現実主義的に設計されているようだ。

＊北京のスモッグは「エアポカリプス」（Air ＋ Apocalypse）と呼ばれるほどとなり、政府は極端な大気汚染に本腰を入れ、それなりの成果を挙げている。ただし水と土壌の汚染については、まだそれほど対策が進んでいない。（第10章　エネルギーと環境）

――中国における環境問題対策においては、ＮＧＯやメディアによる監視が効きにくい。いきおい行政によるトップダウンの対策が中心となるが、そこにはおのずと限界があると言えよう。

＊大躍進運動（1958〜59年）の失敗によって引き起こされた深刻な飢饉で約3000万人が死亡した後、中国は1963年から73年にかけて大規模なベビーブームを迎えた。そのために1980年には過酷な「一人っ子政策」が開始され、出生率が低下するようになる。（第11章　人口構成と労働市場）
――「一人っ子政策」は意外と歴史が浅いのである。しかるに出生率を向上させることは、今や非常に困難なこととなっている。

＊中国の「中間層」は、所得分布の上位3分の1程度である。中間層のライフスタイルを享受できるのはエリートであり、米国や欧州に多数存在する「ミドルクラス」の人々とは異なる。2020年にはおよそ3億人から3億2000万人、つまり中国の全人口の4分の1弱が、世界銀行の定義による中間層になっている（第12章　興隆する消費者経済）
――「中国も経済発展して中間層が形成されれば、やがて民主化するだろう」というかつての言説は、西側社会における一種の「思い込み」であったようだ。

本書にはこの手の「ファクト」が数多く盛り込まれている。こうしたファクトを丁寧に拾い上げるとともに、その背後にあるロジックを読み取っていくことが、中国という巨大で複雑な対象を理解する近道となるはずである。

最後の第14章と第15章は、これまた第1版から大幅に書き換えられている。

これまでの中国においては、活気ある経済と権威主義的な政治による統制は矛盾するものではなく、補完しあうものであると考えられてきた。果たして過去40年間のサクセスストーリーはこれからも続くのか、それとも壁にぶち当たるのか。

その成否は、第14章にある「成長モデルを変える」ことができるかどうかに懸かっていよう。中国経済は投資中心から消費中心に変貌しつつあり、特に投資の効率を改善していくことが欠かせない。第1版ではわずかしか触れられていなかった「中国製造２０２５」に関する分析も、第2版では、その後引き起こされた、国際的な騒動も含め記述が大幅に充実し興味深いところだ。ここでも評価が分かれるのは、習近平の下での「国家資本主義」をどう見るかであろう。

そして最後の第15章「中国と世界：対立は不可避なのか」は、まさに現在、世界中の人たちが懸念している問題を取り扱っている。端的に言ってしまえば、中国は米国にとって代わる存在になるのか、どうか。クローバー氏の判断は、以下のように妥当な、またバランスの取れたものになっている。

中国が米国に隷属する存在で満足することは決してない。一方で、長期的に見ても、米国の優位を覆す力は持っていないだろう。（中略）ただし、この前提条件として、米国が賢明に行動して自国の強みを強化する必要があるが、この点には今、懸念が持たれている。（p.368）

もちろんそれだけではなく、コロナ後の世界経済の回復やインフレの抑制、あるいはウクライナ戦争の前途や世界を揺るがす新たな地政学リスクなど、この問題には様々な不透明要因が加わってくる。足元で起きている欧米における相次ぐ金融機関の経営破綻も、中国の指導者たちは「西側の没落が加速している証拠」と受け止めているかもしれない。ちょうど２００８年の国際金融危機が、彼らの自信を深めるきっかけとなったときのように。

いずれにせよ、われわれは中国経済の変化をしっかり見据えていく必要がある。『チャイナ・エコノミー』第２版はそのための有益なツールとなるはずである。

▨ 著者紹介

アーサー R. クローバー（Arthur R. Kroeber）

香港の金融調査会社、ギャブカルのリサーチヘッド。中国にフォーカスした調査サービス、「ギャブカル・ドラゴノミクス」の創設者であり、季刊誌「チャイナ・エコノミック・クオータリー」の編集者でもある。2002年に北京でドラゴノミクスを創設するまでの15年間は、中国と南アジアで金融・経済のジャーナリストとして活動した。現在、ブルッキングス研究所清華センターの上級研究員を兼務し、ニューヨーク大学スターン経営大学院では非常勤教授として教鞭をとる。米国の米中関係委員会（NCUSCR）のメンバーでもある。

▨ 訳者紹介

東方 雅美（とうほう・まさみ）

慶應義塾大学法学部政治学科卒業。米バブソン大学経営大学院修士課程修了（MBA）。出版社や経営大学院出版部門での勤務を経て、翻訳者として独立。翻訳書多数。

■ **チャイナ・エコノミー 第2版**
異形(いぎょう)の超大国(ちょうたいこく)と世界(せかい)へのインパクト―そのファクトとロジック

■ 発行日――2023年6月16日　初版発行　〈検印省略〉

■ 訳　者――東方雅美(とうほうまさみ)

■ 発行者――大矢栄一郎

■ 発行所――株式会社　白桃書房

〒101-0021　東京都千代田区外神田 5-1-15

☎03-3836-4781　Ⓕ03-3836-9370　振替00100-4-20192

https://www.hakutou.co.jp/

■ 印刷・製本――藤原印刷

ISBN 978-4-561-91140-1 C0033